Marktorientiertes F & E Management

Herausgegeben von: H. Birkhofer, H. Geschka u. F. Kramer

Springer
Berlin
Heidelberg
New York
Barcelona
Budapest
Hongkong
London
Mailand
Paris
Santa Clara
Singapur
Tokio

Markus S. Kramer

Produkterfolg durch Customer Focus

Mit 124 Abbildungen

 Springer

Reihenherausgeber

Prof. Dr.-Ing. Herbert Birkhofer
Prof. Dr. rer. pol. Horst Geschka
Prof. Dipl.-Ing. Friedhelm Kramer

Autor

Dr. oec HSG Markus S. Kramer
Pfalzgrafenstraße 12
67061 Ludwigshafen

CIP-Titelaufnahme der Deutschen Bibliothek
Kramer, Markus S.:
Produkterfolg durch customer focus / Markus S. Kramer. - Berlin ; Heidelberg ; New York ; Barcelona ; Budapest ;
Hongkong ; London ; Mailand ; Santa Clara ; Singapur ; Paris ; Tokio : Springer, 1996
(Marktorientiertes F-&-E-Management)

ISBN-13: 978-3-642-87946-3   e-ISBN-13: 978-3-642-87945-6
DOI: 10.1007/978-3-642-87945-6

© Springer-Verlag Berlin, Heidelberg 1996
Softcover reprint of the hardcover 1st edition 1996

Einbandgestaltung: Künkel + Lopka, Ilvesheim

Herstellung: PRODUserv Springer Produktions-Gesellschaft, Berlin

SPIN: 10502737   60/3020-5 4 3 2 1 0 – Gedruckt auf säurefreiem Papier.

Vorwort

Wie jedes umfangreichere Projekt in der Unternehmungspraxis verlangt auch eine Buch-Veröffentlichung eine gewisse Art von Teamarbeit, und es ist eine angenehme Aufgabe, den „Teammitgliedern" nach erfolgreicher Realisierung des Projekts zu danken.

Das vorliegende Buch basiert im wesentlichen auf der von mir verfassten Dissertation „Customer Focus von Zulieferunternehmungen". Die weniger praxisrelevanten Teile wurden gekürzt, wegelassen oder modifiziert und es wurde ein neuer Aufbau der Arbeit gewählt.

Für den Erfolg dieser Arbeit war es wichtig, das Wissen der Praxis in Erfahrung zu bringen und aufzuarbeiten. Ich möchte an dieser Stelle den zahlreichen Unternehmern und Managern danken, die sich die Zeit für kritische Auseinandersetzungen sowie die Erstellung von Fallstudien genommen haben und so das Resultat der Arbeit wesentlich prägten.

Darüber hinaus war meine Tätigkeit als wissenschaftlicher Mitarbeiter und Assistent am Forschungsinstitut für Absatz- und Handel (FAH) von zentraler Bedeutung für die Erstellung der vorliegenden Arbeit. „Kundennähe" und „Leistungssysteme" bilden dort seit langem den Ausgangspunkt für Forschungsarbeiten. Herr Prof. Dr. Christian Belz und Herr Prof. Dr. Heinz Weinhold haben das Projekt begrüsst und aktiv gefördert. Ich habe während meiner Tätigkeit am Institut viel von Ihnen erfahren und lernen dürfen. Dafür möchte ich mich auch an dieser Stelle herzlichst bedanken.

Danken möchte ich an dieser Stelle auch den Mitarbeitern des Springer-Verlags, die mit viel Sachkenntnis und Geduld die Erstellung des Buches begleitet haben.

Die Veröffentlichung meiner Arbeit fällt in einen Zeitraum, in dem ich meine ersten Gehversuche in der Praxis bereits hinter mir habe. Der Schritt von der „Theorie in die Praxis" ist vollzogen. Neue Herausforderungen in Beruf und Privatleben stehen bevor und ich werde sie positiv und mit Freude angehen. Dass ich so empfinden kann, verdanke ich massgeblich meinen Eltern und Nicola. Für Ihre grosse Hilfsbereitschaft und Ihr Vertrauen danke ich Ihnen von Herzen. Ihnen ist das Buch gewidmet!

Ludwigshafen am Rhein, im Januar 1996   Markus Kramer

Inhaltsverzeichnis

1 Einleitung 1

Zulieferindustrie unter ständigem Anpassungszwang 1

Produkterfolg von Zulieferern durch Customer Focus 4

Gestaltungsempfehlungen zur Entwicklung und Realisierung des Customer Focus 10

2 Zuliefermarketing: Leistungssysteme und Customer Focus 13

Industrielle Zulieferung 13

Leistungen und Märkte von Zulieferern 15

Leistungssysteme für Zulieferer: Vom materiellen Produkt
zur kundenspezifischen und integrierten Problemlösung 25

Customer Focus: Ausrichten der Zulieferunternehmung auf
den Abnehmer 33

Leistungssysteme und Customer Focus als strategisches Spielfeld
des Zuliefermarketing 42

3 Bestimmungs- und Einflußgrößen von Zuliefer-Abnehmer-Beziehungen 49

4 Entwicklungen im allgemeinen Umfeld und den Endkonsumentenmärkten 53

Vom friedlichen Wachstumswettbewerb zum internationalen
Verdrängungswettbewerb und steigendem Anpassungszwang 53

Trends in den Endkonsumentenmärkten: Veränderungen in
Bedürfnissen, Produkten und Märkten erschweren die Aufgaben des Marketing 58

Bedeutung der Umfeldentwicklungen und Trends für den OEM:
Denken im strategischen Viereck und Wandel künftiger Zuliefer-
Abnehmer-Beziehungen 63

**5 Supply Management industrieller Abnehmer: Basis für konstruktive
Beziehungen** 69

Make or Buy: Ausgangspunkt für Zuliefer-Abnehmer-Beziehungen 72

Kaufverhalten und Interaktionsformen in Zuliefer-Abnehmer-Beziehungen ... 74

Supply Management: unternehmerische Vorgaben, Strategien und Reserven .. 81

Fazit: Kostensenkung und Leistungssteigerung als künftige Herausforderung
für Zuliefer-Abnehmer-Beziehungen 90

**6 Leistungsmanagement im Wandel: Zukunftsorientierte Leistungs-
    module sichern den Erfolg** 97
Lieferantenbewertung und -selektion: Meßlatte für das Leistungs-
management der Zulieferer 98
Leistungsart: Vom passiven Zulieferer als „verlängerte Werkbank" zum
aktiven Innovator und Forscher 104
Leistungsspektrum: Vom Lieferanten von Halbfertigteilen zum Anbieter
von Systemen 111
Machtverteilung: Aufbau von Angebotsmacht 119
Intensität der Beziehung: Vom Einzelvertrag zum Life-Cycle-Abkommen
und Partnerschaft 123
Geographische Nähe zum Abnehmer: Von der internationalen Streuung bis zur
lokalen Betreuung 130
Exclusivität der Beziehung: Vom Nebenlieferanten zum Alleinlieferanten 132
Flexibilität der Beziehung: Zulieferungen Just-in-time 136
Qualitätssicherung der Beziehung: Von gesetzlichen Mindest-
anforderungen zu TQM 139
Zusammenfassung: Steigende Anforderungen an Zuliefer-Abnehmer-
Beziehungen verlagen neue Typen professioneller Zulieferer 147

**7 Customer Focus Strategien für Zulieferer: Profilierung beim Kunden
    durch Produktions-, Entwicklungs- oder Wertschöpfungspartnerschaft** 159
Zulieferer als „rationelle" Produktionspartner: Die Schmiede GmbH 159
Merkmale „rationeller" Produktionspartner 166
Zulieferer als „innovative" Entwicklungspartner: Die Rollen GmbH 174
Merkmale „innovativer" Einwicklungspartner 178
Zulieferer als „aktive" Wertschöpfungspartner: Die Licht AG 184
Merkmale „aktiver" Wertschöpfungspartner 188
Fazit: Profilierung für den Abnehmer durch beziehungsgerechte
Customer Focus Strategien 190

8 Entwicklung und Realisierung des Customer-Focus 197
Konzept zur Entwicklung und Realisierung des Customer-Focus 197
Ausgangsbedingungen klären: Vorgaben aus der Unternehmungsstrategie,
Unternehmungs- und Marktanalysen 197
Ziele vorgeben: Unternehmungssicherung, Abnehmerbindung und
konstruktiver Wettbewerb 201

Customer Focus-Strategie entwickeln 204
Lean Management praktizieren: Unternehmungsinterne Ausrichtung
auf Markt und Kunde 210
Marketingkompetenz aufbauen und umsetzen 228
Technische Entwicklung kundenorientiert steuern und überwachen 236
Abschließender Exkurs: Bewertung der technischen Eignung
eines Entwurfs 241

 9 **Zusammenfassung und Ausblick** 249

10 **Literaturverzeichnis** 255

11 **Abkürzungsverzeichnis** 277

12 **Sachwortverzeichnis** 279

1 Einleitung

Die einschlägige Fachliteratur, die Wirtschaftspresse und die übrigen Medien diskutieren seit langem die kritische wirtschaftliche Situation der deutschen Zulieferindustrie. Zulieferer klagen darüber, daß sie sich in der größten Krise der Nachkriegszeit befinden und verlangen von der Politik und den Tarifpartnern bessere Rahmenbedingungen und von der betriebswirtschaftlichen und naturwissenschaftlichen Forschung Lösungsansätze für ihre Probleme.

Zulieferindustrie unter ständigem Anpassungszwang

Die deutsche Zulieferindustrie befindet sich in einer lang andauernden, schwierigen und alle Branchen übergreifenden Anpassungskrise. Zum einen beklagen Zulieferer die zu hohen Kostenstrukturen im eigenen Land. Vor allem der Produktionsfaktor Arbeit wird als zu teuer und zu unflexibel angesehen. Dies und andere Standortnachteile wie zum Beispiel eine hohe steuerliche Belastung führen zu wenig konkurrenzfähigen Stückkosten. Eine verstärkte Verlagerung der Produktion in das – beispielsweise grenznahe osteuropäische – Ausland als ein möglicher Lösungsansatz ist die Folge. Zum anderen kommt auf der Leistungsseite eine ausgeprägte Innovationskrise hinzu. Der „Bundesbericht Forschung 1993" beklagt eine fehlende Dynamik der F+E Aufwendungen der Wirtschaft.[1] Die Zulieferer denken in Krisenzeiten zyklisch und bauen eigene F+E Kapazitäten kurzfristig ab oder verlagern sie in das Ausland. Letztlich sind die Zulieferer bemüht, sich den veränderten Wettbewerbs- und Rahmenbedingungen anzupassen.

Die Gründe für die anhaltenden Umstrukturierungs-
bemühungen in der Zulieferbranche lassen sich im wesentlichen durch drei Umstände erklären und umschreiben:

– Der Wettbewerbsdruck in nachgelagerten Märkten überträgt sich auf die Zulieferbranche.
– Die Beschaffungsstrategien der Hersteller- und Montagebetriebe (OEM's)[2] wandeln sich.
– Veränderte Beschaffungsstrategien führen zu einem zunehmenden Konkurrenzdruck in der Zulieferindustrie
  und deren Umstrukturierung.

• Der Wettbewerbs-
druck in nachgela-
gerten Märkten erhöht
die Anforderungen an
die Zulieferbranche

Die Mehrzahl der Endkonsumentenmärkte haben sich
von Verkäufer- zu Käufermärkten entwickelt. Verbraucher
sind an immer individuelleren Problemlösungen interessiert. Steigenden Anforderungen an die Qualität und Verfügbarkeit steht eine erhöhte Preissensibilität gegenüber.
Mit dem Wunsch nach Erfüllung immer spezifischerer Bedürfnisse geht eine Erhöhung von Produktkomplexität
und Variantenvielfalt der Endprodukte einher.[3] Verkürzte
Innovations- bzw. Produktlebenszyklen und damit verbundene sinkende Stückzahlen verschärfen den Trend.
Die Hersteller (OEM's) haben erkannt, daß nur über innovative Leistungen in Produkt und begleitender Dienstleistung ergiebige Kunden gewonnen und gehalten werden
können. Die Vielfalt und Komplexität der Aufgaben, die
der Markt an sie stellt, können sie immer weniger alleine
bewältigen. Ihre Organisations- und Führungsstrukturen
können komplexe Produkt- und Produktionsstrukturen
oft nur durch hohen Aufwand beherrschen.[4] In der Zukunft sind sie vermehrt auf leistungsfähige und kostengünstige Zulieferungen angewiesen. So versuchen OEM's
ihre Fertigungs- und Entwicklungstiefe zu reduzieren um
einerseits die Kosten der Komplexität zu senken und sich
andererseits auf ihre Kernfähigkeiten zu konzentrieren.[5]
Es stellt sich die Frage nach einer Veränderung der Aufga-
benverteilung von Zulieferern und Herstellern in der Gesamtwertschöpfungskette. Die vor diesem Hintergrund
beschriebene Entwicklung auf den Konsumentenmärkten
schlägt sich zwangsläufig in erhöhten Anforderungen an
die Entwicklungs-, Produktions-, Qualitätssicherungs- und
Marktleistungskompetenz der Zulieferer nieder.

Die Hersteller sehen in einer effektiven Beschaffung sowohl ein enormes Rationalisierungspotential als auch einen enormen Gewinnhebel. Zulieferer sollen für sie mehr Leistungen kostengünstig übernehmen. Dabei verfolgen viele Hersteller bisher oft eine wenig phantasievolle „Strategie des Preisdrückens". Aus einer Position der Stärke verschlechtern sie die Konditionen und wälzen immer mehr Leistungen und Risiken auf die Zulieferer ab, ohne daß diese Mehrleistungen verrechnen oder am Erfolg ihrer Abnehmer partizipieren können.[6] Standardteile, deren technisches Know-how keine hohe Eintrittsbarriere für potentielle Wettbewerber darstellt, beziehen sie aus Kostengründen vermehrt aus internationalen Quellen. Inländische Zulieferer, die unter ungünstigen Kostenstrukturen leiden, kommen nicht mehr zum Zug. Zudem beziehen OEM´s Komponenten oder ganze Baugruppen, um den Anteil an kosten- und forschungsintensiver Eigenarbeit zu verringern. Dazu arbeiten sie langfristig mit wenigen ausgewählten und kompetenten Wertschöpfungspartnern zusammen.[7] Der Trend zum Single Sourcing verstärkt sich. Dabei erlangen diejenigen Zulieferer Vorteile, die sich auch geographisch in der Nähe des Kunden ansiedeln (Local Sourcing) und Just in Time (JIT) zuliefern können.[8] Der Transport und die kostenintensive Lagerhaltung fallen in den erweiterten Bereich der Zulieferer und die „Null-Fehler-Qualität" der zugelieferten Ware wird immer mehr zum Standard.

Um Probleme an der Schnittstelle Zulieferer-Abnehmer zu minimieren, greifen die Hersteller vermehrt in die Planung, Steuerung und Kontrolle der betrieblichen Leistungserstellung des Zulieferers ein. So führen sie bei Zulieferern Qualitätsaudits durch, verlangen Zertifizierungen nach ISO 9000 - 9004 und lassen sich Kalkulationen offenlegen.[9]

Das Bestreben der Hersteller, verstärkt mit Entwicklungs- und/oder Wertschöpfungspartnern zusammenzuarbeiten, führt zu einer Umstrukturierung der Zulieferbranche und einem verstärkten Konkurrenzdruck und Verdrängungswettbewerb.

Zulieferer in Hochlohnländern werden sich nur über ausgefeilte Kundennutzenstrategien behaupten können, die sich in hochwertigen, technisch anspruchsvollen Zulieferleistungen mit entsprechend verbundenen Dienstlei-

• Die Beschaffungsstrategien der Hersteller wandeln sich

• Zunehmender Konkurrenzdruck, Verdrängungswettbewerb und Umstrukturierung in der Zulieferbranche

stungen äußern. Lieferanten von austauschbaren Leistungen sind verstärkt dem internationalen Wettbewerb ausgesetzt, der vor allem über den Preis ausgetragen wird.[10] Nicht alle Zulieferanten werden in eine Entwicklungs- oder gar Wertschöpfungspartnerschaft mit den Herstellern aufgenommen werden. Es wird sich eine mehrstufige Zulieferpyramide herausbilden. Zulieferer ohne Entwicklungs- und Produktionskompetenz werden zu Subzulieferern des zweiten oder dritten Gliedes.[11]

- In Zukunft wird es eine mehrstufige Zulieferpyramide geben

Wenn es zutrifft, daß die OEM's eigene Wertschöpfung vermehrt nach außen abgeben, wird die Zulieferindustrie in Zukunft an Bedeutung gewinnen. Von diesem positiven Trend werden aber nur diejenigen Zulieferanten profitieren, die für ihre Abnehmer wichtige Lösungsbeiträge in der Entwicklung, Produktion oder Logistik erbringen können. Es stellt sich die Frage nach kunden- und anspruchsgerechter Entwicklung und Realisierung von Leistungssystemen. Zulieferer müssen die Aufgabe lösen, sich entsprechend ihrer Möglichkeiten in der verändernden Hierarchie der künftigen Zulieferbranche zu etablieren.

Die aufgezeigten Probleme und Schlüsselentwicklungen betreffen Zulieferer unabhängig von der Branche in der sie tätig sind. Denn nicht spezielle branchencharakteristische Produktunterschiede sind für eine Abgrenzung relevant, sondern vielmehr die gesamten strukturellen Veränderungen in der Wertschöpfungskette. Im Rahmen einer weiter zunehmenden „wertschöpferischen", regionalen und internationalen Arbeitsteilung verändert sich die Zulieferbranche als Ganzes. Lösungsstrategien müssen sich deshalb in einem ersten Schritt auf den gesamten Bereich industrieller Zulieferung beziehen. Im Mittelpunkt der Untersuchung steht somit die Frage verschiedener, neuartig ausgestalteter Zuliefer-Abnehmer-Beziehungen.

Produkterfolg von Zulieferern durch Customer Focus

Eine am Massachusetts Institute of Technology (MIT) von Womack et al. durchgeführte Studie zur unterschiedlichen Leistungsfähigkeit der japanischen, us-amerikanischen und europäischen Automobilindustrie brachte erstaunliche Ergebnisse zutage.[12] Japanische Unternehmungen erzielten danach in allen Stufen der Wertschöpfungskette z.T. erhebliche Aufwandsvorteile gegenüber westlichen Unternehmungen. Die Erfolge wurden dabei unter dem Begriff der „lean production" bekannt.[13] Lean production bezeichnet eine Entwicklung in der Produktion, die Elemente der Taylor'schen Massenproduktion mit Stärken der handwerklichen Fertigung sowie Erfahrungen japanischer Industrieunternehmungen mit dem sog. „Toyota-System" und „Kaizen"[14] in sich vereint. Der englische Begriff der „production" ist eng gefasst, da er die „Lean-Idee" auf den Bereich der Produktion beschränkt. Der „Lean-Gedanke" hat sich jedoch kontinuierlich weiterentwickelt. Deshalb wird auch in der Praxis der umfassendere Begriff des Lean Management gebraucht. Lean Management verkörpert eine Denkhaltung und ein neuartiges Verständnis von der Organisation bzw. dem Management einer Unternehmung: „Lean Management ist die Gesamtheit der Denkprinzipien, Methoden und Verfahrensweisen zur effektiven und effizienten Gestaltung der gesamten Wertschöpfungskette industrieller Güter."[15]

„Unter Wertschöpfung werden in diesem Zusammenhang allen diejenigen Kernleistungs- und Servicehandlungen bzw. Aktivitäten verstanden, die deutlich und sichtbar zu einer Wertsteigerung des zu schaffenden Produktes beitragen. Der Wert des Produktes ist dabei die Grundlage. Er ist der monetäre Beitrag (Preis), den der Kunde zu zahlen bereit ist. Ist dieser Preis höher als die Stückkosten des Produktes, erzielt die Unternehmung einen entsprechenden Gewinn."[16] Bei der Gestaltung der eigenen Wertschöpfung im Rahmen des Gestaltungsprozesses des Endproduktes stellt sich den beteiligten Unternehmungen – Zulieferen und Abnehmern – folglich die Frage „nach den relativen Stärken und Schwächen, die sich mit den einzelnen Funktionen und Teilstufen gegenüber dem Wettbewerb verbinden."[17] Die an der Gesamtwertschöpfung Beteiligten müssen sich Gedanken darüber machen, wann es ökonomisch sinnvoll ist, Aktivitäten selber durchzuführen oder aber nach außen zu vergeben (Outsourcing). Bei der strategischen Gestaltung der Wertschöpfungskette sind im wesentlichen zwei Fragestellungen von Bedeutung:[18]

• Die strategische Gestaltung der Wertschöpfungskette verlangt vom Zulieferer kostenorientierte Rationalisierung und kundennutzenorientierte Optimierung

– *Kostenorientierte Rationalisierung:* „Wie gestalten wir die Aktivitätskette, um eine bestimmte Leistung mit minimalen Kosten zu erstellen?"

– *Kundennutzenorientierte Optimierung:* „Wie gestalten wir die Aktivitätskette, um mit einer bestimmten Leistung die damit gestiftete Befriedigung der Bedürfnisse unserer Marktpartner zu maximieren?"

Auf Basis der Definition von Lean Management listet Bild 1-1 die grundsätzlichen Unterschiede zwischen dem „traditionellen Taylorismus" und der „schlanken Organisation" auf.

Lean Management beschäftigt sich auch intensiv mit der Verbindungsstelle zwischen den an der Entwicklung und Produktion beteiligten Zulieferern und Abnehmern. „Die aktive Beeinflussungsgrenze reicht weit über die eigentliche Unternehmensgrenze hinaus. Man bleibt nicht beim bloßen Informationsaustausch stehen, sondern kümmert sich um die internen Prozesse der Zulieferer und auch der Abnehmer. Das heißt, Zulieferer, eigentlicher Produzent und Abnehmer werden als „Super-Wertschöpfungsnetz" gesehen und auch optimiert. Dabei wird impliziert, daß das Gesamtoptimum erheblich günstiger ist als die jeweiligen Einzeloptima von Zulieferer, Produzent sowie Abnehmer bzw. Kunde..."[19] Eine wichtige Teilzielsetzung des Lean Management ist folglich die optimale Abstimmung von Zulieferleistungen auf die Probleme und Wünsche der direkten und indirekten Kunden. Zulieferer können sich gegenüber ihren Wettbewerbern nur dann profilieren, wenn es ihnen gelingt:[20]

– sowohl die materiellen und immateriellen Kundenbedürfnisse als auch die ausgesprochenen und nicht ausgesprochenen Erwartungen – unter Einhaltung von vereinbarten Normen, Gesetzen und Spezifikationen – zu erfüllen und

– bedarfs- und zeitgerecht Marktleistungen zu konkurrenz- und marktfähigen Preisen auf der Grundlage einer kostengünstigen Herstellung, die angemessene eigene Gewinne ermöglicht, zu gewährleisten.

Um diese Ziele zu erreichen, müssen sich in einer „schlanken Organisation" alle Abläufe bzw. Aktivitäten der Unter-

• Lean Management optimiert die Schnittstelle Zulieferer-Hersteller

Unternehmungsdimensionen:	Organisationsform	
	Konventionell: „Taylorismus"	Schlank/Lean: „Toyota System"
Grundprinzipien:		
– Investitionsschwerpunkte	*Sachanlagen, Maschinen, Automatisierung*	*Mitarbeiter*
– Orientierungspunkte	*optimale Losgrössen und Kapazitätsorientierung*	*Kundenprobleme, -wünsche -bedürfnisse, direkte Wertschöpfung*
Organisation:		
– Arbeitsteilung	*möglichst hoch*	*möglichst gering*
– Entscheidungskompetenz	*zentral*	*möglichst dezentral*
– Hierarchie	*steil*	*flach*
– Dispositive Tätigkeiten	*getrennt von ausführenden Tätigkeiten*	*verknüpft mit ausführenden Tätigkeiten*
– Bestände	*hoch*	*gering*
– Projektorientierung	*gering*	*hoch*
Input:		
– Mitarbeiter	*spezialisiert*	*in der Gruppe universell einsetzbar*
– Handlungsspielräume	*eingeschränkt*	*groß*
– Ideenkreierung	*gering*	*hoch*
– Ausbildung	*sporadisch, spezialisiert*	*permanent*
– Outsourcing	*gering*	*ausgeprägt, Beschränkung auf Kernfähigkeiten*
– Automatisierung	*CIM-Orientierung*	*CIM wenn sinnvoll*
– Änderungsaufwand	*hoch*	*relativ gering*
– Kapazitätsauslastung	*nach*	*Orientierung auf*
– Zusammenarbeit mit	*Optimierungsgesichtspunkten*	*Kundenwünsche, Flexibilität*
– Zulieferern	*Preisdruck, austauschbare Leistungen, destruktiver Zyklus*	*Partnerschaft, Zulieferung von Komponenten und Systemen*
Output:		
– Typenanzahl	*gering*	*hoch*
– Lebenszyklus	*möglichst lang*	*kurz*
– Qualität	*gut, aber hohe Kontrollkosten*	*gut, möglichst durch Fehlervermeidung statt durch Fehlerbehebung*

Bild 1-1: Taylorismus versus schlanke Organisation; Quelle: in Anlehnung an Pfeiffer/Weiss (Lean Management / 1991) 7

nehmung auf den Kunden ausrichten, d.h. den Kunden in das Zentrum aller Bemühungen („Customer Focus") stellen.

Aufgrund der Vielzahl der den Zulieferer betreffenden Trends, Risiken aber auch Chancen ist es hilfreich, sich an strategischen Erfolgsfaktoren auszurichten. Diese haben

• Customer Focus: Ausrichten aller Aktivitäten der Unternehmung auf den Kunden

die Aufgabe, verschiedenartige, selbstgesetzte oder von
außen herangetragene Anforderungen zu bündeln und der
Unternehmung Wege für Verbesserungen und/oder Differenzierungen aufzuzeigen. Die Unternehmung muß sich
über die für sie wichtigen Faktoren Klarheit verschaffen
und ein Erfolgsfaktoren-Set mit den entsprechenden Inhalten, Prinzipien, Maßnahmen und Initiativen aufstellen,
welchen sie sich in Zukunft verstärkt zuzuwenden ge-
denkt. Eine erste Orientierungshilfe können dabei die Erfolgsfaktoren Qualität/Service, Kosten/Preis und Zeit/Fle-
xibilität sein. Lean Management kann deshalb auch als
*das effektive und effiziente Management der kritischen
Erfolgsfaktoren einer Unternehmung* bezeichnet werden
(Bild 1-2).

Durch die entsprechende Umsetzung der aufgezeigten
Lean Management Grundsätze wie präventiver Qualitätssicherung, Verschwendungsvermeidung bzw. Drang zu
ständiger Verbesserung, Führung durch Motivation und
Leistungsmassstäbe und der damit einhergehenden Instrumenten und Methoden gelingt es der Unternehmung,
die vom Abnehmer verlangten Anforderungen bzgl. der
Erfolgsfaktoren Qualität, Kosten und Zeit entsprechend
zu erfüllen. Der Erfüllungsgrad läßt sich an Erfolgsgrös-
sen wie Entwicklungszeit, Durchlaufzeit, Nacharbeit,
Stückkosten, etc. messen.

Die bisherigen Erkenntnisse lassen sich in folgenden
Thesen zusammenfassen, die den Rahmen für die Zielsetzung der Arbeit setzen:

– Lean Management überträgt den Zulieferern mehr Aufgaben, größere Verantwortung und Kompetenzen als
  bisher. Als Partner der OEM's werden Zulieferer aktive
  Problemlöser, indem sie Produktions-, Montage- und
  Entwicklungstätigkeiten sowie weitere Aktivitäten von
  ihren Abnehmern übernehmen.
– Die Prinzipien des Lean Management müssen sich auch
  bei Zulieferern durchsetzen. Insgesamt kommt es so zu
  einer völligen Neuordnung der Gesamtwertschöpfungskette industrieller Güter.
– Zulieferer müssen ihre Ausgangssituation, Wettbewerbs-
  verhältnisse und ihre bestehenden Beziehungen zu Ab-

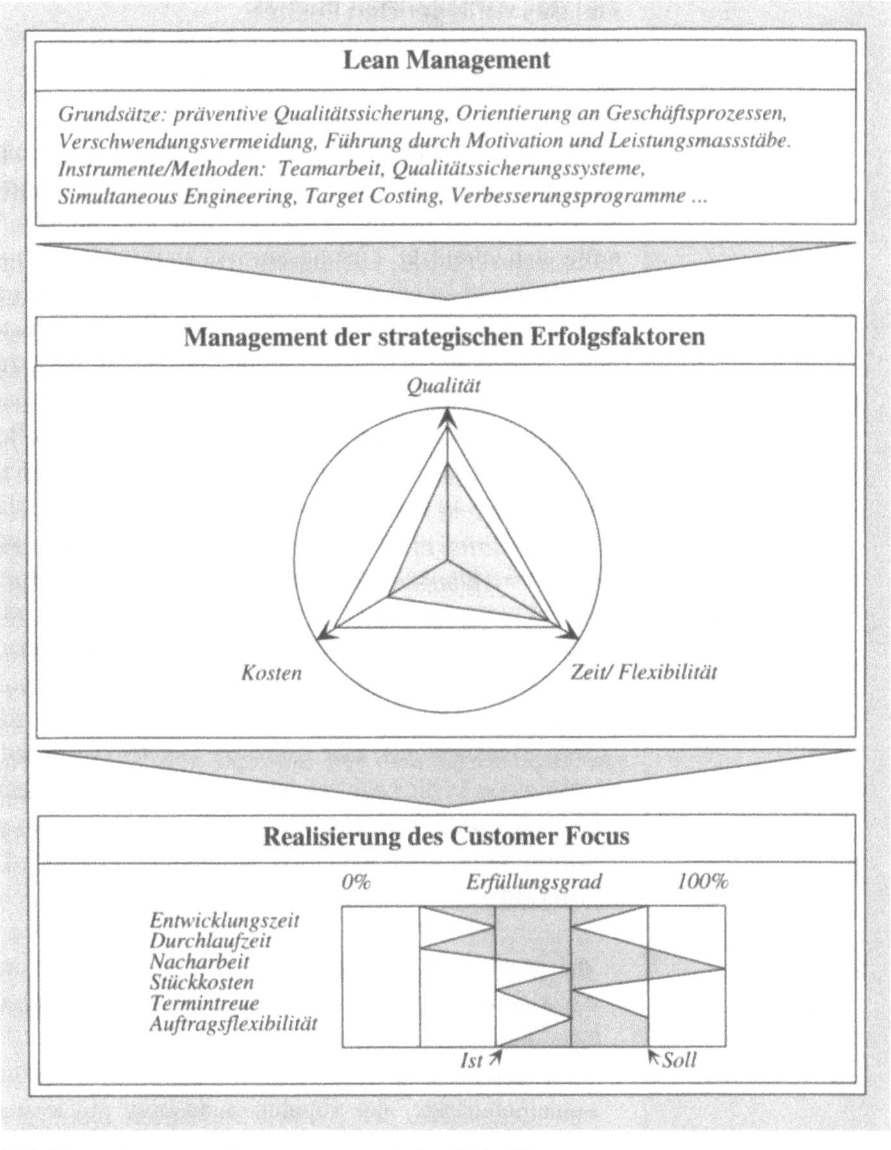

Lean Management

*Grundsätze: präventive Qualitätssicherung, Orientierung an Geschäftsprozessen,
Verschwendungsvermeidung, Führung durch Motivation und Leistungsmassstäbe.
Instrumente/Methoden: Teamarbeit, Qualitätssicherungssysteme,
Simultaneous Engineering, Target Costing, Verbesserungsprogramme ...*

Management der strategischen Erfolgsfaktoren

Qualität

Kosten   *Zeit/ Flexibilität*

Realisierung des Customer Focus

	0%	*Erfüllungsgrad*	100%

*Entwicklungszeit
Durchlaufzeit
Nacharbeit
Stückkosten
Termintreue
Auftragsflexibilität*

Ist ↗   ↖*Soll*

Bild 1-2: Lean Management: Management strategischer Erfolgsfaktoren

nehmern neu bewerten, um durch den Einsatz entsprechender Lean Management Prinzipien und Maßnahmen
die vollständige Ausrichtung der Unternehmung auf ihre Abnehmer zu erreichen.

Ziel des vorliegenden Buches: Gestaltungsempfehlungen zur Entwicklung und Realisierung des Customer Focus

Die einleitenden Bemerkungen haben gezeigt, daß sich die Zulieferindustrie in einer anhaltenden Anpassungskrise befindet. Die betriebswirtschaftliche Forschung bemüht sich verstärkt, Lösungsansätze zu ihrer Überwindung anbieten zu können. Vor diesem Hintergrund ist es Ziel der vorliegenden Arbeit, Strukturen, Abhängigkeiten und Probleme von Zuliefer-Abnehmer-Beziehungen zu analysieren und darauf aufbauend konstruktive und situationsgerechte Lösungsstrategien für Zulieferunternehmungen herauszuarbeiten. Zulieferer befinden sich grundsätzlich in verschiedenen Unternehmungs- sowie Marktstrukturen und befassen sich mit unterschiedlichen Marktentwicklungen, die zusammengenommen ihre spezielle Situation ausmachen. Es gilt zu untersuchen, ob sich daraus gewisse „zuliefertypische Problemstrukturen" und somit Typologien ergeben, die eine gewisse Vergleichbarkeit gewährleisten. Daraus sollen konkrete Gestaltungsmassnahmen und -konzepte abgeleitet werden, die Zulieferer in die Lage versetzen, sich besser als bisher auf den Kunden zu fokussieren und ihr Leistungsangebot zu optimieren, ohne dabei den eigenen unternehmerischen Erfolg zu vernachlässigen. Dazu werden:

– die grundsätzlichen Entscheidungskomponenten und Entwicklungen im Marketing für Zulieferer und deren Leistungssysteme diskutiert.
– die Zulieferbranche aus den Blickwinkeln der Endkonsumentenmärkte, der Herstellerindustrien sowie des Wettbewerbs analysiert, um wesentliche Entwicklungen und kritische Erfolgspotentiale offenzulegen. Es ergeben sich verschiedene Situationsmuster von Zuliefer-Abnehmer-Beziehungen, die in einer Leistungsmodul-Matrix für Zulieferer zusammenfließen.
– ein möglicher „Entwicklungs- und Realisierungsprozesses" für den Customer Focus vorgestellt. Wichtige Teilschritte des Prozesses sind dabei: (1) Ausgangsbedingungen klären (2) Ziele vorgeben (3) Customer Focus-

Strategie entwickeln (4) Lean Management praktizieren (5) Marketing-Kompetenz aufbauen und umsetzen (6) technische Entwicklung kundenorientiert steuern und überwachen. Zulieferer sollen so konkrete Empfehlungen für die Optimierung des eigenen Leistungsangebots aus Unternehmungs- und Kundensicht erhalten und werden in die Lage versetzt, ihr Kostenmanagement entsprechend zielgerichtet zu gestalten.

Anmerkungen

1 Bundesbericht Forschung 1993, zitiert in: Grunenberg (Von Pioniergeist keine Spur/1993) 3.
2 Unter einem Original Equipment Manufacturer (OEM) wird ein erstausrüstender Montagebetrieb verstanden, der seine Produkte im Letztverwender- bzw. Endverbrauchermarkt vertreibt.
3 Dieser Sachverhalt wird deutlich, wenn man sich die erhältliche Angebotsvielfalt der OEM's beispielsweise auf dem Automobilmarkt oder dem Markt für Unterhaltungselektronik vor Augen führt.
4 Wildemann (Fertigungsstrategie/1993) 349.
5 Wildemann (Fertigungsstrategie/1993) 379f.
6 Fieten (Partnerschaft/1992) 89. Der Preisindex für Zulieferteile im Automobilmarkt ist beispielsweise im Jahre 1992 unter das Niveau von 1985 abgesunken (Meinig (Talfahrt/1992) 40ff.).
7 nicht zuletzt um die Komplexität der Beschaffung zu reduzieren.
8 OEM's sprechen davon, dass Zulieferer nicht nur für die rechtzeitige und qualitätsgerechte Anlieferung zu garantieren haben sondern ihre Zulieferprodukte am Band durch eigene Mitarbeiter selbst zu montieren haben.
9 Freiling (Strategisches Zuliefer-Marketing/1991) 9ff.
10 Wildemann (Fertigungsstrategie/1993) 384ff.
11 Fieten (Partnerschaft/1992) 89ff.
12 Womack et al. (MIT-Studie/1992)
13 Womack et al. (MIT-Studie/1992) 19ff.
14 Unter dem Begriff Kaizen versteht Imai allgemein die „ständige Verbesserung unter Einbezug aller Mitarbeiter – Geschäftsleitung, Führungskräfte und Arbeiter„, wobei er die damit verbundene prozeßorientierte Art zu denken als ihren wesentlichen Grundsatz und auch Unterschied zu westlichen Managementkonzepten ansieht. Imai (Kaizen/1992) 15.
15 Pfeiffer/Weiss (Lean Management/1991) 2; vgl. auch Pfeiffer/Weiss (Lean Management/1992) 1ff.
16 Kramer/Kramer (Modulare Unternehmungsführung/1994) 106.
17 Bleicher (Konzept Integriertes Management/1992) 209.
18 Bleicher (Konzept Integriertes Management/1992) 210.
19 Pfeiffer/Weiss (Lean Management/1991) 2.
20 vgl. dazu auch DIN/ISO 9000 - 9004.

2 Zuliefermarketing: Leistungssysteme und Customer Focus

Industrielle Zulieferung

Über die Größe der deutschen Zulieferbranche gibt es unterschiedliche Informationen. So spricht man von ca. 25.000 Zulieferbetrieben, die bei steigender Tendenz etwa $^1/_4$ des industriellen Gesamtumsatzes auf sich vereinigen.[1] Es stellt sich einleitend die Frage, warum die Zulieferbranche einen so starken Anteil an der Volkswirtschaft hat. Die Antwort ist nicht so einfach, wie man zunächst rein intuitiv vermutet. Ein Blick in die Wirtschaftsgeschichte zeigt, daß auch im tayloristischen System, das sich in seinem Zentrum durch höchstmögliche Spezialisierung und Arbeitsteilung charakterisieren läßt, unabhängige Zulieferbetriebe nicht immer üblich waren. So betrug zum Beispiel der Vertikalisierungsgrad bei der Produktion von Automobilen zeitweise bis zu 100 %. Dieser Umstand bedeutete nichts anderes, als daß vom Rohstoffabbau und der Energieerzeugung über die Entwicklung, Konstruktion und Fertigung bis hin zur Vermarktung und zum Vertrieb alle Leistungen innerhalb der eigenen Unternehmung selbst erstellt wurden. In rezessiven Zeiten merkten vertikal integrierende Unternehmungen jedoch schnell, daß vorhandene Überkapazitäten nicht einfach abgestoßen werden konnten. Die bestehenden Fixkostenblöcke waren so die Ursache für Kosten- und Effizienzprobleme bei Nachfrageverschiebungen oder in rezessiven Zeiten.[2] Die Lösung glaubten die Vertreter des Taylorismus darin zu finden, Zulieferungen aus dezentralisierten Bereichen zu beziehen. Sie hofften, so den einzelnen Einheiten die Kosten- und Effizienzdisziplin des Marktes auferlegen zu können und gleichzeitig die Vorteile einer vereinigten Unternehmung zu nutzen.[3] Erst in den 50er Jahren begann bei-

• Fixkostenblöcke sind die Ursache für Kosten- und Effizienzprobleme bei Nachfrageverschiebungen oder in rezessiven Zeiten

spielsweise bei Ford die Zulieferung durch rechtlich unabhängige Zulieferanten. Heute schwankt die Breite des Eigenfertigungsgrades von OEM's je Abnehmerbranche bzw. auch innerhalb unterschiedlicher Abnehmerbranchen stark.

Die einführenden Bemerkungen geben Hinweise, warum Abnehmer Zulieferleistungen beziehen. Die Gründe liegen im wesentlichen in höherer Wirtschaftlichkeit sowie technischem und organisatorischem Know-how von Zulieferern:[4]

- Zulieferer erbringen Leistungen wirtschaftlicher als ihre Abnehmer

Zulieferer können Leistungen *wirtschaftlicher* erbringen als ihre Abnehmer. Dies liegt darin begründet, daß Zulieferer beispielsweise das gleiche oder ähnliche Zulieferprodukt für verschiedene Kunden in derselben Abnehmerbranche fertigen und so über mehr Erfahrung verfügen als der einzelne Abnehmer. Auch wenn Zulieferer nur einen einzigen Kunden in der jeweiligen Abnehmerbranche bedienen, sind sie häufig durch bessere Kostenstrukturen und geringere Kosten der Komplexität einer Eigenfertigung durch den Hersteller überlegen. So spielen beispielsweise Verwaltungskosten bei mittelständischen Zulieferern weit weniger eine Rolle als bei Großunternehmungen mit zum Teil erheblichen „Overheads". Zudem geben sich Zulieferanten traditionell mit geringeren Umsatzrenditen zufrieden als dies bei den OEM's der Fall ist. Gleichzeitig sehen Abnehmer ihre Zulieferer als eine Ausgleichslösung bei konjunkturellen Schwankungen. Dies ist v.a. dann der Fall, wenn Zulieferer keine kontinuierlichen Partner sind und der Abnehmer eigene, mit dem konjunkturellen Risiko behaftete Investitionen vermeiden möchte. Daneben werden Zulieferer auch bei gelegentlichen Kapazitätsengpässen bzw. Kapazitätsspitzen beim Abnehmer oder beim Mitkonkurrenten eingesetzt.[5]

- Zulieferer verfügen über technisches Know-how, das ihr Abnehmer nicht beherrscht

Zulieferer verfügen häufig über *technisches Know-how*, das der Abnehmer nicht beherrscht. Sie agieren folgerichtig in Marktnischen für Produkte mit einem hohen Know-how, das durch eigene Patente und Leistungsvorsprünge gekennzeichnet und gesichert ist. Abnehmer können dieses Know-how nur für sich gewinnen, wenn sie mit diesen Lieferanten zusammenarbeiten. Hier können auch Kooperationen ansetzen, die die gemeinsame Weiterentwicklung technischer Lösungen zum Ziel haben. Technisches

Know-how heißt aber auch, daß Abnehmer in Auftragsarbeit beim Zulieferer neue Lösungen konzipieren und entwickeln lassen. Anschließend wird darüber entschieden, ob diese in Eigenproduktion, bei anderen – auf Fertigung spezialisierte Zulieferer – oder aber beim selben Zulieferer gefertigt werden sollen.

Zulieferer haben *organisatorisches Know-how*. Lassen Abnehmer bei Zulieferern entwickeln und fertigen, liegt es in der Natur der Sache, daß sie in der Folge auch die Verantwortung etwa für Lagerung, Lieferung und einer umfänglichen Qualitätssicherung auf die Zulieferer überwälzen. So wollen Abnehmer beispielsweise immer öfter aus Kostengründen keine eigenen Lager mehr unterhalten und verlangen gleichzeitig JIT-Lieferungen ihrer direkten Zulieferanten. Dadurch entsteht ein erheblicher organisatorischer Mehraufwand auf Seiten des Zulieferers.

• Zulieferer haben zusätzliches organisatorisches Know-how

Leistungen und Märkte von Zulieferern

Der Begriff des Zulieferers[6] wird in der Literatur nicht übereinstimmend benutzt. Vertreter aus Forschung und Praxis betonen unterschiedliche Aspekte und Dimensionen, die ihrer Meinung nach einen einzelnen Zulieferer bzw. das Zulieferwesen besonders kennzeichnen.[7] So assoziiert man mit einem Zulieferer in der Regel einen mittelständischen Betrieb, in dem der Eigentümer nicht selten noch mit seinem Privatvermögen haftet. Oder man spricht allgemein von einem Zulieferer für einen bestimmten Absatzmarkt, beispielsweise von den Automobilzulieferern. Weinhold definiert „Zulieferer" als Unternehmungen, welche Halbfabrikate, Teile, Verbrauchsmaterialien, Aggregate und andere Leistungen herstellen, die in das Erzeugnis des Abnehmers eingehen.[8] Engelhard bezieht in seine Definition von Zulieferleistungen noch Roh- und Einsatzstoffe ein und betont ebenso die Zugehörigkeit der Dienstleistungen zum Angebotspaket von Zulieferern.[9] Einen Überblick über die wichtigsten Dimensionen der Zulieferdifferenzierung gibt Bild 2-1.

Seine kurze Erläuterung hilft, ein einheitliches Begriffsverständnis zu legen und den Leser für die vielschichtige

Unternehmungsart	Marktleistung	Märkte/Abnehmer
– Form *– Größe* *– Kompetenzen* *– Fähigkeiten* *– Potentiale*	*– Grund- bzw.* *– Hauptleistungen* *– Zusatzleistung* *– Nebenleistung* *– Preis* *– Konditionen*	*– Stufe der Wertkette* *– Branche* *– Internationalität*

Bild 2-1: Dimensionen der Zulieferdifferenzierung

Problematik des Zulieferwesens und -marketing zu sensibilisieren.

Zulieferer sind in der Regel keine Monopolisten, sondern stehen mit anderen Zulieferern im Wettbewerb um die Gunst ihrer Kunden bzw. Abnehmer. Betriebsform, Unternehmungsgröße sowie unternehmerische Kompetenzen und Fähigkeiten sind dabei wichtige Unterscheidungsmerkmale.

Betriebsform: Mit der Betriebsform legt der Zulieferer fest, ob er eine produzierende Unternehmung oder eine Handelsunternehmung sein will. Besonders Produktionsbetriebe übernehmen häufig aufgrund besonderer Kenntnisse über bestimmte Absatzmärkte oder um ihr Sortiment abzurunden zusätzliche Produkte – auch von Wettbewerbern – als zusätzliche Handelsware in ihr Produktpgrogramm auf.

Unternehmungsgröße: Zulieferer erzielen häufig einen erheblichen Anteil ihres Gesamtumsatzes mit einem oder wenigen Abnehmern, wobei diese in der Regel wesentlich größere Unternehmungen darstellen.[10] Quantitatives Kriterium ist dabei v.a. die Unternehmungsgröße gekennzeichnet durch Umsatz und Mitarbeiterzahl. Zulieferer sind sowohl die Kleinst- und sogenannten „Ein-Mann-Betriebe" im Handwerk als auch Größtbetriebe wie bspw. die Robert Bosch GmbH mit über 150.000 Mitarbeitern.

Kompetenzen und Fähigkeiten: Zulieferer von technischen Produkten zeichnen sich durch verschiedene Fähigkeiten und Kompetenzen für ihre Abnehmer aus. So können sie über besonderes Know-how in der Entwicklung, Fertigung und Logistik verfügen und zusätzlich EDV-

● Unterscheidungsmerkmale von Zulieferern: Betriebsform, Grösse, Kompetenzen

Zulieferer als:	Leistungsspezialist	– Fertigungsspezialist
		– Entwicklungsspezialist
		– Beschaffungsspezialist
		– Marketingspezialist
	Kosten-/Preisspezialist	– Qualitätsmanagementspezialist
		– Partnerschaftsspezialist
		– Rationalisierungsspezialist
		– ...

Bild 2-2: Differenzierungsmöglichkeiten für Zulieferer durch Spezialisierung

Unterstützung, Projektierung oder weitere Dienstleistungen anbieten.[11] Grundsätzlich können Zulieferer sich durch bessere Leistung oder durch besonders niedrige Kosten vom Wettbewerb differenzieren (Bild 2-2). Die Kompetenz zum Leistungs- oder Kostenspezialist fußt auf der richtigen Kombination verschiedener Einzelfähigkeiten bezüglich der Kernprozesse und Infrastrukturaufgaben entlang der Wertschöpfungskette.

Die Definitionen von Weinhold und Engelhard grenzen Zulieferer zunächst auf der Basis der von ihnen erbrachten Marktleistungen, die sowohl materielle als auch immaterielle Leistungen umfassen können, ab. Sie machen deutlich, daß der Schwerpunkt des Zuliefermarketings auf der Marktleistungsgestaltung liegt. Eine Marktleistung setzt sich aus Grundleistungen sowie begleitenden Zusatz- und Nebenleistungen zusammen (Bild 2-3). Die Grundleistungen lassen sich nach solchen 1. Ordnung und solchen 2. Ordnung unterscheiden. So zählen zu den Grundleistungen 1. Ordnung Rohstoffe, Halbfertigteile und Standardfertigteile sowie Standardartikel. Zu den Grundleistungen 2. Ordnung gehören umfangreichere und mit mehr Ver- und Bearbeitungsaufwand verbundene Leistungen wie Baugruppen/Komponenten und Systeme.

Die möglichen Grundleistungen bedürfen einer kurzer Erläuterung:

Rohstoffe/Einsatzstoffe: Produkte zum Einsatz in der ersten Fertigungsstufe beim Zulieferer, bspw. ver- und/oder bearbeitete Rohstoffe als Basis der weiteren Ver- und Bearbei-

• Marktleistungsgestaltung: Kern des Marketing für Zulieferer

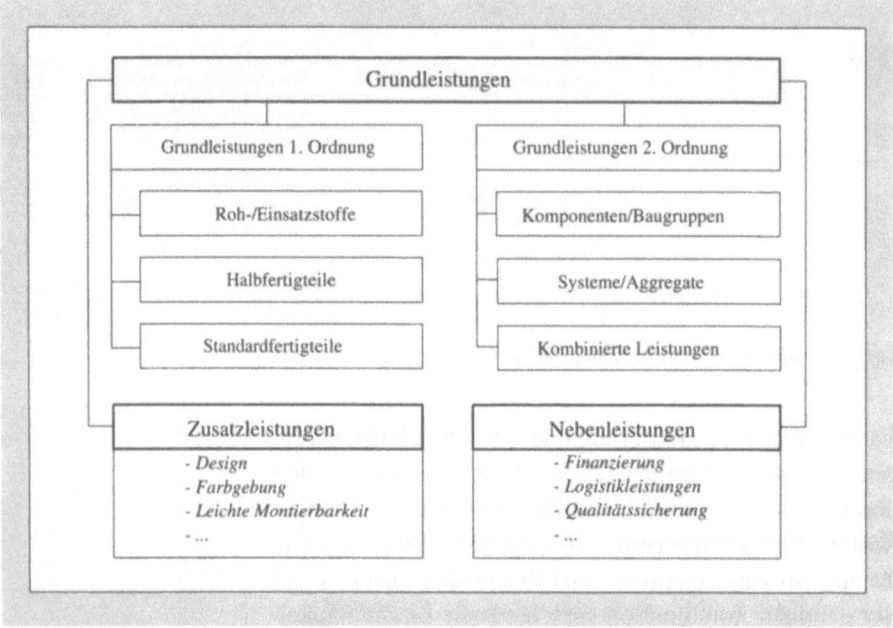

Bild 2-3: Leistungsspektrum von Zulieferern

tung (Beispiele: Stahl, Aluminium, Kunststoffe, Granulate, Leder).

Halbfertigteile: Teile (roh oder bearbeitet), die im Fertigungsprozeß des Abnehmers weiterverarbeitet, bearbeitet und/oder eingebaut werden. Sie können sowohl vom Zulieferer als auch vom Abnehmer entwickelt worden sein (Beispiele: Schmiedeteile, Gußteile, Stanzteile).

Standardfertigteile: Fertigteile (des Zulieferers), die ohne dominante weitere Ver- oder Bearbeitung in die Abnehmerprodukte eingebaut bzw. zusammengefügt werden. Sie sind im wesentlichen sogenannte Standardteile bzw. Katalogteile des Zulieferers (Beispiele: Schrauben, Stifte, Federn).

Mit der Gruppe der Grundleistungen 1. Ordnung sind i.d.R. noch keinerlei Vormontageleistungen seitens des Zulieferers verbunden. „Komplexe" Zulieferleistungen, also Grundleistungen 2. Ordnung untergliedern sich in:

Komponenten/Baugruppen: Sie bestehen in der Regel aus mehreren Halbfertigteilen und/oder Standardfertigteilen und/oder Roh- oder Einsatzstoffen. Sie benötigen zu ihrer Herstellung Montage- oder spezielle Fertigungsprozesse (Beispiele: kunststoffumspritzte Elektrostecker, Rollen, Räder, Kupplungen).

Systeme/Aggregate: Sie bestehen in der Regel aus mehreren zusammengehörenden, verbundenen oder zusammengesetzten Komponenten und/oder Standardfertigteilen und/oder Halbfertigteilen und erfüllen Grund- oder Zusatzfunktionen des Endproduktes (Beispiele: Antiblockier-Systeme, elektrisch verstellbare KFZ-Sitze).

Kombinierte Grundleistungen: Neben dem Standardfertigteil, der Komponente bzw. Baugruppe, dem Aggregat bzw. dem System wird dem Abnehmer das (die) zu seiner Verarbeitung/Verbindung mit dem Haupt-/Endprodukt notwendige Werkzeug (Maschine) geliefert (Beispiel: Druckknöpfe (Standardfertigteil) für die Bekleidungsbranche werden inklusive Maschinen und Werkzeugen für die Verarbeitung bzw. das Ansetzen der Druckknöpfe auf den Kleidungsstücken geliefert; Sitze (System) für die Automobilindustrie werden inklusive der notwendigen Montagewerkzeuge und -maschinen für die Endmontage beim Erstausrüster geliefert; Nägel bzw. Klammern werden gemeinsam mit elektrischen oder pneumatisch angetriebenen Klammerwerkzeugen im Markt angeboten).

Mit jeder Grundleistung können Zulieferer verschiedene Zusatz- und Nebenleistungen anbieten. *Zusatzleistungen* sind dabei Leistungen, die unmittelbar mit dem Produkt verbunden sind, aber zur Erfüllung des Grundbedürfnisses nicht unmittelbar erforderlich sind. Hier spielen für Zulieferleistungen beispielsweise das Design, die Farbgebung sowie technische Zusatzleistungen wie leichte Montierbarkeit eine wichtige Rolle. *Nebenleistungen* sind Leistungen, die Zulieferer unabhängig von der Grundleistung erbringen. In diesen Bereich fallen zum Beispiel Qualitätssicherungsleistungen, Logistikleistungen, spezielle Konditionen für marktmächtige Abnehmer etc. Bei relativer Austauschbarkeit der Grundleistungen spielen Zusatz- und Nebenleistungen eine immer wichtigere Rolle, um sich erfolgreich vom Wettbewerb zu differenzieren.[12]

Ein zusätzliches Unterscheidungskriterium der Zuliefer-Marktleistung ist die *Quelle der Entwicklung und Konstruktion der Leistung*, also die Herkunft der Gestaltung.

Diese kann entweder im Hause des Zulieferers, des Abnehmers oder bei beiden liegen.

Kundenzeichnungs-Teile (Contract-parts): Die Forschung der Wettbewerbstheorie betont die besondere Bedeutung der Auftragsfertigung. Sie definiert wie folgt: „Zulieferung ist in der Regel die Lieferung von Teilen oder Zubehör, die nach Weisung des Kunden (Abnehmers) gefertigt werden…"[13] Dabei unterscheiden sich diese Zulieferungen in Form von Fremdentwicklungs- und Fremdfertigungsteilen, also Teilen, die von Zulieferanten im Kundenauftrag entwickelt und/oder gefertigt wurden, von sog. „Katalogteilen".

Katalogteile: Darunter sind eigenentwickelte und/oder produzierte Produkte zu verstehen, die Zulieferer unabhängig von Kundenaufträgen herstellen und anbieten. Sie werden in der Regel in speziellen Zulieferkatalogen angeboten.[14]

Die Gewichtung der verschiedenen Leistungskomponenten und dem Eigenleistungsanteil des Zulieferers hängt wesentlich von der jeweiligen Beziehung zu seinen Abnehmern ab.[15] Ausschließliches Arbeiten nach Weisungen des Abnehmers, in der ein eigener Beitrag an der Gestaltung des Produktes nicht möglich ist, trifft nur auf eine beschränkte Zahl von Zulieferanten zu. Stark führt in diesem Sinne aus: „Zulieferung bedeutet (…) für den Hersteller partnerschaftliche Kooperation zur gezielten Nutzung von Lieferanten-Know-how, um durch verstärkte Konzentration auf eigene und kundenbezogene Problemlösungsalternativen bzw. Marktleistungen das Ertragspotential des eigenen Unternehmens zu erhöhen und besser zu nutzen."[16] Er betont, daß Lieferanten-Know-how für die eigene Leistungsfähigkeit des Abnehmers unabdingbar ist. Wie dieses Leistungs-Know-how ausgestaltet sein kann, zeigt Wildemann.[17] Entlang der Wertschöpfungskette des Abnehmers erbringen Zulieferer Leistungen, die durch das damit verbundene Produkt-Know-how, Prozeß-Know-how oder die Problemlösefähigkeit geprägt sind. Mit Prozeß-Know-how wird die Fähigkeit verbunden, Prozeßtechnologien zu beherrschen, um diese gezielt auf die Anforderungen der Abnehmer auszurichten und eine kostengünstige und qualitativ hochwertige Produktion zu gewährleisten. Produkt-Know-how hingegen ist die Fähigkeit, unter Zeit-, Kosten- und Qualitätsrestriktionen kundengerechte Produkte zu entwickeln. Problemlösefähigkeit schließlich ist nicht mit der direkten Fähigkeit zur Leistungserstellung verbunden, sondern meint die Bereitschaft zur Initiative und Risikoübernahme bei gemeinsamen Entwicklungsprojekten.

Die vorliegende Arbeit beschränkt sich auf die Analyse von solchen Zulieferleistungen, die einen über den Zustand der Roh- und Einsatzstoffe heraus gewissen Bearbeitungsstand erreicht haben. Gegenstand der Untersuchung sind also Zulieferunternehmungen, die in der Lage sind, Endausrüster (OEM's) mit Zulieferleistungen zu versorgen, die bereits einen gewissen Grad der Ver- oder Bearbeitung erfahren haben, und in die Zulieferer bereits ein gewisses Produkt- und Prozeß-Know-how (Entwicklung, Fertigung etc.) investiert haben. Zulieferleistungen sind somit Einzelteile (T) und Baugruppen (Gr). Der Zulieferer entwickelt sie vollständig oder teilweise in Eigenregie oder fertigt nach Anweisungen des Kunden und liefert sie in der Form von Halbfertigteilen, Standardfertigteilen, Komponenten/Baugruppen, Systemen/Aggregaten oder kombinierten Leistungen an. Diese Zulieferleistungen sind Leistungen im Sinne der Stücklistenstruktur des OEM-Produktes in Bild 2-4.

Bild 2-5 verdeutlicht die Zusammenhänge zwischen den originären Leistungsmöglichkeiten von Zulieferern und die gebräuchlichen Bezeichnungen beim OEM.

Die Stufen der Wertschöpfung, Arten und Strukturen der jeweiligen Abnehmerbranche und deren Bedürfnisse sowie zunehmende Internationalität sind einige wesentliche Bestimmungsgrößen für Märkte und Abnehmer von Zulieferleistungen.

Stufen der Wertschöpfung: Zulieferer vertreiben ihre Leistungen in nachgelagerte Märkte. Je nach ihrer Stellung in der Gesamtwertschöpfungskette können sie entweder Zulieferbetriebe der gleichen Stufe, nachgelagerte Zulieferer (Zulieferbetriebe „höherer" Ordnung), Hersteller- und Montagebetriebe bzw. Erstausrüster, den Handel oder über den Versand- und Ersatzteilhandel den Endanwender beliefern. „Das Hauptprodukt braucht noch nicht

- Märkte und
  Abnehmer für
  Zulieferleistungen

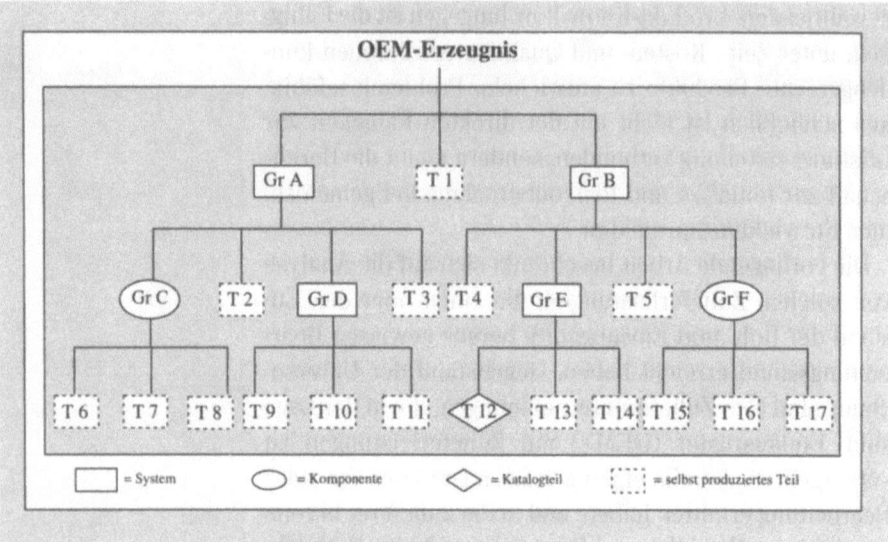

Bild 2-4: Stückliste eines technischen Produktes (Beispiel)

	Enderzeugnisse/Leistungen der Zulieferer und ihre üblichen Bezeichnungen beim OEM		
Zuliefer-Grundleistungen	**Rohstoffe (R)**	**Einzelteile (T)**	**Baugruppe (Gr)**
Roh-/Einsatzstoffe	○	–	–
Halbfertigteile	–	○	–
Standardfertigteile	–	○	–
Komponenten/(Baugruppen)	–	–	●
Systeme/Aggregate	–	–	●
Kombinierte Leistungen	–	–	●

○ =   Stücklisten-Strukturierung nicht nötig bzw. nicht möglich.
● =   Zulieferleistungen lassen sich wie die OEM-Leistungen sowohl beim Zulieferer als auch beim OEM
      stücklistenmäßig erfassen bzw. strukturieren.

Bild 2-5: Zulieferleistungen im Sprachgebrauch von Zulieferer und Abnehmer

Endprodukt zu sein, es kann auch seinerseits noch Zulieferprodukt sein, also Be- oder Verarbeitungsvorgängen unterworfen werden. Des weiteren kann der Zeitpunkt des Ein- bzw. Anbaus auch nach dem Zeitpunkt der Fertigstellung des Hauptproduktes liegen, so daß die Lieferung von Ersatzteilen und -zubehör ebenfalls unter den

Begriff Zulieferung fällt."[18] Der Weg der Wertschöpfung geht über Erstellung und Zulieferung einer Vielzahl einfacher Leistungen hin zur Lieferung von komplexen Marktleistungen an den Erstausrüster, wobei auch direkte Beziehungen zwischen den verschiedenen Ebenen bestehen können. Je nach Fertigungstiefe einzelner Mitglieder der Gesamtwertschöpfung können Abnehmer Leistungen nicht direkt „untergeordneter" Zulieferebenen direkt beziehen.

Abnehmer und Branchen: Zulieferer können mit ihren Leistungen grundsätzlich eine, mehrere oder viele Abnehmerbranchen beliefern. Dies hängt von ihrer Sortimentsstruktur sowie der „Einsatzfähigkeit" der Produkte in verschiedenen Branchen ab. So bedienen die sog. Automobilzulieferer i.d.R. nur Automobilproduzenten sowie den KFZ-Handel und teilweise innerhalb dieser Branche auch nur bestimmte Abnehmer. Als Zulieferbranche des größten Industriezweigs Deutschland sind sie häufig Gegenstand aktueller Untersuchungen. Dort beobachtete Entwicklungen gelten als allgemeine Trends und werden gerne auf andere Branchen übertragen. Zulieferer von Standardfertigteilen hingegen beliefern oftmals nachgelagerte Zulieferer und/oder OEM's in mehreren Branchen, da Produkte wie Federn, Stifte und Schrauben sowohl in der Maschinenbaubranche, der Automobilbranche oder anderen Branchen einsetzbar sind. Je nach Stellung in der Zulieferbranche und der eigenen Produktstruktur variiert die Abhängigkeit eines Zulieferers von bestimmten Abnehmerbranchen. Typische Abnehmerbranchen sind: Automobilbranche, Maschinen- und Apparatebau, Elektronikbranche, Bekleidungsbranche, Kunststoff- und Metallbranche, Uhrenbranche etc.

Typisch für das Zuliefergeschäft ist die Abschottung ihrer Leistungen von den Endmärkten.[19] „Als Zulieferer werden solche Unternehmungen angesehen, die die strategische Entscheidung getroffen haben (...) nicht für Endabnehmer sondern zum überwiegenden Teil oder sogar vollständig für den Bedarf industrieller Abnehmer, die Endprodukte herstellen, zu produzieren."[20] Lediglich über den Ersatzteilhandel bestehen i.d.R. Möglichkeiten für den Zulieferer, beim Endverbraucher einen Nachfragesog zu erzeugen. Es gibt

• Zulieferer sind mit ihren Leistungen von den Endmärkten abgeschottet

jedoch auch Zulieferunternehmungen, die Endverbraucher-
märkte direkt oder in Zusammenarbeit mit den OEM's bearbeiten.[21] Eine entscheidende Rolle spielt in diesem Zusammenhang die Frage, ob Zulieferprodukte unsichtbar oder
sichtbar im Endprodukt verarbeitet werden und damit für
den Endverbraucher wahrnehmbar bleiben.

Internationalität: Die Frage der Internationalität einer
Branche betrifft sowohl die Seite der eigenen Beschaffung als auch die Seite des Absatzes. Zulieferer und auch
Abnehmer, in Hochlohnländern sind beispielsweise gezwungen, sich bei der Beschaffung von Inputs international auszurichten, um Kosten- und Leistungsvorteile
besser wahrzunehmen und aufgrund einer Internationalisierung des Wettbewerbs selber auch global zu agieren.
Gleichzeitig stellt sich die Frage, ob die häufig festzustel-
lende lokale Anbindung vieler Zulieferanten an ihre Kunden bestehen bleibt, sich gar verstärkt oder in Zukunft
keinen Sinn mehr macht. So ist die Automobilzulieferin-
dustrie in Deutschland traditionell immer noch örtlich
stark an ihre Abnehmer angebunden.

• Fazit: Zwischen
Zulieferer und
Abnehmer bestehen
komplexe
Beziehungen

Industrielle Zulieferer unterscheiden sich untereinander grundsätzlich in einer Reihe von Kriterien. Entsprechend umfassend fällt ihre Umschreibung aus.

Industrielle Zulieferer
– sind selbständige Unternehmungen oder Unternehmungsbereiche innerhalb einer Unternehmung,
– liefern Halbfabrikate, Teile, Komponenten oder (Teil-)
  Systeme und Module sowie damit verbundene Dienstleistungen,
– erstellen ihre Leistungen in Auftragsfertigung, Lagerfertigung, Massenproduktion, Kleinserien- oder Einzelfertigung für lokale, regionale, nationale oder internationale industrielle Abnehmer, den Ersatzteilhandel oder liefern sie direkt über den Versand an den Endkunden,
– entwickeln und/oder fertigen eine Leistung und bauen
  sie eventuell in das jeweilige Abnehmerprodukt – im
  Falle eines OEM's in das Endprodukt – ein.

Die enge Verbindung zum Abnehmer liegt in der Natur des
Zuliefergeschäfts. Entsprechend können ihre industriellen Abnehmer wie folgt umschrieben werden:

Industrielle Abnehmer
- sind Zulieferer höherer Ordnung, OEM's und Montage-
  fabriken oder (in einigen Fällen) der Ersatzteilhandel,
- stammen aus einer bestimmten Branche und beziehen
  lokal, regional, national oder international Leistungen
  verschiedenster Art,
- verbinden die Zulieferleistung mit der eigenen Marklei-
  stung zu einem höherwertigen Gut und geben die Gesamtleistung an ihre Abnehmer oder den Endkunden
  weiter.

Die vorgeschlagenen Umschreibungen legen die wesentlichen Grundlagen für die weitere Untersuchungen. Bereits
die Basiskriterien zeigen die Vielschichtigkeit der Thema-
tik, die vielen möglichen Schattierungen des Zuliefermarketing und deuten die Vielzahl möglicher Ausgestaltungen
von Zuliefer-Abnehmer-Beziehungen an.[22]

Leistungssysteme für Zulieferer:
Vom materiellen Produkt zur kundenspezifischen und integrierten Problemlösung

Unterschiedliche Ansätze aus der Management- und Mar-
ketingforschung unterstützen die Bemühungen von Zulieferern, sich gegenüber dem Wettbewerb bei ihren Kunden
zu differenzieren und zu profilieren. Zu nennen sind dabei
das Key Account Management als „koevolutionäre Reaktion" der Zulieferer auf die (Macht-)Konzentration auf Her-
stellerebene. Ein weiterer Ansatz sind Partnerschaften,
die neue oder bestehende Zuliefer-Abnehmer-Beziehungen vertiefen oder verbessern helfen sollen. Beide Ansätze sind aus dem traditionellen Kundenstamm-Marketing
erwachsen, daß für Zulieferer die Basis ihres Handelns
darstellt. Kundenstamm-Marketing richtet spezifische
Leistungen der Unternehmung auf bestehende Kunden
aus, um Beziehungen und geschäftliche Transaktionen
mit ihnen fortzusetzen, zu erweitern oder zu vertiefen.
Kundenstamm-Marketing zielt nicht nur auf permanente
und periodische frühere Kunden, sondern strebt einen er-
tragreichen und zukunftsträchtigen Soll-Kundenstamm

• Leistungssysteme
integrieren verschie-
dene Ansätze des
Marketing zu einer
Gesamtkonzeption

an.[23] Weitere partielle Ansätze für Zulieferer sind ein effizientes Kleinkundenmarketing, Vertrauensmarketing oder das Management von Geschäftsbeziehungen.[24]

Leistungssysteme integrieren diese Ansätze zu einer Gesamtkonzeption und stellen das „Kernelement" eines effektiven und effizienten Zuliefermanagements dar.[25] „Die Grundidee des Leistungssystems besteht darin, mögliche Querbeziehungen zwischen Leistungen einer Unternehmung oder eines Unternehmungsverbundes zu fördern oder herzustellen und bisher getrennte Teilleistungen zusammenzufassen, um Vorteile der Optimierung für Kunden und Unternehmung zu schaffen."[26] Leistungssysteme beruhen auf dem Leistungs-Gegenleistungs-Prinzip. Eine für den Abnehmer geschlossene Problemlösung ist, (...) solange kontinuierlich zu erweitern bzw. zu verringern, wie sich eine entsprechende Gegenleistung langfristig realisieren läßt."[27]

Ziel von Leistungssystemen ist es, langfristig neue Markt-/Leistungskombinationen mit Vorteilen für den Kunden zu schaffen und sich wirksam gegenüber der Konkurrenz zu profilieren. Dabei folgen Leistungssysteme gewissen Grundprinzipien:[28]

Leistungssysteme lassen sich nicht in bestehende Marketingsysteme auf strategischer oder operativer Ebene einordnen, sondern stellen einen integrierten Ansatz dar. An Leistungssystemen für abgegrenzte Kundengruppen kann (und muß) sich im Sinne der angestrebten Kundenfokussierung nicht nur das gesamte Marketing sondern die gesamte Unternehmung orientieren.

Leistungssysteme kombinieren die verschiedenen Teilleistungen zu transparenten und gut kommunizierbaren Leistungsbündeln. Attraktive Teilleistungen bilden die Spitzen im Wettbewerb und tragen weniger attraktive Leistungskomponenten innerhalb des Marktleistungsangebots.

Leistungssysteme für Zulieferer denken weiter. Sie berücksichtigen die Entwicklungen und Forderungen indirekter, vom Zulieferer nicht unbedingt kontrollierbarer Märkte und bleiben mit der Problemanalyse und Lösungssuche nicht auf der Stufe der direkten Abnehmer stehen.

Ausgangspunkt für die Entwicklung und Gestaltung von Leistungssystemen ist die Marktleistung, der Kern

des Marketing.[29] Zulieferer müssen Leistungen gemäß
der Kundenanforderung ständig anpassen, weiter vertiefen und neu strukturieren. Sie können über produktbe-
gleitende Dienstleistungen, Integration der Leistungen in
die Abläufe des Kunden und Übernahme kompletter Projekte hin zu einem umfassenden Leistungs- und Problem-
lösungspaket führen, das auch das emotionale Profil der
Zuliefer-Abnehmer-Beziehung berücksichtigt.[30] Die Erweiterung von Leistungen vom materiellen Produkt zu
umfassenden Leistungssystemen mit seinen möglichen
Inhalten zeigt Bild 2-6. Mit dem Ansatz der Leistungssysteme definiert der Zulieferer seine Leistungen und Märkte
neu. Er versucht, die normalen Erwartungen des Abnehmers zu übertreffen und kann sich dadurch von der Konkurrenz abheben.[31] Leistungssysteme sind für Zulieferer
deshalb von so großer Bedeutung, weil sie Lösungen für
spezifische Kundengruppen darstellen wollen. Sie bestimmen die Arbeitsteilung zwischen Zulieferer und Abnehmer oftmals neu und Zulieferer können ihren Wertschöpfungsanteil erheblich steigern. Bild 2-6 legt Wert darauf zu
zeigen, wie Leistungssysteme auf die möglichen Kundengruppen abzustimmen sind. Je weiter eine Leistung des
Zulieferers sich vom materiellen Produkt entfernt, desto
klarer muß der Marketing-Focus auf maßgeschneiderten
Problemlösungen für einzelne Kunden ausgerichtet sein.
So lassen sich Standardteile ohne ausgefeilte Fokussierung auf bestimmte Kundengruppen am Markt vertreiben.
Die Zulieferung ganzer Systeme nach „Just-in-time"-Ge-
sichtspunkten verlangt jedoch eine auf den Kunden maßgeschneiderte Problemlösung für Groß- und Schlüsselkunden.[32]

*Leistungssysteme definieren die Zuliefer-Abnehmer-
Beziehungen langfristig neu.* Zulieferer erhöhen die Leistung für den Kunden und definieren die Arbeitsteilung
mit ihm neu. Leistungssysteme stärken so die Position gegenüber mächtigen Abnehmern und ermöglichen eine vertiefte partnerschaftliche Zusammenarbeit mit ausgesuch-
ten und abgegrenzten Kundengruppen. Sie ermöglichen eine Zuliefer-Abnehmer-Beziehung, für die nicht gelten muß:
„Partnerschaft ist die Beziehung zwischen Lieferant und
Abnehmer, in der einer Partner ist und der andere schafft."

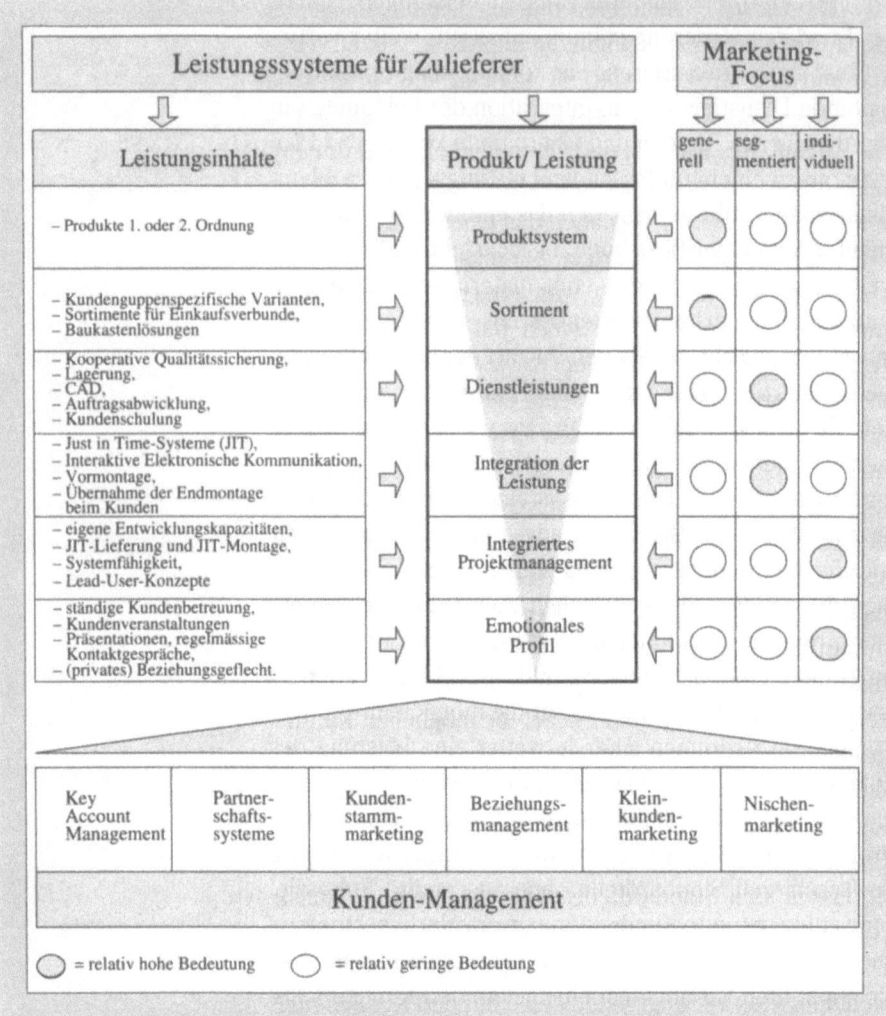

Bild 2-6: Leistungssysteme und Kundenmanagement für Zulieferer; Quelle: in Anlehnung an Belz (Suchfelder/1991) 37.

Leistungssysteme ermöglichen die Profilierung innerhalb einer bestimmten Stufe der Zulieferkette und den Aufstieg in eine höhere Ebene. Durch kontinuierliche Verringerung einer geschlossenen Problemlösung können sich Zulieferer spezialisieren und gegenüber Konkurrenten der gleichen Zulieferstufe profilieren, wobei sich auch entsprechende Gegenleistung langfristig realisieren läßt. Durch die kontinuierliche Ausweitung ihrer Leistung kann

ein Zulieferunternehmung in neue Stufen der Zulieferhier-
archie aufsteigen. Bild 2-7 faßt die wichtigsten Punkte des
Konzeptes für Zulieferer-Leistungssysteme zusammen.

Leistungssysteme entstehen im Markt oder aus den
Stärken der Unternehmung.[33] Beide Ansätze ergänzen
sich, denn immer steht die aktuelle und künftige Bedürfnisstruktur des (potentiellen) Kunden im Vordergrund der
Überlegungen. Entweder die Unternehmung „zieht" sie
durch entsprechende Informationssuche und -auswertung
aus dem Markt („Pull-Strategie") oder sie versucht, eigene
Stärken in marktfähige Leistungen umzusetzen und auf
dem Markt anzubieten („Push-Strategie").

*Leistungssysteme aus den Stärken der Unternehmung
ableiten:* Oftmals verbergen sich in der Zusammenarbeit
mit Kunden bereits Ansätze zu Leistungssystemen, die es
zu multiplizieren gilt. So kann eine Unternehmung aus Pi-
lotprojekten mit Kunden lernen und gesammelte Projekt-

• Entwicklung und
Gestaltung von Zu-
liefer-Leistungs-
systemen: Stärken der
Unternehmung mit
Marktchancen kom-
binieren

Zulieferer-Leistungssysteme:

- *sind integrierte Leistungspakete, d.h. sie verknüpfen Produkt und Dienstleistung zu einer geschlossenen Problemlösung.*
- *fördern mit besonders attraktiven Teilleistungen die Profilierung beim Abnehmer.*
- *erhöhen die eigene Gesamtleistung (Wertschöpfungstiefe) und stärken die gegenseitige Abhängigkeit zwischen Zulieferer und Abnehmer.*
- *vermindern die Abhängigkeit von kostenintensiven Teilleistungen und erhöhen deren Verrechnung über besonders attraktive Teilleistungen.*
- *sind auf klar abgegrenzte Abnehmergruppen ausgerichtet. Undifferenziertes Marketing ist kein Weg für Zulieferer.*
- *werden entsprechend der situativen Zulieferer-Abnehmer-Beziehung situationsspezifisch entwickelt und eingesetzt.*
- *können nur in einer partnerschaftlichen und kooperativen Atmosphäre zwischen Zulieferer und Abnehmer existieren.*
- *schaffen für den Zulieferer Freiräume und Differenzierungspotential gegenüber dem Wettbewerb.*
- *bedeuten und verlangen die konsequente Ausrichtung aller Unternehmungsprozesse auf den Kunden (Customer Focus).*
- *passen sich veränderten Umfeldbedingungen an (Adaptionsprinzip).*

Bild 2-7: Charakteristika von Zulieferer-Leistungssystemen; Quelle: modifiziert für die Zulieferer-Abnehmer-The-
matik nach Belz/Bircher et. al. (Leistungssysteme/1991) 1; Papst (Distributive Leistungssysteme/1993) 23

erfahrung dergestalt umsetzen, daß sie für Kunden Projektverantwortung übernehmen kann. Eine zweite Quelle sind eigene Ressourcen, die nicht genutzt werden, oder besonderes Potential in sich bergen.

Leistungssysteme im Markt suchen, heißt die Bedürfnisse des Kunden in Erfahrung zu bringen, um die Nutzenkomponenten des späteren Leistungssystems festlegen zu können. Instrumente, die hier helfen können sind:[34]

- kunden- und problemorientierte Marktsegementierung,
- Verwendungsanalysen der Produkte beim Kunden,
- Wertkettenanalyse des Kunden,
- Erkennen künftiger Strategien und Ziele des Kunden,
- Lead-User-Konzepte,
- gemeinsame Entwicklungsprojekte und -teams.

Der folgende Fragenkatalog (Bild 2-8) zeigt, wie beispielsweise ein Zulieferer über Gespräche seiner Außendienstmitarbeiter mit Kunden neue Möglichkeiten und Inputs für Leistungssysteme im Markt und in der Unternehmung finden kann.

• Optimierung von Leistungssystemen nach dem Maximal-, Minimal- oder Optimalprinzip

Zuliefer-Leistungssysteme unterliegen dem Zwang der ständigen Anpassung und Optimierung. Dafür gibt es verschiedene Gründe. Märkte entwickeln sich dynamisch. Endkunden entwickeln neue Bedürfnisse oder Erstausrüster sind im Wettbewerb darum bemüht, durch Innovationen bestehende Kunden zu halten oder neue für sich zu gewinnen. Diesen Wettbewerb geben sie an ihre Zulieferer weiter und wählen im Rahmen ihrer Beschaffungsmaßnahmen diejenigen aus, die ihren Erwartungen am ehesten entsprechen oder im Vergleich zu Alternativangeboten besser und günstiger erscheinen. Die Verwendung von Superlativen und Komparativen und der Begriffe „besser" oder „günstiger" weist auf die Bedeutung des ökonomischen Prinzips hin. Jede Unternehmung verfolgt eine seiner drei möglicher Ausprägungen und somit eine ganz bestimmte Art der Optimierung:[35]

- *Maximalprinzip:* Mit einem fest gegebenen Input an Produktionsfaktoren versucht die Unternehmung einen möglichst hohen Output zu realisieren.

1. *Was produziert und vertreibt der Kunde?*
2. *Bedeutung des Kunden im Markt? Wichtigster Wettbewerb?*
3. *Derzeitiger Bedarf an unseren Kundenprodukten? Art? Menge? Wofür?*
4. *Wer deckt diesen Bedarf zur Zeit? Konditionen?*
5. *Warum kauft der Kunde beim Wettbewerb?*
6. *Welche Vorteile müssen wir bieten, um liefern zu können (Funktion, Design, Qualität, Lieferzeit, Service, Preis, Rabatte...)?*
7. *Probleme des Kunden? Schwierigkeiten? Anforderungen, Sonderbeanspruchungen, Sondermaterialien, Oberflächen, andere Kundenwünsche?*
8. *Welche Produkte könnten wir zur Lösung der Kundenprobleme anbieten?*
9. *Welche Neuentwicklungen müssen angeboten werden? Bedarf ermitteln!*
10. *Was könnten wir dem Kunden aus unserem Programm noch anbieten? Umsatz-Ausweitung?*
11. *Welche Konkurrenzprodukte könnten wir ersetzen/verdrängen? Standardprodukte? Sonderteile?*
12. *Welche Neuentwicklungen sind beim Kunden in Arbeit? Welche Trends, Moderichtungen etc. sind erkennbar?*
13. *Wie müssen wir uns mit unserem Produktangebot darauf einstellen?*
14. *Welche Kontakte zu welchen Stellen knüpfen?*
15. *Was tut die Konkurrenz, um den Kunden zu halten?*
16. *Welche Gefährdungen bestehen für die Produkte des Kunden? Welche für unsere Produkte? (z.B. neue Technologien, andere Verarbeitungstechniken, geänderte Verbrauchergewohnheiten, neue Funktionen und Eigenschaften.)*

Unsere Verkäufer müssen so qualifiziert sein, daß sie die Probleme des Kunden erkennen, ihn bei der Lösung beraten und mit unserem Produktangebot (Standard und Neuentwicklungen) helfen können.

Bild 2-8: Ansatzpunkte für die Entwicklung von Zuliefer-Leistungssytemen im Markt und beim Kunden; Quelle: Schaeffer GmbH, Wuppertal.

– *Minimalprinzip:* Die Unternehmung versucht einen vorgegebenen Output mit möglichst geringem Input an Produktionsfaktoren zu realisieren.
– *Optimalprinzip:* Mit möglichst geringem Input will die Unternehmung einen möglichst hohen Output realisieren. Die Unternehmung stellt Input und Output so aufeinander ab, so daß das ökonomische Problem nach den festgelegten Kriterien „optimal" gelöst werden kann.

In- und Output müßen hier sowohl in qualitativer als auch quantitativer Hinsicht verstanden werden. Zulieferer, die

nach genauen Weisungen der OEM's fertigen, werden in
der Regel das Minimalprinzip verfolgen, da ihre Abnehmer ihre Forderungen sowohl bezüglich ihrer Menge als
auch in der gewünschten Qualität spezifizieren. Nur in
konjunkturellen Zeiten, in denen Betrieben zu wenig Kapazitäten zur Verfügung stehen, werden sie das Maximalprinzip verfolgen.

Während Maximal- und Minimalprinzip jeweils nur eine
Stellgröße, nämlich den In- oder Output aufgreifen, versucht das Optimalprinzip an beiden Hebeln anzusetzen.
Das Prinzip, sowohl beim Input in die Unternehmung als
auch in den einzelnen Prozeßstufen der Leistungserstellung und schließlich beim Output jedes Teilprozesses anzusetzen macht Sinn, wenn man sich vor Augen hält, daß
Abnehmer industrieller Leistungen ständig darum bemüht
sind, die Leistungsanforderungen an ihre Zulieferer bei
gleichzeitig gestiegenem Kostenbewußtsein zu erhöhen.
In Zeiten wirtschaftlicher Hochkonjunktur ist das Kostenbewußtsein bei vielen Unternehmungen wenig ausge-
prägt. Unternehmungsgewinne werden nicht über eine
entsprechende Marge in den Verkaufspreisen erzielt, sondern über verkaufte Mengen bzw. Stückzahlen, wobei der
Break-Even-Point oftmals erst bei einer sehr hohen Kapa-
zitätsauslastung liegt. Diese Strategie führt in konkunktu-
rellen Abschwungphasen oder strukturellen Umstellun-
gen sehr schnell zu negativen Deckungsbeiträgen. Es ist
die Rede von einer „Kostenkrise".

*Optimierung bei der Entwicklung und Konstruktion
neuer Marktleistungen.* „Am Ende jeder Produktentwicklung sollte nicht irgendeine, sondern eine optimale Lösung
stehen. Dazu sind Optimierungen erforderlich, die möglichst früh im Konstruktionsprozeß eingesetzt werden sollen, um Fehlentwicklungen zu vermeiden und Kosten zu
sparen."[36] Optimierung ist aber ebenso das Streben nach
einem vom Stand der Technik abhängigen besten Entwick-
lungsergebnis in bezug auf eine klar abgegrenzte Forderung seitens Markt und Kunde.[37]

*Optimierung aus der Sicht von Abnehmer und Zuliefe-
rer.* Abnehmer sind nur dann zufrieden, wenn ihre Forderungen und Wünsche in Relation zum Wettbewerb bezüglich Leistung und Preis erfüllt sind. Dabei müssen die Zu-

lieferer aber berücksichtigen, daß verschiedene Abnehmer unterschiedliche Ziele verfolgen und daher verschiedene Anspruchs- bzw. Anforderungsniveaus haben können. Der Zulieferer muß sich darauf einstellen und die für ihn relevanten Abnehmer in entsprechenden Segmenten (Anspruchsniveauklassen) zusammenfassen. Letztlich vergleichen Abnehmer industrieller Güter das ihnen gebotene Preis-/Leistungsverhältnis (subjektiv) aus ihrer Sicht und entscheiden sich für das komparativ gesehen beste Angebot. Nicht das technisch Machbare zählt für den Erfolg, sondern das im Vergleich zum Wettbewerb bessere Produkt. Viele Unternehmungen geraten in Krisen, gerade weil ihre Leistungen durch „over-engineering" gekennzeichnet sind. Dies bezeichnet Leistungen, die über die Kundenbedürfnisse hinausgehen. Der Kunde nimmt sie i.d.R. auch gerne entgegen, ist aber nicht bereit, ein Entgelt dafür zu bezahlen.

Fazit: Komparative, nachweisbare, warhnehmbare und dauerhafte Konkurrenzvorteile mit höchstmöglichem Kundennutzen als Ziele der Optimierung. Die Ausführungen zeigen, daß mit der Optimierung von Leistungssystemen zwei Ziele verfolgt werden. Zum ersten müssen die Bedürfnisse des Kunden durch entsprechende Leistungssysteme des Zulieferers erfüllt werden. Erfolg hat nur derjenige Marktleistungsmix, der dem Bedürfnismix des Kunden am besten entspricht und dem Kunden den höchsten Nutzen stiftet.[38] Damit verbunden müssen die Abnehmer die Leistungen des Zulieferers vorteilhafter wahrnehmen als die Leistungen von Wettbewerbern oder Substitutionsprodukten. Für Zulieferer geht es also in erster Linie darum, komparative Konkurrenzvorteile zu suchen, zu schaffen und durchzusetzen.[39] Marktleistungen, die eine solche Position schaffen, stellen Leistungssysteme dar, solche die dies nicht erreichen, Leistungskonglomerate.[40]

Customer Focus: Ausrichten der Zulieferunternehmung auf den Abnehmer

„Customer Focus", Kundenfokussierung oder Kundennähe bedeutet *Ausrichtung der gesamten Unternehmung auf den Kunden.* „Customer Focus" gilt für alle Bereiche

• Fazit: Komparative, nachweisbare, wahrnehmbare und dauerhafte Konkurrenzvorteile mit höchstmöglichem Kundennutzen als Ziel der Optimierung

• Prozesse und Funktionen des Zulieferers vom Markt her steuern

der Zulieferunternehmung, um in effektiver („Die richtigen Dinge tun!") und effizienter („Die Dinge richtig tun!") Art und Weise den gewünschten bzw. erhofften Nutzen für den Kunden zu schaffen. Dazu müssen alle Prozesse und Funktionen des Zulieferers vom Markt her gesteuert sein („Market Driven Company").[41] Jeder Mitarbeiter muß sich permanent in die Problemwelt des Abnehmers versetzen und sich mit dessen aktuellen und potentiellen Bedürfnissen auseinandersetzen. Nur so kann Kundenbindung und Kundenzufriedenheit erreicht werden. Wenn die Abnehmer in ihren eigenen Absatzmärkten erfolgreich sind und sie diesen Erfolg auch auf die Leistungen ihrer Zulieferer zurückführen, werden sie mit diesen zufrieden sein. Zulieferer können so einen wirtschaftlich angemessenen Gewinn auf Basis langfristiger Geschäftsbeziehungen anstreben.

Zulieferer sind oftmals abhängig von wenigen Großkunden. Die erfolgreiche Zusammenarbeit mit ihnen entscheidet über unternehmerischen Erfolg oder Mißerfolg. Es liegt in der Natur der Sache, daß Zulieferer gefordert sind, ihnen eine möglichst optimale Marktleistung und Betreuung anzubieten, aufrechtzuerhalten und zu sie ständig zu optimieren, um den Kunden langfristig durch Leistung und Atmosphäre an sich zu binden. Dazu reicht es nicht aus, daß allein das Marketing sich um den Kunden bemüht. Vielmehr bedeutet „Customer Focus", daß alle Unternehmungsbereiche das Ziel verfolgen, Wert für den Kunden zu schöpfen und zu kommunizieren. Warum Kundenfokussierung und Kundennähe so wichtig für erfolgreiche Unternehmungen sind, erläutern einige kurze Zitate aus Wissenschaft und Praxis:[42]

- „Service entscheidet über Markterfolg-" (…) hat ABB jetzt ein neues kundennahes Logistik-System ausgearbeitet."[45]
- „(…) Ab 1.1.1987 eine neue Führungsstruktur. Ziel ist, (…), eine engere Verbindung zwischen den wichtigen Produktgruppen und den Kunden."[46]
- „Die Erfahrung zeigt, daß ca. 75 % aller Ideen für erfolgreiche Neuprodukte aus der Kundennähe heraus entstanden sind, also aus einer engen erfolgreichen Zusammenarbeit von Hersteller und Kunde."[47]

● Customer Focus ist unternehmungsweite Kundennähe

– „Was zählt ist Kundennähe – Die Fertigung ist ein wichtiges Marketingwerkzeug"[48]
– „Wege zur Kundenentscheidung – Kundennähe im Dienstleistungsbereich." „(...) Den Kunden und seine Motive besser kennenlernen, um eine größere Kundennähe herstellen zu können."[49]

Kundennähe oder Kundenfokussierung, wie sie hier schlagwortartig angesprochen wurde, zeichnet sich im wesentlichen durch fünf Komponenten aus:[50]

Differenzierung der Grund-, Zusatz- und Nebenleistung zur Nutzenerbringung für den Abnehmer. Differenzierung des Angebotes bedeutet differenziertes Agieren des Anbieters am Markt, um verschiedene und unterschiedliche Bedürfnisse zufriedenzustellen. Es sollen Produkt- bzw. Leistungsvorteile geschaffen werden, mit dem Ziel, den differenzierten Ansprüchen der Abnehmer gerecht zu werden.[51] Diese Differenzierung geschieht nicht ausschließlich über die Hauptleistung sondern ebenso über begleitende Zusatz- und Nebenleistungen. Letztlich geht es darum, den Kunden einen höheren Produktnutzen zu bieten als dies Wettbewerber können. Dazu ist auch eine ausreichende Vielfältigkeit des Angebots zur Deckung heterogener Kundenwünsche notwendig.

• Differenzierung von Grund-, Zusatz- und Nebenleistung

Reagibilität auf grundlegende Wandlungen der Kundenbedürfnisse über die Zeit und zum richtigen Zeitpunkt. Reagibilität stellt „das Ausmaß der Anpassungsfähigkeit eines Unternehmens dar, das gegenwärtige Leistungsangebot kontinuierlich an die sich ändernden Kundenwünsche in der Zukunft anzupassen."[52] Mit der Anpassungsfähigkeit werden betriebliche Voraussetzungen angesprochen, die die Unternehmung erfüllen muß, um sich in die Lage zu versetzen, die eigenen Marktleistungen sich ändernden Kundenbedürfnissen anzupassen. Key Account Management, Beziehungsmanagement, Lead User Konzepte, Cross-Functional-Teams und überbetriebliche Zuliefer-Abnehmer-Teams sind dabei organisatorische Maßnahmen, die der Zielerreichung erhöhter Reagibiltät helfen können.

• Reagibilität auf grundlegende Wandlungen der Kundenbedürfnisse

Flexibilität bei der Erfüllung kurzfristig veränderter Kundenwünsche. Diese Forderung bedeutet die „(...) Anpas-

• Flexibilität bei der Erfüllung kurzfristig veränderter Kundenwünsche

sungsfähigkeit eines Unternehmens zur Angleichung des gegenwärtigen Leistungsangebots an abweichende (sich ändernde) Kundenwünsche."[53] Im Unterschied zum Faktor der Reagibilität spricht die Flexibilität die Fähigkeit einer Unternehmung an, auch kurzfristig bestimmte Lieferzeitwünsche zu befriedigen.[54] Während die Reagibilität versucht, Wünsche bezüglich des materiellen Produktes zu erfüllen, zielt die Flexibilität auf die Zeitkomponenente ihrer Realisierung ab. Kundennähe durch schnelle Realisierung von Kundenwünschen zu erreichen bedeutet, Durchlaufzeiten in der Unternehmung zu verkürzen. Dazu zählen vor allem eine effiziente Auftragsbearbeitung, flexible Fertigungssysteme als „Instrument" des Marketing sowie JIT-Systeme in der Distribution.

- Kostenbewusstsein bei allen Handlungen und Prozessen für den Kunden

Kostenbewußtsein bei allen Handlungen und Prozessen für den Kunden. Kostenbewußtsein bedeutet die allgemeine Fähigkeit einer Unternehmung, auf Leistungen zu verzichten, die nicht mit der Erbringung einer Leistung für den Kunden unmittelbar oder mittelbar zusammenhängen und Kosten verursachen, die der Kunden nicht bezahlen wird. Hinzu kommt, daß Leistungserfolge des Zulieferers noch nicht finanziellen Erfolg bedeuten. Leistungen bestimmen sich immer in Relation zu den damit verbundenen Kosten, bzw. zu den Preisen, die der Kunde für erbrachte Leistungen zu zahlen bereit ist. Deshalb ist ausgeprägtes Kostenbewußtsein als wesentliche Komponente zur Leistung anzusehen.

- Individuelles Engagement und „Besessenheit" von Mitarbeitern, Führung und eigenen Lieferanten

Individuelles Engagement und „Besessenheit" von Mitarbeitern, Führung und eigenen Lieferanten, die Kunden permanent zufriedenstellen zu wollen. Es ist Aufgabe aller Mitarbeiter, die angeführten Zielsetzungen der Differenzierung, Reagibilität und Flexibilität in der Praxis umzusetzen. Dabei kommt es nicht nur auf diejenigen Mitarbeiter an, die direkt an der „Front" zum Kunden arbeiten. Die Realisierung von JIT-Systemen oder auch eine flexible, kostenoptimale Fertigung und eine effiziente Auftragsbearbeitung verlangen vielmehr von allen Mitarbeitern höchstes Engagement, wobei die Unternehmungsführung Vorbild- und Motivationsfunktion auszuüben hat.

Bild 2-9 zeigt die wesentlichen Inhalte der Customer Focus Komponenten und ihre Verknüpfungen. Durch eine zu erzeugende Besessenheit zu mehr Differenzierung, Reagi-

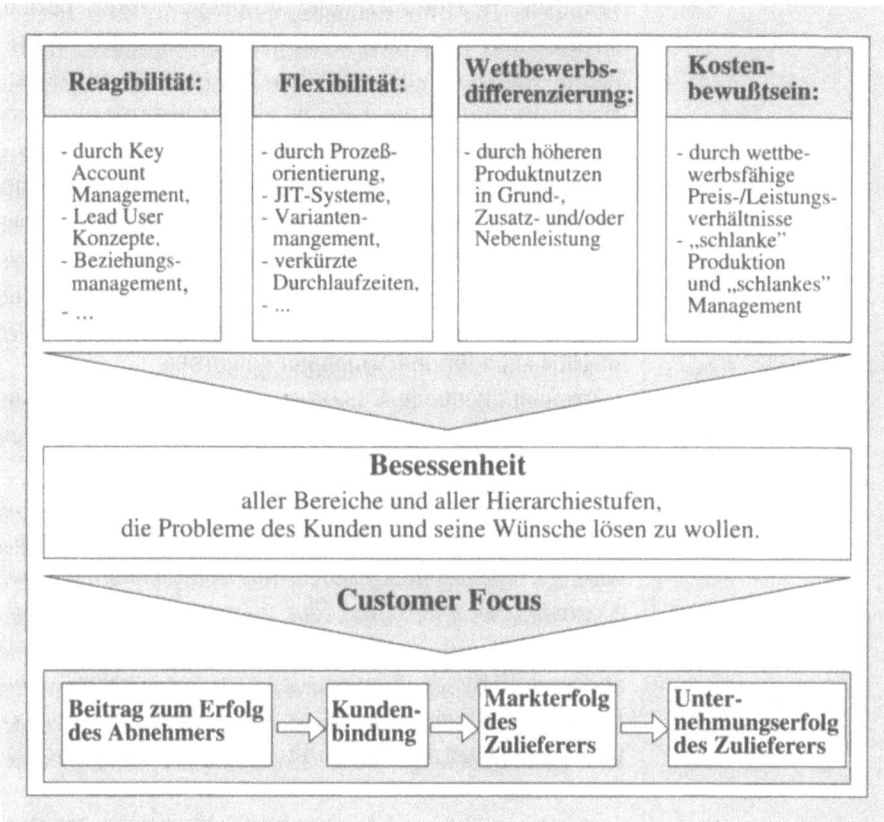

Bild 2-9: Konzept des Customer Focus

bilität, Flexibilität und Kostenbewußtsein will die Unternehmung – zu ihrem eigenen wirtschaftlichen Vorteil – alle ihre Bemühungen auf den Kunden fokussieren, um einen Beitrag zu seinem Erfolg zu leisten. Abnehmer- bzw. Kundenbindung sind dabei weitere Resultate, die eine langfristige, erfolgreiche Partnerschaft gewährleisten und den eigenen Markt- und Unternehmungserfolg sicherstellen.

Customer Focus darf sich aber nicht hinter Schlagworten verbergen. Vielmehr müssen die Mitarbeiter der Unternehmung das Konzept begreifen und praktizieren. Dazu müssen die Entscheidungsträger es vermeiden, Customer Focus zu postulieren ohne es durch entsprechende praktikable Programme für alle Mitarbeiter greifbar und umsetzbar zu machen. Hier helfen keine standardisierten

• Customer Focus darf sich nicht hinter Schlagworten verbergen

Lösungen. Die Unternehmung muß eigene, ihrer speziellen Situation und ihren gesetzten Zielen angepaßte, individuelle Ansätze finden und den Mitarbeitern aufzeigen. Diese müssen Customer Focus als Herausforderung verstehen, wobei dem Top Management vor allem in der Anfangsphase die zentrale Führungs- und Motivationsrolle zukommt. Die Führung kann es sich nicht erlauben, diese Aufgaben dem Middle Management oder gar Dritten zu überlassen. Die Glaubwürdigkeit der Bemühungen und Umsetzung wäre nicht nur für die Mitarbeiter, sondern letztlich auch für den Abnehmer gefährdet.

Firmenindividuelle Customer Focus-Konzepte können positive Beiträge in den Bemühungen um den Abnehmer leisten:

Customer Focus verhindert Marketingzersplitterung und destruktives Marketing: „Mit Marketing-Zersplitterung wird die Tendenz umschrieben, daß Unternehmungen ihre Aktivitäten so breit führen oder ausweiten, daß ihre relative Kompetenz für die Problemlösung des Kunden laufend abnimmt."[55] Kundenfokussierung hilft, sich auf Märkte und Branchen zu konzentrieren, in denen die eigene Kompetenz Lösungsbeiträge für die Probleme der Abnehmer bietet.

Customer Focus ist konstruktives Marketing: Kundenfokussierung steht für ein Marketing, daß durch entsprechende „Marketingaktivitäten den langfristigen Erfolg der Unternehmung durch den Aufbau von Leistung und Vertrauen beim Kunden, die Intensivierung der Partnerschaft mit der nachgelagerten Stufe eine Profilierung gegenüber der Konkurrenz, eine Förderung vielfältiger Marktstrukturen und die Identifikation der Mitarbeiter mit der Leistung der Unternehmung"[56] erreicht. Customer Focus-Konzepte führen zu Vertrauen und Partnerschaft mit Lieferant, Mitarbeiter und Abnehmer.

Customer Focus schafft Marketingkultur: Mitarbeiter entwickeln gemeinsame Meinungs-, Norm- und Wertgefüge innerhalb der Unternehmung („Wir-Gefühl"). Dieses wird durch Führungskräfte und Mitarbeiter im Außendienst auch dem Kunden kommuniziert und zeigt die Stabilität und Verläßlichkeit der eigenen Unternehmung.[57]

• Lösungsbeiträge des Customer Focus-Konzeptes für Zulieferer

• Kundenfokussierung hilft, sich auf relevante Märkte und Branchen zu konzentrieren.

• Customer Focus baut Vertrauen beim Kunden auf

• Customer Focus fördert das „Wir-Gefühl"

Customer Focus geschieht situativ: Eine besonders wichtige Fähigkeit der Kundenfokussierung ist ihre situative Ausrichtung. Kundenfokussierung umschreibt die Fähigkeit des Zulieferers, auch kurzfristig sich ändernden Unternehmungs-Abnehmer-Situationen durch die langfristig orientierte Marketingstrategie und -Operationen und eine gekonnte Nutzung von geschaffenen Handlungsspielräumen anzupassen.

- Customer Focus ist Strategie und „gelebte Situation"

Customer Focus-Konzepte sind Voraussetzung für erfolgreiche Leistungssysteme und erhöhen den Produktnutzen für den Kunden: Zulieferer können wettbewerbsfähige oder sogar nutzenmaximale Produkte nur in enger Zusammenarbeit mit dem Kunden entwickeln und fertigen. In der Aufgabe als „Feuerwehr" oder als „verlängerte Werkbank" besteht keine Herausforderung an das Marketing. Erst durch Kundenfokussierung gelingt es Zulieferern, die Problemstrukturen von Kunden zu erkennen und zu durchleuchten. Je enger die Kontakte, desto eher sind die Kunden bereit, zusätzliche Leistungen vom Zulieferer zu akzeptieren und umgekehrt. Ausgangspunkt dieser Spirale ist die vom Zulieferer vereinbarte Fokussierung auf den Kunden. Eine unter Beweis gestellte Leistungsfähigkeit honorieren Abnehmer mit erhöhter Aufmerksamkeit und engeren Kontakten. Zulieferer können es so erreichen, daß sie durch einen andauernden Prozeß der intensivierten Kundenfokussierung zunehmenden Anteil an der Wertschöpfung des Abnehmers erreichen und letztlich umfängliche Lösungspakete anbieten müssen.

- Customer Focus-Konzepte werden vom Kunden langfristig belohnt.

Bei der Firma ABB wird unter „Customer Focus" der Prozeß der „konsequenten Ausrichtung aller unternehmerischen Tätigeiten auf den Kunden" verstanden.[58] Es handelt sich um einen ganzheitlichen Ansatz, der die Verbesserung der unternehmerischen Leistungserstellung am Markt zum Ziel hat.[59] Seine wesentlichen Merkmale, die es von traditionellen Rationalisierungs- und Verbesserungsprojekten abhebt, lassen sich wie folgt umschreiben:[60]

- Integration des Customer Focus in die Unternehmung

– Kern des Customer Focus sind drei Hauptbereiche bzw. Kernstrategien, die die Optimierung von Prozessen bzw. Produkten bezwecken:

- zeitbasiertes Management (Time Based Management),
- firmenweites Qualitätsmanagement (Total Quality Management),
- Beschaffungsmanagement (Supply Management).

- Der Customer Focus schließt alle Bezugsgruppen, besonders Kunden und Lieferanten von ABB ein und ist nicht auf die eigene Unternehmung beschränkt.
- Die Leistungsfähigkeit der einzelnen (Geschäfts-)prozesse ist ursächlich für die Leistungsfähigkeit der Unternehmung.
- Die Mitarbeiter in allen Bereichen sind von zentraler Bedeutung für die erfolgreiche Gestaltung der Prozesse.
- „Als Prozeß der ständigen Verbesserung ist CF ein jahrelang dauernder permanenter Lernprozeß".

Die Grundmodule Total Quality Management, Time Based Management und Supply Management verkörpern die Idee des Customer Focus:

Reagibilität und Differenzierung durch Total Quality Management: Ein wichtiges Element ist die kundenorientierte Planung und Entwicklung von Marktleistungen. Durch präventive Maßnahmen will die Unternehmung gewährleisten, daß die Wünsche des Kunden im Markt richtig erkannt und in entsprechende Grund-, Zusatz- und Nebenleistungen umgesetzt werden. Praktiziertes TQM ist mithin ursächlich für eine Differenzierung im Sinne einer kundengewünschten Vielfältigkeit des Angebots und der Schaffung eines entsprechend hohen Kundennutzen.

Flexibilität durch Supply Management und Time Based Management: Flexibilität bedingt ein entsprechendes Zeitmangement. So müssen F+E-, Marketing-, Fertigungs -und weitere Managementprozesse untersucht, transparent gemacht und in gemeinsamer Anstrengung verkürzt werden, um die verlangte Flexibilität sicherstellen zu können. Dies kann auch dadurch geschehen, daß die Unternehmung sich Flexibilität von außen „einkauft" bzw. bisher unflexibel arbeitende Bereiche an externe Zulieferer vergibt.

„Besessenheit" durch Begeisterung und jahrelanges Lernen: Das im Jahre 1990 bei der ABB gestartete Time Based Management Projekt wird als Vorstufe des heutigen Customer Focus Prozeß angesehen. Der Einstieg ge-

schah eher zufällig. Wichtig ist in der Folge aber seine konsequente Weiterentwicklung und die Ausweitung auf alle Unternehmungsbereiche und Konzerngesellschaften. In dem fünfjährigen Lernprozeß mit den verschiedensten Modulen des TBM, TQM und SM sind Mitarbeiter aus allen Unternehmensbereichen involviert. Sie sollen die Inhalte des Customer Focus erlernen und verinnerlichen. Die Besessenheit, mit der die ABB den Customer Focus anstrebt, zeigt sich auch in der Bereitwilligkeit der Unternehmung ihre Bestrebungen durch Veröffentlichungen, Vorträge und Präsentationen einem weiten Publikum zu vermitteln. Der Lerntransfer zwischen Forschung und Praxis wird von der ABB gesucht und gefördert.

Die Umsetzung eines firmenindividuellen Customer Focus-Konzeptes stellt eine Reihe von Herausforderungen an die Unternehmung. Sie sind abschließend in Bild 2-10 aufgelistet. Die Liste kann nicht vollständig sein, sie gibt

• Fazit: Customer Focus als Herausforderung für Zulieferer

Kundenfokussierung bedeutet:

- *Sich gegebenen und künftigen Marketingsituationen jederzeit durch Ausrichtung der Unternehmung auf den Kunden proaktiv und situativ anzupassen.*
- *Gemeinsame Normen und Werte durch Führungskräfte, Marketingverantwortliche, Key Account Manager und alle weiteren Mitarbeiter, die in Kundenkontakt stehen, an den Abnehmer zu vermitteln.*
- *Die Wünsche, Probleme und Anforderungen des Kunden in den Vordergrund des Denkens und Handelns zu stellen, um einen wettbewerbsoptimalen Kundennutzen zu erreichen.*
- *Flexibel und reagibel auf Wünsche des Kunden zu reagieren.*
- *Den ständigen Kontakt zu den verschiedenen Entscheidungsträgern des Kunden zu suchen, zu beleben und zu pflegen.*
- *Sich aus Wirtschaftlichkeitsüberlegungen auf ergiebige Groß- und Schlüsselkunden zu beschränken und Zersplitterung auf viele Kleinkunden zu vermeiden.*
- *Kleinkunden mit einem gewissen Wachstumspotential aufmerksam zu betreuen und ihre Entwicklung zu unterstützen.*
- *Über Leistungskompetenz für den Kunden und den Aufbau von Gegenmacht ein partnerschaftliches Verhältnis, getragen von gegenseitigem Respekt und Vertrauen, anzustreben.*

Bild 2-10: Akzente in der Kundenfokussierung für Zulieferer

aber wesentliche Akzente wieder. Es ist wichtiger für Unternehmungen, Akzente in bestimmten Bereichen zu setzen und an deren Umsetzung zu arbeiten, als Kräfte unnötig zu verschleißen, um eine nicht erreichbare Vollständigkeit anzustreben. Dies würde nur zu Mittelmäßigkeit in allen Aktivitäten führen.[61]

Leistungssysteme und Customer Focus als strategisches Spielfeld des Zuliefermarketing

• „Spielfeld" des Zuliefermarketing: Verknüpfung von Leistungssystemen und Customer Focus

Leistungssysteme und Customer Focus sind eng miteinander verbunden. Dieser Sachverhalt wird gut deutlich, wenn man ihre einzelnen Elemente in einer Matrix gegenüberstellt. Es ergibt sich eine Art „Spielfeld des Zuliefermarketing" mit 24 Spielfeldern. Jedes von ihnen steht für verschiedene Programme, Aktivitäten, Maßnahmen etc. Bild 2-11 gibt die Verknüpfung graphisch wieder und zeigt mögliche Inhalte für die verschiedenen Spielfelder. So sind JIT-Programme für Zulieferer dazu geeignet, sich mit den eigenen Leistungen in die Abläufe des Kunden zu integrieren (Integration der Leistung) und damit selber im Rahmen des Customer Focus ein Mehr an Flexibilität zu gewinnen.

Einzelaktivitäten sind in der Regel nur wenig ergiebig. Sie werden erst im Verbund mit anderen wirksam. Das „Spielbrett" mit seinen verschiedenen Feldern macht verschiedenste Kombinationen möglich. Zulieferer können sich entscheiden, umfangreiche Leistungssysteme anbieten, sich dabei aber in ihrem Customer Focus zum Beispiel auf höchste Reagibilität zu konzentrieren. Oder sie bieten ausschließlich Produkte und Produktsysteme ohne ergänzende Zusatz- und Nebenleistung an, versuchen sich jedoch in allen Bereichen des Customer Focus zu etablieren. Grundsätzlich gilt: Je umfänglicher Zulieferer ihre Leistungssysteme gestalten und je intensiver sie ihren Customer Focus ausprägen, desto kleiner wird die angesprochene Zielgruppe und desto individueller die spezifische Zuliefer-Abnehmer-Beziehung.

• Inhaltsverzeichnis für ein Marketing-Konzept

Die gewählten Möglichkeiten, die sich aus dem „Spielbrett" ergeben, fließen ein in das Marketing-Konzept des

		Customer Focus			
		Reagibilität	Flexibilität	Wettbewerbs-differen-zierung	Kosten-bewußtsein
Leistungssystem	**Produkt-system**	Produkte 1.oder 2. Ordnung	Lean-Production	Preis-/Leistungs-verhältnis	Lean-Production
	Sortiment	Lead-User-Konzepte	Varianten-management	Baukastenlösung	
	Dienst-leistungen	Lagerung CAD	Auftrags-abwicklung	Kooperative QS Kundenschulung	CAD
	Integration der Leistung	übergreifende Teams	JIT IEK	Übernahme von Montage-aufgaben	JIT IEK
	Integriertes Projekt-management	Lead-User-Konzepte Partnerschaft	Integrierte JIT-Lieferung und -Montage	Kundenver-anstaltungen	Lean Management
	Emotionales Profil	Mitarbeiterveranstaltungen		Kundenver-anstaltungen Beziehungs-geflecht	

Bild 2-11: Strategisches Spielfeld des Zuliefermaketing: Verknüpfung von Leistungssystemen und Customer Focus

Zulieferers. Bild 2-12 gibt dessen Inhalte checklistartig wieder. Es stellt zugleich eine Art Zusammenfassung des Teil B dar. Der Benutzer kann es seinen Anforderungen entsprechend ergänzen, ändern oder kürzen.

1) Vorgaben der Unternehmungsstrategie:

- *Unternehmungsverfassung: Wahrung der wirtschaftlichen und rechtlichen Eigenständigkeit, Wille und Bereitschaft zu Kooperationen und Beteiligungen.*
- *Leistungen: Teile, Baugruppen, Komponenten, (Sub-)Systeme.*
- *Mehrstufigkeit der Märkte: einen/wenige/viele Abnehmer in einer/mehreren/vielen Abnehmerbranchen, Stellenwert bestimmter Großkunden und/oder Schlüsselkunden und bestimmter Branchen für die Entwicklung der Unternehmung; Grad der angestrebten Internationalisierung.*
- *Finanzielle Voraussetzungen und Ziele.*
- *Strategische Erfolgspotentiale, horziontale und vertikale Absprachen, Allianzen und Partnerschaftssysteme.*

2) Unternehmungsanalyse – Stärken und Schwächen der Unternehmung

- *Größe der Unternehmung: Kritische Unternehmungsgröße bisher nicht erreicht.*
- *Analyse der Zusammenarbeit mit Großabnehmern: Anteil am Umsatz des Kunden, Anteil am Lieferumfang für das Produkt (Single Supplier oder einer unter vielen), Ausgestaltung des Vertrages (Laufzeit, Konditionen); Analyse der Kontaktperiodizität und -qualität von Geschäftsleitung/Marketing/F+E/Produktion mit entsprechenden Partnern (Einkäufer, Entwickler, Fertigungsplaner etc.) beim Abnehmer.*
- *Analyse der Leistungs- und Problemlösefähigkeit für den Kunden: Anteil des Zulieferproduktes am End- bzw. Hauptprodukt, Entwicklungs-, Fertigungs-, Logistik kompetenz.*
- *Kostenanalysen: Kostenschichten, Kostenstrukturen, Prozesse (direkt und nicht direkt wertschöpfende) und Grad der Verschwendung, Wertanalysen.*
- *Falsche Erwartungen/Lösungen/Vorstöße im Bereich des Zuliefermarketing.*

3) Marktanalyse – Trends, Kunden, vertikale Marktpartner, Wettbewerber, neue attraktive Stoßrichtungen:

- *Generelle Entwicklungen und Trends der direkten und indirekten Abnehmermärkte (Märkte der Abnehmer); Parallelen und Analogien zu anderen Branchen und Märkten mit der gleichen Problemstruktur.*
- *Entwicklungen der Abnehmer: potentieller Geschäftsumfang und Abnahmestruktur, Probleme des Abnehmers; Angebote für potentielle Pilotzusammenarbeit, Strategien und Investionspolitik des Abnehmers, Grundsätze des Supply - Management des Abnehmers und Umgang mit Zulieferern; Umstellungskosten der Abnehmer; Entwicklung von Geschäftsverläufen (z.B. mit Parallelanbietern), eigene Anforderungen an Abnehmer (Abbau der Abhängigkeit durch Partnerschaften, Kooperationen, Fairness, Leistungs-Gegenleistungs-Prinzip).*
- *Einfluß auf die Endkundenmärkte: Erreichbarkeit, Aufbau von Consumer Pull.*
- *Aufbau von Gegenmacht durch horizontale Allianzen; Internationalisierung des Wettbewerbs, Einstiegs- und Ausstiegsbarrieren im Markt.*

Bild 2-12: Marketingkonzepte für Zulieferer: Checkliste zur Suche nach Optimierungsmöglichkeiten für Leistungssysteme; Quelle: in Anlehnung an Belz (Suchfelder/1991) 27; Weinhold (20 Lektionen/1991)

4) Alternative Strategien für Zulieferer:

- *Leistungsstrategien: Teilelieferant, Entwicklungs- und/oder Fertigungspezialist, Logistikspezialist, gleichwertige Partnerschaft und Nutzung gemeinsamer Reserven, Sortimentsstraffung vs. Sortimentsausweitung, vertikale Allianz, TQM Strategien.*
- *Kostenstrategien: Lean-Strategien (Vermeidung von Verschwendung).*
- *Integriertes vs. spezialisiertes Management von Key Accounts.*

5) Langfristige Ziele des Zulieferers:

- *Definition von zentralen Abnehmern für die Unternehmung.*
- *Bedürfnisse der Abnehmer und Endkunden.*
- *Kompetenz auf Leistungs- und Kostenseite.*
- *Marktsegmente und Marktkombinationen.*
- *Umsätze, Marktanteile, Deckungsbeiträge, Zielkosten.*
- *Customer Focus-Ziele: Reagibilität, Flexibilität, Wettbewerbsdifferenzierung, Kostenbewusstsein*

6) Instrumente für die Zielverwirklichung:

- *Marktleistungsgestaltung: Hauptleistung, Zusatzleistung, Nebenleistung, Qualitätsplanung und -sicherung, Zertifizierung (ISO 9000-9004), Informations- technische Vernetzung und Interaktive Kommunikation, Zuliefer-Leistungssysteme.*
- *Projektmanagement: Lead-User-Konzepte, Austausch von Mitarbeitern, gemein- same Entwicklungsbüros.*
- *Preisgestaltung: Zielkosten, Prozeßkosten, Vermeidung von Verschwendung ("Muda") Kontinuierliche Verbesserungsprogramme ("Kaizen").*
- *Marktbearbeitung: Key Account Management, Teilnahme an Messen, lang- fristige Entscheidungsprozesse beim Kunden begleiten, Kundennähe und Zusam- menarbeit mit Gremien, kontinuierliche Gespräche.*
- *Distribution/Logistik: JIT-/Kanban-Systeme.*

7) Infrastrukturen zur Realisierung:

- *Personelle Voraussetzungen.*
- *Organisatorische Voraussetzungen.*
- *Informationssysteme.*
- *Finanzierung.*

8) Marketing-Taktik (kurzfristig)

- *Prozeßqualität der Zusammenarbeit mit Abnehmern.*
- *Sonderaktionen, Rabatte.*
- *Auftragsabwicklung und Ablaufqualität.*

9) Realisierung und Kontrolle

- *Projektplanung zur Steigerung der internen Kompetenz für Abnehmer und systema- tische Ablaufplanung: präzise Arbeitsschritte und Arbeitsplanung, Stufenpläne zur Realisierung, Investitionsrechnung, Einbezug externer Berater, Einbezug des Ab- nehmers, Erfolgskontrolle (Zertifizierung, Audits).*

Bild 2-12: Fortsetzung

Anmerkungen

1   Wildemann (Die deutsche Zulieferindustrie/1993) 9.
2   Womack et. al (MIT-Studie/1992) 63f.
3   Womack et al. (MIT-Studie /1992) 145.
4   vgl. besonders Hamer (Zuliefererdiskriminierung/ 1988) 31ff.
5   Hamer (Zulieferdiskriminierung/1988) 31.
6   Die Begriffe „Zulieferer", „Zulieferant", „Zulieferunternehmung",
    „Lieferant" und „Zulieferbetrieb" werden synonym benutzt.
7   Um Begriffsunstimmigkeiten zu vermeiden, seien die Begriffe
    des „Unterlieferanten" sowie der „Vorlieferung" definiert. Unter-
    lieferer: Ein „Unterlieferer ist im Gegensatz zum Zulieferer pro-
    duktionstechnisch gesehen nicht eigenständig; ihm werden die
    Produktidee und eventuell auch die Produktionsanlage sowie
    die Arbeitskräfte vom Abnehmer zur Verfügung gestetlt. Bei Un-
    terlieferanten handelt es sich also um Betriebe, die dem Abneh-
    mer zum Ausgleich eigener Kapazitätsengpässe dienen. Vorliefe-
    rungen sind „Güter, die zur Ausrüstung der Betriebe dienen und
    damit nicht einer Weiterverarbeitung unterzogen werden wie Zu-
    lieferungen." (Kaiser (Vor- und Zulieferungen/1964) 7.; Kubo-
    ta/Witte (Strukturvergleich des Zulieferwesens/1990) 385.).
8   Weinhold (Zuliefer-Marketing/1988) 1.
9   Engelhardt (Marketing-Strategie von Zulieferern/1988) 12.
10 Weinhold (Zuliefer-Marketing/1988) 1.
11 Willée (Leistungssysteme für Zulieferer/1990) 133ff.
12 Weinhold (20 Lektionen/1991) 190ff; Weinhold (Zuliefer-Marke-
    ting/1988) 3.
13 RKW-Merkblatt 1972: Erfolgreiche Tätigkeit als Zulieferer",
    zitiert in: Hamer (Zulieferdiskriminierung/ 1988) 30.
14 Der Begriff des Katalogteils kann irreführend sein. Katalogteile
    können sowohl Einzelteile als auch komplexe technische Pro-
    dukte sein. Die Katalogflut nimmt ständig zu. So nahmen allein
    die Branchen Maschinenbau und Elektrotechnik im interakti-
    ven elektronischen Produktinformationssystem AMPRO vom
    Hoppenstedt-Verlag, Darmstadt im Jahre 1991 über 1,5 Mio. Ka-
    talogseiten ein, gegenüber ca.   Mio. im Jahre 1986. Informati-
    on entnommen aus Birkhofer (Zulieferkomponenten/1992) 115.
15 vgl. dazu auch Weinhold (Zuliefer-Marketing/1988) 1.
16 Stark (Zuliefer-Marketing-Strategien/1988) 16.
17 Wildemann (Entwicklungsstrategien für Zulieferer/1992) 398.
18 Hutzel (Große und kleine Zulieferer/1981) 47.
19 Weinhold (Zuliefer-Marketing/1988) 1; vgl. auch Rudolph
    (Mehrstufige Absatzmärkte/1988) 34ff.
20 Fieten (Erfolgsstrategien für Zulieferer/1991) 15.
21 So hat die in der Herstellung von Prozessoren tätige Unterneh-
    mung Intel die besondere Bedeutung ihrs Zulieferproduktes
    für das Endprodukt erkannt. Intel weiß, daß der Prozessor ein
    wesentliches Leistungs- und Qualitätsmerkmal fü einen Com-

puter darstellt. Unter dem Slogan „Intel inside" wirbt Intel gemeinsamen mit verschiedenen Herstellern von Personal Com-
putern.

22 Gygax (Zuliefer-Marketing in der Automobilindustrie/1988) 22.

23 Belz (Konstruktives Marketing/1989) 567, Belz/Senn (KAM/1994).

24 zu den Inhalten dieser Konzepte siehe Belz (Konstruktives Mar-
keting/1989), Belz/Kopp (Markenführung für Investitionsgü-
ter/1993), Weinhold (20 Lektionen/1991); vgl. auch die ähnlich
gelagerte Problematik zwischen Hersteller und Handel bei Belz
(Abhängigkeit der Hersteller/1989) 175f.; Pabst (Distributive
Leistungssysteme/1993) 19ff.

25 Tomczak (Indirekte Distributionssysteme/1992) 323.

26 Belz (Konstruktives Marketing/1989) 251.

27 Tomczak (Indirekte Distributionssysteme/1992) 328f.

28 vgl. dazu Belz (Leistungssysteme/1988) 472ff.; Belz (Konstruktives Marketing/1989) 251ff.; Belz (Marketing für technische Pro-
dukte/1989) 59ff.; Forschner (Investitionsgütermarketing/1989)
20ff.; Weinhold (Marketing in der Investitionsgüter-Industrie
/1987) 1ff.

29 Belz et al. (Erfolgreiche Leistungssysteme/1991) 12.

30 Belz et al. (Erfolgreiche Leistungssysteme/1991) 12.

31 Belz (Strategisches Kundenmarketing/1993) 6f.

32 Belz (Strategisches Kundenmarketing/1993) 8; Belz/ Kopp
(Markenführung für Investitionsgüter/1993) 4ff; Belz et al. (Erfolgreiche Leistungssysteme/1991)12ff; Tomczak (Investitions-
gütermarketing/1992)1ff.

33 Belz et al. (Erfolgreiche Leistungssysteme/1991) 27ff; 53ff.

34 Belz (Erfolgreiche Leistungssysteme/1991) 27ff.

35 Gutenberg (Grundlagen der Betriebswirtschaft/1976) 457ff.;
Weinhold (Optimierung/1985) 1.

36 vgl. dazu auch VDI 2212, 8.

37 Hansen (Konstruktionswissenschaft/1974) zitiert in: VDI 2212, 8.

38 Weinhold (20 Lektionen/1991) 192.

39 Backhaus (Investitionsgütermarketing/1992) 17ff.

40 Belz (Konstruktives Marketing/1989) 251ff.; Tomczak (Investi-
tionsgütermarketing/1992) 3.

41 Market Driven Company ist ein Programm der IBM, alle Prozesse
und Strukturen auf den Kunden auszurichten.

42 vgl. dazu auch Eggert (Kundennähe/1993) 2ff.

43 Westdeutsche Allgemeine Zeitung v. 23.12.1987

44 Werbung der Deutschen Bundespost

45 Frankfurter Allgemeine Zeitung v. 22.01.1990

46 Frankfurter Allgemeine Zeitung v. 11.9.1986

47 Kramer (Innovative Produktpolitik) 1987, S. 102.

48 Dr. G. Schillinger, Teamplan Zürich in: VDI-Nachichten v.
18.11.1988

49 Spiess/Rosenstiel/Sigl (Kundenentscheidung/1988) 104ff.

50 Differenzierung, Reagibilität und Flexibilität nach Eggert (Kun-
dennähe/1993) 26.

51   Meffert (Marketing/1986) 106.
52   Eggert (Kundennähe/1993) 28.
53   Eggert (Kundennähe/1993) 29.
54   Albers/Eggert (Kundennähe/1988) 11.
55   Belz (Konstruktives Marketing/1989) 569.
56   Belz (Konstruktives Marketing/1989) 566.
57   Belz (Konstruktives Marketing/1989) 567.
58   Bagdasarjanz (Customer Focus/1993) 2.
59   vgl. Bagdasarjanz (Customer Focus/1993) 2.
60   Bagdasarjanz (Customer Focus/1993) 2; Hörhager (Experten-
     gespräch), Zen Gaffinen (Entscheidungshilfen/ 1993), Zen Gaf-
     finen/Holliger (Supply Management/ 1994) 29f.
61   Belz (Suchfelder/1991) 9; Belz/Senn (KAM/1994)

3 Bestimmungs- und Einflußgrößen von Zuliefer-Abnehmer-Beziehungen

Aus Zuliefersicht gibt es eine Reihe von Faktoren, die die Beziehungen zu den Abnehmern prägen und beeinflussen. Dazu gehören markt(leistungs)-, unternehmungs-, branchen- sowie abnehmerorientierte Einflußfaktoren. Sie stellen den Ausgangspunkt für eine vertiefte Analyse von Zuliefer-Abnehmer-Beziehungen dar. Bild 3-1 zeigt ihre inhaltliche Vielfalt.

Marktleistungs-orientierte Faktoren	Unternehmungs-orientierte Faktoren	Zulieferbranchen-bzw. wettbewerbs-orientierte Faktoren	Abnehmerorientierte Faktoren

• *Zulieferleistungen:*
   – *Art,*
   – *Qualität,*
   – *Markenname,*
   – *Besonderheiten und*
   – *Service*
 • *Preise, Kalkulationen,*
 • *Distributionswege, geographische Ausrichtung*
	• *Persönliche Betreuung*
	 • *Zuverlässigkeit.*
	 • *Image*
	 • *Innovationskompetenz.*
	 • *Engineeringkompetenz.*
	 • *Kundennähe*
	 • *Flexibilität.*
	 • *Kostenposition*
	 • *Kernfähigkeiten*
		• *Rivalitätsfaktoren:*
		   – *Branchenwachstum,*
		   – *Firmengrösse,*
		   – *Fixkostenhöhe,*
		   – *Kapazitätsauslastung,*
		   – *spezifische Firmeninteressen,*
		   – *strategisches Konzept,*
		 • *Eintritts- bzw. Austrittsbarrieren:*
		   – *spezielle Anlagen,*
		   – *Know-how,*
		   – *„Shut down"-Kosten, emotionale soziale Hindernisse*
			• *Make or buy-Entscheidung:*
			   – *soziale Prozesse,*
			   – *Kaufverhalten industrieller Abnehmer,*
			   – *Interaktion zwischen Zulieferer und Abnehmer*
			 • *Zukunftsorientierte Beschaffungsstrategien und Lieferantenselektion*
			 • *Machtverteilung*
			 • *Trends in den Endkonsumentenmärkten*

Bild 3-1: Bestimmungs- und Einflußfaktoren von Zuliefer-Abnehmer-Beziehungen

Der Grad der Autonomie einer Unternehmung im Markt wird bestimmt durch ihren Vertikalisierungs- sowie Horizontalisierungsgrad.[1] Bei der Vertikalisierung integriert die betreffende Unternehmung vor- oder nachgelagerte Produktions- bzw. Handelsstufen. Bei der Horizontalisierung geht sie Verbindungen mit Unternehmungen aus der gleichen oder aus verwandten Branchen ein.[2]

Die Kenntnis über die Stellung der Unternehmung im Markt ist ein wichtiger Eckpfeiler bei der Entwicklung entsprechender Unternehmungs- und/oder Marketingzielsetzungen.[3] Der Gedanke der Vertikalisierung und Horizontalisierung einer Unternehmung in Verbindung mit der Vielfalt möglicher Bestimmungs- und Einflußgrößen läßt sich zu einem Grundgerüst zur Analyse von Zuliefer-Abnehmer-Beziehungen zusammenfassen (Bild 3-2). Insgesamt sind dabei vier verschiedene Diagnosefelder zu unterscheiden:

Diagnosefeld I: Allgemeines Umfeld und Entwicklungstrends: Zulieferer vertreiben ihre Leistungen in nachgelagerte Märkte. Je nach ihrer Stellung in der Gesamtwertschöpfungskette beliefern sie Zulieferbetriebe der gleichen Stufe, nachgelagerte Zulieferer, OEM's, den Handel oder über den Versand- oder Ersatzteilhandel di-

• Vier verschiedene Kategorien von Bestimmungs- und Einflußgrößen lassen sich grob unterscheiden:

• Allgemeines Umfeld und Entwicklungstrends

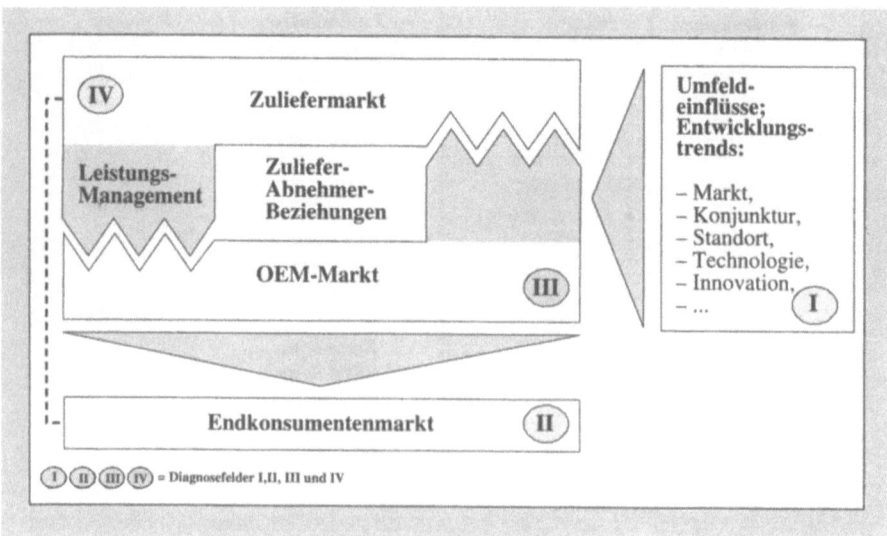

Bild 3-2: Analyseraster für Zuliefer-Abnehmer-Beziehungen

rekt den Endanwender. In einem ersten Schritt geht es darum, wesentliche – dieses Marktsystem beeinflussende – allgemeine, politischen, ökonomische, technologische und gesellschaftlichen Trends zu erläutern.

Diagnosefeld II: Trends in den Endkonsumenten-märkten: Generell gilt es, in diesem Abschnitt aktuelle Entwicklungen und Trends auf den Märkten der Endkonsumenten zu erarbeiten, um deren Bedeutung für die Hersteller- und Zulieferindustrie zu erkennen. Zulieferer, die OEM's mit Produkten beliefern wollen, die auch auf dem Endkundenmarkt bestehen sollen, müssen sich ein Bild der Anforderungen seitens der Konsumenten verschaffen. Gemeinsam mit den Entwicklungen im allgemeinen Umfeld bilden sie den Rahmen für aktuelle Zuliefer -Abnehmer-Beziehungen und deren Entwicklungsmöglichkeiten. Während die Diagnosefelder I und II das Umfeld analysieren, konzentrieren sich die Diagnosefelder III und IV auf die Untersuchung spezifischer Zuliefer-Abnehmer-Beziehungen sowohl aus Abnehmer- als auch aus Zuliefersicht.

Diagnosefeld III: Veränderungen im Supply Management der Abnehmer: Die Veränderungen in den direkten und indirekten Absatzmärkten führen zu veränderten Anforderungen an die Zulieferer. Besonders wenn Zulieferer von wenigen Schlüsselkunden abhängig sind, müssen sie sich eingehend mit deren neuen Beschaffungsstrategien und Veränderungen im organisationalen Kaufverhalten des Schlüsselkunden auseinandersetzen. In Diagnosefeld III sollen folglich die Entwicklungen des Supply Managements herausgearbeitet werden.

Diagnosefeld IV: Branche im Wandel – Grundsätzliche Leistungsmodule für Zulieferer: Die Entwicklungen in den Absatzmärkten von Zulieferleistungen wirken sich auf die Struktur und den Wettbewerb innerhalb der Zulieferbranche aus. Es gilt diesen Wandel in Struktur und Wettbewerbsverhalten zu untersuchen. Dazu werden zuliefertypische Probleme durchleuchtet und analysiert, welche Strategien grundsätzlich zur Lösung zur Verfügung stehen.

Abschließend werden die Ergebnisse der Teildiagnosen verknüpft, um den Status Quo der Zulieferindustrie mit seinen Schlüsselproblemen und -entwicklungen zusammenfassend darzustellen.

• Trends in den Endkonsumenten-märkten

• Veränderungen im Supply Management der Abnehmer

• Branche im Wandel - Grundsätzliche Leistungsmodule für Zulieferer

Anmerkungen

1 Weinhold (20 Lektionen/1991) 135ff.
2 Weinhold (20 Lektionen/1991) 147
3 Weinhold (20 Lektionen/1991) 137f.

4 Entwicklungen im allgemeinen Umfeld und den Endkonsumentenmärkten

Vom friedlichen Wachstumswettbewerb zum internationalen Verdrängungswettbewerb und steigendem Anpassungszwang

Die Umfeldeinflüsse auf die Zulieferbranche werden im wesentlichen bestimmt durch einen über alle Branchen hinweg anhaltenden Strukturwandel, starke (branchenabhängige) konjunkturelle Schwankungen, osteuropäische Niedrigpreiskonkurrenz, fernöstliche High-Tech-Konkurrenz sowie dem allgemein verstärkten Trend zu permanentem Kostenmanagement. Diese Entwicklungen berühren maßgeblich jede wirtschaftliche Beziehung zwischen industriellen Abnehmern und ihren Zulieferern.

In Deutschland, dem größten europäischen Industriestandort verschlechtert sich seit dem Jahre 1990 das allgemeine Geschäftsklima ständig, die Zahl der offenen Stellen sinkt, die Auftragseingänge in der Industrie gehen ständig zurück und der Auftragsbestand sinkt in der Folge stark ab.[1] Diese Trends zeigen ihre Wirkung in der verarbeitenden Industrie:[2]

• Konjunkturelle Schwankungen und struktureller Wandel

- Im verarbeitenden Gewerbe gehen die Umsätze seit dem Jahre 1990 ständig zurück.
- Notwendige Aufträge aus dem Inland und Ausland bleiben aus.
- In der Folge gehen die Produktion und der Auftragsbestand zurück.
- Dies hat zur Folge, daß Kapazitäten immer weniger ausgelastet sind. Arbeitskräftemangel – auch an qualifizierten Mitarbeitern – ist kein Thema mehr.

– Gleichzeitig wachsen die Lager an Fertigwaren ständig an.
– Im Gegenzug entwickeln sich die Preise auf den Abnehmermärkten negativ.

Die jährliche Umfrage der deutschen „Vereinigung mittelständischer Unternehmer" bei 1670 Unternehmungen konstatierte für 1994 eine schlechte Stimmung. Die Erschließung neuer Märkte und der Abbau überflüssiger Kapazitäten sowie Änderungen in der Produktion bleiben auch für die Zukunft die wichtigsten Ziele des Mittelstands. Dabei stehen Rationalisierungs- und Ersatzinvestitionen im Vordergrund. Erweiterungsinvestitionen sind nur in beschränktem Maße vorgesehen.[3]

Mit dem konjunkturellen Einbruch der Jahre 1992 und 1993 haben sich auch strukturelle Mängel gezeigt, die in wirtschaftlichen Boomzeiten nicht wahrgenommen wurden oder auch nicht pressierten. Die strukturellen Probleme führen zu einer betrieblichen und gesamtwirtschaftlichen Kostenkrise sowie einer nicht ausreichend konkurrenzfähigen, mangelnden eigenen Innovationsfähigkeit. Die bis zu ihrer Öffnung abgeschotteten Märkte Osteuropas und auch die durch die deutsche Wiedervereinigung verursachte „Sonderkonjunktur" haben Probleme verdeckt. Zusätzlich erhöht sich ihre Bedeutung durch externe, nicht beeinflußbare Faktoren wie die Billiglohn- und die High-Tech-Konkurrenz aus dem Ausland. Der Zwang zu effektiverem Kosten- und Innovationsmanagement ist für aktuelle Entwicklungen und Tendenzen in der Zulieferbranche ursächlich.

• Billiglohn-Konkurrenz aus Osteuropa und Fernost

Die Öffnung der Grenzen nach Osteuropa und das Abklingen der „deutschen Sonderkonjunktur" aufgrund der erfolgten Wiedervereinigung zeigen, daß sich die internationale Arbeitsteilung weiter ändern wird. Die osteuropäischen Länder sind durchaus hochindustrialisiert und zeichnen sich durch extrem niedrige Arbeitskosten bei gleichzeitig relativ gut qualifizierten Arbeitskräften aus. Diese Tatsache führt dazu, daß immer mehr Unternehmungen ihre Fertigung in osteuropäische Länder verschieben. In diesem Zusammenhang soll nicht näher auf die Problematik eingegangen werden, welche Konsequenzen sich für die westeuropäischen Industrien aus einer weiteren Integration der asiatischen Volkswirtschaften und besonders einer Öffnung des chinesischen Marktes ergeben würden. Sie verheißen enorme Absatzchancen, haben gleichzeitig aber auch eine wichtige Bedeutung als künftiger Entwicklungs- und Produktionsstandort.

Japanischen Unternehmungen ist es besonders in den letzten beiden Jahrzehnten gelungen, in einigen angestammten europäischen Branchen die klare Marktführerschaft zu übernehmen. Nach der feinmechanischen und optischen Industrie drängten japanische Unternehmungen verstärkt in die Branche der Unterhaltungselektronik. Aktuell stehen der Fahrzeugbau und die Maschinenbaubranche unter verstärktem Wettbewerbsdruck. Das Vorgehen der japanischen Industrie wird dabei konsequent durch eine starke staatliche Industriepolitik unterstützt. Eine besondere Rolle übernimmt dabei das MITI (Ministry for Trade & Industry), das den Unternehmungen langfristige Entwicklungen aufzeigt und bei Bedarf als Berater zur Seite steht. Hinzu kommt die enorme Schlagkraft japanischer Unternehmungen durch eine hohe Vernetzung von Zuliefer-, Abnehmerindustrien und Kreditinstituten im sogenannten „Keiretsu".[4] Systematisch attackiert die japanische Industrie neue Branchen. Es ist wahrscheinlich, daß nach Fahrzeug- und Maschinenbau, die Branche der Kommunikationstechnik mit ihrem enormen Wachstum und Marktpotential in das Zentrum ihrer strategischen Überlegungen rücken wird.

Die Stärken von Billiglohnländern decken in dramatischer Weise eigene Schwächen auf. Arbeitgeber beklagen vor allem die international vergleichsweise hohen Steuern und Sozialabgaben und unflexible „tarifliche" Vereinbarungen. Der Produktionsfaktor Arbeit wird als zu teuer und vor allem zu unflexibel angesehen. Dies bedeutet gleichzeitig kurze und unflexible Maschinennutzungszeiten und letztlich einen zu niedrigen Auslastungsgrad getätigter Investitionen in Anlagen. Zudem wird die absolute Höhe der Arbeitszeit kontrovers diskutiert. Die Einführung der 4-Tage-Woche bei anteiliger Verringerung der Entlohnung bei der Volkswagen AG ist ein Beispiel für aktuelle Maßnahmen.

* High-tech-Konkurrenz

* Permanenter Kostendruck

Unternehmungen haben in Boomzeiten zum Teil enorme „Overheads" in administrativen und nicht direkt wertschöpfenden Bereichen aufgebaut, die ihre Produkte unnötig verteuerten. Als eine Konsequenz auf diese Entwicklungen verlagern sie ihre Produktion in das grenznahe Ausland, beschaffen zunehmend international und versuchen, eigene Overheads abzubauen. So schreibt „Die Woche" vom 11.3.1993, Seite 9: „Auch typische Angestelltentätigkeiten werden im großen Stil ins Ausland verlagert. Siemens-Chef Heinrich von Pierer, der gerade im Gefolge von Kanzler Helmut Kohl Asien bereiste, verkündete in Neu-Dehli, er wolle künftig 1000 indische Computer-Ingenieure beschäftigen, fünfmal soviele wie bisher. Die Inder seien nicht nur bedeutend billiger, sondern auch genauso gut ausgebildet wie die deutschen Ingenieure."

• Permanenter
Innovationsdruck

Innovationskraft bezieht sich auf Produkte, auf Prozesse und eine dazu notwendige steigende Mitarbeiterqualifikation.[5] Für die vieldiskutierte Innovationskrise gibt es verschiedene Ursachen:[6]

Die Industrie nutzt die Erkenntnisse der Grundlagenforschung nicht. „Zur Bringschuld der Forschung gesellt sich die Holschuld der Wirtschaft, zu „research" gehört „search",..."[7] Viel zu oft geschieht es, daß ausländische Wettbewerber in der Suche nach Innovationen effektiver vorgehen und die Ergebnisse der heimischen Forschung in neue Produkte umsetzen.

• Grundlagenforschung ist nicht ausreichend anwendungsorientiert

Die Grundlagenforschung ist nicht ausreichend anwendungsorientiert. Innovationsprozesse sind mehr und mehr durch interaktive Prozesse und Rückkoppelungsschleifen bestimmt. Diese Tatsache verlangt ein verbessertes Netzwerk zwischen Forschung und Anwender, damit der Weg von der Erfindung bis zur Vermarktung zielgerichteter und schneller beschritten werden kann.

Die Wirtschaft baut in schwierigen Zeiten F+E-Kapazitäten ab oder verlagert sie in das „billigere Ausland" und versucht, vermehrt staatlich geförderte Forschung in Anspruch zu nehmen. Der „Bundesbericht Forschung 1993" bezeichnete in der Folge „die fehlende Dynamik der F+E-Aufwendungen der Wirtschaft" als besorgniserregend.[8] Die Gefahren, die mit einem Abbau von F+E-Anstrengungen in der Rezession verbunden sind belegen die folgendenden Zitate. „Die naturwissenschaftliche Forschung bildet immer den sicheren Boden des technischen Fortschritts, und die Industrie eines Landes wird niemals eine internationale, leitende Stellung erwerben und sie halten können, wenn das Land nicht gleichzeitig an der Spitze des naturwissenschaftlichen Fortschrittes steht."[9] Konsequenterweise gilt: „Wenn es der Wirtschaft schlecht geht, muß sie in die Forschung investieren."[10]

Stückkosten und Innovationsfähigkeit bestimmen wesentlich die internationale Wettbewerbsfähigkeit von Unternehmungen. Bezüglich dieser Faktoren scheint die deutsche Industrie in eine problematische „stuck-in-the-middle" Position geraten zu sein. Bild 4-1 verdeutlicht diesen Sachverhalt.

Die heimischen Kostenstrukturen führen zu enormen Stückkostennachteilen im Vergleich mit den osteuropäischen und auch vielen asiatischen Ländern. Gleichzeitig fällt die Innovationskraft gegenüber High-Tech-Konkur-

• Fazit: Kostenminimierung und Innovationsmanagement

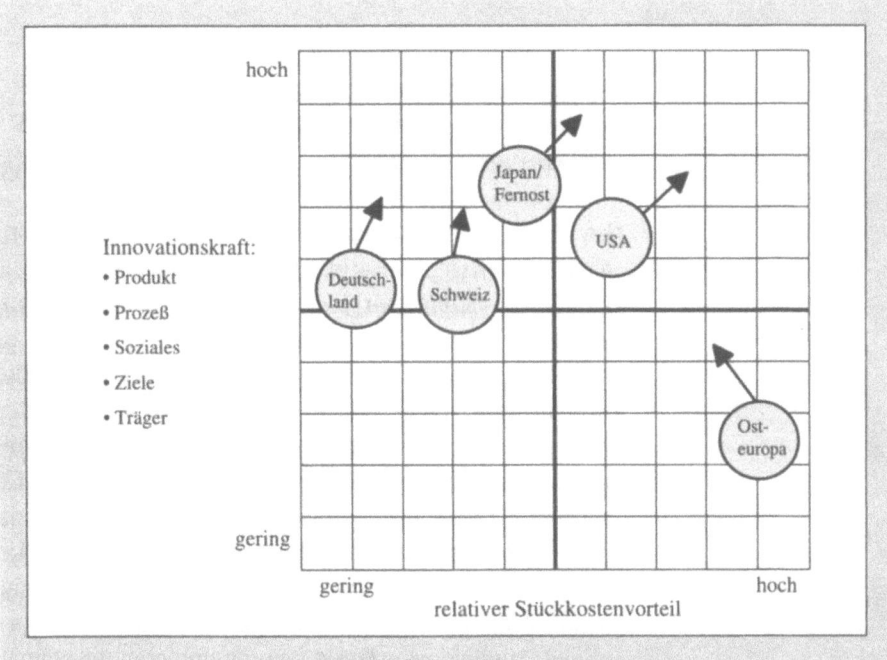

Bild 4-1: Einschätzung von Innovationskraft und Stückkosten im internationalen Vergleich

renten aus Japan und anderen Staaten des Fernen Ostens sowie den USA zurück.

Die geschilderten Rahmenbedingungen verdeutlichen, daß eine Reduktion der eigenen Kostenstrukturen auf asiatisches Niveau oder gar osteuropäisches Niveau nicht möglich sein wird. Dies ist politisch und sozial nicht durchsetzbar und kann auch nicht wünschenswert sein. Es muß jedoch eine Zielsetzung bleiben, die bestehenden gesellschaftlichen und betrieblichen Kosten auf ein – in welcher Art und Weise auch immer – vertretbares Minimum zu senken. Unter die gesellschaftlichen Kosten fallen dabei Steuern und soziale, tarifliche und ökologische Ausgaben und Abgaben. Unter die betrieblichen Kosten fallen alle die Kosten, die zur Entwicklung, Fertigung und zum Vertrieb einer Leistung notwendig sind oder aber durch jede Art von Verschwendung im Wertschöpfungsprozeß entstehen. Die Strategie der Kostensenkung macht aber nur dann Sinn, wenn sie mit dem gleichzeitigen Versuch gekoppelt ist, die, die eigene Innovationsfähigkeit behinderten Faktoren, zu eliminieren.

Trends in den Endkonsumentenmärkten: Veränderungen in Bedürfnissen, Produkten und Märkten erschweren die Aufgaben des Marketing

Die Endkonsumentenmärkte haben sich in den westlichen Ländern in ihrer großen Masse zunehmend von Verkäufer- zu Käufermärkten gewandelt. Dieses Faktum zwingt die Anbieter zu einem immer agressiveren und aktiveren Marketing. Im Rahmen eines stärker werdenden Konkurrenzkampfes geht es dabei darum, für die Unternehmung ergiebige Marktsegmente bzw. Marktsegmentkombinationen zu finden und mit entsprechenden, differenzierten Leistungen zu bedienen. Der Gedanke der diesen Überlegungen zugrundeliegt ist, daß es keine Unternehmung schafft, ihrem jeweiligen Marktpartner eine seinen Wünschen und Vorstellungen vollständig entsprechende, individuelle Marktleistung anbieten zu können. Vor diesem Hintergrund sollen wichtige, derzeit erkennbare Trends aufgezeigt werden. Die Aufzählung kann nicht vollständig sein, sondern versucht Akzente zu setzen, die für Zuliefer-Abnehmer-Beziehungen direkt oder indirekt von Bedeutung sein können.[11]

Trend 1: Zunehmende Bedeutung gesellschaftlicher Bedürfnisse verändert die Struktur der angebotenen Leistungen. Marketingverantwortliche haben sich bisher zu häufig auf die Befriedigung der Wünsche ihres unmittelbaren Marktsegmentes beschränkt. Bedürfnisse anderer Anspruchsgruppen wie der Gesellschaft nach Umweltverträglichkeit der Produkte oder ressourcensparender Herstellung wurden zum Teil nur höchst unwillig und auch nur in dem gesetzlich vorgeschriebenen Rahmen berücksichtigt und nicht als Wettbewerbsvorteil und Differenzierungsmöglichkeit erkannt. Marktleistungen müssen aber in zunehmenden Maße nicht nur den Wünschen der unmittelbaren Marktsegmente sondern auch den – oftmals altruistischen – Bedürfnissen der Gesellschaft entsprechen. Dazu zählen vor allem Schonung der natürlichen Ressourcen und Umweltverträglichkeit in Herstellung und Gebrauch von Produkten.[12] Gesetzliche Vorschriften oder Gesetze sind oftmals die logische Folge.

Trend 2: Der hybride[13] Konsument erfordert eine immer feinere Segmentierung der Märkte. Der Konsument kann nicht mehr so einfach, wie es Typologien glauben machen, in einen einzigen Typus eingeordnet werden. Der Konsument der Zukunft lebt in vielen verschiedenen, oftmals völlig entgegengesetzten Rollen. Dabei sei beispielhaft auf das Spannungsfeld Beruf und Freizeit verwiesen. Der Bankdirektor, der sich in seiner Freizeit intensiv mit der Restauration alter Uhren auseinandersetzt oder der Arzt, der auch passionierter Harley-Davidson-Fahrer ist. Auch kann sich der hybride Konsument situativ sehr unterschiedlich verhalten. So ißt er beispielsweise am selben Tag sowohl im 3-Sterne- Restaurant als auch einen Snack in einem Fast-Food-Restaurant. Auch demonstriert er durch den Kauf gewisser Produkte eigene Vielseitigkeit. Beispiel dafür ist der enorme Anstieg in den Verkaufszahlen luxuriöser, geländegängiger Automobile wie dem Opel Fronterra, Crysler Jeep Cherokee oder den legendären Range Rover. Sie verkörpern sowohl die „exklusive Thea-

- Zunehmende Bedeutung gesellschaftlicher Bedürfnisse

- Der hybride Konsument

teratmosphäre mit gediegener Kleidung der Insassen" als auch die Atmosphäre einer „wilden Geländefahrt".[14]

Trend 3: Die Sättigung vieler Märkte, vorhandene Überkapazitäten sowie der Drang zur Individualität erhöhen die Vielfalt angebotener Produkte und den Kostendruck. Individualität verneint den Konformismus und betont den Wunsch des Konsumenten, „anders und unverwechselbar zu sein". So machte der Welt-Automobilmarkt der 50er und 60er Jahre nur 1/8 des Volumens des heutigen Marktes aus. Dennoch wurde das meistverkaufte Automobil aller Zeiten, der Volkswagen „Käfer" in dieser Zeit produziert. Dieses Faktum und die bekannte Aussage von Ford (um 1910), daß man bei ihm jedes Automobil kaufen könne, solange es nur schwarz sei, zeigt die wenig ausgeprägte Spannweite der Kundenwünsche in der Gründungs- und Entwicklungsphase eines Marktes.[15] Mit seiner Ausweitung differenzieren sich in der Regel die Anforderungen der Kunden. Dabei stehen die Kreativität von Anbieter und Kunden in einem gewissen Wechselspiel und erzeugen eine mehr oder weniger starke Dynamik des Marktes. Die Vielfalt der Märkte stellt für die Unternehmung dann ein Problem dar, wenn eine weitere Differenzierung mit zusätzlichen Kosten verbunden ist, die der Konsument nicht zu bezahlen bereit ist. Der Trend zur Vielfalt wird deshalb vom Trend zur Standardisierung von Produkten begleitet. Unternehmungen versuchen dort, wo die Differenzierung nicht vom Konsumenten honoriert wird, die unwirtschaftliche Vielfalt von Sortimenten und Sonderdienstleistungen abzubauen. Wenn hohe Kostenvorteile aus Massenfertigung und Massenmarketing realisierbar sind, die angebotene Leistung im Meinungsfeld der Konsumenten unwichtig oder unbedeutend ist, Kunden die Produkte problemlos beurteilen und anwenden können und wenn der Wettbewerb sich auf eine Standardisierung seiner Bemühungen konzentriert oder falsche Differenzierungen aus der Sicht der Kunden vorgenommen hat, erscheint die Vereinheitlichung von Leistungen auf hohem Qualitätsniveau lohnend.[16]

Trend 4: Dynamik und Spontanität verkürzen die Produktlebenszyklen. Konsumenten sind in hohem Maße bereit, auf neue, sich bietende Trends spontan umzusteigen.

• Drang zur Individudalität

Als inzwischen klassisches Beispiel gilt der Markt für Personal Computer. Die Entwicklungszeit neuer Modellreihen überschreitet deren Produktlebenszeit. Der Wertverlust über die Zeit ist beträchtlich. Dabei scheint der Markt auffallend durch die Bereitschaft vieler Kunden geprägt, auf neue, leistungsfähigere Anlagen umzusteigen.

Trend 5: Polysensualität verändert die Bedürfnisstruktur des Konsumenten. Polysensualtität beschreibt den Drang von Konsumenten, permanent nach neuen Konsummöglichkeiten mit möglichst vielen Erlebnisfacetten zu suchen und sie aktiv zu erleben.[17]

Trend 6: Das Produktdesign gewinnt an Bedeutung. In vielen Konsumbereichen (Haus- und Innenausbau, Automobil, Unterhaltungselektronik) wird das Design der Marktleistung zum ausschlaggebenden Kauf- und Entscheidungskriterium.

Trend 7: An die Stelle des Hedonismus tritt ein neues, qualitatives Konsumverhalten, das von Reflexion und Verantwortung getragen ist. Dieser Trend beschreibt den Übergang vom „hedonistischen Lustprinzip" zu einem „sozial- und umweltverträglichen Konsumverhalten", das sich durch Fragen erläutern läßt: Wie umweltverträglich ist das gekaufte Produkt? Wurde dieses Produkt in einem Billiglohnland auf Kosten der „Armen" hergestellt?

Trend 8: Zunehmende Angleichung von Qualität und Know-how verschärft den Kampf um den Konsumenten. „Das Know-how und die Fähigkeit, akzeptable Qualitäten herzustellen, verbreiten sich heute mit ungeheurer Geschwindigkeit."[18] „Made in Germany" oder „Swiss Made" müssen nicht mehr in jedem Fall der Inbegriff von Qualität sein und Produkte „Made in China" gelten nicht mehr unbedingt als „schlechte" Produkte. Heute zählen vielmehr unternehmungspezifische Leistungen. In der Folge versuchen viele Unternehmen eigene Qualitätszeichen beim Kunden zu verankern wie beispielsweise „Made by Mercedes Benz". Dies erscheint auch glaubwürdiger, wenn man bedenkt, daß die für die Entstehung eines Produktes notwendige Wertschöpfung oftmals nur zu einem geringen Teil im Inland stattfindet.

Trend 9: Der Kampf um den Kunden wird zunehmend internationaler. Unternehmungen tendieren bei gesättig-

• Dynamik und Spontanität verkürzen die Produktlebenszyklen

• Polysensualität verändert Bedürfnisstrukturen

• Produktdesign gewinnt weiter an Bedeutung

• Konsumverhalten bestimmt durch Reflexion und Verantwortung

• Zunehmende Angleichung von Qualität und Know-how

• Kampf um den
Kunden wird
zunehmend
internationaler

• Die Zeit wird mehr
und mehr zu einem
entscheidenden
Wettbewerbsfaktor

• Zulieferer
unterliegen dem
Zwang zur Trend-
forschung

ten und durch Überkapazitäten gekennzeichneten heimischen Märkten dazu, ihre Aktivitäten zu internationalisieren. Die weltweiten Erfolge der Japaner haben diesen Trend bereits in den 70er und 80er Jahren Wirklichkeit werden lassen. In den 90er Jahren werden neue Nationen diesem Beispiel folgen. China sei hier wiederum beispielhaft genannt. Auf der anderen Seite versuchen europäische Unternehmungen ihrerseits v.a. in den neuen Märkten des ehemaligen Ostblocks oder in Ostasien Fuß zu fassen.

Trend 10: Der richtige Umgang mit der Zeit wird zu einem entscheidenden Wettbewerbsfaktor. Dieser Trend hat zwei verschiedene Inhalte. Zum einen meint er den gesamtwirtschaftlichen Gedanken, daß nicht länger gilt „der Große frißt den Kleinen", sondern „der Schnelle frißt den Langsamen". In Verbindung mit dem Trend einer zunehmenden Internationalisierung des Wettbewerbs wird der Sinn dieses „Slogans" unmittelbar deutlich. Zum anderen drückt er das Gefühl eines Mangels an Zeit aus. Dieser personen- bzw. konsumentenbezogene Trend, der sich gesellschaftsübergreifend auszubreiten scheint, birgt Chancen und Gefahren. Vorteil ist, daß Konsumenten sich zunehmend für Produkte und Dienstleistungen interessieren, die Zeit einsparen. Nachteil ist, daß sie immer weniger bereit sind, auf eine Marktleistung zu warten. Sie bestehen auf eine möglichst sofortige Lieferung.

Die aufgezeigten Trends verdeutlichen den schnellen Wandel von Bedürfnissen. Unternehmungen, die wirtschaftlich erfolgreich sein wollen, muß es jederzeit gelingen, Trends erstens rechtzeitig zu erkennen und zweitens auch entsprechend zu handeln. Sie können Trends bewußt auslassen, wenn die Schnellebigkeit eine angemessene Pay-back-Periode für entwickelte Marktleistungen nicht zulassen oder durch schnelle Umsetzung in ein Produkt versuchen, die Marktführerschaft zu gewinnen. Die aufgezeigten Trends treffen des weiteren zusammen mit einer schwierigen wirtschaftlichen Entwicklung in der Industrie. Diese befindet sich augenblicklich in einem vermutlich lang anhaltenden Strukturwandel, mit nicht mehr exakt voraussagbaren Konjunkturschwankungen.

Bedeutung der Umfeldentwicklungen und Trends für den OEM: Denken im strategischen Viereck und Wandel künftiger Zuliefer-Abnehmer-Beziehungen

Jede wettbewerbs- und zukunftsorientierte Unternehmung baut ihre Marketingstrategie auf der Grundlage der Beziehungen im Viereck Kunde-Unternehmung-Wettbewerb-Umfeld auf (Bild 4-2).

Die aufgeführten Trends machen den Wandel vom „friedlichen Wachstumswettbewerb" hin zu einem internationalen „Verdrängungswettbewerb" deutlich.[19] Besonders in gesättigten und schrumpfenden Märkten steigt dabei aber die Abhängigkeit der Konkurrenten. „Um die positiven Entwicklungen des Wettbewerbs zu fördern, müsste eine Unternehmung nur dort den Wettbewerb aufnehmen, wo sie langfristig Vorteile für Kunden gegenüber der Konkurrenz erreichen und stützen kann, ohne ihre Leistungs-/Ertragssituation zu verschlechtern. Je stärker die Konkur-

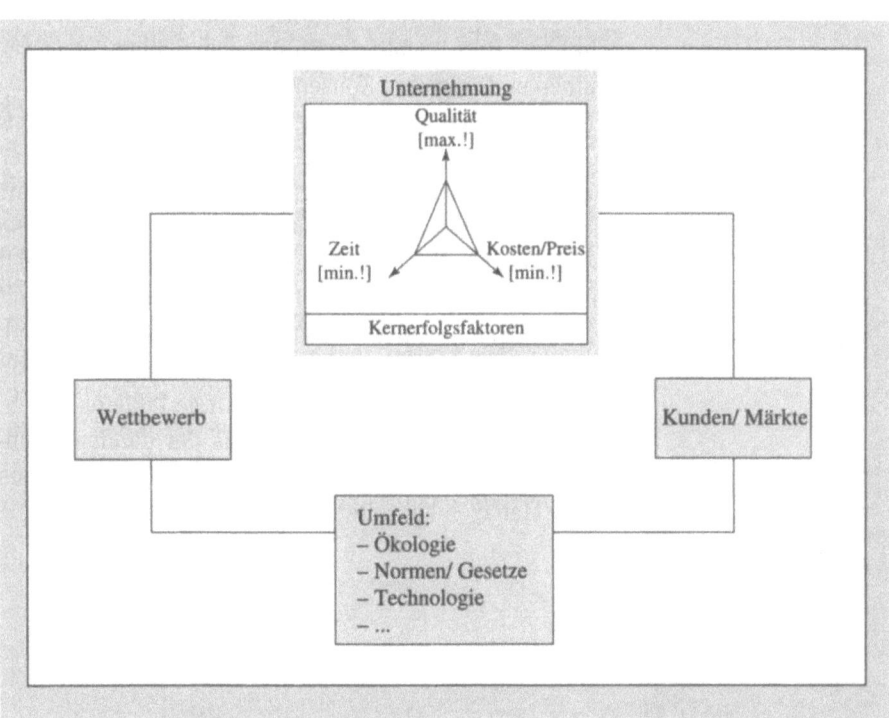

Bild 4-2: Denken im strategischen Viereck

renz wird, desto wichtiger sind Vorsicht, Kreativität und Innovation."[20] So kann man in neue, innovative und wachstumsstarke Märkte vorstoßen. Eine überlegene Wettbewerbsposition kann in reifen Märkten aber nur für klar abgegrenzte Zielgruppen bzw. Segmente angestrebt werden, nicht aber für den gesamten Markt. Unternehmungen müssen sich zum Ziel setzen, sich durch ihr angebotenes Preis/Nutzen-Verhältnis möglichst nachhaltig und dauerhaft vom Wettbewerb abzuheben, um so zu einem Wettbewerbsvorteil zu gelangen.[21] Die Stärke einer Unternehmung im Wettbewerb ist dabei bestimmt, „in welchem Masse eine Unternehmung in der Lage ist, sich bei relevanten Wettbewerbern durchzusetzen und am Gewinnpotential eines Marktes zu partizipieren".[22] Das Marktangebot muß sich also in Konkurrenz zu anderen Anbietern um den Kunden bemühen, und dabei gleichzeitig die Restriktionen aus dem Umfeld wahrnehmen und beachten.

Die Vielfältigkeit der aufgezeigten Entwicklungen im allgemeinen Umfeld und beim Endkonsumenten verursachen eine Veränderung künftiger Zuliefer-Abnehmer-Beziehungen. Bild 4-3 faßt die Einflüsse in Schlagworten zusammen und zeigt ihre Konsequenzen.

Bisher versuchen OEM's, jeglichen marktseitigen Druck u.a. dadurch zu meistern, daß sie ihn an ihre Zulieferer weitergeben. Sie haben aber gleichzeitig erkannt, daß nur eine Doppelstrategie einen gangbaren Weg aus der Krise bewirken kann. Künftige Zuliefer-Abnehmer-Beziehungen müssen kostengünstiger für beide Seiten ausfallen und gleichzeitig innovative Marktleistungen hervorbringen. Gemeinsames Kosten- und Innovationsmanagement sind somit wichtige Forderungen für künftige Zuliefer-Abnehmer-Beziehungen. Die Ausgangsbasis der damit verbundenen Bestrebungen ist ein entsprechend praktiziertes Supply Management seitens der Abnehmer.

Schlüsselentwicklungen im allgemeinen Umfeld	Konsequenzen für künftige Zuliefer-Abnehmer-Beziehungen
Probleme im Umgang mit dem „modernen" Konsumenten: Drang zur Individualität, qualitatives Konsumverhalten, Dynamik und Spontanität.	*Verstärkte gemeinsame Bemühungen in der Marktforschung und Marktbearbeitung:* zügige Entwicklung neuer Produkte, umwelt- und sozialverträgliche Produktion, ständige Kommunikation und gegenseitiger Informationsaustausch, jederzeite Lieferbereitschaft, effizientes Variantenmanagement, Aufbau von Image und Marke.
Billiglohn-Konkurrenz und Kostenkrise	*Optimale Ausgestaltung des Erfolgsfaktors Kosten:* Abbau von Kostenblöcken, Lean Management Strategien, Vermeidung jeglicher Verschwendung (Muda), Verlagerung eigener Wertschöpfung in das Ausland und/oder Suche ausländischer Partner, Abbruch von Beziehungen mit „teuren" Zulieferern.
High-Tech-Konkurrenz und Innovationskrise	*Optimale Ausgestaltung der Erfolgsfaktoren Qualität und Zeit:* Aufbau von Total Quality Management Strategien, Entwicklungskooperationen, staatliche Förderung und Unterstützung, Aufbau statt Abbau von F+E Kapazitäten, ständige Verbesserungsprogramme (Kaizen), Suche nach innovativen Zulieferern.
Verstärktes Denken im strategischen Viereck	*Verstärkte gemeinsame Bemühungen:* Zulieferer und Abnehmer müssen stärker zusammenarbeiten, um den wachsenden Anforderungen gerecht zu werden. Markterfolge sind nicht mehr im Alleingang möglich, sondern verlangen eine konstruktive und kooperative Zusammenarbeit aller an der Wertschöpfung Beteiligten. Der Wettbewerb zwischen einzelnen OEM's wird zunehmend zu einem Wettbewerb konkurrenzierender Wertschöpfungsketten.

Bild 4-3: Umfeldentwicklungen und ihre Bedeutung für Zuliefer-Abnehmer-Beziehungen

Anmerkungen

1   o.V. (Wirtschaftskonjunktur/1993) 12.
2   o.V. (Wirtschaftskonjunktur/1993) 18f.
3   o.V. (Stimmung im Mittelstand/1993) zitiert in „Welt am Sonntag" v. 30. Januar 1994, 23.
4   So definiert Burt ein Keiretsu wie folgt: „ A keiretsu is a large group of related companies that share common interests, common banks, and typically, interlocking boards of directors, and cross equity participation. These groups resemble cartels in that they tend to restrict sourcing and other business interactions to their group. Burt (The American Keiretsu/1994) 9.
5   Thom (Innovationsmanagement/1992) 8.
6   Necker (Grußadresse/1993) 12ff.; Krüger (Ansprache/1993) 19ff.; Treusch (Ansprache/1993) 27ff.; Grunenberg (Von Pioniergeist keine Spur/ 1993) 3f.
7   Treusch (Ansprache/1993) 32.
8   Bundesbericht Forschung 1993, zitiert in: Grunenberg (Von Pioniergeist keine Spur/1993) 3.
9   Werner von Siemens, zitiert in: Grunenberg (Von Pioniergeist keine Spur/1993) 3.
10   Robert Bosch, zitiert in: Grunenberg (Von Pioniergeist keine Spur/1993) 3.
11   Weinhold (20 Lektionen/1991), S. 59f.; Doebeli (Konsum 2000/1992); Klages (Wertewandel/ 1987); Simon (Strategische Wettbewerbsvorteile/1988).
12   Doebeli (Konsum 2000/1992) 74f.
13   Der Begriff „hybrid" stammt aus dem Griechischen und charakterisiert Individuen und Produkte von zweierlei Herkunft, wie beispielsweise Mischlinge und Zwitter aus dem Pflanzen- und Tierreich. Der Terminus „hybrid" wird seit einiger Zeit v.a. in der technischen Sprache verwendet. So spricht man bspw. von „Hybrid-Autos", wenn diese sowohl mit einem Verbrennungs- als auch einem Elektromotor ausgestattet sind. Doebeli (Konsum 2000/1992) 11f.
14   Belz (Konstruktives Marketing/1989) 37.
15   Simon (Strategische Wettbewerbsvorteile/1988) 1
16   Belz (Konstruktives Marketing/1989) 38f.
17   Polysensualität im Küchenbau äußert sich beispielsweise darin, daß neben dem eigentlichen Grundnutzen, nämlich dem Kochen und Zubereiten von Mahlzeiten, Zusatz- und Nebennutzen immer wichtiger werden. Die Küche muß technisch hervorragend ausgstattet sein und zudem dem Lebensstil des Bewohners Rechnung tragen.
18   Simon (Strategische Wettbewerbsvorteile/1988) 2.
19   Simon (Strategische Wettbewerbsvorteile/1988) 3.
20   Belz (Konstruktives Marketing/1989) 122 und dort angegebene Literatur.

21 Simon (Strategische Wettbewerbsvorteile/1988) 3.

22 Meffert (Wettbewerbsstärke/1985) 14. vgl. dazu auch das Konzept der „strategischen Gruppen" von Belz (Konstruktives Marketing/1989) 124f. „Strategische Gruppen bezeichnen eine Anzahl Konkurrenten in einem Markt, welche sich in Voraussetzungen, Marketing-Vorgehensweisen und/oder angesprochenen Produkt- und Marktsegmenten gleichen und dadurch gegenüber anderen Anbietern abgegrenzt werden können. In einem Extremfall hat eine Branche nur eine strategische Gruppe, weil alle Anbieter analog vorgehen." Weiter führt Belz aus: „In einem Markt mit zahlreichen strategischen Gruppen ist es gelungen, das Angebot gegenüber Kunden vielfältig zu differenzieren und den Markt in relativ geschützte Teile mit weniger Konkurrenz zu gliedern." Belz (Konstruktives Marketing/1989) 125.

5 Supply Management industrieller Abnehmer: Basis für konstruktive Beziehungen

Die allgemeine Zielsetzung der Beschaffung bzw. des Beschaffungsmarketings des Abnehmers ist es, „die Angebote der Vorlieferanten in qualitativer, quantitativer, räumlicher und zeitlicher Hinsicht den Erfordernissen des Absatzmarktes anzupassen."[1] Dabei müssen die Verantwortlichen beim Abnehmer – neben den reinen Kosten der Beschaffung – auch anfallende Lager- und Kapitalkosten berücksichtigen. So bedeuten große Liefermengen in der Regel zwar verminderte Einkaufspreise pro Stück, sind aber mit höheren Lager- und Kapitalkosten verbunden. Aufgabe ist es also generell, die optimale Bestellmenge auf der Grundlage des geplanten Bedarfs und unter Berücksichtigung aller Vorgaben der Unternehmungsführung zu ermitteln. Die dabei zu berücksichtigenden Zielkonflikte gibt das folgende Bild 5-1 wieder.

Neben den grundsätzlichen Zielkonflikten in der Beschaffung prägen unterschiedliche Beschaffungssituationen die Ausgangslage für die Auswahl und Selektion künftiger Zulieferanten. Stützt sich der Abnehmer auf wenige Zulieferer, wird er bei Erstkäufen mit völlig neuen Problemen konfrontiert. Er hat einen hohen Informationsbedarf und wird verschiedene, alternative Zulieferanten analysieren, bevor er sich letztlich für – möglicherweise nur einen – Zulieferanten entscheidet. Bei dieser Beschaffungssituation haben Zulieferer die größten Möglichkeiten, auf den Entscheidungsprozeß des Abnehmers Einfluß zu nehmen. Die Einflußmöglichkeiten gehen zurück, wenn sich die Beschaffung eines Gutes für den Abnehmer zunehmend habitualisiert. Bild 5-2 zeigt zusammenfassend die wesentlichen Beschaffungssituationen und die sie bestimmenden Komponenten.

• Ziele der Beschaffung

• Zielkonflikte in der Beschaffung

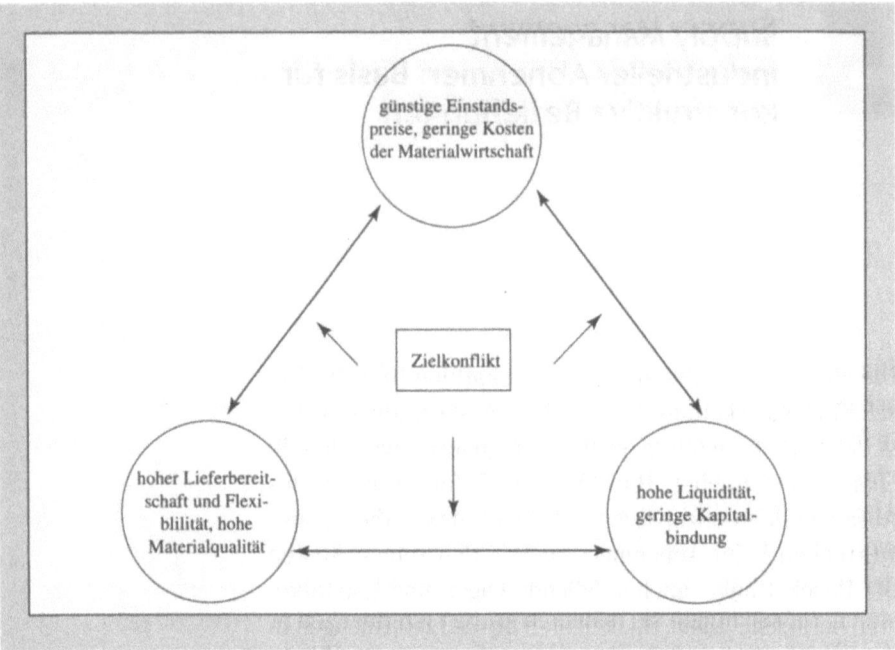

Bild 5-1: Kernproblem der Beschaffung: Kosten versus Qualität und Flexibilität

Ein weiteres Problem ist die Bedeutung eines Produktes für den Abnehmer im Verhältnis zur Komplexität des Beschaffungsmarkes.[2] Die Kriterien, die sich hinter diesen beiden Dimensionen verbergen, sind:[3]

– *Bedeutung des Einkaufs/der Versorgung für die Unternehmung:* Anteil an den Gesamtkosten, Wertschöpfungsprofil/-verlagerung, Ergebniseinfluß.
– *Komplexität des Versorgungsmarktes:* Knappheit/ Verfügbarkeit, Marktstruktur (Monopole, Oligopole, Polypole), Geschwindigkeit des technologischen Fortschrittes, Weltweite Beschaffung/Logistik.

Daraus leiten sich die in Bild 5-3 wiedergegebenen Beschaffungsstrategien ab.

Vor dem Hintergrund dieser grundlegenden Fragestellungen der Beschaffung entscheiden Abnehmer darüber, ob sie die für das Produkt notwendige Wertschöpfung selbst aufbringen oder sie extern zukaufen.

		Merkmale		
		Neuheit des Problems	Informationsbedarf	Mögliche Alternativen
Beschaffungssituation	Erstkauf	*hoch*	*maximal*	*viele*
	modifizierter Wiederholkauf	*mittel*	*mässig*	*begrenzt*
	reiner Wiederholkauf	*niedrig*	*gering*	*keine*

Bild 5-2: Unterschiedliche Beschaffungssituationen und Einflußmöglichkeiten des Zulieferes; Quelle: Hansen (Beschaffungsmerketing/1990) 464ff; Tomczak (Problemorientierte Beschaffung/1992) 15.

		Komplexität des Versorgungsmarktes	
		niedrig	hoch
		Materialwirtschaft für Massenstandardartikel:	*Logistik/Versorgungsmanagement für strategischeArtikel:*
Bedeutung der Versorgung für die Unternehmung	hoch	*Materialfluß/-kosten aus Gesamtsicht steuern durch:* • *Ausnutzen von Einkaufsmacht* • *Lieferantenauswahl,* • *Produktsubstitution* • *gezielte Preis- und Verhandlungsstrategien* • *Mischung aus Vertragskäufen und Einkäufen auf internationalen Spotmärkten Auftragsmengenoptimierung*	*nachhaltigen Versorgungsvorteil sichern durch:* • *Präzise Bedarfsprognose, genaue Marktforschung* • *Schaffung langfristiger Beziehungen über Eigenfertigung oder Zukauf* • *Staffelverträge* • *Risikoanalyse* • *Notfallplanung* • *Bestands- und Lieferantenkontrolle*
		Einkauf für unkritische Standardartikel:	*Beschaffung für Engpaßartikel:*
	niedrig	*die Funktion „Beschaffung" effizient ausüben durch:* • *Produktstandardisierung* • *Optimierung und Überwachung der Auftragsmengen* • *effiziente Bearbeitung* • *Bestandsoptimierung*	*kurzfristige Versorgung sichern durch:* • *Mengen- und Bestandssicherung* • *Lieferantenkontrolle Ausweichpläne*

Bild 5-3: Vom Einkauf unkritischer Standardartikel zur Logistik strategischer Artikel; Quelle: in Anlehnung an Kraljic (Zukunftsorientierte Beschaffungsstrategie/1988f.); Tomczak (Problemorientierte Beschaffung/1992) 17f.

Make or Buy: Ausgangspunkt für Zuliefer-Abnehmer-Beziehungen

Jeder Make or Buy Entscheidung bei technischen Produkten liegt eine unternehmungspolitische, eine wirtschaftliche und technische Beurteilung zugrunde. Die Unternehmungspolitik legt grundsätzlich fest, in welchem Maße die Unternehmung generell bereit ist, bisher eigene Aktivitäten oder Kompetenzen an Zulieferer abzutreten. Dadurch schränkt der Abnehmer eigene Aktivitäten ein und nimmt mehr zugelieferte Teile und/oder Baugruppen in die Stückliste auf. Diese Entscheidung gilt es, im Beschaffungskonzept zu verankern. Das folgende Bild 5-4 vergleicht die wirtschaftlichen und technischen Kriterien des

Eigenfertigung versus Zulieferung im Lebensablauf eines Produktes (Beispiel)		
	Aufwand und technischer Nutzen bei:	
Lebenslaufphase:	Eigenfertigung	Zulieferkomponente
Produktplanung, Entwicklung, Konstruktion	*Hoher Aufwand:* *2 Einzelteilzeichnungen,* *6 Norm-und Zulieferteile,* *8 Stücklistenpositionen.*	*Mittlerer Aufwand:* *1 Einzelteilzeichnung,* *5 Stücklistenpositionen.*
Arbeitsvorbereitung, Produktion, Versuch	*Mittlerer Aufwand:* *3 Eigenfertigungsteile.*	*Sehr geringer Aufwand:* *1 Nacharbeit (Passfedernut).*
Einkauf, Materialbeschaffung	*Mittlerer Aufwand:* *3 Halbzeuge,* *7 Norm- und Zulieferteile*	*Geringer Aufwand:* *6 Norm- und Zulieferteile.*
Betrieb, Wartung, Reparatur	*Guter Rundlauf der Welle.* *Gute Zugänglichkeit des Schmiernippels.* *Einheitliche Farbgebung.*	*Evtl. exzentrischer Lauf der Welle durch Klemmung.* *Durch Winkeleinstellbarkeit keine Lagerbeanspruchung durch Fluchtungsfehler.* *Steife Welle ohne Kerben durch Wellenabsätze.* *Schnelle Montage und Demontage.* *Schnelle Ersatzteilbeschaffung*

Bild 5-4: Eigenfertigung versus Zulieferkomponenten im Lebensablauf eines Produktes (Beispiel); Quelle: in enger Anlehnung an Birkhofer (Erfolgreiche Produktentwicklung/1992) 118.

Make or Buy-Entscheids am Beispiel einer Wellenlagerung, einem typischen Zulieferprodukt.

Abnehmer verfolgen mit einem Buy-Entscheid generell verschiedene Zielsetzungen:[4]

Herstellkosten senken: Ein Zulieferer kann aufgrund des Marktvolumens in seinem eigenen Markt höhere Stückzahlen realisieren. Dies gilt v.a. dann, wenn Produkte für verschiedene Abnehmer bzw. Abnehmerbranchen gleich sind oder der Zulieferer Baukastenkonstruktionen anbieten kann. So können sowohl Zulieferer als auch Abnehmer Degressionseffekte nutzen und wirtschaftlicher produzieren. Des weiteren kann der Hersteller die gewachsene Produkt- und Produktionstechnik traditioneller Zulieferer nutzen. Viele Zulieferprodukte haben sich durch ihre Tradition bewährt und konnten ständig technisch optimiert werden.[5] Dadurch kann der Zulieferer auch eine größere Vielfalt von Anwendungen beim Abnehmer berücksichtigen.

Eigenproduktleistung steigern: Der Einsatz von zugelieferten Normteilen[6] ist gängige Praxis. Der Eigenfertigungsanteil kann soweit zurückgehen, daß der Abnehmer seine Aktivitäten auf das „Konfigurieren", d.h. das Auswählen, Anordnen und Verbinden zugekaufter Komponenten beschränkt (Baukastensystem). Zudem bieten Zulieferer neben der eigentlichen Hardware-Leistung vor allem bei komplexen Produkten zusätzliche Beratungsleistungen an. Diese nutzen Abnehmer gerne. Sie können helfen, eigene Kosten zu sparen und gleichzeitig die Qualität des Endproduktes zu steigern.

Senkung des eigenen Entwicklungsrisikos und der Entwicklungszeit: Oftmals überschätzen Abnehmer ihre Fähigkeiten in der Eigenentwicklung. Die Konsequenzen, die daraus entstehen sind bekannt: lange Entwicklungszeiten, teure Nacharbeit durch Änderungen im Betrieb oder beim Kunden oder sogar imageschädigende Rückrufaktionen. Unternehmungen sollen sich verstärkt auf ihre eigentlichen Stärken, Fähigkeiten bzw. Kernkompetenzen beschränken. „Nice to have" Produkte und Aktivitäten gilt es abzustoßen.

Die beispielhaft aufgezeigten Argumente unterstreichen die Bedeutung von funktionierenden Beziehungen mit Zulieferern. Bild 5-5 faßt die Argumente für eine Buy-Ent-

- Ziele des Zukaufs

- Herstellkosten senken

- Eigenproduktleistunge steigern

- Senkung von Entwicklungsrisiko und Entwicklungszeit

scheidung zusammen und stellt ihnen Argumente für eine Make-Entscheidung gegenüber.[7]

Kaufverhalten und Interaktionsformen in Zuliefer-Abnehmer-Beziehungen

Eine Beziehung wird in der Soziologie als ein „durch einen oder mehrere soziale Prozesse herbeigeführter Zustand der Verbundenheit oder Getrenntheit zwischen Individuen" beschreiben.[8] Beziehungen zwischen Zulieferern und Abnehmern entstehen durch soziale Prozesse der beteiligten Personen beim Abnehmer am Kaufprozeß („Buying Center") bzw. der beteiligten Mitarbeiter beim Zulieferer am Verkaufprozeß („Selling Center"). Ihre Mit-

Gründe für Buy-Strategien	Gründe für Make-Strategien
• Preis/Kosten,- Qualitäts- und Zeit- bzw. Flexibilitätsvorteile durch Zulieferung • Mangelndes eigenes Know-how bzw. Konzentration auf eigenes wettbewerbsentscheidendes Produkt- und Prozeß-Know-how und schneller Zugang zu Innovationen • Hohe eigene Komplexität in der F+E, Fertigung und Administration • Kosteneinsparungen durch Wegfall von Investitionen zur Eigenentwicklung und -fertigung • Marktweite Standardisierung bzw. Normung (DIN/ISO) von Zulieferteilen und Technologiestandardisierung • Absolute Spezialteile aus „fremden" Gebieten • Auffangen von Bedarfsschwankungen • Unzureichende, eigene Investitionsmittel oder Vermeidung hoherErsatzinvestitionen • Verringerung des Dispositionsaufwandes und der logistischen Komplexität vor allem bei der Zulieferung ganzer Systeme • Ausnutzen des Spezial-Know-hows von Zulieferern.	• Schutz eigener Kernkompetenzen bzw. marktwichtigen Know-hows • Vermeidung jeglicher (gegenseitiger) Abhängigkeiten • Nutzung vorhandener (Über-)Kapazitäten • Vermeidung der Abhängigkeit von „marktmächtigen Zulieferern" • Versuch, eigene Produkte zum Standard des Marktes zu machen • Schutz eigener Marktführerschaft • Preis/Kosten-, Qualitäts- und Zeit- bzw. Flexibilitätsvorteile durchEigenentwicklung und -fertigung • Unternehmungspolitische Entscheidung, die eigene Wertschöpfung zu erhöhen.

Bild 5-5: Gründe für Make or Buy-Strategien

glieder bilden sogenannte Brückenkollektive.[9] Sie sind für die sozialen Prozesse verantwortlich, d.h. diejenigen „Vorgänge, durch die Menschen enger miteinander verbunden oder voneinander getrennt werden".[10] Gegenstand der Prozesse sind wie bei jeder anderen wirtschaftlichen Transaktion der Austausch von Geld-, Waren und Informationsströmen.[11] Vor diesem Hintergrund sollen im folgenden das Kaufverhalten im industriellen Bereich sowie mögliche Interaktionsformen zwischen Zulieferer und Abnehmer näher untersucht werden.

Zulieferer versuchen, sich durch entsprechendes Marketing für potentielle Abnehmer zu empfehlen und deren Kaufverhalten in ihrem Sinne positiv zu beeinflussen. Sie interessieren sich dabei vor allem für folgende Fragenkreise:

– Welche Personen sind an der Beschaffung beteiligt? Wie setzt sich das „*Buying Center*" des Kunden zusammen? Welches Mitglied übernimmt welche Rollen?
– Wie läuft der *Prozeß der Beschaffung* ab? Wer trifft zu welchem Zeitpunkt welche Entscheidung und welche Auswirkung haben sie?
– Was für ein *Kauftyp* liegt für den Abnehmer vor und wie beeinflußt dies seine Beschaffung?

Buying Center: In der Regel nehmen an dem gewerblichen bzw. industriellen Kaufprozeß mehrere Personen teil. Im allgemeinen sind dies:

• Buying Center-Strukturen

– der Promotor, z.B. Betriebs-, Fertigungs-, Qualitätsleiter, der aufgrund seiner Sach- und Fachkompetenz den Kaufvorgang aktiv fördert und Einfluß auf die letzte Entscheidung haben sollte.
– der Entscheider, häufig die Geschäftsleitung, die letztlich dem Kaufakt zustimmen muß,
– der Nutzer, z.B. der Maschinenbediener, der an ergonomisch optimalen Arbeitsbedingungen interessiert ist,
– der Finanzleiter, der an Nutzen-/Kostenoptimierungen interessiert ist,
– der Einkäufer, der die Einkaufsverhandlungen führt,
– der Informationsverarbeiter, der die Entscheidung vorbereitet, die Alternativangebote bewertet, gewichtet und selektiert.

Mehrere Personen können dabei eine bestimmte Position einnehmen; andererseits können durch eine Person mehrere Funktionen gleichzeitig erfüllt werden. Der Zulieferer muß die aufgezeigten Strukturen und Gegebenheiten des Buying Centers erkennnen und ihnen entsprechend handeln. Er muß:

– sich auf die firmenindividuelle Einkaufsorganisation bzw. Situation einstellen,
– unterschiedliche Argumentationen und Werbemittel je nach Sicht der einzelnen (Team-)-Mitglieder des Buying-Centers einsetzen,
– die am Entscheidungsprozeß Beteiligten – besonders den Entscheider – überzeugen und für sich gewinnen.

- Prozess der Beschaffung

Prozeß der Beschaffung: Der Kaufentscheidungsprozeß zwischen den Beteiligten des Buying- und des Selling-Centers läuft interaktiv ab. Bild 5-6 zeigt die dabei wesentlichen Handlungsschritte zwischen Abnehmer und Zulieferer, wobei Feedback-Schleifen an verschiedenen Stellen möglich und nötig sein können.

Kauftypen: Kriterien zur Typologisierung möglicher Kauftypen sind z.B.:[12]

- Verschiedene Kauftypen

– relativer Wert und Bedeutung des zu beschaffenden Gutes für den Abnehmer (Anteil am eigenen Umsatz, Investitionsvolumen, Involvement).
– Wiederholungsgrad der Kaufes (Erstkauf, modifizierter Wiederkauf, identischer Wiederkauf).
– Art der eingekauften Produkttechnologie (Low-Technology, High-Technology).

Die Bildung von Kauftypen erfolgt anhand verschiedener Merkmale, die in sich möglichst homogen, und zwischen den Typen möglichst heterogen sind. Unterschiedliche Kauftypen beeinflussen die Zusammensetzung des Buying Centers und den Prozeß der Beschaffung.

Wie im Bereich des Kaufverhaltens für Konsumgüter gibt es auch im Rahmen der organisationalen Beschaffung zahlreiche Kriterien, die den Beschaffungsentscheid des Abnehmers beeinflussen. Bild 5-7 faßt die getroffenen Aussagen zusammen und ergänzt weitere mögliche Kriterien.[13]

1. **Bedürfnis/Bedarf ermitteln:** *Beim Abnehmer tritt ein Bedarf auf, bedingt durch: Bedürfnisse/Probleme beim Endkunden, Wunsch nach eigener Innovation.*

2. **Grundsätzliche Lösungsansätze suchen:** *Abnehmer sucht nach geeigneten Lösungen anhand merkmalsgeprägter Grundvorstellungen und kontaktiert derzeitige oder potentielle Zulieferer.*

3. **Problemstellung klären:** *Abnehmer klärt die Problemstellung mit dem Zulieferer (Pflichtenheft, Aufgabenstellung, Stückliste, Zeichnungen u.a.).*

4. **Machbarkeit prüfen:** *Zulieferer prüft Herstellbarkeit, Qualitätseinhaltung, schlägt Verbesserungen und Modifikationen vor, leitet evt. weitere Klärungsgespräche ein.*

5. **Angebote einholen:** *Bei verschiedenen Zulieferern werden Angebote eingeholt. Zulieferer, die aktives Marketing betreiben, wecken durch ihre Angebote ein Bedürfnis beim Abnehmer. Sie entwickeln und bieten Problemlösungen an, ohne dazu explizit aufgefordert zu werden.*

6. **Angebote bewerten:** *Abnehmer bewertet die Angebote eines/alternativer Zulieferer nach seinen Merkmalswerten und Preisvorstellungen im Hinblick auf seine Nutzenerwartungen.*

7. **In Kaufverhandlungen eintreten:** *Abnehmer und Zulieferer treten in Verhandlungen: Beurteilungen, wechselseitige Stellungnahmen, Modifikationen, Veränderungen, Ergänzungen etc. auf beiden Seiten.*

8. **Auftrag vergeben:** *Abnehmer vergibt Auftrag an einen/mehrere Zulieferer bei Übereinstimmung von Abnehmervorstellungen mit Zulieferangebot(en).*

9. **Auftrag abwickeln:** *Geschäftsabwicklung, Übernahme der Zulieferung.*

10. **Gewährleistungen sicherstellen:** *Zulieferer übernimmt vereinbarte Gewährleistungen*

11. **Wiederholkäufe:** *Abnehmer unternimmt Wiederholkäufe bei Zufriedenheit.*

12. **Nachverhandlungen:** *Evt. Nachverhandlungen über Leistungs-, Mengenänderungen und Preisanpassungen.*

Bild 5-6: Aktivitäten und Interaktionen in der industriellen Beschaffung

Mit dem Kaufverhalten eng verbunden sind die Interaktionen zwischen Abnehmer und Zulieferer. Interaktionsansätze sind durch die Anzahl der beteiligten Personen bzw. Organisationen charakterisiert. Die mit ihnen verbundenen Prozesse lassen sich wie folgt beschreiben:[14] „zwei oder mehr Partner orientieren ihre verbalen und nicht verbalen Aktionen aneinander, wobei Aktion und Reaktion interdependent sind."

Die Analyse der Interaktionen zwischen Zulieferer und Abnehmer kann verschiedene Vorteile hervorbringen. Ne-

* Interaktionen zwischen Zulieferer und Abnehmer

- *Kauftyp: Relativer Wert und Bedeutung des zu beschaffenden Gutes für den Abnehmer; Wiederholungrad des Kaufes; Art der eingekauften Produkttechnologie.*
- *Art der Nachfrager (Industrieunternehmung, öffentliche Behörde etc.).*
- *Grösse der nachfragenden Unternehmung.*
- *Zusammensetzung des Buying Centers (Promoter, Entscheider, Nutzer, Finanzleiter, Einkäufer, Informationsverarbeiter).*
- *Beschaffungsrichtlinien und unterschiedliche Beschaffungsprozesse (für neue Produkte, für bereits bestehende Produkte).*
- *Lieferantenbewertung und Auswahlkriterien.*
- *Anreizsysteme der beschaffenden Unternehmung.*
- *Beschaffungsstruktur (zentralistisch oder dezentralistisch).*
- *Beschaffungskultur („Wir kaufen immer nur 1A-Qualität." „Wir machen uns nie von einem Lieferanten abhängig."; „Wir kaufen doch nicht überall.").*
- *Beschaffungsstrategien.*
- *Beschaffungshäufigkeit (Einmalkäufe, Wiederholkäufe).*
- *Umfeldfaktoren (rechtliche, ökonomische, ökologische, technische, personelle).*

Bild 5-7: Beeinflussungsktiterien industriellen Kaufverhaltens

ben genauer Kenntnis des Kaufverhaltens des Kunden ist es für Zulieferer von Bedeutung zu wissen, welche Interaktionen im Rahmen der Aushandlung von Leistung und Gegenleistung stattfinden. In diesem Prozeß wechselseitiger Einflußnahme bei den Verkaufsanstrengungen besteht für den Zulieferer die Möglichkeit auf spezielle Probleme und Wünsche des Abnehmers einzugehen und in der Folge das Leistungsangebot seinen besonderen Bedürfnissen anzupassen. Der Zulieferer kann zudem langfristige Geschäftsbeziehungen auf ihre Erfolgs- und/oder Mißerfolgsfaktoren hin untersuchen und so Verbesserungspotentiale aufspüren.[15] Das folgende Bild 5-8 typologisiert mögliche Interaktionsformen in der Art, daß sie jeweils Ansatzpunkte für spezielle Marketing-Maßnahmen liefert.

So kann man erkennen, daß Wiederholkäufe oftmals durch die enge Beziehung von einzelnen Personen, sogenannten dyadischen Beziehungen zustande kommen. Aktives Beziehungsmanagement ist hier vom Zulieferer ge-

Art der Beteiligten	Zahl der Beteiligten	
	Zwei	Mehr als zwei
Personen	*Dyadisch-personale Interaktion:* zwischen Zulieferer und Abnehmer konzentrieren sich auf „Personal Selling". Vor allem bei habitualisierten Wiederholkäufen wird diese Form der Transaktion eingesetzt.	*Multipersonale Interaktion:* Mehrere Personen von Zulieferer und Abnehmer sind involviert, d.h. das Selling Center des Zulieferers trifft auf das Buying Center des Anbieters. Dies ist besonders bei Erstkäufen, hohem Auftragswert oder auch technischer Komplexität der Fall. Besondere Konflikt- potentiale liegen in Status- und Machtdivergenzen.
Organisationen	*Dyadisch-organisationale Interaktion:* Sie basieren auf der personalen Interaktion und erweitern diese um organisationale Faktoren. Organisationale Interaktion befaßt sich dabei generell sowohl mit intra- als auch interpersonellen Beziehungen.	*Multiorganisationale Interaktion:* Beruht auf der Erkenntnis, daß an vielen Zuliefer- Abnehmer-Beziehungen bzw. Kauf/Verkaufprozessen auch noch andere Parteien beteiligt sein können, bzw. Einfluß ausüben.

Bild 5-8: Formen der Interaktion zwischen Zulieferer und Abnehmer; Quelle: modifiziert nach Backhaus (Investitionsgütermarketing/1993) 110f.

fragt und kann relativ einfach umgesetzt werden. Dies sieht ganz anders aus bei multipersonalen oder multiorganisationalen Interaktionen. In diesen Fällen sind womöglich neben den Vertretern aus Buying und Selling Center noch andere Interessengruppen wie Vertreter aus Politik oder Gesellschaft, die ebenfalls Einfluß auf die Entscheidungsfindung haben können, beteiligt.

Zulieferer ziehen aus der Kenntnis der verschiedenen – das Kaufverhalten des Abnehmers beeinflussenden – Kriterien Rückschlüsse für das eigene Marketing, um die Entscheidungen des Abnehmers möglichst positiv für sich zu beeinflussen.[16] Bild 5-9 faßt die Ergebnisse der Ausführungen in einer Übersicht zusammen. Es zeigt den Beschaffungsprozeß industrieller Abnehmer und die auf ihn einwirkenden Einflußfaktoren. Dabei wird jeweils aufgezeigt, in welchen Phasen, Zulieferer und/oder Abnehmer den

Einflussbereiche- und -größen:	Industrieller Beschaffungsprozeß ⟶											
	Bedürfnis/Bedarf	Lösungssuche	Problemstellung	Machbarkeit prüfen	Angebote einholen	Angebote bewerten	Kaufverhandlungen	Auftragsvergabe	Auftragsabwicklung	Gewährleistungen	Wiederholkäufe	Nachverhandlungen
Strategie: - Strategie-Konzept - Innovationstendenzen - Stückkostenabbau												
Organisation des Abnehmers: - Beschaffungsrichtlinien - Zulieferbewertungen - Anreizsysteme - Ablauf- und Stellenorganisation - Beschaffungskultur												
Basis einer Partnerschaft: - Intensität und Dichte der Beziehung - Vertrauen - persönliche Bindung												
Marktleistung: - Art, Umfang, Wert - Produktechnologie - strategische Bedeutung												
Zulieferer allgemein: - Art, Anzahl potentieller Zulieferer - Qualität, Bekanntheit, Image, - Stellung im Markt - Informationsbedürfnis												
Abnehmer allgemein: - bisheriges Kaufverhalten - Bekanntheit, Image, Stellung im Markt - Art, Anzahl - Kaufvolumen												
Allgemeines Umfeld: - Recht (Kartellamt) - Ökonomie (Standort) - Ökologie (JIT) - Technik (SE) - Personal (Teams)												

Beeinflussung/Aktivitäten durch:

☐ = Zulieferer   ▨ = Abnehmer   ▨ = Zulieferer und Abnehmer

Bild 5-9: Industrieller Beschaffungsprozeß und seine Einflußfaktoren

Prozeß durch eigene Aktivitäten zu ihren Gunsten beeinflussen können.

Im folgenden werden die Ergebnisse einer Studie „Supply Management: Probleme, Strategien, Lösungsansätze„ vorgestellt.[17] Fünf wesentliche Akzente kennzeichnen die Schwerpunkte der Untersuchung. Ausgangspunkt sind die gewählte Unternehmungsstrategie und die Philosophie der Fertigung. Daraus leiten sich die wesentlichen Vorgaben für das Supply Management ab. Es interessierte in der Folge, welche Reserven und künftigen Strategiealternativen die Praxis sieht und auswählt. Fragen der Lieferantenselektion, mögliche Kooperationsstrategien und die operative Ausgestaltung des Supply Management bilden dabei inhaltliche Schwerpunkte.

* Ergebnisse einer Studie „Supply Management: Probleme, Strategien, Lösungsansätze"

Supply Management: unternehmerische Vorgaben, Strategien und Reserven

Supply Management ist ein facettenreicher Begriff. Es meint das Management der betrieblichen Vorräte aus der Sicht der einkaufenden Unternehmung. Es handelt sich nicht um ein fest umrissenes Konzept, sondern um einen aktuellen Ansatz der Praxis, um den geschilderten Herausforderungen im Markt und Wettbewerb begegnen zu können. Bild 5-10 gibt einen kurzen Überblick über die Inhalte verschiedener Definitionen und sensibilisiert für die weiteren Ausführungen.

Unternehmungen beschaffen in ihrer großen Mehrheit international (78%) und versuchen dabei Importeure und Zwischenhandel zu umgehen, um direkt beim Produzenten beziehen zu können (91%). Sie decken den Großteil ihres Bedarfs bei wenigen großen Lieferanten ein und vermeiden fragmentierte Einkaufsmärkte mit vielen kleinen Lieferanten. Diese Art der Beschaffung ist mit hohen Einkaufsvolumina verbunden (47%). Dabei handelt es sich in der Mehrheit um standardisierte Güter (56%) und nicht um Speziallösungen. So beschaffen Unternehmungen in der überwiegenden Mehrheit nur Teile (73%) und nicht Baugruppen (19%) oder Systeme (13%). Bild 5-11 zeigt die Ergebnisse in einer Übersicht.

* Beschaffungssituation von Abnehmern

- *„Supply Management versorgt eine Unternehmung mit ihren strategisch wichtigen Leistungen. Jene eingekauften Produkte und Dienstleistungen sind für den Erfolg der Unternehmung entscheidend, die stark zu Kundenvorteilen der Unternehmung beitragen, die kritisch zu beschaffen sind, deren Ausfälle sich fatal auswirken und deren Volumen und Werte hoch sind. (...) verminderte Bestände, gesteigerte Flexibilität, Kostensenkung, hohe Qualität und rasche Durchläufe lauten die Ziele. Verbesserung um 50 % bis 100 % sind nicht selten."*
  Belz (Supply Management/1994) 1.

- *„Supply Management bezeichnet einen neuen Prozeß, der das Design, die Entwicklung, die Optimierung und das Management sowohl interner als auch externer Aufgaben und Funktionsbereiche im Unternehmungsversorgungssystem betrifft. Auf einem strategischen Niveau umfaßt Supply Management: Das Herausarbeiten von Gefahren und Chancen in der Versorgungsumgebung der Firma, die Entwicklung von Material- und Komponenten-Strategien, einschließlich Entscheidungen über „make or buy"; Zugänglichkeit und Kontrolle technologischen Knowhows; aktive Beteiligung der Versorgungsführung im Unternehmungs- bzw. Divisionsplanungsprozeß. Auf dem operativen Niveau bildet Supply Management den erweiterten Prozeß a) zur Identifizierung und Beschreibung des durch externe Lieferanten zu liefernden Bedarfs; b) zur Identifizierung der Lieferanten sowie des Aufbaus und der Pflege von geeigneten Geschäftsbeziehungen zu ihnen; c) Messung und Optimierung der Kosten sowohl im Anlieferungsverfahren als auch bei der Transformation dieser Materialien, Güter, Komponenten und Dienstleistungen in Qualitätsleistungen; d) Bewirken und Kontrollieren laufender Verbesserungen in der gesamten Versorgungskette."*
  Burt/Doyle (American Keiretsu/1993) 5

- *„Supply Management ist eine systematische Steuerung der Beschaffung ausgewählter Produkte und Dienstleistungen von ausgewählten Lieferanten (supplier) mit dem Ziel, durch gemeinsame Realisierung langfristiger Gesamtkostenreduktion markante Wettbewerbsvorteile zum Nutzen unseres Unternehmens, unserer Lieferanten und Kunden zu schaffen."*
  Zen Gaffinen(/Holliger (Supply Management/1994) 32.

- *„Für uns ist Supply Management nichts anderes als die konsequente Anwendung der Prinzipien von Time Based Management und Total Quality Management in der Beschaffungs- und Bereitstellungskette durch das ganze Unternehmen hindurch und über das Unternehmen hinaus."*
  Kokseil/Bertsichinger (Effektives Supply Management/1994) 190.

Bild 5-10: Supply Management? Supply Management!

Als wichtigste Ergebnisse und Trends sind ausserdem festzuhalten, daß:[18]

– die befragten Unternehmungen überwiegend in Auftrag fertigen (69 %) und die Einzelfertigung (23 %) und Kleinserienfertigung (39 %) den Trend der starken Differenzierung von Kundenwünschen wiederspiegelt. Lagerfertigung ist aber ebenso immer noch ein Thema (36 %). Als Gründe können das Anlegen von Sicherheitslagern zur Sicherstellung jederzeitiger Lieferbereitschaft, und eine mangelnde Flexibilität in der Fertigung aufgrund traditioneller Massenfertigung, die noch 34 % der befragten Unternehmungen praktiziert, vermutet werden.

– die Produktion überwiegend auf Gruppenarbeit (63 %) und immer weniger auf Fließfertigung (21 %) beruht. CIM nimmt nur einen geringen Stellenwert ein (8 %).

– die Beschaffung immer noch zentralisiert für alle Geschäftsbereiche tätig ist (58 %) und dezentrale Beschaffung für einzelne Geschäftsbereiche keine wesentliche Rolle spielt (12 %).

Die Unternehmungsleitung bzw. das Supply Management legt üblicherweise in der Unternehmungszielsetzung und -strategie die zu realisierenden Einzelvorgaben für die Beschaffung fest. Zehn als besonders wichtig erkannte Einzelvorgaben wurden in der Studie bewertet (Bild 5-12). Mit einem Mittelwert von 4,3 auf einer fünfpoligen Skala von „1 = völlig unwichtig" bis „5 = sehr wichtig" gewichten die Befragten vor allem die *Senkung der Einkaufspreise*. Dieser Trend kann dadurch erklärt werden, daß die Unter-

• Vorgaben für die Beschaffung: Kosten sparen, Qualität verbessern, Flexibilität erhöhen

Geographische Beschaffung sschwerpunkte	Befragte:	Beschaffungswege	Befragte:
internationale Beschaffung	*78 %*	*direkte Beschaffung*	*91 %*
nationale Beschaffung	*63 %*	*Importeure/*	
regionale Beschaffung	*19 %*	*Zwischenhandel*	*56 %*
Güterarten		**Beschaffte Produkte**	
Standardgüter	*56 %*	*Teile*	*73 %*
Speziallösungen	*47 %*	*Baugruppen*	*19 %*
		Systeme	*13 %*
Einkaufsvolumen beim Lieferanten		**Lieferantenstruktur**	
niedrig	*8 %*	*fragmentiert mit vielen kleinen*	*6 %*
mittel	*43 %*	*Lieferanten*	
hoch	*47 %*	*wenige große und viele kleine*	*87%*
		Lieferanten	

Bild 5-11: Schwerpunkte in der Beschaffung (bei möglichen Mehrfachnennungen); Quelle: Belz/Kramer/ Schögel (Fachbericht/1994) 26.

nehmungen die Beschaffung als einen enormen Gewinn-hebel erkannt haben. So haben bereits geringfügige Eins-parungen auf der Beschaffungsseite erheblichen Einfluß auf die Gewinnsituation haben können, da sie direkt auf die Gewinnmarge umlegbar sind.

Den enormen Preisdruck auf die Zulieferer macht auch das in Bild 5-13 auszugsweise wiedergegebene Schreiben der Ford AG, Köln an seine Zulieferanten deutlich.

Daß diese Kosteneinsparungen nicht zu Lasten eigener Qualität und Flexibilität gehen dürfen, sondern auch hier Verbesserungen erreicht werden sollen, beweisen die starke Gewichtung von Einzelvorgaben, die eine Neuaus-richtung auf den sich verschärfenden internationalen Wettbewerb in stagnierenden Märkten anstreben. So er-reichen Konzepte wie *Total Quality Management, Lean-Management, Outsourcing-Strategien, die Reduk-tion der Variantenvielfalt, Rationalisierungsprogramme, die Reduktion der Fertigungstiefe, Zeitstrategien oder die Konzentration auf Kernkompetenzen* in der Studie Mittel-werte zwischen 4,1 und 3,3. Die strategische Vorgabe, eige-ne Entwicklungstiefe zu reduzieren, spielt für die meisten Unternehmungen heute (erstaunlicherweise) eine weniger bedeutungsvolle Rolle

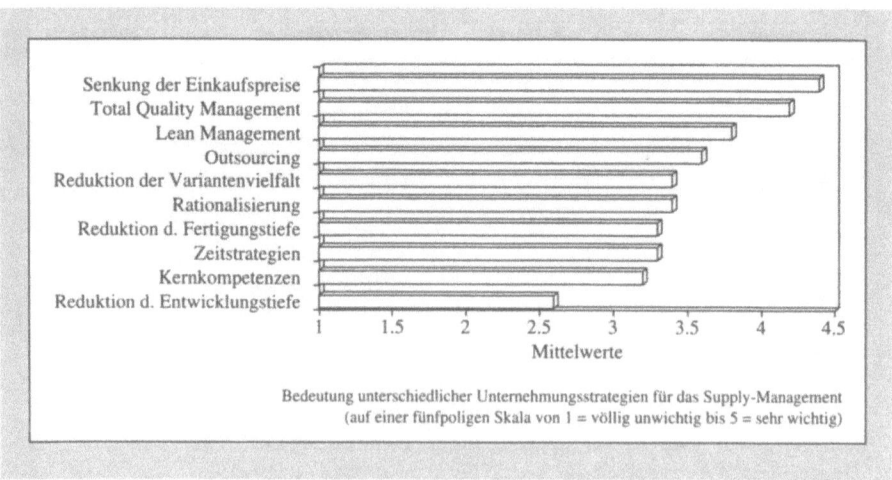

Bild 5-12: Strategische Vorgaben für das Supply Management; Quelle: Belz/Kramer/Schögel (Fachbericht/ 1994) 29.

Schreiben der Ford AG, Köln, an seine Zulieferer

Einkauf Betreff:
SPECS (Supplier Purchasing Engineering Cost Suggestion) Programm

*Das SPECS Programm, das Mitte 1993 eingeführt wurde, fordert alle Produktions-
lieferanten auf, kontinuierlich Kostenreduzierungsmöglichkeiten zu identifizieren. Zur
Unterstreichung der Wichtigkeit dieser Aufforderung wurden alle Lieferanten
aufgefordert, jährlich Kostenreduzierungsvorschläge zu unterbreiten, deren gesamter
Wert 6 % des Umsatzes mit Ford entsprechen.*

*Bei Durchsicht unserer Unterlagen haben wir festgestellt, daß wir von Ihrer Firma
bisher noch keinen einzigen Kostenreduzierungsvorschlag erhalten haben. Das gibt
uns Grund zur Sorge. Da uns nicht klar ist, ob das das Resultat einer unzureichenden
Kommunikation unsererseits ist bzw. Sie im Begriff sind, in nächster Zeit uns SPECS
Vorschläge einzureichen oder ein mangelndes Kommittment des Lieferanten vorliegt,
würden wir es begrüßen, wenn Sie uns in den nächsten Tagen mitteilen könnten, wie
Sie gedenken, Ihre von Ford gewünschte Beteiligung am SPECS Programm zu
erbringen...*
*Ford betrachtet die aktive Teilnahme im SPECS Programm als Grundvoraussetzung
für alle unseren Langzeitlieferanten... Wir weisen darauf hin, daß das Erreichen der
10 % Kostenreduzierungsvorgabe nicht als Grund akzeptiert wird, die SPECS Vorgabe nicht zu erfüllen...*

Hochachtungsvoll
Manager Business Process Improvement

Bild 5-13: Aufforderung zur Kostenreduzierung von Zulieferungen (Beispiel); Quelle: Ford AG, Köln.

Zudem ist die Beschaffung heute eher noch kurzfristig
und technokratisch und/oder rein kommerziell orientiert.
Sie bestimmt lediglich die optimalen Einkaufsquellen, ver-
handelt Einkaufskonditionen und Abläufe für weitgehend
vorbestimmte Beschaffungsgüter. Ziel der Unternehmungen ist es aber, der Beschaffung eine Schrittmacher- und
Impulsfunktion zu geben, die gezielte Beiträge zum Unternehmungserfolg leistet sowie strategische und operative
Verbesserungen anregt.

Die vielfältigen strategischen Vorgaben der Abnehmer
schlagen sich letztlich in Katalogen von Anforderungen an
ihre Zulieferer nieder (Bild 5-14).[19]

Anforderungen an den Preis/Kosten:
* *Dispositions-, Zwischen- und Sicherheitslager halten.*
* *Jederzeitige Möglichkeit der einseitigen Aufkündigung von Preisvereinbarungen durch den Abnehmer.*
* *Unangemessene Skontofristen für Großkunden.*
* *Gewährung von Zusatz-, Sonder- und Jahresabschlußrabatten.*
* *Vereinbarung von festen Kostensenkungsprogrammen v.a. zur Senkung der Stückkosten.*
* *keine Möglichkeit der Verrechnung von Leistungen:*
  * *– (kostenfreie) Ablieferung von Konstruktionszeichnungen,*
  * *– Lieferung von Versuchsteilen zu normalen Preisen, ohne das Serienauftrag vorliegt, (kostenfreie) Tests von Nullserien, ohne daß Serienauftrag vorliegt,*
  * *– (kostenfreie) Produkt- und Prozeßinnovation,*
  * *– (kostenfreie) Materialuntersuchungen und Freigabeprüfungen durch neutrale Institute,*
  * *– (kostenfreier) Bau von Zusatzwerkzeugen bei Großaufträgen,*
  * *– (kostenfreie) technische Beratung,*
  * *– Lieferung frei Haus.*

Anforderungen an die Qualität:
* *Errichtung und Zertifizierung von Qualitätssicherungs-Systemen und TQM.*
* *Gewährung von Audits durch die Abnehmer („Kontrollinspektionen"). Es besteht die Gefahr, daß Abnehmer so „Know how zum Nulltarif" erlangen.*
* *Zusätzliche Bearbeitung des Zulieferproduktes auf Wunsch des Abnehmers.*
* *Beratung bei konstruktiver Gestaltung und Entwurf.*
* *Verwendung vorgeschriebener Materialien und Maschinen bei der Produktion.*
* *Hohe Umweltverträglichkeit der Produkte und Recycling-Konzepte.*
* *Erhöhung der Mitarbeiterqualifikation.*
* *Verstärkter Einsatz neuer Technologien und Werkstoffe.*

Anforderungen an die Flexibilität:
* *Freihaltung von Produktionskapazitäten.*
* *Flexibilität bei Bestelländerungen.*
* *Integrationsfähigkeit in die Planungssysteme des Kunden.*
* *Beherrschung der gewünschten Variantenvielfalt.*
* *Errichtung informationstechnischer Infrastruktur zur interaktiven Kommunikation mit Großabnehmern.*
* *Sicherstellen jederzeitiger Liefersicherheit durch entsprechende Lager- und Liefersysteme, die möglichst auch ökologischen Kriterien genügen.*

Bild 5-14: Anforderungskatalog von Abnehmern an ihre Zulieferer

Die Klassifizierung der Anforderungen nach den Erfolgsfaktoren Kosten, Qualität und Zeit ermöglicht eine bessere Übersichtlichkeit und Katalogisierung der Flut von unterschiedlichsten Anforderungen. Viele Anforderungen bedingen sich gegenseitig und einige können auch mehreren Erfolgsfaktoren zugeordnet werden. Der Katalog kann Zulieferern als Checklist dienen, um herauszuarbeiten, wo sie die größten Probleme in der Erfüllung einzelner Anforderungen sehen.

Abnehmer sehen sich mit gravierenden Problemen in ihrer Beziehung zum Zulieferer konfrontiert. So beklagen sie eine Reihe von Mißständen:[20]

- Probleme von Abnehmern mit ihren Zulieferern: Mangelhafte Kompetenz und Zusammenarbeit

1. Lieferantenunzuverlässigkeit: Sie versprechen mehr als sie halten und bieten eine nur geringe Mengen- und Termintreue (Mittelwert 4,0).
2. Ungenügende Kompetenz der Lieferanten in Logistik und Lagerhaltung (Mittelwert 3,8).
3. Zu wenige oder ungenügende Dienstleistungen der Lieferanten für das Supply-Managment (Mittelwert 3,7).
4. Intensität der Zusammenarbeit: Zu oberflächliche Kenntnisse über die Wünsche und Probleme ihrer Abnehmer und ungenügender Tiefgang der Beziehungen, um gemeinsam Verbesserungen zu entwickeln (Mittelwert 3,6).

Als weniger problematisch wurden hingegen die räumliche, sprachliche und kulturelle Distanz zu den Lieferanten (Mittelwert 2,6) und der Reifegrad des Angebots angesehen (Mittelwert 2,7).

Kostendruck, Marktdynamik oder auch Lieferantenmacht nehmen eine mittlere Bedeutung ein. Sie zählen nicht zu den dringlichen Problemen des Supply-Managements. Im Anschluß an die festgestellten Schwächen von Zulieferern aus der Sicht ihrer Kunden, interessieren mögliche Reserven zur Verbesserung ihrer Leistungsfähigkeit.

Welche Reserven bestehen in den einzelnen Aktionsbereichen des Beschaffungswesens? Hierzu gibt Bild 5-15 schlagwortartig mögliche Inhalte im Bereich der Lieferantenselektion, im Bereich der Kooperationsstrategien mit Zulieferern sowie Gesichtspunkte künftiger operativer Zusammenarbeit wieder.[21]

• Reserven und·
Strategien im Supply
Management:
Selektion, Koope-
ration, operative
Zusammenarbeit

Reserven in der Lieferantenselektion: Der Selektion von Lieferanten kommt sowohl heute als auch in Zukunft eindeutig die größte Bedeutung zu. Strategien, die Chancen bei kleinen und konzessionsbereiten Zulieferern ermöglichen, sind momentan besonders wichtig. Direkteinkauf, Global und Local Sourcing gewichten die Befragten aber noch weniger stark, Einkaufskooperationen und Single Sourcing sind bedeutungslos. Vergleicht man die Differenzen der Mittelwerte von heute mit denen der Entwicklungen in fünf Jahren, so zeigen sich völlig neue Gewichtungen.[22] Die größten Reserven für das Supply-Ma-

Strategische Lieferantenselektion	Kooperationsstrategien mit Lieferanten	Operative Zusammenarbeit mit Lieferanten
– Single Sourcing	– Lieferantenzertifizierung	– Stärkere Gewichtung von Jahresgesprächen
– Multiple Sourcing	– Qualitätsaudits bei Lieferanten	– Strategische Diskussionen mit dem Top-Management der Lieferanten
– Zusammenarbeit mit kleineren und mittleren Unternehmungen mit erhöhter Flexibilität und Leistungsbereitschaft	– Kostentransparenz und Kostenaudits bei Lieferanten	– Kaizen-Programme mit Lieferanten
– Global Sourcing	– Partnerschaftssysteme mit Schlüssellieferanten	– Konsequente Lieferantenkontrolle
– Local Sourcing	– Aufbau von System- statt Produktlieferanten	– Durchsetzung von eigenen Einkaufsbedingungen
– Internationaler Direkteinkauf	– Kooperative Produktentwicklung	– Restrukturierung und Senkung der Vielfalt im Beschaffungssortiment
– Internationale Beschaffung in Ländern in der industriellen Aufbauphase	– Kooperative Logistik-Sysetmentwicklung	– Ausbau der Geschäftsbeziehungen
– Aufbau und Nutzung von Einkaufskooperationen	– Kooperation in der Fertigung	– Aggressiver Verhandlungsstil
	– Kooperative Informations-Systementwicklung	– Aktive Beziehungspflege
	– Verlagerung von Funktionen auf Lieferanten	– Verstärkter Außendienst der Beschaffungsmitarbeiter
	– Abbau von Doppelfunktionen	– Optimierung des internen Warenflußes
	– Realisierung von Just-in-Time-Konzepten	
	– Outsourcing von Funktionen an Dritte	
	– Rationalisierungsprogramme in der Zusammenarbeit mit Großlieferanten	

Bild 5-15: Reserven und Strategien im Supply-Management; Quelle: Belz/Kramer/Schögel (Fachbericht/1994) 32.

nagement liegen in Einkaufskooperationen, in der internationalen Beschaffung bzw. dem Direkteinkauf und dem Global Sourcing. Zwei Orientierungen scheinen für die Zukunft ausschlaggebend. Zum einen gilt es, eigene Bemühungen auf wenige Lieferanten zu konzentrieren und sich stärker an internationalen Beschaffungsmärkten zu orientieren.

Reserven bei Kooperationen: Die Auswertung der Studie zeigte, daß folgende Kooperationsstrategien in der Vorstellung der Befragten die größten Reserven bieten:

– Kooperationen in der Fertigung,
– Kostentransparenz und Kostenaudits bei Lieferanten,
– Aufbau von System- statt Teilelieferanten,
– kooperative ökologische Maßnahmen und
– kooperative Produktentwicklung.

Reserven in der operativen Zusammenarbeit: Wie Bild 5-16 verdeutlicht, ergibt sich für Reserven in der künftigen operativen Zusammenarbeit kein einheitliches Bild.[23] Eine aktive Beziehungspflege genießt weiterhin höchste Priorität, gefolgt von Verhaltensweisen, die internen Effizienzüberlegungen entspringen. Maßnahmen wie eine konsequente Lieferantenkontrolle, die Nutzung aller sich bietenden Möglichkeiten auf dem Markt und ein aggressives Verhalten bei Verhandlungen deuten darauf hin, dass das Supply-Management und deren Mitarbeiter unter starkem Druck stehen.

Bei der Beurteilung der zukünftigen Entwicklungen steht die *rasche Nutzung möglicher Marktchancen* heute noch im Widerspruch zur angestrebten Beziehungspflege. Beachtet man jedoch die abnehmende Bedeutung der aggressiven Verhandlungsweisen und der Lieferantenkontrolle, so liegt die Argumentation nahe, daß sich die Abnehmer in Zukunft ihre Autonomie erhalten wollen, um nicht langfristig nur von einem Lieferanten abhängig zu sein. Sie bevorzugen auch weiterhin den „gläsernen Lieferanten", und sind nicht immer zu einer langfristigen Geschäftsbeziehung bereit.

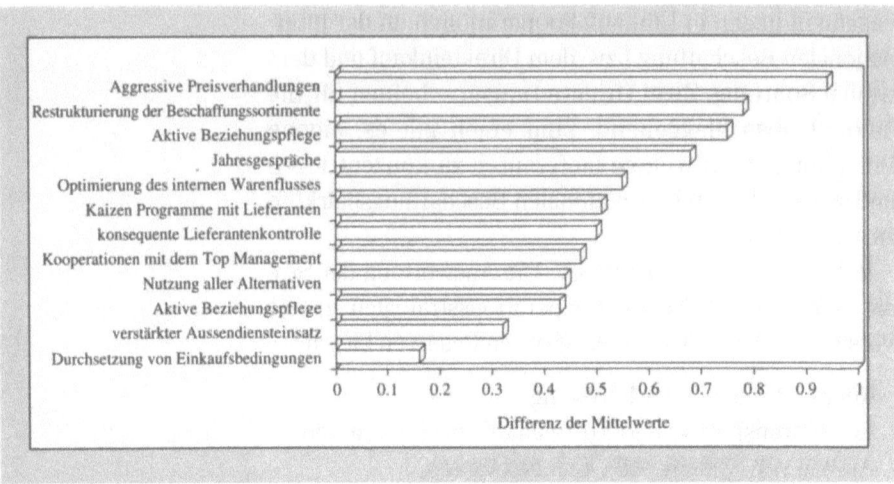

Bild 5-16: Reserven in der operativen Zusammenarbeit zwischen Abnehmer und Zulieferant

Fazit: Kostensenkung und Leistungssteigerung als künftige Herausforderung für Zuliefer-Abnehmer-Beziehungen

Ein strategisch orientiertes Supply Management hat konkrete Auswirkungen auf Zuliefer-Abnehmer-Beziehungen und stellt selbst einen möglichen strategischen Baustein des Customer Focus einer Unternehmung dar. Immer mehr Unternehmungen legen ihren Bemühungen in der Beschaffung ein konkretes Leitbild zugrunde. Jeder Mitarbeiter kennt so die strategische Bedeutung der Beschaffung und ihre wesentlichen Inhalte (vgl. Bild 5-17).

Bild 5-18 faßt abschließend die zentralen Veränderungen vom traditionellen Einkauf zum Supply Management am Beispiel der ABB AG zusammen.[24]

Die Entwicklungen auf dem Beschaffungsmarkt haben zu einem grundlegenden Wandel der Verhaltensweisen von Zulieferer und Abnehmer geführt. Während einige Unternehmungen bereits ein ausgefeiltes und strategisches Verständnis im Beschaffunsbereich pflegen und sich so langfristige Wettbewerbsvorteile aufbauen, befinden sich die meisten noch in einer Umbruchphase.

Durch unzureichende Termin- und Mengentreue beeinträchtigen Zulieferer die Flexibilität ihrer Kunden. Sie sind für Kooperationen und gemeinsame Projekte mit

Kenntnisse der Einkäufer: *Zum Know-how unserer Einkäufer gehört das Wissen um die Möglichkeiten der Beschaffungsmärkte und der Lieferanten. Deshalb ist es erforderlich, daß sich unsere Einkäufer aus der Fachliteratur weiterbilden und sich vor Ort bei unseren Zulieferern informieren.*

Qualität: *Gefragt ist die optimale Qualität einer zugekauften Komponente, welche einerseits ein optimales Kosten-/Nutzen-Verhältnis erreicht und andererseits den Kundennutzen am besten erfüllt.*

Wertanalyse: *Bei der Auswahl von zugekauften Produkten resp. Komponenten sollen auch wertanalytische Überlegungen zur Kostenoptimierung angewendet werden. Dabei steht die Wirtschaftlichkeit der gesamten Problemlösung im Vordergrund.*

Make-or-buy: *Mit dem steten Ziel, die Wettbewerbsvorteile der Unternehmung zu verbessern, ist es auch eine spezielle Aufgabe des Einkaufs, bei Make-or-buy-Entscheiden maßgebend mitzuarbeiten.*

Lista Unternehmen berücksichtigen: *Wo immer möglich, soll innerhalb der Lista Gruppe beschafft werden; spezielle Regelungen liegen dazu vor.*

Know-how-Transfer: *Wir arbeiten eng mit Lieferanten und internen Abteilungen zusammen, so daß der Know-how-Transfer zum Nutzen beider Partner gewährleistet bleibt.*

Offenheit mit allen Lieferanten: *Mit unseren Lieferanten arbeiten wir auf einer partnerschaftlichen Ebene zusammen. In den Preisverhandlungen bleiben wir fair, sind jedoch bemüht, zusammen mit unseren Zulieferern optimale Problemlösungen zu Marktpreisen zu erarbeiten.*

Global Sourcing: *In der Beschaffung konzentrieren wir uns zukünftig vermehrt auf internationale Märkte.*

Angebotsvergleiche: *Als Grundsatz soll gelten, daß zum Angebotsvergleich im Minimum 2, im Maximum 5 Angebote eingeholt werden.*

Kunden als Zulieferer: *Primär bevorzugen wir Lista-Kunden als Zulieferer, sofern sie uns zu marktüblichen, konkurrenzfähigen Bedingungen beliefern können.*

Gegengeschäfte: *Bei Entscheiden über Gegengeschäfte ist auf mögliche Chancen für Lista zu achten. Bei Angebotsvergleichen mit gleichen Konditionen soll das Angebot mit der Gegengeschäftsmöglichkeit berücksichtigt werden. Der endgültige Entscheid liegt jedoch beim betreffenden Geschäftsleiter.*

Koordination: *Zur Einkaufskoordination innerhalb der Lista-Gruppe gehört auch der intensive Informationsaustausch unter den Einkäufern der Lista-Unternehmungen und/oder Unternehmen aus strategischen Allianzen.*

Ökologie: *Es soll darauf geachtet werden, daß für sämtliche Materialien und Komponenten, die wir beschaffen, ökologisch einwandfreie Verfahren zur Anwendung kommen; d.h. Rohstoffe sollen wo immer möglich der Wiederverwendung zufließen und nicht vernichtet werden.*

Bild 5-17: Einkaufsleitbild der Lista AG; Quelle: Lista AG.

Traditioneller Einkauf	Supply Management
Lieferanten mit tiefstem Preis	*Systematisch ausgewählte Lieferanten*
Einkauf im Inland/Region als traditionelle Bezugsquelle	*Weltweite Beschaffung im freien Wettbewerb*
kurzfristige Verträge	*Langfristige Partnerschaftsverträge*
Breite Lieferantenbasis	*Ausgewählte Top-Lieferanten, Einsatz von Meßgrößen, Zertifizierung*
Isolierte Beschaffungsfunktion	*Funktionale Integration, Abbau von Administration, Elektronische Datenverbindungen, EDI*
Preis allein entscheidend	*Angriff auf Gesamtkosten, resultierend aus Qualität, Lieferzeit, Service, Herstellkosten, Bezugsspesen, Lagerkosten, Prüfkosten, Bestellkosten, etc.*
Situative Zusammenarbeit/Kommunikation	*Offener Informationsaustausch Qualitätsverbesserungesprogramme, gemeinsame Produktentwicklung mit Einsatz des Lieferanten Know-hows, kürzere Durchlaufzeiten, strategische Allianzen*

Bild 5-18: Supply Management als strategischer Baustein von ABB. Quelle: ABB AG.

ihren Abnehmern oft nicht „reif". Zudem sehen Beschaffer eine Senkung der Einstandspreise als primäres Ziel ihrer Tätigkeit an. Daß sich die derzeitigen wirtschaftlichen Strukturen in einer Anpassungskrise befinden, bestätigt auch die Untersuchung. Es verwundert deshalb auch nicht, daß Total Quality- und Lean Management-Projekte oberste Priorität an der Schnittstelle Abnehmer-Zulieferer besitzen. Die Unternehmungen wollen durch die Doppelstrategie „Kostensenkung bei gleichzeitiger Leistungserhöhung" gemeinsam mit ihren Zulieferern die neuen Herausforderungen bewältigen. Im Rahmen des Supply Management suchen Unternehmungen maßgeschneiderte Problemlösungen. Sie arbeiten nur mit kompetenten Partnern eng zusammen, um durch gemeinsame Programme Kosten zu senken und durch einen frühen Einbezug des Zulieferers in die Entwicklung die Qualität des Endproduktes garantieren zu können. Der Wettbewerb um den Kunden bezieht sich nicht mehr länger auf einzelne Unternehmungen. Erfolgreiche Einkäufer haben erkannt, dass die Bemühungen um die Gunst des Kunden in Zukunft immer mehr zwischen konkurrenzierenden Wertschöpfungsketten stattfindet.

Für die Zulieferer bedeuten die Veränderungen im Beschaffungsverhalten ihrer Kunden neue Herausforderungen. Ihr Marketing muß sich auf die spezifischen Situationen im Markt einstellen. In Märkten, in denen Abnehmer professionelles Supply Management bereits praktizieren, darf sich der Zulieferer mit seinen Bemühungen im Marketing nicht in die Defensive drängen lassen. Die gestiegenen Anforderungen lassen sich aber nicht mit marginalen Verbesserungen einzelner Teilaspekte des Leistungsangebots beherrschen. Zulieferer müssen vielmehr Konzepte anbieten, die sein besonderes Engagement für den Kunden deutlich machen. Ein auf den Abnehmer abgestimmtes Leistungsmanagemt des Zulieferers zeigt, daß in engen Zuliefer-Abnehmer-Beziehungen Potentiale für beide Seiten stecken. Aufgabe des Zuliefer-Marketings ist dabei, die entsprechenden Leistungspotentiale aufzudecken und in ein entsprechendes Leistungsangebot umzusetzen.

Anmerkungen

1 Tomczak (Problemorientierte Beschaffung/1992) 5.
2 Kraljic (Zukunftsorientierte Beschaffungsstrategie/ 1988) 481ff.
3 Kraljic (Zukunftsorientierte Beschaffungsstrategie/ 1988) 482.
4 vgl. Birkhofer (Zulieferkomponenten/1992) 117ff.
5 So werden Standartteile wie Elektromotoren, Wälzlager und ähnliche Teile fast immer zugekauft.
6 Normteile sind solche Teile, deren Merkmale durch DIN/ISO festgelegt worden sind. Dies vereinfacht die Planung, Konstruktion und Entwicklung von Produkten.
7 Brüggmann (Outsourcing/1992); Bürgi (Make or Buy/ 1992) 22ff.; Eversheim et.al (Outsourcing/1992) 82ff.; Orths (Make or Buy/1993) 50ff.; Venkatesan (Make or Buy/1993) 99ff.
8 von Wiese (Allgemeine Soziologie/1933) 110.
9 Weinhold (20 Lektionen/1991) 52.
10 von Wiese (Allgemeine Soziologie/1933) 110.
11 Weinhold (20 Lektionen/1991) 51.
12 vgl. Backaus (Investitionsgüter-Marketing/1992) 53ff.
13 vgl. dazu beispielsweise Backhaus (Investitionsgüter-Marketing/1992) 87ff.
14 Backhaus (Investitionsgüter-Marketing/1992) 109 und dort angegebene Literatur.
15 Backhaus (Investitionsgüter-Marketing/1992) 108.
16 Bereits die kurzen Ausführungen zeigen aber die Komplexität und Schwierigkeit, die mit der Beschreibung, Analyse und Beeinflussung des Kaufverhaltens von Abnehmern verbunden sind, obwohl bisher nur abgegrenzte Erklärungsversuche vorliegen, die sich jeweils nur mit einzelnen, die das Kaufverhalten beeinflussenden Komponenten (sog. Partialerklärungsversuche) beschäftigen. Es gibt jedoch auch Totalmodelle, die umfassend die Einflußfaktoren des Kaufverhaltens in ihrem Zusammenwirken beschreiben. Bei den Totalmodellen kann zwischen Strukturmodellen, Prozeßmodellen und Mischformen von beiden unterschieden werden. Prozeßmodelle stellen den Ablauf in den Vordergrund, während Strukturmodelle die das Kaufverhalten bestimmenden Einflußfaktoren zusammenstellen (vgl. Backhaus (Investitionsgüter-Marketing/1992) 96.). Das wohl bekannteste und umfassenste Strukturmodell stammt dabei von Webster/Wind (Webster/Wind (A General Model/ 1972); Webster/Wind (Organizational Buying Behavior/ 1972). Sie unterscheiden vier verschiedene Gruppen von Einflußfaktoren, die zum überwiegenden Teil in den erläuterten Teilmodellen bereits enthalten sind (vgl. dazu auch die deutsche Übersetzung von Backhaus (Investitionsgüter-Marketing/1992): umweltbedingte Faktoren (Physische, technologische, ökonomische, politische, kulturelle Umwelt etc.), organisationsbedingte Faktoren (Klima, Struktur, Ziele und Aufgaben, Mitglie-

der),interpersonale Faktoren (Verwender, Einkäufer, Beein-
flusser, Entscheider etc.) und intrapersonale Faktoren (Motivation, Rollenverhalten, Persönlichkeit etc.). Ein bekanntes Pro-
zeßmodell stammt von Choffray/Lilien (Choffray/Lilien (Model
of the Multiperson Choice Proceß/1976). Sie unterscheiden die
drei Phasen Alternativenauswahl, Präferenzbildung bei den
Mitgliedern des Buying Centers sowie der abschließenden Präferenzbildung der Gesamtorganisation und ordnen diesen die
Vielfalt möglicher Einflußfaktoren zu.

17 „Supply Management: Probleme, Strategien und Lösungen",
    Untersuchung des Forschungsinstitutes für Absatz und Handel
    an der Hochschule St. Gallen in Zusammenarbeit mit dem
    Schweizerischen Verband für Materialwirtschaft und Einkauf
    (SVME), Bern. Leitung: Prof. Dr. Christian Belz unter Mitarbeit
    von Dr. Markus Kramer und Dipl.-Kfm. Marcus Schögel. Die Er-
    gebnisse sind erschienen in Belz/Kramer/Schögel (Supply Ma-
    nagement/1994) 16-24 sowie Belz/Kramer/Schögel (Fachbe-
    richt/1994). Die Untersuchung basiert auf einer schriftlichen
    Umfrage bei den 800 deutschsprachigen Mitgliedern des
    Schweizerischen Verbandes für Materialwirtschaft und Ein-
    kauf.

18 Belz/Kramer/Schögel (Fachbericht/1994) 28.

19 vgl. zum Anforderungskatalog auch Müller (Partnerschaft/
    1992) 23ff.; Wildemann (Die deutsche Zulieferindustrie/1993).

20 Belz/Kramer/Schögel (Supply Management/1994) 18 sowie
    Belz/Kramer/Schögel (Fachbericht/1994) 30.

21 Belz/Kramer/Schögel (Supply Management/1994) 19f. sowie
    Belz/Kramer/Schögel (Fachbericht/1994) 34.

22 Es wurde gefragt, wie die Verantwortlichen verschiedene Re-
    serven in der Lieferantenselektion (1) heute sowie (2) in fünf
    Jahren sehen. Die Differenz der sich ausder Beantwortung der
    beiden Teilfragen ergebenden Mittelwerte kann Auskunft ge-
    ben, in welchen Bereichen Reserven zu vermuten sind und in
    welchen nicht. Vgl. dazu Belz/Kramer/Schögel (Fachbericht/
    1994) 69 sowie Anhang 4: Supply Management: Probleme, Stra-
    tegien und Lösungen – Fragebogen zur Umfrage, Frage 6.

23 Es wurde auf gefragt, für wie wichtig die Verantwortlichen Ein-
    zelaspekte operativer Zusammenarbeit mit Lieferanten (1) heu-
    te bzw. (2) in fünf Jahren halten. Die Differenz der sich aus der
    Beantwortung der beiden Teilfragen ergebenden Mittelwerte
    kann Auskunft geben, in welchen Bereichen Reserven zu ver-
    muten sind und in welchen nicht. Vgl. dazu Belz/ Kramer/Schö-
    gel (Fachbericht/1994) 71 sowie Anhang 4: Supply Manage-
    ment: Probleme, Strategien und Lösungen – Fragebogen zur
    Umfrage, Frage 6.

24 Strategisches Supply Management ist bei der ABB neben dem
    Time Based Management und dem Total Quality Management
    der dritte strategische Baustein des Customer Focus Program-
    mes.

6 Leistungsmanagement im Wandel: Zukunftsorientierte Leistungsmodule sichern den Erfolg

Erfolgreiche Zuliefer-Abnehmer-Beziehungen basieren auf der Übereinstimmung von Forderungen des Abnehmers und den gebotenen Leistungen des Zulieferers. Den Leistungen des Zulieferers liegen spezielle Fähigkeiten und Eigenschaften zugrunde. Sie lassen sich grundsätzlich umschreiben mit seiner Projekt- und Innovationsfähigkeit, seinem Leistungsumfang, seiner Marktmacht, der angestrebten Beziehungsintensität, der geographischen Entfernung zum Abnehmer, der angestrebten Exklusivität der Beziehung, seiner Fähigkeiten in der Logistik und seinem Standard in der Qualitätssicherung. Dem Leistungsumfang sowie der Projekt- und Innovationsfähigkeit kommen dabei besondere Bedeutung zu, denn sie bestimmen maßgeblich die technische Hauptleistung des Zulieferers. Die weiteren angeführten Eigenschaften und Fähigkeiten dienen dazu, sich den Abnehmern über Zusatz- und Nebenleistungen zu empfehlen. Abnehmer ihrerseits analysieren und selektieren Zulieferer mittels aufgestellter Bewertungskataloge und Selektionskriterien.

Nachfolgend wird einleitend auf die Lieferantenselektion und -bewertung seitens der Abnehmer eingegangen. Sie sind Messlatte für das Leistungsmanagement der Zulieferer. Darauf aufbauend werden die einzelnen Module erfolgreichen Leistungsmanagement vorgestellt, deren richtige Kombination Zulieferer in die Lage versetzt, die gestellten Anforderungen seitens ihrer Abnehmer situationsgerecht zu erfüllen und eine erfolgreiche Zuliefer-Abnehmer-Beziehung zu begründen.

Lieferantenbewertung und -selektion: Meßlatte für das Leistungsmanagement der Zulieferer

Industrielle Abnehmer stellen üblicherweise konkrete und mehr oder wenig vollständige Leistungskriterien auf, anhand derer sie ermitteln, ob sie mit einem bestimmten Zulieferer eine Beziehung eingehen möchten. Dazu ziehen sie häufig die gleichen Kriterien bezüglich der Erfolgsfaktoren Qualität, Kosten und Zeit/Flexibilität heran, die auch ihre eigenen, anspruchsvollen Kunden ansetzen.[1] Sie lassen sich dabei heute verstärkt von den folgenden Beurteilungsmerkmalen leiten:

Kosten einer Beziehung: nicht mehr der günstigste Einkaufspreis für die Auswahl des Lieferanten ist allein ausschlaggebend, sondern die Gesamtkosten einer Beziehung interessieren vordringlich.

Qualität einer Beziehung: nicht allein die – zudem subjektiv empfundene – Qualität einer Leistung, sondern das gesamte Qualitätsmanagement des Zulieferers wird für den Abnehmer immer wichtiger werden.

Flexibilität einer Beziehung: nicht allein die Einhaltung von Lieferterminen, sondern zunehmend Flexibilität und Just-in-Time-Fähigkeit sind gefragt.

Wichtige Anlässe für Bewertungen von Zulieferanten sind die Aufnahme von Geschäftsbeziehungen zu neuen Lieferanten, stark schwankende Qualität zugelieferter Produkte, Lieferungen aus neuen Zweigwerken oder Fertigungsstätten, Lieferung von neuen Produkten, die sich vom bisherigen Produktprogramm unterscheiden, Einsatz neuer Organisationsformen oder eine Absichtserklärung der Geschäftsführung, Logistik und/oder Beschaffung, ein JIT-Konzept, anzustreben.[2]

Lieferantenanalysen und -bewertungen sind vielschichtig. Deshalb ist systematisches Vorgehen wichtig und es empfiehlt sich, einem Ablaufschema zu folgen, so wie es bspw. in den Bildern 6-1 bis 6-4 dargestellt wird:[3]

– Vorgaben der Unternehmungsstrategie und Zielvorgaben aufstellen und die grundsätzlichen Anforderungen bzgl. der eigenen Unternehmungsgrundsätze, Qualitätsziele, Zeitziele und Kosten-/Preisziele festlegen (Bild 6-1).

Marginalien:

• Gesamtkosten einer Beziehung sind wichtiger als der günstigere Einkaufspreis

• Qualität einer Beziehung

• Flexibilität einer Beziehung

• Checklist für eine Lieferantenanalyse und -bewertung

Unternehmungs-grundsätze	Qualitätsziele	Zeitziele	Kosten- /Preisziele
• *Keine Abhängigkeit von marktmächtigen Lieferanten* • *Inländische Lieferanten sind zu bevorzugen* • *Möglichst hohe Diversifikation der Bezugsquellen* • *Lernfähige und -willige Zulieferer genießen Vorrang* • *Künftige Leistungssteigerungen gehen vor kurzfristigen Preisvorteilen*	• *Gleichbleibende Qualität der Produkte* • *Guter After-Sales-Service, Kulanz, Garantien* • *Hohe Mengentreue*	• *Hohe Termintreue* • *Kurze Lieferzeiten* • *Optimale Standorte* • *Flexibilität bei Mengenänderungen* • *Langfristige Kontrakte (Partnerschaft)*	• *Günstige Einstandspreise* • *Hohe Rabatte* • *Preisersparnisse über die Zeit* • *Lange Zahlungsziele*

Bild 6-1: Lieferantenbewertung und -selektion I:

Unternehmungsinterne Daten	Unternehmungsexterne Daten
• *Unternehmungsgröße* • *Gesellschaftsform, Kapitalausstattung, Kapitalbeziehungen, Finanzkraft* • *Management und Unternehmungsführung Unternehmungsimage* • *Bisheriges Beschaffungs-/Fertigungs- und Verkaufsprogramm* • *Umsatz- und Gewinnentwicklung*	• *Marktanteile / Marktstruktur* • *Marktmacht/Angebotsmacht* • *Hauptwettbewerber* • *Intensität des Wettbewerbs unter den Anbietern* • *Interesse an langfristigen, leanorientierten Beziehungen zum Abnehmer*

Bild 6-2: Lieferantenbewertung und -selektion II:
Unternehmungs- und Marktdaten des Zulieferers

– Unternehmungsinterne sowie markt- und wettbewerborientierte Daten des Zulieferers aufnehmen und auswerten. Sie lassen erkennen, ob ein Zulieferer grundsätzlich den aufgestellten Anforderungen entsprechen kann und für eine Geschäftsbeziehung in Frage kommt (Bild 6-2).

F+E; Produktspektrum	Fertigung/Produktion	Marketing/Verkauf
Innovationskraft und -bereitschaft *Fähigkeit zu Simultaneous Engineering* *Entwicklungskapazitäten* *Technologiemanagement* *Zwischenbetriebliche Projektarbeit und Austausch von Entwicklern/ Konstrukteuren* *Spezielles F+E-Image* *Entwicklung von System-lösungen/Komplexitätsgrad der Produkte*	*Modulare Organisation/ flexible Fertigung* *Teamarbeit und Flexibili-tät der Mitarbeiter* *Flexible Arbeitszeitmodelle* *Fertigungskapazitäten / Maschinenpark* *Prozeß-Know-how/ technische Kompetenz* *Produktions- und Prozeß-überwachung*	*Grundleistungen* *Zusatzleistungen* *Nebenleistungen/Service* *Angebot von Systemlei-stungen* *Grenzen für Wünsche des Kunden* *Vertriebsformen* *Kundendienst* *Lieferkapazitäten* *Garantieleistungen/ Kulanz*

Bild 6-3: Lieferantenbewertung und -selektion III:
Potentiale in der Wertschöpfung des Zulieferers

– Detailprüfungen einzelner Eignungsvoraussetzungen und -potentiale des Lieferanten in den einzelnen Unternehmungsbereichen F+E, Fertigung und Produktion sowie Marketing und Verkauf (Bild 6-3).
– Mögliche Leistungssteigerungs- und Kostensenkungspotentiale für künftige Verbesserungen offenlegen, um so die Zukunftsorientierung einer Beziehung untersuchen zu können. Die Lieferantenanalyse und -bewertung bleibt so nicht lediglich eine Momentaufnahme sondern wird zu einem dynamischen Prozeß. Gemeinsame Leistungssteigerungs- und Kostensenkungsprogramme setzen hier an. Sie beziehen sich v.a. auf die Unternehmungspotentiale im Qualitätsmanagement, Zeit-, Logistik-, und Vertriebsmanagement sowie dem Management der Transaktionskosten[4] (Bild 6-4).

Sind Zulieferer mit dem Procedere und den Kriterien vertraut, können sie sich darauf einstellen und die Entscheidung des Kunden entsprechend beeinflussen:
Die aufgezeigten Inhalte machen deutlich, daß Lieferantenanalysen- und -bewertungen aufgrund der Vielzahl der sie beeinflussenden Kriterien und möglicher Intensitätsgrade unterschiedlich umfassend ausfallen können. Es

Qualitätsmanagement	Zeit-, Logistik- und Ver- triebsmanagement	Kostenmanagement
• *Beherrschung der Pro- dukt- und Prozeßqualität* • *Statistische Qualitätsregel- verfahren* • *Einhaltung von Normen und Standards* • *Organisation* • *(Präventive) Qualitätssicherung* • *Zertifizierung nach DIN/ISO 9000-9004* • *Total Quality Konzepte/Verbesse- rungsprogramme* • *Übernahme der Qualitäts- garantie* • *Bereitschaft zu zwischen- betrieblichen Qualitäts- programmen und Audits* • *Engagement und Unterstützung des Managements*	• *Liefertreue/-zuverlässig- keit* • *Lieferpünktlichkeit/ -genauigkeit* • *JIT-Fähigkeit* • *Standort, Bereitschaft zur Standortverlegung (lokale Anbindung an Abnehmer)* • *Zwischenbetrieblicher (interaktiver) Datenaus- tausch (EDI)* • *Bereitschaft zur Über- nahme logistischer Funk- tionen (Lagerhaltung)* • *Service des Außendienst* • *Gemeinsame Verbesserungsprogramme*	***Einmalige Kosten:*** • *Anbahnungskosten durch Suche des Partners, Kon- taktaufnahme, Anfragen, Angebotsbearbeitung, Vereinbarungskosten (durch Verhandlungen, Verträge incl. Know-how- Schutz-Vereinbarung, Anlieferung, Inbetrieb- setzungs- und Montage- kosten), Auflösungskosten (durch Auflösung der Beziehung, Abschluß- zahlungen)* ***Fortlaufende Kosten:*** • *Anpassungskosten (durch Service- und Ersatzteil- kosten, Veränderungen von Terminen, Mengen und Qualitäten, Aktualisierung der Rahmenbedingungen)* • *Kontrollkosten durch Audits, Qualitätskontrollen und sich ändernden Quali- tätsanforderungen, Men- genänderungen* ***Gesamtkostenbetrachtung:*** (Quelle: Burt (The American Keiretsu/ 1994) 11) • *Einkaufspreis(Transport/ Logistik, Administration)* • *In-House-Inspektionen, Tests, Lagerung, Nachar- beit, Ausschuß etc.* • *Marktkosten (Garantien, Service, Instandhaltung etc.)*

Bild 6-4: Lieferantenbewertung und -selektion IV:
Leistungssteigerungs- und Kosteneinsparungspotentiale des Zulieferers

gilt, quantitative und qualitative Kriterien, direkt oder nur indirekt meßbare Kriterien aufzustellen und in wichtige Haupt- und dazugehörige Unterkriterien zu untergliedern und entsprechend zu bewerten.[5] Bild 6-5 zeigt ein Bei- spiel, wie Abnehmer mittels eines Bewertungsblattes die

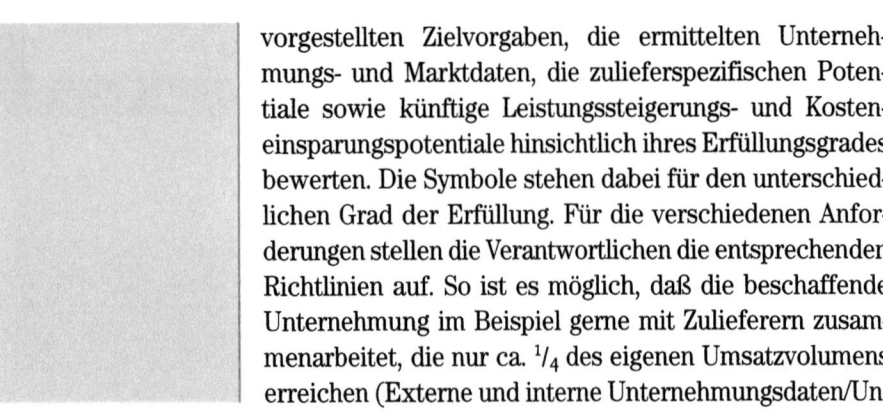

Leistungskriterien:	Lieferanten		
	Lieferant 1	Lieferant 2	Lieferant 3
Externe und interne Unternehmungsdaten:			
• Unternehmungsgrösse	▲	▲	○
• Gesellschaftsform/Kapitalausstattung, Finanzkraft	□	○	○
• Management und Unternehmungsführung	▲	○	○
• Marktanteile	▲	▲	○
• Marktmacht	□	○	·□
• ...			
Zulieferspezifische Wertschöpfungspotentiale:			
F+E-Potential:	▲	□	○
• Innovationskraft und -bereitschaft	□		○
• Fähigkeit zu Simultaneous Engineering	□		○
• Entwicklungskapazitäten			
Fertigungspotential:			
• ...			
Marketingpotential			
• ...			
Leistungssteigerungs-Kosteneinsparungspotentiale:			
Qualitätsmanagement:	▲	○	○
• Produktqualität..	▲	▲	○
• Prozessqualität			
• ...			
Zeitmanagement:			
•			
Kostenmanagement:			
•			
Gesamtbeurteilung: ▲ = Anforderung nicht erfüllt □ = Anforderung teilweise erfüllt ○ = Anforderung voll erfüllt.	▲	□	○

Bild 6-5: Bewertungs- und Selektionsschema für Zulieferanten; Quelle: vgl. dazu auch Pfeifer (TQM) 168.

vorgestellten Zielvorgaben, die ermittelten Unternehmungs- und Marktdaten, die zulieferspezifischen Potentiale sowie künftige Leistungssteigerungs- und Kosteneinsparungspotentiale hinsichtlich ihres Erfüllungsgrades bewerten. Die Symbole stehen dabei für den unterschiedlichen Grad der Erfüllung. Für die verschiedenen Anforderungen stellen die Verantwortlichen die entsprechenden Richtlinien auf. So ist es möglich, daß die beschaffende Unternehmung im Beispiel gerne mit Zulieferern zusammenarbeitet, die nur ca. $^1/_4$ des eigenen Umsatzvolumens erreichen (Externe und interne Unternehmungsdaten/Un-

ternehmungsgröße). Dadurch verspricht sie sich eine ausreichende Nachfragemacht, die gleichzeitig noch eine Zusammenarbeit ermöglicht, die sie selber kontrollieren
kann. Die Erfüllungsgrade könnte sie dann wie folgt festlegen:

▲ = Anforderung nicht erfüllt. Das Umsatzvolumen des
Zulieferers ist $>^1/_1$ oder $< ^1/_{20}$ des eigenen
Umsatzvolumens

☐ = Anforderung teilweise erfüllt. Das Umsatzvolumen
des Zulieferers ist $> ^1/_2$ oder $< ^1/_5$ des eigenen
Umsatzvolumens

○ = Anforderung voll erfüllt. Das Umsatzvolumen des
Zulieferers beträgt ca. $^1/_4$ des eigenen Umsatzvolumens.

Die Verantwortlichen durchlaufen die verschiedenen Stufen der Lieferantenselektion und -bewertung je nach der
sich stellenden Ausgangslage unterschiedlich intensiv
und mit unterschiedlichen Schwerpunkten. So ist für die
Beschaffung von Standardteilen nicht derselbe Aufwand
der Bewertung und Selektion zu betreiben wie für den
Aufbau eines Systemlieferanten. Weiterhin können die
Bearbeiter fallspezifisch die verschiedenen Kriterien unterschiedlich gewichten, wodurch die Genauigkeit der
Arbeit weiter verfeinert werden kann. Die Verwendung von
Scoring Modellen erscheint dabei in vielen Fällen sinnvoll.[6]
Sie haben den Vorteil, daß die einzelnen Kriterien nicht
gleichwertig betrachtet werden, sondern durch zugeordne-
te Gewichtungen eine fundiertere Diskussionsgrundlage
möglich machen. Bestehen feste Vereinbarungen und Anforderungen seitens der Bereichs- oder Unternehmungsführung ist letztlich jedes Kriterium auch gewicht- und be-
wertbar. Durch eine Multiplikation der Bewertung mit der
gewählten Gewichtung und anschließenden Addition der
Einzelwerte erhält der Bewertende jeweils eine Gesamt-
punktzahl für den untersuchten Zulieferer. Der damit verbundene Mehraufwand und auch die Diskussion der Wertigkeit darf aber nicht unterschätzt werden. Es ist von Fall zu
Fall kritisch abzuwägen, ob der zu erwartende Ertrag den
Mehraufwand lohnend erscheinen läßt.

Die Ausführungen zeigen den Trend zum „gläsernen Lieferanten". Abnehmer möchten möglichst genau auch über

unternehmungsinterne Vorgänge beim Zulieferer informiert sein. Gleichzeitig kann sich jeder Lieferant – wendet er dieses Konzept auf sich selber an – durch die Brille seines Kunden betrachten und die Übereinstimmung mit dem vom Abnehmer verlangten Beziehungsprofil überprüfen.

Das abschließende Beispiel der Lieferantenbewertung im Rahmen der Qualitätssicherung für Kaufteile der BMW AG zeigt die Umsetzung der obigen Ausführungen für einen Teilbereich des Qualitätsmanagements von Zulieferern (Bild 6-6). Die damit verbundenen Aktivitäten machen deutlich, wie intensiv sich Abnehmer um eine seriöse Lieferantenselektion bemühen.[7]

Leistungsart: Vom passiven Zulieferer als „verlängerte Werkbank" zum aktiven Innovator und Forscher

Entwicklungsprozesse laufen in vielen Einzelschritten ab, die zu einem methodischen Ablaufsystem zusammengefaßt werden können. Bild 6-7 zeigt den Wertschöpfungsprozeß für ein neues Produkt einschließlich seiner wesentlichen Aktivitäten von der Marktanalyse bis zur Fertigung.[8]

Je nach dem Zeitpunkt des Eintritts bzw. der Dauer der Mitarbeit bei der Entstehung neuer (End-)Produkte können Zulieferer in diesem Prozeß verschiedene Rollen einnehmen. Zu unterscheiden sind der „Zulieferer als verlängerte Werkbank", der „Zulieferer als traditioneller Blaupausen- bzw. Zeichnungsempfänger", der „Zulieferer als Mitgestalter" oder der „Zulieferer als aktiver Innovator und Forscher". Ihre wesentlichen Aufgaben und die dazu notwendigen Kompetenzen gilt es zu erläutern:[9]

Zulieferer als aktiver Innovator und Forscher: Der Innovator überläßt die Erforschung der Bedürfniße des Endkunden nicht alleine seinen Abnehmern, sondern antizipiert selber aktiv Markttrends. Er gibt sich nicht mit der Rolle des Auftragsempfängers zufrieden, sondern greift aktiv in den Produktplanungsprozeß ein, indem er die wichtigen Aufgaben der Marktanalyse, der Marktseg-

1. *Allgemeines: Die Qualitätssicherungs (QS)-Systembewertung ist eine umfassende, in der Fertigungsstätte des Lieferanten durchgeführte Begutachtung der QS-Elemente und QS-Aktivitäten und schließt Organisation, Verfahren, Einrichtungen und Mitarbeiter mit ein. Sie dient der Feststellung, inwieweit der Lieferant in der Lage ist, die Anforderungen an die erzeugten Produkte sicherzustellen. Das Ergebnis beeinflußt die Entscheidung bei der Lieferantenauswahl. Die QSK 012 ist ein Datenerfassungssystem mit einem Fragebogen, der eine objektive Bewertung eines QS-Systems erlaubt. Zwei wichtige Ziele stehen im Vordergrund:*
   - *Erfüllung der Bedürfnisse und Erwartungen der Kunden.*
   - *Wahrung der Bedürfnisse und Interessen der eigenen Organisation*
2. *Bewertungsbereiche beim Zulieferer und ihre Gewichtung: Qualitätssicherung (47%), Fertigung (19%), Organisation (18%), Entwicklung (9%), Planung (7%). Insgesamt werden 855 Punkte auf die genannten Bereiche verteilt. Insgesamt werden in den verschiedenen Bereichen zwanzig Prüfpunke abgefragt, für die es feste Umschreibungen gibt. Der Punkt „BMW Prüfungen beim Lieferanten" soll dies illustrieren.*

BMW Prüfungen beim Lieferanten

- *Haben BMW-QS-Mitarbeiter Zugang zu den Fertigungsstätten und Prüfplätzen?*
- *Werden vom Lieferanten Personal, Proben, Muster, Prüfeinrichtungen und Hilfsmittel zur Verfügung gestellt, um alle qualitätsrelevanten Tätigkeiten der BMW-QS-Mitarbeiter zu unterstützen?*

Erläuterung: BMW-QS-Mitarbeiter benötigen den Zugang zu allen Betriebsstätten, um Merkmalsabnahmen, Dokumentationsüberprüfungen, Erstmusterabnahmen, Reklamationsbearbeitungen, Audits etc. durchführen zu können. Im Sinne einer partnerschaftlichen Zusammenarbeit soll damit Doppelarbeit vermieden, gegenseitige Unterstützung ermöglicht und eine bessere Wirtschaftlichkeit erreicht werden. Zulieferanten können bei der Bewertung verschiedene Kategorien erreichen.

Einstufung der Lieferanten:

Kategorie	Anmerkung zur besonderen Qualifikation des Zulieferers
A1 (>820Pkt.)/ A2 (>750Pkt.)	*Die Anforderungen an ein QS-System sind für Entwicklungs-, JIT und Alleinlieferant erfüllt.*
B1 (>640Pkt.)/ B2 (>530Pkt.)	*Zulieferant entspricht weitgehend (B1) bzw. bedingt (B2) den Anforderungen. Neulieferant: Eine Auftragsvergabe erfolgt mit der Auflage, daß alle erforderlichen Maßnahmen bis zum Serienanlauf erfüllt sein müssen. Serienlieferant: Erarbeitung eines Maßnahmenkatalogs, mit der schriftlichen Aufforderung an den Lieferanten, das QS-System zu verbessern. Bei Nichterfüllung kann eine Kürzung des Lieferanteils verfügt werden.*
C (bis 530 Pkt.)	*Zulieferant entspricht nicht den Anforderungen. Neulieferant: Über eine Auftragsvergabe wird nach der Realisierung der geforderten Maßnahme verhandelt. Serienlieferant: Neben einem Qualitätsgespräch und der Kürzung des Lieferanteiles, erfolgt die Suche nach Alternativen.*

Bild 6-6: Lieferantenbewertung und -selektion bei der BMW AG; Quelle: Remiger (Qualitätssicherung bei BMW/1991) 255ff.

A. Planungs- und Entwicklungsprozeß

Typen von Zulieferern	Markt- analyse	Markt- segmen- tierung	Pflichten- heft	Konzept	Kon- struktion, Bau- muster	Prototyp
Innovator und Forscher	●	●	○	○	○	○
Mitgestalter	○	◐	●	●	●	●
Blaupausen-/ Zeichnungsteil- empfänger	○	○	○	○	○	◐
„verlängerte Werkbank"	○	○	○	○	○	○

B. Produktionsprozeß

	Nullserie	Fertigung
Innovator und Forscher	◐	◐
Mitgestalter	◐	◐
Blaupausen-/ Zeichnungsteil- empfänger	●	◐
„verlängerte Werkbank"	◐	●

Bedeutung:

● = ausgeprägte Kompetenz

◐ = mittlere Kompetenz

○ = schwache/keine Kompetenz

Bild 6-7: Zuliefererkompetenz in verschiedenen Stufen der Wertschöpfung

mentierung und der Aufstellung des Pflichtenhefts in eigener Regie bzw. in enger Zusammenarbeit mit seinen Abnehmern durchführt.

Die erfolgreiche Erforschung der Bedürfnisse sowie des Bedürfnis- und Wertewandels ist hierbei primär eine

Aufgabe des Marketing. Dem Innovator und Forscher stehen dabei grundsätzlich die bekannten Methoden der Primär- und Sekundärforschung zur Verfügung, (Bild 6-8).

Für Zulieferer stellt sich hier vor allem das Problem, daß sie in der Regel von den Endkonsumentenmärkten abgeschottet sind und sie zudem nur für einen bestimmten Anteil des neuen Endproduktes verantwortlich zeichnen. Die Aufgabe der Marktanalyse konzentriert sich also in erster Linie auf die sie betreffenden Anteile am Endprodukt. Dabei gilt es, die künftige Produktbeschaffenheit zu erforschen, das heißt, die Gesamtheit ihrer Merkmale und Merkmalswerte.[10] In diesem frühen Stadium der Produktentwicklung kann jedoch weder der Kunde noch die Unternehmung diese Forderung erfüllen. Deshalb ist auf die Ermittlung von speziellen Schlüsselanforderungen bzgl. der verschiedenen Komponenten eines Produktes und deren Quantifizierung in Merkmalswerten hinzuarbeiten.[11] Der Vorteil einer frühen Involvierung des Zulieferers in die Marktforschung liegt darin, daß er sehr früh aktiv an der Entwicklung des Endproduktes beteiligt wird. Diese Rolle erfordert hohe Präsenz beim Kunden, hohe Fachkompetenz, Branchen- und (End-)Kundenkenntnis. Des weiteren ist es unabdingbar, die Kundenorganisation genau zu kennen. So setzen Zulieferer oft spezielle Key Account Manager als Kooperationsdrehscheibe zwischen Kundenorganisation und eigener Unternehmung ein.[12]

Beobachtungen	Befragungen	Experimente
• *Produktlebenszyklus-analyse*	• *Kundenbefragungen:*	• *Produkttest*
• *Programmstruktur-analysen*	– *Exploration*	• *Storetest*
• *Kundenbeobachtung*	– *Image/Einstellungs-messungen*	• *Markttest*
• *Konkurrenzbeobachtung*	– *Markenpositionierung*	• *Warentest*
• *Portfolioanalysen*	– *Panelerhebungen*	
	• *Expertenbefragungen*	
	• *Handelsbefragungen*	

Bild 6-8: Methoden zur Gewinnung produktpolitischer Informationen; Quelle: Bruhn (Qualität im Markt/ 1988) 270.

Das Lead User Konzept spielt an dieser Stelle ebenfalls eine wichtige Rolle. Lead User sind Personen oder Unternehmungen, die lange vor ihren Wettbewerbern neue Marktleistungen fordern. Deshalb arbeiten sie gerne an der Entwicklung neuer Produkte mit, da diese für sie wichtige Problemlösungen enthalten können.[13]

Kunden artikulieren ihre Bedürfnisse in ihrer eigenen Sprache, vielmals zudem mißverständlich und unscharf. In einem weiteren Schritt der Marktanalyse müssen deshalb die gesammelten Informationen in die Sprache der Unternehmung übersetzt werden, um eine effektive Kommunikation in der Unternehmung sicherzustellen. Hilfsmittel, die eingesetzt werden können, sind beispielsweise einheitliche Begriffsdefinitionen, Stichwortverzeichnisse, Muster, Standardisierungen und einheitliche Meßgrößen.[14]

Wenn der Zulieferer die Bedürfnisse erkannt und verstanden hat, legt er Anspruchsniveau-Klassen und Marktsegmente fest, für die das Produkt hergestellt werden soll. Das Anspruchsniveau dient als Rangindikator für unterschiedliche Anforderungen an (Zuliefer-) Produkte, die dem gleichen Zweck dienen.[15] Dies bedeutet, daß die künftige Produktqualität von der Zielgruppe – also von einer bestimmten Qualitätsklasse abhängig ist. Innerhalb der einzelnen Qualitätsklassen ist – unabhängig vom Anspruchsniveau – die Qualitätsforderung in jedem Fall zu erfüllen. Es kann somit in jeder Qualitätsklasse „gute"oder „schlechte" Qualität erzeugt werden.

- Zulieferer als Mitgestalter

Zulieferer als Mitgestalter: Der Zulieferer als Mitgestalter überläßt die Endmarktforschung seinem Abnehmer. Diese Rolle wird er v.a. dann einnehmen, wenn er keinen direkten Kontakt zum OEM hat sondern in irgend einer Art und Weise Sublieferant ist. Sein Einstieg in ein Projekt liegt v.a. darin, an der *Erstellung des Pflichtenheftes* für das neue Produkt mitzuarbeiten.

Das Pflichtenheft ist die Grundlage für die Produktentwicklung. Es schreibt die Entwurfsqualität des künftigen Produktes fest und wird im Laufe der weiteren Entwicklung immer wieder revidiert, da sich sowohl das Wissen über die Bedürfnisse der Marktpartner verbessert als auch die Bedürfnisse selbst sich verändern können. Im Pflichtenheft selbst müssen konkrete Anweisungen, be-

sonders betreffend der Qualitätsmerkmale, die die Be-
dürfnisse der Kunden widerspiegeln, für die Entwickler
des Zulieferers enthalten sein. Zu sehr einschränkende
Vorgaben hemmen dabei aber die Kreativität.[16] Das
Pflichtenheft dient dem Zulieferer als dokumentarische
Richtlinie für seinen Entwicklungsanteil. Auf dieser Basis
kann der Mitgestalter ein genaues Konzept definieren.
Dies stellt in der Regel die Grundlage für einen konkreten
Projektauftrag dar.

Mit der Definition des Konzepts sind verschiedene Tätigkeiten verbunden:[17] künftige Hauptfähigkeiten und -merk-
male des Produktes bzw. den mit ihm zu erreichenden
technischen Fortschritt allgemein umschreiben; Analyse
des technischen Standes des Wettbewerbs; Marktchancen
quantifizieren; voraussichtliche Herstellkosten errechnen
und erzielbaren Preis sowie abzusetzende Stückzahlen ermitteln bzw. schätzen; Projektkosten/ Innovationsprozeß-
kosten ermitteln und Pay-back-Periode errechnen.

Vor einer serienmäßigen Herstellung erstellt die E+K-
Abteilung Bau- und Funktionsmuster in einer Versuchs-
oder Entwicklungswerkstatt, um auf Prüf- und Meßstän-
den und möglichst unter praxisnahen Bedingungen Wirkung und Funktion des neuen Zulieferproduktes zu beurteilen. Dieser Vorgang kann prinzipiell beim Zulieferer
selbst oder beim Abnehmer erfolgen.

Die gefundene prinzipielle Lösung wird in realisierbare
Module aufgegliedert. Vorentwürfe zeigen sodann die Gestaltung der einzelnen Module, die in einem weiteren
Schritt in einen Gesamtentwurf einfließen. Der Gesamtentwurf wird in umfassenden und detaillierten Produkt-
dokumentationen wie Blaupausen, Stücklisten, Fertigungsunterlagen etc. ausreichend dokumentiert.[18] An
dieser Stelle des Entwicklungsprozesses können Abnehmer weitere Zulieferer einbeziehen.

*Zulieferer als Blaupausen- und Zeichnungsteilemp-
fänger:* Blaupausen- bzw. Zeichnungsteilempfänger bringen keine maßgebliche eigene Entwicklungsleistung ein.
Die Möglichkeit, sich über diesen Weg vom Wettbewerb zu
differenzieren, fällt weg. Blaupausen- und Zeichnungsteilempfänger stehen vielmehr in Konkurrenz zu alternativen
Zulieferern, die ebenfalls Blaupausen oder CAD-Doku-

• Zulieferer als
Blaupausen- und
Zeichnungsteilemp-
fänger

mentationen erhalten haben und ihrerseits entsprechende Angebote unterbreiten, um den Fertigungsauftrag zu erhalten. Die Aufgabe des Blaupausenempfängers ist es, die Entwicklung der Serie durch den Bau eines Prototyps und die Produktionsvorbereitung voranzutreiben.

Eine zentrale Aufgabe für den Zulieferer ist die Konstruktion entsprechender Werkzeuge und die Planung für eine kundengerechte Fertigung. Erreicht ein Zulieferer auch in dieser Phase noch keine Zusammenarbeit mit dem Abnehmer, bleibt ihm nur noch die Möglichkeit, als „verlängerte Werkbank" in ein Projekt einzusteigen.

- Zulieferer als verlängerte Werkbank

Zulieferer als verlängerte Werkbank: Nach Beschaffung, Aufstellung, Inbetriebnahme und Abnahme der Fertigungseinrichtungen, Betriebsmittel, Prüfeinrichtungen und Prüfmittel kann der Produktionsanlauf beginnen. Wenn der Abnehmer oder darauf spezialisierte Zulieferer die vorigen Aufgaben der Werkzeug- und Formenentwicklung für die Fertigung vorgenommen haben, aber eine eigene Fertigung nicht anstreben, besteht noch die Möglichkeit, als verlängerte Werkbank in den laufenden Prozeß einzusteigen. Zulieferer können sich nur durch besonderes Fertigungsprozeß-Know-how in dieser Phase gegenüber dem Wettbewerb beim Abnehmer profilieren. Gelingt dies nicht, muß er sich über Preisnachlässe oder andere Sonderleistungen für den Auftrag empfehlen, oder er kann nur noch bei Kapazitätsengpässen anderer Zulieferer, bzw. des Abnehmers selbst, darauf hoffen, Aufträge zu erhalten.

Mit dem Beginn der Serie, Auslieferung und Verkauf ist das Entwicklungsprojekt abgeschlossen. Die erfolgreiche Bewältigung sämtlicher Aufgaben des Entwicklungsprozesses stellt hohe Anforderungen an die beteiligten und kooperierenden Unternehmungen und die projektverantwortlichen Mitarbeiter aus Marketing, F+E, Produktion und Beschaffung.

Die unterschiedlichen Formen der Zusammenarbeit zwischen Zulieferer und Abnehmer in den verschiedenen Phasen wurden aufgezeigt. Die Zusammenfassung in Bild 6-9 listet die Vorteile eines frühen Projekteinstiegs auf und zeigt die damit verbundenen Anforderungen an einen Zulieferer.

Vorteile eines frühen Projekteinstiegs

Je früher Zulieferer in den Entwicklungsprozeß einsteigen:

- *desto früher binden sie ihre Abnehmer an sich.*
- *desto mehr entlasten sie das Marketing und die Entwicklungsabteilung ihres Abnehmers und können ihren Anteil an der Gesamtlösung konsequent erhöhen.*
- *desto weniger verlieren sie den Kontakt zum Endkundenmarkt.*
- *desto besser können sie einem destruktiven Wettbewerb, der sich nur auf Preise konzentriert, entgehen. So entsteht für Zulieferer in der Rolle eines Innovators oder Mitgestalters die Möglichkeit, sich über entsprechende Entwicklungsleistungen vom Wettbewerb zu differenzieren und diese auch zu verrechnen.*
- *desto eher wird es möglich sein, auch die Detailentwicklung und Fertigung von entwickelten Modulen des Endproduktes für den Abnehmer durchzuführen.*
- *desto eher wird es gelingen, in den späteren Phasen der Fertigung höhere Anteile der Wertschöpfung vom Abnehmer zu übernehmen (Lieferung von Systemen).*
- *desto eher wird der Abnehmer ausschließlich mit einem Zulieferer zusammenarbeiten.*

Resultierende Anforderungen an den Zulieferer durch einen frühen Projekteinstieg in den Entwicklungsprozess:

- *Hohe Präsenz beim Kunden.*
- *Hohe Fachkompetenz.*
- *Exakte Branchen-, Kunden- und Endkundenkenntnis. Der Aufbau entsprechender Kompetenzen und Kapazitäten (z.B. Endmarktforschung) verlangt i.d.R. eine entsprechende Unternehmungsgrösse. Der Zulieferer muss diskutieren, ob er ein Key Account Management einrichten soll. Bei der Konzentration auf wenige Großkunden ist dies oft der einzige Weg, Beziehungen zu festigen und auszuweiten.*
- *Kompetenz zum Systemverkauf:*
  - *Kundenkompetenz,*
  - *Projektkompetenz,*
  - *Koordinationskompetenz intern und beim Kunden,*
  - *Beziehungsmanagement und Kompetenz für Einkaufsgremien,*
  - *Kompetenz für die Verrechnung von Dienstleistungen.*

Bild 6-9: Früher Projekteinstieg: Vorteile und Anforderungen an Zulieferer

Leistungsspektrum: Vom Lieferanten von Halbfertigteilen zum Anbieter von Systemen

Die Komplexität neuer Güter steigt ständig. Dieser Trend hat zwei Ursachen. Erstens zeichnen sich neue Produkte dadurch aus, daß sie technisch anspruchsvoller sind als

> • Die Komplexität neuer Güter steigt ständig

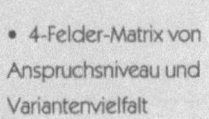

● 4-Felder-Matrix von
Anspruchsniveau und
Variantenvielfalt

ihre Vorgänger. Zweitens steigt ihre Variantenvielfalt, damit sie vielfältiger einsetzbar sind bzw. den Bedürfnißen immer feiner herausgeschälter Marktsegmenten entsprechen können. Bild 6-10 zeigt in einer 4-Felder-Matrix die möglichen Ausprägungen dieser Komplexität.

Hinter der Dimension des *technischen Anspruchs* stehen Kriterien wie die technische Qualität, das Streben nach technischer Perfektion und das Erreichen aktueller Weltstandards.

Die Dimension der *Variantenvielfalt* drückt die Anzahl erhältlicher Modifikationen, Versionen und Spielarten des gleichen Produktes aus. Anspruchslose Massenprodukte werden in ihrer überwiegenden Mehrzahl in Billiglohnländern hergestellt, da die Erfüllung technischer Anforderungen keine fertigungsbedingten Probleme mehr aufwirft und der Wettbewerb zunehmend über den Preis ausgetragen wird. Ein Weg, destruktivem Preiswettbewerb zu entgehen ist es, sich durch Produktdifferenzierung vom Wettbewerber abzuheben. Dabei spielt weniger die Lösung technischer Probleme eine Rolle, sondern vielmehr ein effizientes Variantenmanagement, um deren Kosten möglichst niedrig zu halten.

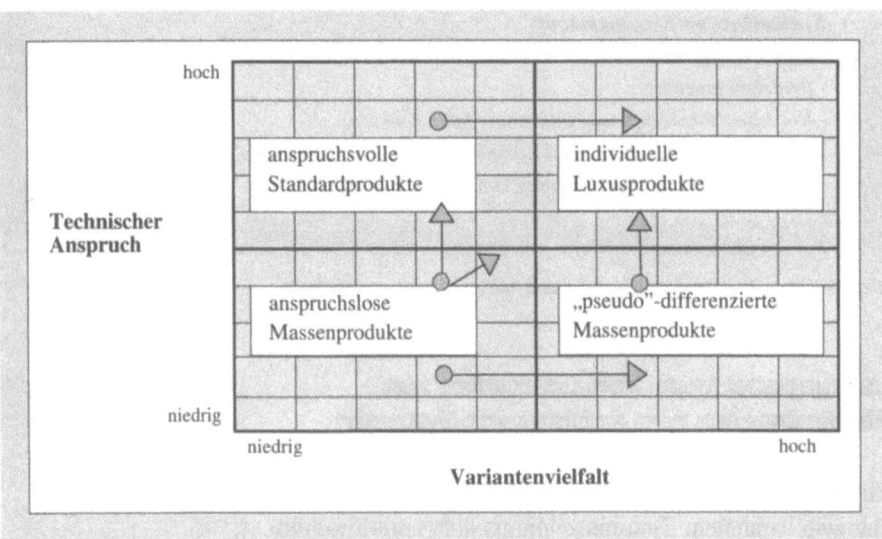

Bild 6-10: Anspruchs-/Variantenvielfalts-Matrix

Eine weitere Strategie kann lauten, bekannte technische Lösungen zu perfektionieren und als Kaufargument zu nutzen. Die schwierigste Aufgabe stellt die Herstellung individueller Luxusprodukte dar. Die Anforderungen an das Variantenmanagement und die eigene F+E wachsen beträchtlich. Individuelle, maßgeschneiderte Problemlösungen verlangen in der Regel eine handwerkliche Fertigung. Gleichzeitig ermöglicht die Strategie der Erstellung individueller Luxusgüter aber einmalige Chancen zur produktmäßigen und preislichen Alleinstellung im Markt.

Die in Bild 6-10 angedeuteten Entwicklungsmöglichkeiten haben vielfältige Auswirkungen auf die Fertigung/ Montage bei industriellen Abnehmern. Zum einen wird die Automatisierung in der Montage durch die Vielzahl verwendeter, unterschiedlicher Einzelteile sowie eine hohe Variantenanzahl beim Endprodukt zum Teil erheblich erschwert. Zum anderen erhöhen sich die Qualitätssicherungs- und -kontrollaufwendungen sowie die Durchlaufzeiten.[19] Dieses Problem verschärft sich, wenn OEM's zugleich noch eine eigene hohe Fertigungstiefe unterhalten. Es stellt sich hier die Frage, in welchem Ausmaß OEM's eigene Komplexität und somit eigene Wertschöpfung an vorgelagerte Zulieferanten abgeben und sie nur komplette Baugruppen und Systeme beziehen, um den marktseitigen Forderungen steigender technischer Ansprüche und wachsender Variantenvielfalt entsprechen zu können.

• Konzept des Modular Sourcing

Das Konzept des Modular Sourcing bzw. die Beschaffung von Modulen/Systemen bedeutet in diesem Zusammenhang, die in der Industrie traditionell stark ausgeprägte Arbeitsteilung zu erweitern, indem in der Gesamtwertschöpfungskette, dem OEM vorgelagert, ein weiteres Glied in die Zulieferkette eingeschweisst wird, die des Modul- oder Systemlieferanten. Modular Sourcing bedeutet also die Beschaffung komplexer Zulieferprodukte, die ihrerseits aus verschiedenen Halbfertigfabrikaten und/ oder Standardartikeln und/oder Baugruppen oder Komponenten und/oder einzelnen Systemen bestehen. Module oder Systeme selbst sind (Stücklisten-)Elemente eines komplexen Endproduktes, wie z.B. einbaufertige, komplette Sitzgarnituren für Automobile, Antriebssysteme für Werkzeugmaschinen, Laufwerke für Computer etc.[20] Sy-

stemlieferanten organisieren und koordinieren eigenverantwortlich die Waren- und Informationsströme mit vorge-
lagerten Lieferanten und führen die Montage zugelieferter
Halbfertig- und/oder Standardfertigteile und/ oder Komponenten und Baugruppen zu endmontagefähigen Modu-
len/Systemen durch.[21] Der Modul- bzw. Systemlieferant ist
somit mit einem Generalunternehmer vergleichbar, der –
wie aus dem Anlagengeschäft bekannt – die Herstellung
des Moduls selbstverantwortlich koordiniert und dispo-
niert. Neben reinen Fertigungs- und Montagearbeiten bedeutet dies für den Modullieferant fakultativ zusätzliche
Entwicklungsarbeiten, zusätzliche Beschaffungsaufgaben
durch die Führung der weiteren Lieferantenkette, Entwicklung und Durchführung von Qualitätssicherungsmaßnahmen, die Anlieferung der fertigen Module – gegebenen-
falls Just-in-Time – an das Montageband des Abnehmers
und eventuell sogar den Einbau in das Endprodukt am
Montageband des Kunden. Der OEM kann beliebig viele
Aufgaben auf seinen direkten Zulieferer übertragen. Letztlich entlastet er seine eigene Montagelinie und verlangt
von seinem Systemlieferanten den Aufbau entsprechender
Vormontagelinien. Das Ergebnis ist, daß der OEM die traditionell sehr vielfältigen und mehr oder wenig intensiven
Beziehungen zu jeder Art von Zulieferern im optimalen
Fall auf Beziehungen zu den Systemlieferanten kürzt. Es
kommt zu einer Neustrukturierung der Zulieferkette. Bild
6-11 zeigt im Vergleich die „traditionelle„ Ordnung der Zulieferbranche und vergleicht diese mit einer nach den Ge-
sichtspunkten des Modular Sourcing neu geordneten pro-
fessionellen Zuliefermarktstruktur.

• Voraussetzungen
und Grundlage des
Modular Sourcing

Allgemeine Voraussetzungen und Grundlage der Systemzulieferung sind dabei,

– daß sich traditionell zugelieferte Teile zu für den OEM
  sinnvollen Systemen zusammenfassen lassen.
– daß Abnehmer und Zulieferer zu langfristiger Zusammenarbeit bereit sind (Life-Cycle Verträge). Dazu
  zählen u.a. eine gemeinsame Entwicklung, der offene
  Austausch von Planungsdaten und ein aktueller und jederzeitiger (interaktiver) Austausch aller benötigten Informationen, die für die Entwicklung, Fertigung und ei-

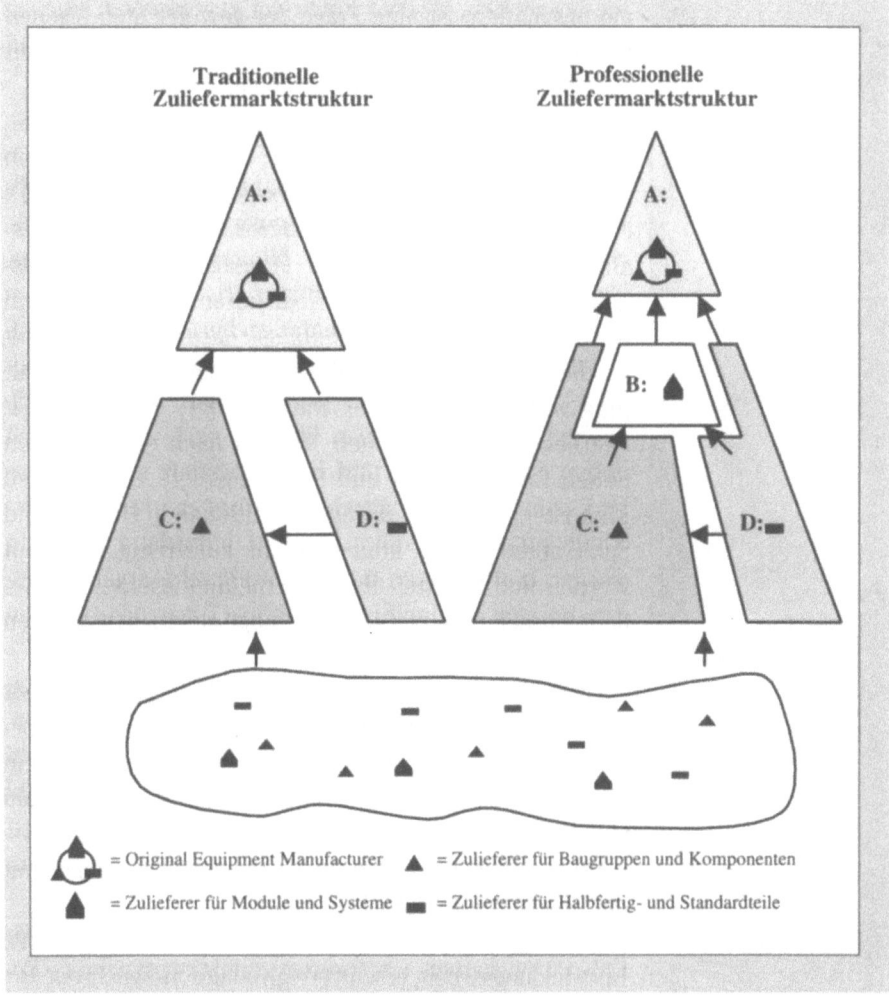

Bild 6-11: Traditionelle und professionelle Zuliefermarktstrukturen

ne produktionssynchrone Belieferung notwendig sind. Hier wird die enge Verknüpfung des Systemlieferanten zum „Innovator und Forscher" deutlich. Wer innovativ für den Kunden tätig wird, ist eher in der Lage auch einen größeren Teil der Wertschöpfung des Kunden für sich zu gewinnen.

Die Diskussion, ob Abnehmer lediglich Halbfertigfabrikate und Standardartikel oder Baugruppen und ganze Syste-

• Probleme mit eigener Entwicklungs- und Fertigungstiefe

me beschaffen, ist eine Frage der gewünschten eigenen Fertigungs- und Entwicklungstiefe sowie -breite. Damit sind grundsätzlich folgende Probleme verbunden:[22]

Aufbau kostenintensiver Fixkostenblöcke: Zur Beschaffung, Weiterverarbeitung und Montage von Halbfertigfabrikaten und Standardteilen müssen OEM's entsprechende Einkaufs-, Dispositions-, Beschaffungsabwicklungs-, Entwicklungs-, Montage- und Fertigungskapazitäten schaffen und finanzieren. Hinzu kommen Aufwendungen für die Qualitätssicherung und -kontrolle, die Eingangslogistik, die Koordination und Verwaltung vermehrter interner Warenströme, Puffer und Sicherheitslager. Durch den Wunsch nach einer eigenen hohen Entwicklungs- und Fertigungstiefe entstehen so Fixkostenblöcke v.a. durch Investitionen in Human- und Sachkapital. Diese können nicht kurzfristig abgebaut werden und belasten das Unternehmungsergebnis. Zudem müssen regelmäßig notwendige Ersatzinvestitionen vorgenommen werden.

Transaktionskosten: Sie steigen überproportional zu ihrem Anteil an eigener Wertschöpfung. Durch die Beschaffung von Halbfertigfabrikaten und Standardartikeln muß der Abnehmer automatisch mit einer großen Vielzahl von direkten Zulieferern zusammenarbeiten. Überschlagsmäßig multiplizieren sich die Kosten der Beziehungen mit der Anzahl der direkten Lieferanten.

Verlängerung der „Time-to-market" durch sequentielle Entwicklungsarbeit, erschwerte produktionssynchrone Beschaffung bzw. Anlieferung und die oben genannten Probleme.

Qualitätsprobleme und zeitlicher sowie kostenmäßiger Mehraufwand durch suboptimale Teileabstimmung und Montage: Durch die Zulieferung einer großen Anzahl von Einzelprodukten aus unterschiedlichen Bezugsquellen ist die Wahrscheinlichkeit größer, daß nicht alle zugelieferten Teile technisch miteinander harmonieren. So können mangelnde Paßgenauigkeiten oder Materialunverträglichkeiten zu zeit- und kostenintensiven Quaitätsproblemen führen. Die Ursachen dafür liegen v. a. im mangelnden Produkt- und Prozeß-Know-how. Die Entwicklungsabteilungen des Abnehmers (OEM) sind häufig nicht in der Lage, alle für die Endmontage benötigten Elemente, Teile und Baugruppen bis hinab auf die Ebene der eingesetzten Halbfertigfabrikate und Standardartikel zuverlässig zu entwickeln und zu gestalten, da sie dafür nicht auf allen Gebieten über das aureichende Produkt-Know-how verfügen. Daneben muß sich der Abnehmer auch noch das für die Montage notwendige kosten- und zeitoptimale Fertigungs-bzw. Montage-Know-how aneignen.

Die Probleme mit unbefriedigender Produktqualität resultieren zum anderen ebenso aus einer unzulänglichen Zusammenarbeit der beteiligten Zulieferer untereinander. Entweder sind sie zu kooperativer Zusammenarbeit oftmals nicht bereit, vor allem wenn sie mit anderen Zulieferern in Konkurrenz stehen, oder sie kennen die übrigen Zulieferer nicht. Zudem liegt es auch nicht in ihrem unmittelbaren Interesse, wenn sie unter enormem Zeit- und Kostendruck arbeiten.

Auch wenn heute die Nachteile hoher Fertigungs- und Entwicklungstiefe sehr hoch bewertert werden, darf man die Vorteile ihrer Beibehaltung im Rahmen der Entschlußfassung nicht außer Acht lassen. Für die Beibehaltung der Fertigungstiefe beim OEM sprechen:[23]

- Die Kontrolle über das Produkt- und Prozeß-Know-how. Es gibt keine Diskussion über „das was Kernfähigkeiten sind" und welche Bereiche nur „nice to have".
- Bewahrung der traditionellen Größenunterschiede in vielen Branchen zwischen Abnehmern (OEM) und seinen Zulieferern und Aufrechterhaltung der Nachfragemacht.
- Keine Gefahr, Schlüsseltechnologien oder Module, die aus der Sicht des eigenen Kunden kaufentscheidend und für den OEM wettbewerbsdifferenzierend sind, aus der Hand zu geben.[24]

In Anlehnung an die Vor- und Nachteile hoher eigener Entwicklungs- und Fertigungstiefe und -breite werden in Bild 6-12 die Ziele des Modular Sourcing wiedergegeben.[25]

Der Weg zum Modular Sourcing stellt hohe Anforderungen sowohl an den Zulieferer als auch an den OEM. Sie sollen als Zusammenfassung und Folgerungen dieses Kapitels zusätzlich aufgelistet werden (Bild 6-13).[26]

• Vorteile der Beibehaltung eigener Entwicklungs- und Fertigungstiefe

• Ziele des Modular Sourcing

• Anforderungen des Modular Sourcing an den Zulieferer

• Anforderungen des Modular Sourcing an den OEM

- *Verkürzung der "Time-to-market" durch Parallelisierungen von Entwicklung, Fertigung und Logistik bei Zulieferer und Hersteller.*
- *Entlastung der Montagelinie beim OEM und Aufbau neuer Vormontagelinien beim Systemlieferanten.*
- *Erhöhung des möglichen Automatisierungsgrades durch Standardisierung und Modularisierung.*
- *Verringerung von internen und externen Transaktionskosten durch Ausnutzen von Skaleneffekten, unternehmungsspezifischem Zuliefer-Know-how und verringerter Anzahl von direkten Zulieferern.*
- *Verringerung von Problemen der Produkt- und Prozessqualität entlang der gesamten Wertschöpfungskette u.a. durch effizientes Variantenmanagement und Standardisierung. Systemlieferanten entwickeln häufig Lösungen, die der Abnehmer in verschiedenen Produktfamilien einsetzen kann. Die Standardisierung bietet sich v.a. dann an, wenn die selben Module in verschiedenen Produktfamilien die Unterschiede in der Positionierung nicht verklären. Eine Standardisierung von Modulen führt zudem zu nicht zu unterschätzenden Planungserleichterungen und Kosteneinsparnissen.*
- *Systemlieferungen erhöhen grundsätzlich die Just-in-Time-Fähigkeit der Fertigung beim OEM, da die Montage ganzer Module leichter planbar ist.*

Bild 6-12: Ziele des Modular Sourcing

- *Bisher traditionell zugelieferte Teile müssen sich zu für den OEM sinnvollen Modulen/Systemen zusammenfassen lassen.*
- *Die Beteiligten halten die grundsätzlichen Leistungsvereinbarungen vertraglich bewußt kurz fest, um mögliche Spielräume nicht einzuengen. Gegenstand der Grundvereinbarungen sind die festgelegte Aufgabenteilung, geforderte Qualitäten, vereinbarte Zielkosten und angestrebte Gewinnmargen. Die Grundvereinbarungen legen die Basis für eine kooperative Zuliefer-Abnehmer-Beziehung.*
- *Modular Sourcing verlangt partnerschaftliche Beziehungen und die Bereitschaft, langfristig zusammenzuarbeiten.*
- *Fachlich enge Zusammenarbeit vor allem auf folgenden Gebieten: Entwicklung, Konstruktion (gemeinsame Tests eines Prototyps mit eingebauten Modulen); Abstimmung und Minimierung der Varianten; betriebsübergreifende Entwicklungsteams zwischen Abnehmer und Systemlieferant sowie zwischen Systemlieferant und Sublieferanten.*

Bild 6-13: Voraussetzungen an eine Modulzulieferung

Die Anforderungen und Gefahren des Modular Sourcing für den Abnehmer gehen aus Bild 6-14 hervor.

• Der Weg zum Systemlieferanten

Im Rahmen der Systemzulieferung übernimmt der Zulieferer neue Aufgaben, die traditionell beim OEM lagen. Er muß sich darüber klar werden, welche Stellung er zukünftig in der Zulieferkette spielen will. Der Weg zum Systemlieferanten ist mit einer Anzahl unterschiedlichster Anforderungen verbunden, die zudem in verschiedenen Branchen oder Zuliefer-Abnehmer-Beziehungen unterschiedlich ausfallen können (Bild 6-15).[27]

Machtverteilung: Aufbau von Angebotsmacht

Ein Ansatzpunkt für die Untersuchung vorhandener Machtpotentiale auf Seiten des Nachfragers oder des Anbieters zeigt Bild 6-16. Es listet verschiedene Kriterien der Abnehmer- bzw. Zuliefermacht auf.[28]

• Machtpotentiale des Nachfragers oder Anbieters

Bereits die hier aufgelisteten Inhalte lassen erkennen, daß die wesentlichen Ursachen für Ungleichgewichte in einer Beziehung in drei wesentlichen Bereichen zu suchen sind: in der Unternehmung des Anbieters bzw. Abnehmers, in der allgemeinen Marktstruktur, in die sowohl Zulieferer als auch Abnehmer eingebunden sind sowie in den Marktleistungspotentialen, die Zulieferer und Abnehmer besitzen.

Der o.a. Kriterienkatalog kann nur eine einführende Orientierungshilfe darstellen. Für die Analyse einer konkreten Zuliefer-Abnehmer-Beziehung hilft er nur beschränkt weiter. Hierfür ist es vielmehr notwendig, daß Zulieferer vor dem Hintergrund der konstituierenden „Buy statt Make-Entscheidung" die Machtpotentiale ihrer Abnehmer mit eigenen Potentialen vergleichen. Bild 6-17 zeigt wichtige Quellen und Ursachen für Machtpotentiale der Abnehmer. Es ist eine strategische Aufgabe für die Verantwortlichen beim Zulieferer zu erkennen, welche Machtpotentiale in welchem Ausmaß auf die Beziehungen zum Abnehmer einwirken. Mit Hilfe dieser Checklist können Anregungen für das entsprechende künftige strategisches Konzept gewonnen werden.

• Quellen für Machtpotentiale von Abnehmern

Die Zulieferer sind jederzeit bemüht, den Machtpotentialen der Abnehmer eigene Stärken entgegenzusetzen.

• Quellen für Machtpotentiale von Zulieferern

- *Durch Systemzulieferungen stärken Abnehmer automatisch die Marktmacht ihrer direkten Zulieferer. Diese erhöhen in der Regel ihre Wertschöpfungstiefe und gewinnen so Umsatzanteile. Unterstellt man zudem eine Single Sourcing Position des Systemlieferanten gewinnt er zusätzlich an Marktmacht.*
- *Abnehmer laufen Gefahr, ihre Fähigkeit zu verlieren, die Zulieferkette zu managen und gleichsam ihre Beschaffungskompetenz aufzugeben.*
- *Je komplexer eingekaufte Produkte (Systeme) sind, desto schwieriger stellt sich für den Abnehmer seine Ausgangsposition in Preisverhandlungen dar, da er die Werte der dazugehörigen Teilleistungen nur schwer schätzen kann.*
- *Zulieferern fällt es leichter, Einzelleistungen transparent zu halten und Teilleistungen zu verrechnen, wobei stärkere Leistungskomponenten schwächere Komponenten mittragen können.*
- *Es ist Abnehmern nicht mehr möglich, sich nur die "Rosinen" herauszupicken.*
- *Abnehmer müssen die ausgewählten Systemlieferanten durch entsprechende Maßnahmen der Lieferantenförderung und -entwicklung auf die intensive Beziehung vorbereiten.*

Bild 6-14: Anforderungen und Gefahren für Abnehmer durch Modular Sourcing

- *Hohe Investitionen in (Vor-)Montagebänder, F+E, Beschaffung und Organisation der eigenen Zulieferkette.*
- *Koordinierung der „untergeordneten" Zulieferkette.*
- *Projektfähigkeit: Planung und Durchführung gemeinsamer Projekte mit Abnehmern und eigenen wichtigen Zulieferern.*
- *Innovationsfähigkeit: hohe Kreativität und Ausbau des eigenen Innovationspotentials für eine anspruchsgerechte Entwicklung und Konstruktion, Fertigung und flexible Lieferung.*
- *Aufbau von Markteintrittsbarrieren. Zulieferer erbringen hohe, eigene Wertschöpfung. Es ist schwer für potentielle Wettbewerber diese kurzfristig, vor allem in gut funktionierenden Zuliefer-Abnehmer-Beziehungen, durch eigene Leistungen zu ersetzten. Die Stellung eines Systemlieferanten ist deshalb sehr attraktiv und gefährlich zugleich. Sie müssen deshalb die einmalige Chance nutzen, die eigene Leistung einmalig für den Kunden werden zu lassen.*
- *Kooperationen mit anderen Zulieferern: Systemlieferanten von großen Erstausrüstern müssen selbst über eine gewisse Größe verfügen, um geforderte Kapazitäten jederzeit anbieten zu können und selber Marktmacht zu vertreten. Dies kann von ihnen verlangen, Kooperationen mit anderen – evt. ehemaligen Wettbewerbern – einzugehen, was wiederum bedeuten kann, die eigene Selbstständigkeit in einer Zusammenarbeit wenigstens teilweise aufzugeben.*

Bild 6-15: Anforderungen und Gefahren für Zulieferer durch Modular Sourcing

Die Macht des Abnehmers ist um so größer, je...	Die Macht des Zulieferers ist um so größer, je...

• *bedeutender er selbst ist:*
  – *hohe Stückzahlen*
  – *Marktanteile*
  – *Wachstum*
  – *Konzernzugehörigkeit*
 	
• *höher sich seine Finanzkraft darstellt*
 	
• *mehr Informationen und Kenntnisse er besitzt:*
  – *über den Letztmarkt und seine Entwicklungen*
  – *über den Beschaffungsmarkt*
  – *über die Produktentwicklung*
 	
• *je kreativer sein eigenes Entwicklungs- und Fertigungspotential ist*
	• *vorteilhafter die Struktur des Absatzmarktes und der Abnehmer sich für ihn darstellt:*
	  – *hohe Anzahl potentieller Konkurrenten mit kleiner Größe*
	  – *hohe Anzahl von Abnehmern kleiner Größe*
	  – *hohe Anzahl vonAbnehmerbranchen*
	  – *angemessene Verteilung desUmsatzes auf verschiedeneAbnehmer in verschiedenen Branchen*
	
	• *vorteilhafter seine Marktleistungen gestaltet sind:*
	  – *hohes Ausmaß eigener Produkt-und Prozeßinnovation*
	  – *hoher Anteil der Zulieferprodukteam Produktespektrum des Abnehmers*
	  – *hohe Wertschöpfung für den Abnehmer*
	  – *Einmaligkeit des Produkts.*

Bild 6-16: Kriterien der Abnehmer- und Zulierfmacht; Quelle: in Anlehnung an Geck/Petry (Zuliefermacht/1983) 4 ff.

Entsprechend zeigt Bild 6-18 verschiedene Quellen für Machtpotentiale der Zulieferer. Sie stellen gleichzeitig auch Differenzierungspotentiale gegenüber eigenen Wettbewerbern dar, da sie ansonsten nur bedingt oder überhaupt nicht auf dem Markt bzw. gegen die Abnehmer wirksam werden können.

Die Gewinnung von Zuliefermacht durch Unternehmungszusammenschlüsse ist ein besonders wichtiger Punkt. So findet seit Jahren ein zunehmender Konzentrationsprozeß in der Zulieferbranche statt, durch den traditionsreiche Unternehmungen ihre Unabhängigkeit verlieren. Bild 6-19 führt Beispiele für die in der deutschen Automobil-Zulieferbranche stattfindenden Konzentrationswelle auf, die gleichsam eine Reaktion auf die Konzentrationswelle in ihren Abnehmerbranchen zu sein scheint.

• Gewinnung von Zuliefermacht durch Unternehmungszusammenschlüsse

Je deckungsgleicher bzw. je besser sich die Potentiale von Abnehmer und Zulieferer innerhalb einzelner Bereiche entsprechen, desto machtpolitisch ausgeglichener wird eine Beziehung ausfallen. Der Aufbau von Angebotsmacht scheitert häufig daran, daß Zulieferer nicht bereit

- *Geringe Anzahl von Branchenteilnehmern mit jeweils großem Bedarf an Zulieferprodukten.*
- *Substitute sind jederzeit einsetzbar.*
- *Die Zulieferprodukte können kostengünstiger, bei gleicher oder besserer Qualität und bei gleicher höherer/Flexibilität (Liefergenauigkeit, Liefersicherheit) erstellt werden.*
- *Wert der Zukaufteile hat niedrigen Anteil am Wert des Endprodukts.*
- *Eigene Grenzkosten liegen unter dem Preis des Zulieferers.*
- *Eigene Kostensenkungspotentiale liegen vor und lassen sich ausschöpfen.*
- *Internationale Beschaffung (jederzeit) möglich.*
- *Beschaffung aus mehreren Quellen (jederzeit) möglich, und Wechselkosten sind kein Problem.*

Bild 6-17: Bestimmungsgrößen für Nachfragemacht

- *Hohes Image, bekannte Marke im Endkundenmarkt mit hoher Innovationskraft.*
- *Zulieferer ist kostengünstiger, bei gleicher oder besserer Qualität und besserem Service und bei gleicher/höherer Flexibilität (Liefergenauigkeit, Liefersicherheit).*
- *Wert der Zukaufteile hat hohen Anteil am Wert des Endprodukts.*
- *Kooperationen und Joint Ventures mit anderen Zulieferern der gleichen oder verwandter Branchen, um Größe, Know-how und Kostenvorteile zu gewinnen.*
- *Wettbewerbsstärke: Einmaligkeit des Angebots, hoch spezialisiertes Know-how in Entwicklung und Konstruktion oder Fertigung, Patente etc.*
  Übernahme des Variantenmanagement für den Kunden (Kompetenz für die Herstellung von Baugruppen und Systemen(dadurch evt. Vorwärtsintegration).
- *Kombination von Stärken eigener verschiedener (inter-)nationaler Standorte und internationaler Zulieferung.*
- *Zulieferung möglichst vieler Abnehmer – evt.–. auch in verschiedenen Branchen und geschickte Streuung des Abnahmerisikos. Unrentablen Angeboten und destruktiven Preiskämpfen in einzelnen Märkten und bei einzelnen Kunden kann so besser ausgewichen werden.*

Bild 6-18: Bestimmungsgrößen für Zuliefermacht

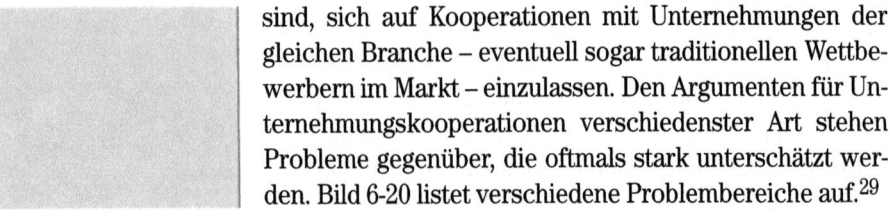

sind, sich auf Kooperationen mit Unternehmungen der gleichen Branche – eventuell sogar traditionellen Wettbewerbern im Markt – einzulassen. Den Argumenten für Unternehmungskooperationen verschiedenster Art stehen Probleme gegenüber, die oftmals stark unterschätzt werden. Bild 6-20 listet verschiedene Problembereiche auf.[29]

- *Beteiligung/Übernahme VDO (D), BOGE (D), FICHTEL & SACHS (D) durch MANNESMANN (D)*
- *Übernahme GOETZE AG (D) durch T&N plc (GB)*
- *Übernahme Arbeitsgebiet Automobilelektronik von BENDIX (USA) durch ZF Friedrichshafen (D)*
- *Übernahme von ALLISON TRANSMISSION DIVISON (USA) durch ZF Friedrichshafen (D)*
- *Übernahme von SONNENSCHEIN (D) durch CEAC (F)*
- *Übernahme von UFIMA (Union Fiat Matra)-Weber, Veglia, Boreltti, Jaeger, Solex- durch MAGNETTI MARELLI (I)*
- *Übernahme Arbeitsgebiet- Benzineinspritzung von SCHLUMBERGER (F) durch SAGEM (F)*
- *Übernahme Arbeitsgebiet Zündung von VALEDO (F) durch SAGEM (F)*
- *Kooperation im Arbeitsgebiet Benzineinspritzung zwischen LUCAS (GB) und SAGEM (F)*

Bild 6-19: Beispiele für zunehmende Konzentration in der Zulieferbranche durch Übernahmen; Quelle: Bosch GmbH, Stuttgart.

Intensität der Beziehung: Vom Einzelvertrag zum Life-Cycle-Abkommen und Partnerschaft

Was bringt partnerschaftliche Zusammenarbeit in wirtschaftlich rezessiven Zeiten? Lohnt sich die Festlegung auf einen Partner in der Beschaffung? Ist es sinnvoller, gerade in Zeiten, in denen Kostensparen zur Paradedisziplin vieler Unternehmungen wird, flexibel von einem Anbieter zum anderen zu springen, um alle möglichen kurzfristigen Kosten- und Leistungsvorteile wahrnehmen zu können? Dies sind grundsätzliche Themen, die bei der Frage nach der Intensität der Zusammenarbeit zwischen Zulieferer und Abnehmer zu beantworten sind. Grundsätzlich geht es dabei um die Langfristigkeit und Dichte einer Beziehung, wobei sich beide Kriterien gegenseitig bedingen können.

Langfristigkeit und Dichte einer Beziehung kommen explizit in geschlossenen Verträgen zum Ausdruck. Verträge zielen auf die Auswahl und inhaltlich rechtliche Gestaltung der Transaktion zwischen beschaffender Unternehmung und seinem Zulieferer, wobei Einzelverträge, Jahresverträge, Rahmenverträge und Life-Cycle Verträge unterschieden werden können.

• *Aufgabe unternehmerischer Selbständigkeit:* Die Zulieferindustrie ist zum großen Teil mittelständisch geprägt. Die Unternehmungsführung liegt oftmals in den Händen der Eigentümer, die ihre Unabhängigkeit um keinen Preis einschränken oder aufgeben möchten.

• *Leidensdruck ist noch nicht hoch genug:* Trotz sinkender Eigenkapitalquoten, zu erwartendem Preisverfall, verstärktem Wettbewerbsdruck, steigender Personalkosten usw. hofft man auf ein sich änderndes, positives Umfeld und eine Lageverbesserung.

• *Aufgabe von Wettbewerbsvorteilen:* Zulieferer fürchten, bei Kooperationen mit anderen Zulieferern eigene Wettbewerbsvorteile aufzugeben. Schon im Vorfeld spielen die Beteiligten deshalb oftmals mit „verdeckten Karten". Die Angst, sich zu Gunsten „schwächerer" Partner in einer Kooperation/Partnerschaft zu engagieren, überwiegt. So werden eigene Leistungskennziffern, Einkaufskonditionen etc. nicht preisgegeben oder bewußt verfälscht. Offenheit und Ehrlichkeit zwischen den Partnern scheint bisher eher die Ausnahme als die Regel.

• *Fehlen unternehmerischer und strategischer Weitsicht:* Sanierungsversuche in Eigenregie führen zum Teil zur weiteren Verengung des strategischen Handlungsspielraumes, da primär „Kostensenkungen" durchgeführt werden, während die dringend notwendige strategische Neuausrichtung ausbleibt. Auftretende Verluste werden durch Eigenkapitalzufuhr aus dem Privatvermögen der Eigentümer gedeckt und verstärken den Wunsch nach Unabhängigkeit auch in Krisensituationen

---

Bild 6-20: Hinderungsgründe für Zulieferkooperationen

• Einzelverträge

Einzelverträge: Einzelverträge sind kennzeichnend für ein einmalig vorkommendes Geschäft. Der Kauf gilt nur für die bestellte Menge und ist einmalig. Der Käufer geht keine längerfristige Bindung mit dem Anbieter ein. Zu einer näheren Geschäftsbeziehung kommt es nicht.

• Jahresverträge

Jahresverträge: Die Vertragsdauer zwischen beiden Parteien liegt bei einem Jahr. In der Regel besteht eine gleichlange Verlängerungsoption. Der Zulieferer hat die Unsicherheit, ob sich beispielsweise seine Investitionen in die Auftragsgewinnung, die erbrachten Vorleistungen, Qualitätssicherungsmaßnahmen und Maßnahmen zur Kostensenkung amortisieren.[30] Dazu reicht ein Jahr in der Regel nicht aus. Abnehmer gelangen in die Position, dass sie so nach Ablauf des Jahresvertrages über ein Druckmittel zur Preissenkung verfügen. Zulieferer sind geneigt, Preisnachlässen zuzustimmen, um überhaupt die eigenen Fixkosten zu decken.

Rahmen-, Abruf- und Sukzessivverträge:[31] Aus Gründen günstigerer Einstandspreise, geringerer Transaktions-

kosten und hoher Versorgungssicherheit schließen Zulieferer und Abnehmer in der Regel längerfristige Verträge ab.
In Rahmenverträgen legen die Parteien für die vereinbarte
Vertragsdauer neben Zahlungs- und Lieferkonditionen bestimmte Qualitätsmerkmale und Eigenschaften der zu liefernden Ware fest. Sie bestimmen Preise sowie Mengen nur
im Sinne von nicht verbindlichen Absichtserklärungen. Ab-
rufverträge legen die Gesamtmenge fest, die der Abnehmer
innerhalb der Dauer des Vertrages in vereinbarten Mindest-
bzw. Maximalmengen abnehmen muß. Sagt ein Abnehmer
dem Lieferanten in Abrufverträgen nur bestimmte Quoten
zu, da auch noch andere Zulieferanten mit ihm in Ge-
schäftsverbindung stehen (Mehrquellenbelieferung), kann
daraus für den Zulieferer ein Problem entstehen, wenn er
sich selber gegenüber eigenen Vorlieferanten in Mengen
festlegen mußte. Sukzessivlieferverträge fixieren zusätzlich im Vertrag die genauen einzelnen Lieferzeitpunkte und
-mengen. Sie sind beispielsweise die rechtliche Grundlage
für JIT-Liefersysteme.

• Rahmen-, Abruf-
und Sukzessivverträge

Neben der Laufzeit regeln Verträge Konditionen, Bestell-
und Bezugsmengen, Gewährleistungsansprüche, Sanktio-
nen etc.[32] Ein gewichtiger Kritikpunkt ist, daß Verträge
nicht alle Inhalte einer komplexen Zuliefer-Abnehmer-Beziehung festhalten können. Es zeigt sich in der Praxis
immer wieder, daß die beteiligten Parteien bemüht sind,
Verträge auf das Wesentliche zu beschränken, um der gewünschten Beziehung möglichst viele Gestaltungsfreiräu-
me für partnerschaftliche Lösungswege zu lassen.

Life-Cycle-Verträge und Partnerschaftsabkommen: Life-
Cycle-Verträge und Partnerschaftsabkommen streben eine
auf Interessenausgleich beruhende und in sich stabile
Kooperation an, die Vorrang vor der Durchsetzung juri-
stisch günstiger Vertragsbedingungen hat. Kurzfristige, ju-
ristische Streitigkeiten sollen langfristige Beziehungen
nicht stören. Die Vorteile einer langfristig ausgerichteten
und partnerschaftlichen Beziehung zwischen Zulieferer
und Abnehmer treten an die Stelle der Vorteile eines juri-
stisch möglichst unangreifbaren Vertages.[33] Partnerschaften schlagen sich aber natürlich auch in sehr langfristigen
Verträgen nieder, die die Verbindung zwischen Zulieferer
und Abnehmer in der Regel für die Produktlebensdauer

• Life-Cycle-Verträge
und Partnerschafts-
abkommen

• Vorteile von
Life-Cycle-Verträge
und Partnerschafts-
abkommen

bestärken. Life-Cycle-Abkommen bringen beiden Seiten Vorteile. Bild 6-21 listet diese auf.

Vor allem die Automobilindustrie hat in den letzten Jahren zahlreiche Partnerschaftsprogramme mit ihren Zulieferern ins Leben gerufen. Wie solche Programme ausgestaltet sein können, zeigen die Grundsätze und die Ausgestaltung des „Tandem"-Kooperationskonzeptes der Mercedes-Benz AG, Stuttgart (Bild 6-22 und Bild 6-23) für seine Zulieferer.[34]

- Erfolge von
Zulieferprogrammen

Wenn man untersucht, welche wesentlichen Inhalte und Ziele sich hinter den einzelnen Kooperationskonzepten bzw. gemeinsamen Programmen verbergen, so scheint es, daß es sich dabei v.a. um Kostensenkungsprogramme handelt. So stellte Bossard Consulting, München, fest, daß die in der Praxis durchgeführten Zuliefererprogramme bei mehr als 35 % der betroffenen Zulieferer signifikante Erfolge bei der Kostensenkung erreichen, und v.a. eine Verbesserung der Produktqualität weniger stark zu gewichten scheinen(Bild 6-24).[35]

- Kritik an Zulieferprogrammen

Die von Herstellern initiierten Zulieferprogramme stoßen bei den „Betroffenen" nicht auf unbedingte Zustimmung. Hinter den Kulissen gibt es zum Teil erhebliche Kritik. Die Furcht vor Negativreaktionen hemmt jedoch viele Betroffene, offen Kritik zu äußern. Trotzdem sollen häufig

	Vorteil für	
Kriterien:	**Zulieferer**	**Abnehmer**
• *Langfristige Abnahmesicherheit*	○	
• *Amortisation getätigter Investitionen*	○	
• *Niedrigere Vertriebskosten*	○	
• *Langfristige Liefersicherheit*		○
• *Kürzere Durchlauf- und Lieferzeiten*		○
• *Bessere Qualität durch Qualitätsaudits und gemeinsame Verbesserungsprogramme*	○	○
• *Kostenreduktion durch Erfahrungskurve*	○	○
• *Langfristige Kündigungsfristen sichern Suche nach neuen Partnern*	○	○

Bild 6-21: Partnerschaften: Vorteile für Zulieferer und Abnehmer

1. *Wir werden die Zukunft positiv mitgestalten, indem wir gemeinsam handeln. Die Zu-kunft, die wir wollen, werden wir nur erreichen, indem wir alle Kräfte bündeln.* Unserem Selbstverständnis entspricht es, eine gemeinsame Zukunft im gemeinsamen Interesse auch gemeinsam zu gestalten. Dazu gehört die vertrauensvolle Kooperation mit Zuliefe-rern, die unsere Grundeinstellung im Umgang mit Produkten, Kunden und Umwelt tei-len.

2. *Wir und unsere Produkte müssen höchsten Qualitätsanforderungen entsprechen, um einen Vorsprung vor dem Wettbewerb zu sichern.* Wir stellen höchste Ansprüche an uns selbst. In Fortführung unserer Tradition wollen wir auf Dauer einen deutlichen Vor-sprung vor dem Wettbewerb sichern. Sämtliche Produkte müssen unseren hohen Qua-litätsansprüchen genügen: im subjektiven wie im objektiven Nutzen für den Konsumen-ten, in Langlebigkeit, Wirtschaftlichkeit, Design und Innovation sowie in der möglichst weitgehenden Orientierung an der Umweltverträglichkeit, bei der Produktion, beim Um-gang mit dem Automobil und seiner Verwertung.

3. *Leistungsfähige Firmen werden unsere langfristigen Partner, wenn sie sich mit unse-rer Philosophie identifizieren.* Ihre Leistungen in Entwicklung und Produktion sowie ih-re Zuverlässigkeit honorieren wir. Voraussetzung ist die Beachtung unserer Philosophie und die Unterstützung unserer gemeinsamen Ziele. Je besser die Ergebnisse, desto lang-fristiger wird unser Engagement sein.

4. *Wir fordern und fördern Kreativität und Eigeninitiative unserer Zulieferer.* Wir wollen kreative und kritische Zulieferer, nicht nur Verwirklicher von gemeinsam beschlossenen Aufgaben. Wir fördern ihre Eigeninitiative, die auch vor der Infragestellung ihrer und unserer Leistungen nicht haltmacht. Wir sind bereit, ihnen Freiräume zu ermöglichen und arbeiten gemeinsam mit ihnen an der Ideenfindung und Verwirklichung von innova-tiven Produktideen.

5. *Wir erwarten ausgeprägtes Kostenbewußtsein – zum beiderseitigen Nutzen.* Ein ange-messenes Preis-/Leistungs-Verhältnis aus Sicht der Kunden ist für uns als weltweit ope-rierender Hersteller unabdingbar. Höchste Bedeutung haben die Einhaltung von Kosten-zielen und die ständige Suche nach Kostenoptimierungen bei gleichbleibend hoher Qualität.

6. *Die Gemeinsamkeit, die wir anstreben, ist langfristig angelegt.* Unsere Kooperation mit den Zulieferern hat ihre Bewährungsprobe im Alltag. Da einer auf den anderen angewie-sen ist, müssen Denken und Handeln aufeinander abgestimmt werden. Dieser kreative, beiderseitige Lernprozess ist auf Dauer angelegt. Wir sind davon überzeugt, daß ständi-ger Dialog, systematisches Zusammenarbeiten und der kultivierte Umgang miteinander eine hervorragende Grundlage für weitere große Erfolge sind.

7. *Wir setzen auf Fairness und Information in einer vertrauensvollen Geschäftsbezie-hung.* Durch gegenseitige Offenheit, Information und Einblick in unser Denken und Handeln wird langfristiges Vertrauen zwischen uns und den Zulieferern hergestellt.

Bild 6-22: Grundsätze des "Tandem"-Programmes der Mercedes Benz AG, Quelle: Mercedes-Benz AG, Stuttgart.

gehörte Kritikpunkte und Meinungen zu den Partner-schaftsprogrammen der Hersteller in einer Abbildung wiedergegeben werden, die im Rahmen der Untersuchun-gen von Gesprächspartnern geäußert wurden (Bild 6-25).

Veranstaltungen	Organisation	Information
Plenum *ist das regelmäßige Zusammentreffen der Zulieferer am Rande von Produuktpräsentationen.*	**Ideenbörse** *ist der „Briefkasten" für die Verbesserungsvorschläge der Zulieferer.*	**Journal** *ist das breit streuende Sprachrohr des Tandem Kooperations- konzenptes.*
Forum *ist ein themenbezogener Workshop von Mercedes Benz mit mehreren Zulieferern.*	**Patenschaft** *bietet den Zulieferern mit mehreren Ansprechpartnern einen Firmenpaten beim Einkauf.*	**Dokumentation** *ist eine Schriftenreihe von Mercedes Benz für die Zulieferer.*
Projekt *ist ein ergebnisorientiertes, konkretes Arbeitsprojekt gemeinsam mit in der Regel einem Zulieferer.*	**Support** *bietet Beratung und Unterstützung durch Mercedes Benz für Zulieferer.*	**Konkret** *sind Merkblätter von Mercedes Benz für die Zulieferer.*

Bild 6-23: Module des „Tandem"-Programmes der Mercedes Benz AG

Programme:	Inhalte				
	Reduzie- rung der Durch- laufzeit	Verbesse- rung der Produkt- qualität	Prozeß- optimie- rung	Verbesse- rung der Zusam-	Kosten- senkung
Drive for Leadership (**DFL**/Ford)	○	▲	◨	○	◨
Kontinuierlicher Verbesse- rungsprozess (**KVP**/VW und Audi)	○	▲	▲	▲	◨
Purchased Input Concept Optimization with Supp- liers (**Picos**/Opel)	○	▲	○	▲	◨
Prozessoptimierung Zulie- ferteile (**POZ**/BMW)	○	▲	◨	○	◨
Tandem (Mercedes Benz)	▲	▲	○	◨	◨

Signifikante Erfolge bei: ▲ *= weniger als 20 % der Lieferanten,*
                ○ *= 20 bis 35 % der Lieferanten,* ◨ *= mehr als 35 % der Lieferanten,*

Bild 6-24: Inhalte und Wirksamkeit von Partnerschaftsprogrammen; Quelle: Bossard Consultants (Lieferanten- programme/1994) 10, 13.

- *„Die OEM's haben ihre Hausaufgaben nicht gemacht. Leider sind für uns die Zeiten der Inquisition noch längst nicht vorbei."*

- *„Das sind keine Partnerschaftsprogramme sondern Knechtschaftsprogramme."*

- *„Partnerschaft ist das Verhältnis, in dem einer Partner ist und der andere schafft."*

- *„Tandem ist das Programm, bei dem einer lenkt und einer strampelt. Mercedes jedenfalls strampelt nicht."*

- *„Was sind das für Partnerschaften, in denen wir die gesamte Entwicklungsarbeit übernehmen, keine Eigentumsrechte an diesen Entwicklungen haben und der Abnehmer dann beim günstigeren Wettbewerb im Ausland fertigen läßt?"*

- *„Die Sitten sind total verroht. Partnerschaft gibt es nicht. Jeder sucht seinen kurzfristigen Vorteil um weiter überleben zu können. Wir sind inzwischen sogar gezwungen, mit unseren eigenen Zulieferern genauso umzugehen, wie die (die OEM's; Anmerkung des Verfassers) mit uns. Deshalb nehmen wir zu den Einkaufsverhandlungen jeweils einen unserer eigenen Verkäufer mit, der dem Verkäufer unseres Zulieferers die Situation schildern kann."*

- *„Ein Wettbewerber hat gegen uns einen Auftrag gewonnen, obwohl wir ausgewählter Partner seit Jahren sind. Er konnte dies nur, weil er sich im Rahmen eines Zulieferprogramms zu Kostenreduktionen von 60 % über die Produktlebenszeit verpflichtet hat. Wir hatten das als unmöglich abgelehnt." Auf einer Verbandstagung erzählte mir unser Wettbewerber, daß er es auch für unmöglich halte, aber gezwungen gewesen sei, den Auftrag anzunehmen, da er sonst Konkurs hätte anmelden müssen. Er hofft jetzt, daß er in den nächsten Jahren und bei besseren konjunkturellen Bedingungen die vereinbarten Preisabschläge umgehen kann. Für uns hat sich die Partnerschaft noch nicht ausgezahlt."*

- *„Wenn Sie sehen würden, wie Ihnen ein Einkäufer den gültigen Vertrag vor der Nase zerreißt, um damit auszudrücken, was bisherige Abmachungen für ihn bedeuten, glauben sie nicht mehr an Vertrauen und Partnerschaft."*

- *„Partnerschaft ist wohl nicht der richtige Ausdruck. Leibeigenschaft und Raubrittertum würde besser passen."*

- *„Das Schöne an den Partnerschaftsprogrammen der Hersteller ist, daß sie sich als Zulieferer absolut nicht dagegen wehren können. Also machen Sie gute Miene zum bösen Spiel. Es gibt wohl mehr als ein Beispiel, in denen die gesamte Abnehmerbranche – stillschweigend – einen Abnahmeboykott gegen nicht willige Zulieferer verhängt hat. Das macht die übrigen Zulieferer sehr schnell partnerschaftswillig."*

Bild 6-25: Kritik an Zuliefer- und Partnerschaftsprogrammen; Quelle: Statements von Gesprächspartnern aus der Zulieferindustrie und Verbänden.

Die Liste ließe sich fortsetzen, auch positive Statements könnten gegenübergesetzt werden. Ziel ist, dafür zu sensibilisieren, daß der Begriff der Partnerschaft leicht mißbraucht werden kann. Um Nutzen aus einer „echten" Partnerschaft zu ziehen, sind vielfältige gemeinsame Aktionen notwendig, wie beispielsweise regelmäßige

- Grundsätze einer Partnerschaft

Treffen, gegenseitiger Erfahrungs- und Informations-
austauch, gemeinsame Programme zur Verbesserung eigener oder gemeinsamer Prozesse, aber auch genauso die
Vereinbarung über Bewertungsverfahren, Kontrollinspektionen und Qualitätsaudits. Magyar hat zur Problematik
der Partnerschaft einen Katalog von Grundsätzen und
Voraussetzungen aufgestellt, deren Beachtung es ermöglichen soll, die komplizierte und langwierige Aufgabe, eine
Partnerschaft aufzubauen, mit Leben zu füllen und langfristig zu führen, erfolgreich zu meistern. Sie sollen als
Anregung hier wiedergegeben werden (Bild 6-26).

• Stolpersteine
partnerschaftlicher
Zusammenarbeit

In Ergänzung zu diesen Grundsätzen und Voraussetzungen sei auf eine Vielzahl von möglichen Stolpersteinen partnerschaftlichen Zusammenarbeit verwiesen (Bild 6-27).
Werden sie nicht frühzeitig beseitigt, sind Partnerschaften
zum Scheitern verurteilt.

Geographische Nähe zum Abnehmer:Von der in-
ternationalen Streuung bis zur lokalen Betreuung

„Bei der Auswahl der Zulieferunternehmen werden (...)
auch die Anpassungsfähigkeit hinsichtlich gewünschter
Anlieferungsfrequenz, exakter Termine und einem hohen
Qualitätsstandard zu berücksichtigen sein. Spezialisierte

• *Partnerschaft ist ein Begriff – Nimm ihn beim Wort!*

• *Partnerschaft ist eine Aufgabe – packe sie an!*

• *Partnerschaft ist ein weites Feld – erkunde es systematisch!*

• *Partnerschaft ist Wahlverwandtschaft – wähle Deine Partner mit Bedacht!*

• *Partnerschaft ist eine menschliche Beziehung – pflege sie wieder und wieder!*

• *Partnerschaft ist Vernetzung – koordiniere sie Masche für Masche!*

• *Partnerschaft ist eine Bevorzugung – übe Dich in der Kunst des Neinsagens!*

Bild 6-26: Grundsätze und Voraussetzungen für eine erfolgreiche Partnerschaft; Quelle: Magyar (Partner-
schaft/1993) 76.

> • *Fehlen klarer Spielregeln bzgl. der Inhalte der Zusammenarbeit, angestrebter Ziele und Meilensteine, Prozeß der Konsensfindung und Streitschlichtung, Aufteilung erreichter Erfolge, etc.*
>
> • *Topmanager halten sich heraus und leben die Partnerschaft nicht vor, überlassen die Führungsrolle im Programm anderen, interessieren sich nur unzureichend für die Probleme, etc.*
>
> • *Vernachlässigte Team- und Projektarbeit: Projektteams erhalten nur unzureichende Kompetenzen, mangelnde Akzeptanz des Projekts und seiner Mitarbeiter in der Unternehmung, mangelnde Bereitschaft der Mitarbeiter zur (unternehmungsübergreifenden) Teamarbeit, fehlende Motivation durch die Führung, gegenseitiges Mißtrauen und einseitige Vorteilssuche ersetzt oftmals die kooperative Zusammenarbeit sowohl der Mitarbeiter verschiedener Abteilungen als auch zwischen den Beteiligten von Zulieferer und Abnehmer.*
>
> • *Unzureichende Partnerwahl: Gescheiterte Pilotprojekte verschlechtern das „Ansehen" von Partnerschaftsprogrammen, der Wille zur Zusammenarbeit ist nicht bei allen potentiellen Partnern gleich ausgeprägt.*
>
> • *Zu kurzfristige Orientierung: Operatives Kostenmanagement geht vor strategischer Neuausrichtung der Beziehung, Programme werden umstritten, wenn nach schnellen Anfangserfolgen keine Verbesserungen mehr erreicht werden können.*
>
> • *Mangelnde Flexibilität: „Stereotype" Programme können keine Verbesserung konkreter Zuliefer-Abnehmer-Beziehungen erreichen. Sie können nur oberflächlich sein. Genormte Programme mit vielen Zulieferern ersetzen problemspezifische Zusammenarbeit.*

Bild 6-27: Stolpersteine partnerschaftlicher Zusammenarbeit; Quelle: in Anlehnung an Bossard Consulting (Partnerschaftsprogramme/1994) 26ff.

Zulieferunternehmen, die die gesamte fremdvergebene Produktion abdecken und sich in räumlicher Nähe zum Abnehmer befinden, werden bevorzugt.“[36] Die geographische Distanz des Zulieferers kann also zu einem wichtigen Differenzierungskriterium und Wettbewerbsvorteil für Zulieferer werden. So hat der Automobilzulieferer Keiper Recaro seine Sitzproduktion für Mercedes Benz in Bremen direkt vor den Toren des Herstellers errichtet, um so JIT-Lieferungen zu erleichtern und äußerste Flexibilität für die Wünsche des Kunden zu gewährleisten. Das Gegenteil lokaler Anbindung an einen Abnehmer ist eine internationale Beziehung. Die Ergebnisse einer Untersuchung von Heinz[37] zeigt die Tendenzen zu europa- und weltweiter Beschaffung sowohl bei Halbfertigfabrikaten als auch bei Teilen (Bild 6-28) auf.

	Halbfertigfabrikate	Teile
lokal/regional	*3,2%*	*1,3%*
national	*26%*	*21,8%*
europaweit	*48,7%*	*35,3%*
weltweit	*22,1%*	*41,7%*

Bild 6-28: Geographisches Beschaffungsverhalten deutscher Industrieunternehmungen; Quelle: Heinz (Beschaffungsverhalten/1991) 15.

Weltweite Beschaffungsmöglichkeiten (Global Sourcing) werden genutzt und durch den Zusammenschluß zu Einkaufskooperationen Nachfragemacht aufgebaut. Bild 6-29 zeigt ein Beispiel für solch eine Einkaufskooperation schweizerischer Unternehmungen.

Lokale Beschaffung erleichtert die Sicherheit der Zulieferung und scheint auch ökologisch vertretbarer als der weltweite Transport von Gütern. Kostenfragen drängen diese Argumente oft genug in den Hintergrund. Vor allem der Einkauf problemloser Standardgüter erfolgt zunehmend international in Ländern mit relativen Kostenvorteilen. Die Einsparungen übersteigen die Kosten für eventuell schlechtere Qualität und den Transport.

• Argumente und Kriterien, die für Global oder Local Sourcing sprechen

Insgesamt gibt es eine ganze Anzahl von Argumenten und Kriterien, die entweder für verstärkt lokal/regionale oder für europaweite/multinationale Beziehungen zwischen Zulieferern und Abnehmern sprechen. Sie sollen in Checklistform wiedergegeben werden und können sowohl als situatives Entscheidungsraster für die Beschaffung als auch für die Sondierung sowie Ausrichtung des Zulieferers auf mögliche Aktivitäten des Abnehmers dienen (Bild 6-30 und Bild 6-31).[38]

Exklusivität der Beziehung: Vom Nebenlieferanten zum Alleinlieferanten

Abnehmer können Zulieferleistungen generell von einem, zwei oder mehreren Zulieferern beziehen. Entsprechend spricht man von Single, Dual oder Multiple Sourcing. Vie-

Interproc *ist ein Einkaufskooperation von schweizerischen Unternehmungen. Ihr Ziel ist es, auf den internationalen Beschaffungsmärkten (Global Sourcing) durch den Zusammenschluß Größenvorteile und Nachfragemacht zu realisieren.*

Die Interproc tritt an potentielle Zulieferern aktiv heran und positioniert sich als Vertreter renommierter schweizerischen Unternehmungen. Anforderungen an die Zulieferer sind u.a.:
* *Ein wettbewerbsfähiger Preis der angebotenen Leistungen.*
* *Erfüllung von Qualtitätsstandards.*
* *Fähigkeit zur Just-In-Time-Anlieferung.*

Bild 6-29: Internationale Beschaffung durch Einkaufskooperationen; Quelle: „Interproc".

Für den Zulieferer:
* *Ständige „Kundennähe" praktizieren, indem man sich der Internationalisierung der eigenen Abnehmer anpaßt.*
* *Vereinfachten, schnellen technischen Service und Beratung bieten.*
* *Tägliche Kontaktpflege und hohe Reaktionsfähigkeit gewährleisten.*
* *Wettbewerbsvorteil gegenüber Konkurrenten anstreben.*
* *Gute Ausgangsbasis für JIT-Lieferungen legen.*

Für den Abnehmer
* *Inländische Qualitätssiegel („Swiss Made", „Made in Germany") bewahren; nicht zuletzt als Marketing-Argument.*
* *Kurze Wege erhöhen die Flexibilität und Liefersicherheit.*
* *Kompetenz des Zulieferers z.B. in gemeinsamen Programmen schulen.*
* *Aufwand/Kosten des eigenen Beschaffungsmarketing optimieren.*
* *Bei der Beschaffung von individualisierten und komplexen Produkten ist ständiger Kontakt in Entwicklung und Fertigung notwendig. Die Gefahr von Qualitätsmängeln ist hier besonders hoch.*

Für Abnehmer und Zulieferer:
* *Anforderungen an das Management (Fremdsprachen, Mobilität etc.) bleiben beschränkt.*
* *Vertragliche Regelungen und gegenseitige Kontrolle (Audits, Zertifizierungen) mit vertretbarem Aufwand und mit der notwendigen Sorgfalt realisieren.*
* *Den Bedürfnissen anderer Anspruchsgruppen zumindest teilweise entsprechen, z.B. durch Verkürzung von Lieferwegen und erhöhte ökologische Verträglichkeit (Transporte, JIT).*
* *Qualitätssicherung und -föderung ist gemeinsam möglich. Qualitätsprobleme können flexibel vor Ort – entweder beim Zulieferer oder Abnehmer – behoben werden.*
* *Wechselkursnachteile und Spekulationsgeschäfte entfallen.*
* *Probleme mit anderen technischen Normen und Vorschriften in anderen Ländern entfallen.*
* *Informationsmängel sind leicht zu beheben.*
* *Transaktionskosten (Geschäftsanbahnung, Geschäftsabschluß, Kontrollen etc.) fallen i.d.R. günstiger aus.*

Bild 6-30: Gründe und Ursachen für eine lokal/regional orientierte Zuliefer-Abnehmer-Beziehung

- *Standardisierte Produkte lassen sich leicht auch auf dem internationalen Markt anbieten und beschaffen.*
- *Allgemeine Internationalisierung des Wettbewerbs.*
- *Zunehmende internationale Arbeitsteilung und Spezialisierung.*
- *Komparative Kostenvorteile (Standort, Lohngefälle, Steuererleichterungen).*
- *Nutzung internationaler Technologie- und Qualitätsvorteile.*
- *Nutzung von günstigen Arbeitskräften mit gleicher Qualifikation.*
- *Ausgleich von Lieferengpässen und Erhöhen der Liefersicherheit.*
- *Aufweichen und/oder Brechen von Lieferantenmacht bzw. Nachfragemacht.*
- *Grössere Handelsvolumina durch Bildung regionaler, nationaler Einkaufsverbünde mit anderen Herstellern. Dies gilt natürlich andererseits auch auf Seiten der Zulieferer, die sich zu Verkaufskooperationen zusammenschliessen.*
- *Auffinden neuer Absatzmärkte und -chancen sowie Risikodiversifizierung.*
- *Ausweichen des Wettbewerbs auf heimischen Märkten.*

Bild 6-31: Gründe und Ursachen für eine international orientierte Zuliefer-Abnehmer-Beziehung

• Argument und Kriterien, die für Single oder Multiple Sourcing sprechen

le Abnehmer bevorzugen traditionell die Verteilung des Beschaffungsvolumens für das gleiche Gut auf mehrere Lieferanten. Sie versprechen sich davon – ähnlich wie bei einer internationalen Ausrichtung ihrer Beziehungen – niedrigere Einstandspreise, indem sie die Zulieferer gegeneinander ausspielen können und gleichzeitig ihre Machtposition stärken. Zudem sind sie so in der Lage, das Risiko eines „totalen" Beschaffungsausfalles zu minimieren. Auch können sie so das Know-how verschiedener Lieferanten für sich in Anspruch nehmen.

Nachteile der Mehrquellenbelieferung sind darin zu sehen, daß höhere Transaktionskosten durch die Aufnahme und Durchführung mehrerer paralleler Geschäftsverbindungen entstehen. Das gegenseitige Ausspielen der Zulieferer führt zu destruktiven Preiskämpfen, die letztlich der gesamten Zuliefer-Abnehmer-Beziehung schaden, da die Partner an Leistungsfähigkeit verlieren. Zwei Checklists sollen die vielfältigen Gründe bzw. Ursachen, die entweder für Single Sourcing oder für Multiple Sourcing sprechen, aufzeigen (Bild 6-32 sowie Bild 6-33).

Alle in den vorigen Checklists aufgeführten Einzelpositionen sind vom Zulieferer bei der Ausrichtung seiner Marketingstrategie zu beachten. Um ihm dafür eine weitere Hilfestellung zu bieten, sei auf die Gegenüberstellung

- *Zulieferprodukte verlangen hohe Investitionen in Produktionsanlagen, Qualitätssicherung, Logistik etc. und bedeuten hohe Fixkostenblöcke.*
- *Zulieferprodukte verfügen über eine hohe Spezifität. Wechsel oder Neuaufnahme von Zulieferern sind mit hohen Umstellungskosten verbunden.*
- *Die vom Abnehmer gewünschten Qualitätsmerkmale des Zulieferprodukts verlangen einen Spezialisten in der Entwicklung und Konstruktion.*
- *Abnehmer können den Erfahrungskurveneffekt beim Zulieferer voll ausnutzen.*
- *Sicherung der Qualität.*
- *Konzentration auf einen/wenige Zulieferer verringert Kontroll- und Anpassungskosten (Qualitätsicherung, Qualitätsaudits/Inspektionen durch Abnehmer).*
- *Zulieferprodukte, die nur unregelmäßig bezogen werden sind für den Abnehmer mit Aufwand für erneute Lieferantensuche und -selektion verbunden.*
- *Endabnehmer verlangen spezielle Zulieferprodukte (z.B. „Intel inside", „Made by Bosch") als Bestandteile im Endmarktprodukt.*
- *Abnehmer wollen das Know-how von starken Zulieferern ausschließlich für eigene Zwecke nutzen und einen Know-how Abfluss an Wettbewerber vermeiden.*
- *Abnehmer sind bemüht, den Beziehungsaufwand zu ihren Zulieferanten auf ein Minimum zu beschränken.*
- *Durch konsequentes Dual Sourcing fördern die Abnehmer den konstruktiven Wettbewerb unter den beiden Stammlieferanten und sichern die eigene Versorgungssicherheit, ohne die Vorteile des Single Sourcing in großem Maße aufzugeben.*
- *Die Beschaffung der Unternehmung ist lokal/national ausgelegt und es ist ihr nicht möglich, alternative Lieferquellen zu erschließen.*

Bild 6-32:Gründe für die Positionierung eines Zulieferers als Alleinlieferant: Single Sourcing

- *Die eigene Versorgungssicherheit hat Vorrang in der Beschaffung; gleichwertige Produkte können problemlos bei anderen Quellen beschafft werden.*
- *Die heutigen und künftigen Qualitätsanforderungen an das Zulieferprodukt sind von allen Zulieferern leicht zu erfüllen.*
- *Abnehmer wollen die eigene Nachfragerposition stärken und Preisspielräume ausnutzen.*
- *Abnehmer ziehen bewußt mehrere Lieferanten in die F+E und Fertigung ein, um die Innovationsfähigkeit ihre Zulieferanten im Wettbewerb untereinander zu fördern und für sich zu nutzen.*
- *Die Kunden des Abnehmers verlangen aus absatzpolitischen Gründen Mehrquellenbelieferung.*

Bild 6-33:Gründe für die Positionierung eines Zulieferers als Nebenlieferant: Multiple Sourcing

der Vor- und Nachteile des Single und Multiple Sourcing verwiesen, wie sie Bild 6-34 andeutet.

Eine dritte Variante neben dem reinen Single Sourcing und dem Multiple Sourcing stellt das Dual Sourcing dar. Der Abnehmer bezieht seine Produkte von zwei ungefähr gleichbeteiligten Zulieferern. Er erhält so den Wettbewerb unter den Zulieferern und mindert gleichzeitig sein Versorgungsrisiko.

Flexibilität der Beziehung: Zulieferungen Just-in-Time

Taiichi Ohno, Begründer des Toyota-Produktionssystems und ehemaliger Vizepräsident der Toyota Motor Company begründete das Konzept der Just-in-Time-Produktion (JIT) als „Versorgung des Marktes mit dem, was gebraucht wird, dann, wann es gebraucht wird, genau in der Menge, die gebraucht wird."[39] Das JIT-Konzept fußt also

	Single Sourcing Position	Multiple Sourcing Position
Vorteile für den Zulieferer	• *Relative Sicherheit des Know-how-Schutzes* • *Möglichkeit zu einer intensiven Partnerschaft (Gleichwertigkeit der Partner)* • *Hohe Umsätze und Standortsicherung* • *Möglichkeit, langfristig auch größere Projekte anzugehen*	• *Wettbewerb hält „fit".* • *Abhängigkeit von umsatzstarken Abnehmer wird vermieden und das eigene Risiko gestreut*
Nachteile für den Zulieferer	• *Steigende Abhängigkeit vom Abnehmer und mangelnde Risikostreuung des Absatzes* • *Nachlassen der eigenen Anstrengungen durch mangelnden Wettbewerbsdruck*	• *Destruktiver Preiswettbewerb mit den Wettbewerbern und Gefährdung der Standortsicherheit* • *Langfristige Planungsunsicherheit*

Bild 6-34: Single- oder Multiple Sourcing: Vor- und Nachteile aus der Sicht des Zulieferers

auf dem Grundsatz der Logistik, die richtigen Güter zum richtigen Zeitpunkt in der richtigen Qualität und Menge am richtigen Ort zu minimalen Kosten bereitzustellen.

Generelle Ziele von JIT-Konzepten sind u.a. die Verkürzung von Durchlaufzeiten und Lieferzeiten; die Senkung von Beständen, Lagern und Vermeidung jeglicher Verschwendung, welche unnötige Kosten verursachen sowie die Erhöhung der Flexibilität in der Produktion und Anlieferung. Der JIT-Ansatz beschränkt sich jedoch nicht mehr nur auf die Produktion sondern kann sich auf den gesamten Prozeß der Leistungserstellung ausdehnen. Indirekte, mittel- bis langfristig angestrebte Ziele sind generell eine erhöhte Wettbewerbsfähigkeit, vereinfachte Organisationsstrukturen und eine bessere Zusammenarbeit zwischen Zulieferer und Abnehmer. Die Neugestaltung von betrieblichen Prozesstrukturen nach JIT-Aspekten orientiert sich an vier Grunderkenntnissen:[40]

Bestände sind gespeicherte Kapazitäten: Sie werden nicht im Umlaufvermögen, also in den Beständen, sondern im Anlagevermögen und im Personal gespeichert.

Hohe Bestände verdecken Fehler und Probleme: Wenn man nach den Ursachen für Bestände fragt, erhält man in der Regel die Antwort, daß sie aus Sicherheitsgründen absolut notwendig seien. Nur so könnten Bedarfsspitzen jederzeit gedeckt und auch Krisen irgendwelcher Art (Maschinenausfall, Streik etc.) gemeistert werden. Oft entstehen Bestände aber aus Problemen verschiedenster Art wie schlechter Arbeitsplanung, Maschinenausfällen, langen Transportwegen, langen Rüstzeiten, hohen Fehlzeiten, mangelnder Betriebsführung, etc.[41]

Zeit – insbesondere Lieferzeiten, Durchlaufzeiten und Wiederbeschaffungszeiten – stellen einen eigenständigen Wettbewerbsfaktor dar: Diese Zeitgrößen lassen sich durch grundlegende Strukturveränderungen im betriebsinternen Materialfluß sowie der Beschaffung reduzieren.

Die kostengünstigste Produktion ist die Fließfertigung: Fließfertigung baut auf dem Prinzip der repetitiven Tätigkeiten auf. Bei kundenorientierter JIT-Produktion ist das einzige repetitive Element der ständige Wechsel um jederzeit die vom Kunden gewünschte Menge verschiedenster Varianten fertigen zu können.

• Bausteine von JIT-
Konzepten

JIT-Konzepte können aus verschiedenen Bausteinen bestehen. Kernstücke sind dabei:[42]

Integrierte Informationsverarbeitung: Sie umfaßt Planungs- und Steuerungskonzepte, die auf der Nähe und Vernetzung zum Kunden aufbauen. Dazu zählen das Holprinzip (Kanban) in der logistischen Kette, die papierlose Produktion und Beschaffung sowie eine entsprechende Methodenintegration (MRP, BOA, OPT, Kanban[43]). Eine integrierte Informationsverarbeitung verlangt eine unmittelbare, technische Verknüpfung mit dem Kunden bspw. über Datenfernübertragung (DFÜ). Sie hilft, Bestände und somit unnötige Kapitalbindung durch Informationen zu ersetzen. Eine informationstechnische Zusammenarbeit erhöht gleichzeitig die gegenseitige Abhängigkeit und bindet den Abnehmer. Damit die Zusammenarbeit effektiv und effizient veläuft sind nicht unerhebliche Investitionen notwendig. Dies gilt weniger für die Hardware als vielmehr für die Schulung der Mitarbeiter. Sie sind letztlich für eine effektive und effiziente Nutzung der Informationssysteme verantwortlich. Daten die mittels moderner Datenübertragungstechnik zwischen Abnehmer und Zulieferer ausgetauscht werden können sein: Autragsdaten, Planungsdaten, Konstruktionsdaten, Zahlungs- und Rechnungsbelege, Qualitätsdaten, Versandpapiere, Einkaufsdaten.[44]

Fertigungssegmentierung: Sie vereinigt die Vorteile der Fließfertigung (geringe Kosten, kurze Durchlaufzeiten) und der Werkstattfertigung (hohe Flexibilität), indem eigenständige Produktionseinheiten mit direkter Ausrichtung auf bestimmte Marktsegmente gebildet werden.

Produktionssynchrone Beschaffung: dient in erster Linie als Werkzeug zur Lenkung der Kosten. Bestandteile der produktionssynchronen Beschaffung sind der Aufbau und die Pflege eines partnerschaftlichen Verhältnisses zwischen Abnehmer und Zulieferant, die Reduzierung der Zulieferanten pro Teil und Produkt sowie die Vertragsgestaltung. Im konkreten gehören dazu: Teileauswahl, Lieferantenauswahl, Informationsfluß, Materialfluß, Qualitätssicherungskonzept, Speditionskonzept. Bild 6-35 faßt die Vorteile einer JIT-Beziehung für beide Parteien zusammen.[45]

Abnehmer	Zulieferer
• *Wareneingangslager fallen weg und verringern die Kapitalbindung.* • *Wareneingangskontrollen fallen weg und der allgemeine Kontroll- bzw. Inspektionsaufwand verringert sich.* • *Die Flexibilität in der Beschaffung steigt und erhöht die eigene hohe Flexibilität in der Fertigung/Montage und vereinfacht das Variantenmanagement.* • *Arbeitsplätze werden übersichtlich und sauberer, da es keine Zwischenlager am Arbeitsplatz mehr gibt.*	• *Zusammenarbeit mit Abnehmern intensiviert sich und die Austauschbarkeit der JIT-zugelieferten Leistung verringert sich. Abnehmer sind bereit, sich längerfristig an den Zulieferer zu binden, damit dieser die mit der JIT-Lieferung verbundenen logistischen Anforderungen erfüllen kann (Jedoch binden sich Abnehmer nicht gerne vertraglich. Hier bleibt ein gewisses Restrisiko für den Zulieferer).* • *Zulieferer können durch die Langfristigkeit von JIT-Verträgen die eigene Fertigung (Kapazitäten und Prozesse) besser planen.* • *Eigene Puffer und Lager entfallen, Rückmeldungen über Qualitätsprobleme beim Abnehmer gelangen direkt in die Fertigung des Zulieferers.*

Bild 6-35: Vorteile von JIT-Systemen für Abnehmer und Zulieferer

JIT-Konzepte zu verwirklichen, bedarf einer äußerst präzisen Zusammenarbeit zwischen den Partnern. Der Abnehmer ist dabei Leistungsempfänger. Zwar muß auch er gewiße Voraussetzungen erfüllen, damit JIT-Lieferung realisierbar ist, die wichtigsten Voraussetzungen muß aber der eingebundene Zulieferer erfüllen. Bild 6-36 gibt die wichtigsten Voraussetzungen für eine reibungslose JIT-Zusammenarbeit in Form eines Anforderungskataloges wieder.[46]

Qualitätssicherung der Beziehung: Von gesetzlichen Mindestanforderungen zu TQM

Die Qualitätssicherung der materiellen und immateriellen Zulieferleistungen festigt die effektive und effiziente Zusammenarbeit zwischen Zulieferer und Abnehmer. In den Bemühungen um die Qualitätssicherung sind viele unterschiedliche Ausprägungsformen denkbar. Sie können sich einerseits auf die in Gesetzen getroffenen Regelun-

---

- *Die angestrebte flexible Fertigung beim Abnehmer verlangt die gleiche Flexibilität vom Zulieferer. Er muß seine Fertigungsprozesse vollständig im Griff haben und je nach vertraglicher Regelung seine Fertigung und Zulieferungslogistik auf die geänderten Anforderungen umstellen können. Verschiedene gewünschte Varianten verlangen häufiges, schnelles und präzises Umrüsten.*
- *JIT-Lieferungen verlangen Null-Fehler-Qualität, da die Wareneingangskontrollen beim Abnehmer entfallen. Null-Fehler-Qualität ist vor allem bei Fertigungsprozessen des Abnehmers mit hohem Automatisierungsgrad unabdingbar.*
- *Hohe Flexibilität und Qualitätsanforderungen machen Investitionen in hochwertige Technik notwendig.*
- *Der hohe und aktuelle Informationsbedarf vom Abnehmer verlangt eine direkte, interaktive Kommunikation zwischen Abnehmer und Zulieferer vor allem in der Arbeitsvorbereitung/Fertigungsplanung.*
- *Der Zulieferer muß notwendige Transportkapazitäten organisieren und die Pünktlichkeit der Lieferung sicherstellen. Das ist für ihn mit nicht unerheblichen Kostenblöcken verbunden. Er übergibt diese Aufgabe deshalb häufig an unabhängige Spediteure. Die Transportmittel – wegen der fehlenden lokalen Anbindung an den Abnehmer oder aber der mangelnden Wettbewerbsfähigkeit der Bahnen in der Regel LKW – stellen oftmals ausgelagerte Sicherheitslager dar. Auch kommt es vor, daß Bereichsverantwortliche beim Abnehmer entgegen ihrer Weisungen, in eigener Verantwortung Sicherheitslager anlegen.*
- *Standortfrage: Das aufwendige Transportmanagement und die geringen Vorlaufzeiten empfehlen eine räumliche Nähe zum Abnehmer.*

Bild 6-36: Anforderungskatalog für JIT-Zulieferung

gen beschränken und andererseits können sie sich nach abnehmerspezifischen oder international vereinbarten Normen wie DIN ISO 9000 – 9004 richten oder sogar umfangreiche und fallspezifische Programme des Total Quality Management enthalten.

- Gesetzliche Regelungen

Gesetzliche Regelungen: Als Beispiel für die gesetzlichen Grundlagen der Qualitätssicherung sollen die in Bild 6-37 wiedergegebenen Regelungen aus dem deutschen Gesetz dienen.[47]

Die gesetzlichen Regelungen machen auch deutlich, daß in der Vergangenheit unter dem Begriff der Qualität lediglich die Tauglichkeit („fitness for use") verstanden wurde.[48] Mit dem Wandel von Verkäufer- zu Käufermärkten und dem damit verbundenen Zwang zu mehr Kunden-

1. Wichtige Gesetze

- *HGB: Kaufvertragsrecht (§433-463) vertragliche Vereinbarungen zwischen Kunde und Lieferant (§ 377 ff.); Werkvertrag (§632-699§); BGB: deliktische Haftung (§833); Produktehaftung.*

2. Wichtige Bestimmungen

- *Verträge regeln die Rechte und Pflichten der (Vertrags-) Partner. Die gesetzlichen Regelungen (HGB) treten automatisch in Kraft, wenn die Verträge keine anders lautenden Vereinbarungen vorsehen.*
- *Sind zugelieferte Waren mangelhaft, kann der Abnehmer vom Zulieferer wahlweise fordern: Wandlung, d.h. der Vertrag wird rückgängig gemacht; Minderung, d.h. der Kaufpreis wird nachträglich herabgesetzt; Ersatzlieferung eines gleichen, aber mangelfreien Gutes; Schadenersatz wegen Nichterfüllung, wenn keine Ersatzlieferung mehr möglich ist.*
- *Die Qualitätsprüfung im Wareneingang ist Voraussetzung, um Gewährleistungsansprüche gegenüber dem Zulieferanten geltend machen zu können. Dazu muß sich der Abnehmer in branchenüblicher Art und Weise und mit fachmännischer Sorgfalt ein zuverlässiges Bild von der Qualität der Zulieferungen machen..*
- *Abnehmer müssen sich von der Zuverlässigkeit und Gewissenhaftigkeit ihrer Zulieferer sowie der Qualität der zugelieferten Produkte überzeugen. Maßnahmen, die dazu geeignet sind, diesen gesetzlichen Anforderungen zu genügen, sind:*
  - *regelmässige Prüfung der zugelieferten Teile auf Funktionstüchtigkeit,*
  - *regelmässige Auditierung des Zulieferers,*
  - *genaue vertragliche Regelung über die Qualitätsmerkmale des Produktes und die vorzunehmenden Qualitätskontrollen,*
  - *sorgfältige Auswahl des Zulieferers nach Marktstellung, Reputation, Empfehlungen, Expertisen etc.*
- *Im Zuge des Produkthaftungsgesetz, das seit dem 1.1.1990 gilt, haftet der Produzent seinem Kunden gegenüber für die Funktionstüchtigkeit, Gefahrlosigkeit und Fehlerfreiheit der Gesamtheit seines Produktes. Das gilt auch für die eingebauten Zulieferteile. Der Zulieferer haftet entsprechend für die von ihm zugelieferten Teile.*

Bild 6-37: Zuliefer-Abnehmer-Beziehungen: Gesetzliche Regelungen im Überblick; Quelle: vgl. dazu auch Pfeifer (TQM/1993) 137 ff.

und Marktnähe ist mit Qualität mehr und mehr die Erfüllung vorhandener, subjektiver Bedürfnisse gemeint. Das Urteil des Kunden entscheidet letztlich über die Qualität eines Produktes.[49]

Dies bedeutet aber auch, daß die Qualität einer Marktleistung nicht in technischen Eigenschaften objektiv messbar ist, sondern vielmehr von den verschiedenen Bedürfnisträgern subjektiv bestimmt wird. Diese Veränderung spiegelt sich schließlich auch in der gültigen DIN/ISO Norm 55350 für Qualität wieder. Sie definiert Qualität als:

„Beschaffenheit einer Einheit bezüglich ihrer Eignung, die festgelegten und vorausgesetzten Qualitätsforderungen zu erfüllen."

Die Definition ist die Grundlage für verschiedene normierte Qualitätssicherungssysteme.

• Qualitätssicherungssysteme nach der ISO Norm

Qualitätssicherungssysteme[50] nach der ISO Norm: Wichtige Normen, die Zuliefer-Abnehmer-Beziehung betreffen, finden sich v.a. in der internationalen Normenreihe EN 29000-29004 bzw. DIN ISO 9000-9004. Sie sind völlig produktunabhängig und stehen damit neben produktbezogenen Nachweisen und den sonstigen bekannten Gütezeichen.[51] Die Normen DIN ISO 9000-9004 wurden aus drei grundsätzlichen Überlegungen heraus entwickelt:[52]

– eine Unternehmung versucht aus eigenem Antrieb heraus ein Qualitätssicherungs-System aufzubauen, um einen Wettbewerbsvorteil zu erlangen oder konsequent in Richtung eines Total Quality Management in der Unternehmung zu investieren.

– eine Unternehmung möchte die Zertifizierung durch ein unabhängiges, externes Institut erlangen.

– eine Unternehmung (Zulieferer) wird von einem oder mehreren Abnehmern (vertraglich) verpflichtet, ein Qualitätssicherungssystem nach einem anerkanntem Maßstab nachzuweisen.

Neben diesen grundsätzlichen Überlegungen existieren weitere konkrete Gründe sowohl aus der Sicht des Abnehmers als auch des Zulieferers für die Zertifizierung bzw. Qualitätssystembewertung. Bild 6-38 gibt sie wieder.

• Gründe für eine Zertifizierung aus Abnehmer- und Zulieferersicht

ISO 9000: Leitfaden zur Auswahl und Anwendung der Normen: Abnehmer haben erkannt, daß Ausgangsprüfungen beim Zulieferer bzw. Eingangsprüfungen im eigenen Hause die einwandfreie Qualität der an sie zu liefernden Produkte nicht sicherstellen können. Sie legen daher verstärkt Wert auf eine systematische Qualitätssicherung ihrer Zulieferer. Je nach den spezifischen Bedürfnissen, die aus den gewünschten Produkten und Leistungen hervorgehen,

Gründe aus Sicht des Abnehmers	Gründe aus Sicht des Zulieferers
• *Aufnahme von Geschäftsbeziehungen zu neuen Lieferanten bzw. Ersteinstufung.* • *Die Qualität zugelieferter Produkte schwankte bisher mehr oder weniger stark.* • *Zulieferung neuer Produkte (Systeme), die sich vom bisherigen Programm unterscheiden.* • *Einsatz neuer Organisationsformen wie flexibler Fertigung oder Simultaneous Engineering.* • *Absicht der Abnehmer, JIT-Lieferungen mit dem Zulieferer zu vereinbaren.*	• *Sie können – wie auch ihre Abnehmer – mit Zertifizierungen werben und den Kreis potentieller Kunden vergrößern.* • *Sie schützen sich vor einem ausufernden „Auditorentourismus" der Abnehmer und* • *vermeiden so den Abfluß eigenen Know-hows im Vorfeld von Verhandlungen mit künftigen Abnehmern.* • *Die häufigen „Kontrollbesuche" – u.U. von mehreren Abnehmern aus der gleichen Abnehmerbranche – und die damit verbundene Blockierung notwendiger Arbeitskapazitäten beim Zulieferer fallen weg.* • *Die selbstinitiierte Zertifizierung stellt eine vertrauensbildende Maßnahme des Zulieferers in der Beziehung zu seinen Abnehmern dar.*

Bild 6-38: Gründe für eine Zertifizierung nach ISO 9001 - 9003

müssen sich Abnehmer und Zulieferer darüber einigen, in welchem Umfang der Zulieferer sein System dem Kunden gegenüber offenlegen soll. Die Qualitätssicherung einer Unternehmung wird dabei geprägt durch zahlreiche interne und externe Einflüsse und Festlegungen, z.B. durch die individuellen Ziele, die jeweiligen Produkte, die spezifischen organisatorischen Abläufe und die Größe der Unternehmung. Ein genormtes Qualitätssicherungssystem kann es daher nicht geben. Es gibt es in der DIN ISO Reihe die verschiedenen Modelle oder sogenannten Nachweisstufen 9001 – 9003. Diese unterschiedlich anspruchsvollen und umfassenden Qualitätssicherungs-Nachweisforderungen beziehen sich auf Unternehmungen, die industriell in interner Arbeitsteilung Produkte erstellen.[53]

Die einleitende Norm DIN ISO 9000 ist lediglich ein Leitfaden zu ihrer Auswahl und Anwendung. Nachdem ISO

9000 zu Rate gezogen wurde, sollten Auftraggeber und Lieferer ISO 9001 bis 9003 nachschlagen, um festzustellen, welche Norm für die konkrete Zuliefer-Abnehmer-Beziehung am sachdienlichsten ist.

ISO 9001 – Qualitätssicherungssysteme: Modell zur Darlegung der Qualitätssicherung in Design/Entwicklung, Produktion, Montage und Kundendienst. Sie gibt Hinweise und enthält in beschränktem Umfang Forderungen. Es ist das umfassendste Modell und für Zulieferer geeignet, die selbst große Verantwortung für die gesamte Qualitätssicherung ihrer Produkte von der Entwicklung über die Montage bis zum Kundendienst übernehmen.

ISO 9002 – Qualitätssicherungssysteme: Modell zur Darlegung der Qualitätssicherung in Produktion und Montage. Qualitätssicherungssysteme nach ISO 9002 reichen in der Regel für Zulieferanten aus, die überwiegend nach festen Vorgaben der Abnehmer fertigen und montieren. Auf den in DIN ISO 9001 erwähnten Nachweis der Qualitätssicherung in der Entwicklungsphase kann hier verzichtet werden.

Bild 6-39 zeigt mögliche Auswahlgesichtspunkte für die entsprechende Qualitätssicherungs-Nachweisstufen[54] der Normen und erläutert die Umstände, die eher für eine Qualitätssicherung nach ISO 9001 oder nach ISO 9002 sprechen.

ISO 9003 – Qualitätssicherungssysteme: Modell zur Darlegung der Qualitätssicherung bei der Endprüfung. Sie spielen in der Praxis keine Rolle mehr, denn sie spiegeln noch das in der Vergangenheit vorherrschende Verständnis von Qualität wieder und beschränken sich auf die traditionelle Qualitätssicherung durch Prüfungen an den fertigen Produkten.

ISO 9004 – Qualitätsmanagement und Elemente eines Qualitätssicherungssystems: ISO 9004 beschreibt die grundsätzlichen Elemente von Qualitätssicherungssystemen und gibt Vorschläge zur Errichtung und Aufrechterhaltung eines adäquaten Qualitätssicherungssystems. Das Qualitätssicherungssystem wird typischerweise auf alle Ergebnisse von Tätigkeiten bezüglich der Qualität eines materiellen und immateriellen Produktes sowohl beim Erzeuger/Zulieferer als auch beim Kunden/Abnehmer angewandt. Es enthält dabei alle Phasen von der ersten Identifizierung bis zu abschließenden Erfüllung der Forderungen und Erwartungen der

Auswahlgesichtspunkte	Beurteilungen:	
	ISO 9001	ISO 9002
Entwicklungsverfahren (bei noch nicht entwickelten Produkten)	*vielschichtig, kompliziert*	*einfach, gut strukturierbar, liegt beim Abnehmer*
Entwicklungsreife	*neues Problem, Entwurfsphase*	*bereits erprobt, Marktreife getestet*
Realisierungverfahren (Fertigung, Montage): • Prozesse • Neuentwicklung von Prozessen • Anzahl und Verschiedenheit • Einwirkung auf die Leistungsfähigkeit des Produkts	*unbekannt, neu notwendig relativ groß* *relativ groß*	*bekannt, bewährt nicht notwendig relativ gering* *relativ gering*
Qualitätsmerkmale des Produkts • Produkt • In Wechselwirkung stehende Merkmale • Einflußgewicht jedes Merkmals für die Leistungsfähigkeit	*hohe Komplexität hohe Vernetzung mehrerer Merkmale bei mehreren Merkmalen hoch*	*geringe Komplexität geringe Vernetzung einzelner Merkmale in der Regel nur gering*
Produktsicherheit: • Wahrscheinlichkeit eines Ausfalles • Folgen eines Ausfalles	*hoch schwerwiegend*	*niedrig ungefährlich*
Wirtschaftlichkeit (Kosten der vorausgehenden Gesichtspunkte für Abnehmer und Zulieferer im Vergleich mit Kosten, die aus einer Nichterfüllung der Qualitätsforderung entstehen).	*Kosten für Zertifizierung wesentlich geringer als negative Folgen aus Nichtzertifizierung*	*Kosten für Zertifizierung geringer als negative Folgen aus Nichtzertifizierung*

Bild 6-39: Auswahl der geeigneten Qualitätssicherungs-Zertifizierung

Abnehmer. Diese Phasen schließen ein: Vertrieb und Marktforschung, Produktfestlegung und -entwicklung, Beschaffung, Prozeßplanung und -entwicklung, Produktion, Qualitätsprüfungen und Untersuchungen, Verpackung und Lagerung, Verkauf und Verteilung, Montage und Betrieb, Technische Unterstützung und Instandhaltung, Beseitigung (materieller Produkte) nach dem Nutzungsende.[55] Neben diesen direkten Elementen der Qualitätssicherung treten weitere Elemente und Aufgaben, die ein Qualitätssicherungssystem komplettieren: Managementaufgaben, Grundsätze zum Qualitätssicherungssystem, Internes Qualitätsaudit des Qualitätssicherungssystems, Wirtschaftlichkeitsbetrachtungen und Überlegungen zu Qualitätskosten, Mitarbeiterschulung, Produktsicherheit und Produkthaftung, statistische Verfahren, beigestellte Produkte vom Auftraggeber.

Bild 6-40 zeigt die eine Zuliefer-Abnehmer-Beziehung unmittelbar berührenden Qualitätssicherungselemente des Vertriebs und der Beschaffung. Bereits diese auf Vertrieb und Beschaffung begrenzte Betrachtung macht deutlich, daß bei Beziehungen zwischen Abnehmer und Zulieferer auf der Grundlage dieser Normen umfangrei-

Aufgaben und Qualitätsforderungen an das Produkt seitens des Zulieferers	Forderungen des Abnehmers an den Zulieferer
Aufgaben: · *Erfordernisse für das materielle oder immaterielle Produkt bestimmen.* · *Den Marktbedarf und Marktsektor genau feststellen, wobei in bezug auf das materielle oder immaterielle Produkt besonderer Wert auf die Ermittlung des Anspruchsniveaus, der Menge, des Preises und Schätzwerten zum Zeitplan zu legen ist.* · *Durch Vertragsprüfung oder durch Prüfung der Markterfordernisse die Abnehmerforderungen genau feststellen, wobei diese Maßnahmen eine Einschätzung nicht festgelegter Erwartungen oder Neigungen der Kunden einbeziehen sollten.* · *Innerhalb der Organisation alle Abnehmerforderungen unmißverständlich und genau bekanntgeben.* *Qualitätsforderungen für das Produktfestlegen („Lastenheft"):* · *Leistungsmerkmale (z.B. Umwelt- und Einsatzbedingungen, Zuverlässigkeit).* · *Empfindungsmerkmale (z.B. Stil, Farbe, Geschmack, Geruch).* · *Einbauanordnung oder Einpassung.* · *Einschlägige Normen und gesetzliche Regelungen; Verpackung.*	· *Forderungen an Spezifikationen, Zeichnungen und Bestellungen (genaue Bezeichnung von Produktart und Anspruchsniveau, Prüfanweisungen und anzuwendende Spezifikationen, anzuwendende genormte QS-Nachweisstufe).* · *Auswahl von Lieferanten mit hinreichender Qualitätsfähigkeit durch Kombination der folgenden Gesichtspunkte: Einschätzung und Beurteilung des Lieferanten vor Ort; Beurteilung von Produktmustern, Vorgeschichte bei ähnlichen Waren, Prüfergebnisse bei ähnlichen Waren, veröffentlichte Erfahrungen anderer Anwender.* · *Vereinbarung über eine QS-Nachweisführung durch Zulieferer (Abnehmer vertraut Zulieferer, Vorlage von Ergebnissen festgelegter Qualitätsprüfungen, 100%-Prüfungen durch Lieferanten, Abnehmer vertraut eigener Eingangsprüfung oder Aussortierung bei sich.)* · *Vereinbarung über die Methoden des Qualitätsnachweises.* · *Bestimmungen zur Schlichtung von Meinungsverschiedenheiten über die Qualität (routinemässige und besondere Angelegenheiten unterscheiden).* · *Prüfpläne für die Eingangsprüfung und Überwachung der Eingangsprüfung (Sperrzonen einrichten, Prüfmittel bereitstellen etc.).* · *Aufzeichnung über Zulieferqualität.*

Bild 6-40: Grundlegende Qualitätssicherungs-Elemente einer Zuliefer-Abnehmer-Beziehung

che Pflichten vereinbart werden, die eine Fülle von Massnahmen nach sich ziehen.[56]

Der Aufbau der Normen ISO 9000-9004 macht weiterhin deutlich, daß von Zulieferern allgemein der Aufbau eines vollständigen Qualitätssicherungssystems erwartet wird. Dabei hebt die Norm im Zusammenhang mit den sich wechselseitig beeinflussenden Tätigkeiten in einer Organisation, den Vertrieb und die Entwicklung als besonders wichtig hervor, weil sie:[57]

– die Erfordernisse und Erwartungen der Abnehmer und der Produktforderungen bestimmen und festlegen.
– Konzepte zur Realisierung eines materiellen oder immateriellen Produktes nach festgelegten Spezifikationen zu optimalen Kosten bereitstellen.

Die *Zertifizierung* erfolgt durch eine neutrale und akkreditierte Zertifizierungsgesellschaft wie beispielsweise die Deutsche Gesellschaft zur Zertifizierung von Qualitätssicherungs-Systemen mbH (DQS). Der Zulieferer kann dem Abnehmer die Zertifizierung mittels Zertifikat und Qualitätssicherungs-Handbuch nachweisen. Zahlreiche Abnehmer führen auch Audits in den Zuliefererbetrieben durch oder haben eigene Qualitätssicherungs-Normen. Diese können wesentlich fallspezifischer auf einzelne Zulieferer ausgelegt sein.

Die Bemühungen um eine Auditierung und Zertifizierung sind in vielen Fällen Bestandteil umfassender Total Quality Managementkonzepte. Welche Inhalte damit generell verbunden werden können, geht aus Bild 6-41 hervor.

Der letzte Punkt in Bild 6-41 weist darauf hin, daß Total Quality Management-Konzepte nicht unternehmungsisoliert möglich sind, sondern die Zulieferer aktiv mit in die Bemühungen integrieren.

• Leitideen des TQM

Zusammenfassung: Steigende Anforderungen an Zuliefer-Abnehmer-Beziehungen verlangen neue Typen professioneller Zulieferer

Supply Management stellt hohe Ansprüche an Beschaffung und Zulieferer. Folgende Schlüsselentwicklungen im

- *Customers define quality.*
- *Senior corporate leadership must create clear quality values and build them into company operations.*
- *Continuous improvement must be integrated into the management of all systems and processes.*
- *Companies must develop goals and strategic and operational plans to achieve qualiy leadership.*
- *Shortened response time for all operations and processes.*
- *Operations and decisions of the company must be based on facts.*
- *All employess must be appropriatly trained, developed, and involved in quality improvement activities.*
- *Design quality and error prevention must be key elements of quality systems.*
- *Companies must communicate quality requirements to suppliers and work to elevate their performance.*

Bild 6-41: Malcom Baldrige Award: Anforderungen an ein Total Quality Management; Quelle: Steeples (Quality Award/1992) 321.

- Schlüsselentwicklungen im Supply Management und Auswirkungen auf künftige Zuliefer-Abnehmer-Beziehungen

Supply Management und Auswirkungen auf künftige Zuliefer-Abnehmer-Beziehungen lassen sich zusammenfassen:[58]

1. *Abnehmer straffen ihre Beschaffungssortimente und Variantenvielfalt* und konzentrieren sich besonders auf strategisch wichtige Leistungen. Zulieferer erhalten neue Aufgaben im Bereich des Variantenmanagements für ihre Kunden.

2. *Abnehmer sehen zunehmend die Kosten der gesamten Wertschöpfung* und nicht nur die der reinen Beschaffung. Qualitätsmängel oder nicht zeitpunktgerecht gelieferte Güter bedeuten für sie erhöhten Inspektionsaufwand, Ausschuß, Nacharbeit und Verzögerungen in der Produktion sowie erhöhten Garantie-, Service- und Wartungsaufwand oder sogar Annahmeverweigerungen, Schadenersatzforderungen, Rückrufaktionen und Klagen aus Produktehaftung. Sie ziehen ihre Zulieferer in diese Betrachtungsweise mit ein. Der Zulieferer ist so gezwungen, noch mehr interne Informationen und „Vertrautes" herauszugeben und noch enger mit seinen Abnehmern zusammenzuarbeiten.

3. *Abnehmer reduzieren die Anzahl der direkten Liefe-*
   ranten. Nur Zulieferer die „system- bzw. modulfähig"
   sind bleiben Direktlieferanten und übernehmen die Organisation der Sublieferanten.
4. *Abnehmer schließen mit System-bzw. Modullieferan-*
   ten langfristige Grundverträge ab und arbeiten mit
   diesen partnerschaftlich zusammen. Zulieferer müssen
   sich ihrerseits auf wenige (Groß-)Kunden konzentrieren, wollen sie im Geschäft bleiben.
5. *Abnehmer wählen geeignete Lieferanten bereits zu Be-*
   ginn der Produktentwicklung aus und beziehen sie aktiv in die Entwicklung neuer Produkte ein. Für Zulieferer ist es von ausschlaggebender Bedeutung, die eigene
   Unternehmung intern so auszurichten, daß alle an der
   Entwicklung beteiligten Unternehmungsbereiche jederzeit aktiv mit dem Abnehmer zusammenarbeiten können.
6. *Abnehmer suchen verstärkt mit direkten Zulieferan-*
   ten gemeinsam und kontinuierlich nach Kosten-
   senkungspotentialen und Verbesserungen in der Zusammenarbeit und teilen sich die erzielten Erfolge.
   Zulieferer müssen ihre Autonomie teilweise zugunsten
   einer verbesserten Zuliefer-Abnehmer-Beziehung aufgeben und akzeptieren, daß zumindest wichtige Kunden
   auch in unternehmungsinterne Prozesse eingreifen.
7. *Abnehmer verlangen – wenn möglich und sinnvoll –*
   JIT-Anlieferungen, verzichten auf zeit- und kostenintensive Eingangskontrollen und somit auf unnötige Lager
   und Sicherheitsbestände. Zulieferer sehen sich dadurch
   mit völlig neuen Problemen in der Fertigung, Qualitätssicherung (Ausgangskontrolle) und der Logistik konfrontiert.
8. *Abnehmer erstreben verstärkt eine informationstech-*
   nische, interaktive Vernetzung mit ihren Zulieferern.
   Sie ermöglicht eine wesentlich schnellere und flexible-
   re Reaktion auf Marktveränderungen. Zulieferer müssen sich anpassen.
9. *Abnehmer verzahnen ihr Qualitätsmanagement zu-*
   nehmend mit dem ihrer Lieferanten. Stichworte sind
   hier Zertifizierungen nach ISO 9001-9004, Audits und
   Zuliefer-Bewertungssysteme.

10. *Abnehmer schulen verstärkt eigene Mitarbeiter und auch Mitarbeiter des Zulieferers* in gemeinsamen Programmen, um die Zusammenarbeit zu verbessern und die Lieferantenbindung zu erhöhen. Dazu gehören der Austausch von Mitarbeitern oder die feste Etablierung eines Key Account Managers des Zulieferers beim Abnehmer.

Supply Management kann entscheidende Beiträge zur strategischen Unternehmungssicherung beisteuern. Der Trend zum Outsourcing auch in der Zulieferindustrie hält an und die bereits jetzt zahlreichen Anforderungen an die Zulieferer steigen auch in Zukunft quantitativ und qualitativ weiter an. Hier spielen die ständigen Bemühungen um schlanke Strukturen eine wichtige Rolle. Zuliefer-Abnehmer-Beziehungen werden so zu einem strategischen Erfolgsfaktor sowohl für die beschaffende Unternehmung und vielleicht mehr noch für die Zulieferindustrie.[59] Für die Zukunftsstrategie des Zulieferers ist es folglich von besonderer Bedeutung, möglichst sämtliche Bestimmungs- und Einflussfaktoren der Beziehung zu kennen, um darauf aufbauend einen entsprechenden Customer Focus zu entwickeln.

- Acht Leistungsmodule einer Zuliefer-Abnehmer-Beziehung

Zu diesem Zweck wurden acht verschiedene Module vorgestellt, die eine Zuliefer-Abnehmer-Beziehung wesentlich bestimmen und aus denen sich die gewünschte Ausrichtung künftiger Geschäftsbeziehungen ableiten läßt. Dazu werden die verschiedenartigen Ausprägungen der einzelnen Leistungsmodule *Leistungsart, Leistungsspektrum, Machtverteilung, Beziehungsintensität, geographische Nähe, Exklusivität, Flexibilität und Qualitätssicherung* entsprechend miteinander verknüpft. Bild 6-42 zeigt eine Übersicht, die gleichzeitig relevante Ausprägungen je Modul aufzeigt. Für das Modul „Leistungsspektrum" ergeben sich bspw. fünf mögliche Ausprägungen, d.h. der Zulieferer kann Halbfertigteile, Standardfertigteile, Komponenten/Baugruppen, Systeme oder kombinierte Grundleistungen anbieten. Sinngemäß wurden für jedes weitere Modul mögliche Ausprägungen entworfen, untersucht und in die Matrix eingetragen. Für die praktische Anwendung bedeutet dies, das bereits die vorgestellte Matrix $5x4x4x4x5x3x3x4 = 57.600$ unterschiedliche Zuliefer-Ab-

Module:	Mögliche Ausprägungen				
Grundleistungsmodule:					
Leistungsart	verlängerte Werkbank	Blaupausen-empfänger	Mitgestalter	Innovator und Forscher	...
Leistungs-spektrum	Halbfertig-teile	Standard-fertigteile	Komponenten/Baugruppen	Systeme	Komb.Grund-leistung
Zusatz- und Nebenleistungsmodule:					
Machtver-teilung	Nachfrage-macht	Angebots-macht	gegenseitige Abhängigkeit	...	
Intensität	Kaufvertrag	Jahresvertrag	Rahmen-vertrag	Life-Cycle-Vertrag	Partnerschaft
Geographi-sche Nähe	international	europäisch	national	regional	lokal
Exklusivität	Multiple Sourcing	Dual Sourcing	Single Sourcing	...	...
Flexibilität	Lager-fertigung	Kombinierte Fertigung	JIT-Fertigung und Lieferung	...	...
Qualitäts-sicherung	keine	DIN/ISO 9001-9003	Abnehmer-normen	TQM	...

Bild 6-42: Leistungsmodul-Matrix für Zulieferer

nehmer-Beziehungen unterscheidet. Einige Varianten schließen sich aus, andererseits sind durch nicht erfaßte und denkbare weitere Ausprägungsformen noch längst nicht alle Kombinationsmöglichkeiten erfaßt.

Die Module „Leistungsart" sowie „Leistungsspektrum" stellen Grundleistungsmodule dar, weil ihre Inhalte die Grundleistung des Zulieferers für den Abnehmer maßgeblich bestimmen. Die weiteren Module bestimmen in erster Linie die Zusatz- und Nebenleistungen einer Beziehung. Sie vervollständigen das Bild.

Den Grundleistungsmodulen kommt besondere Beachtung zu. Sie bilden die Basis jeder Beziehung zwischen Zulieferer und Abnehmer. Deshalb ermöglichen sie in der Menge vorhandener Unterscheidungskriterien eine grundsätzliche Trennung verschiedener Typen von Zulieferern. Bild 6-43 zeigt eine Matrix, die es ermöglicht, mittels der Gegenüberstellung der beiden Grundleistungsmodule verschiedene Grundtypen von Zulieferern zu differenzieren.

• Grundleistungs- sowie Zusatz- und Nebenleistungs- Module

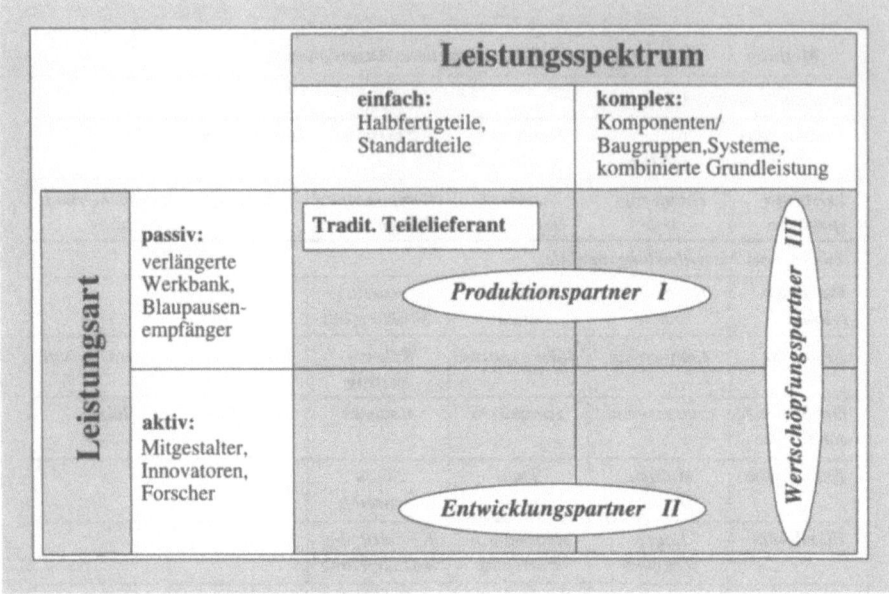

Bild 6-43: Grundtypen professioneller Zulieferer

• Leistungsart und
Leistungssektrum
kennzeichnen
verschiedene
Grundtypen von
Zulieferern

Das Grundleistungsmodul „Leistungsspektrum„ unterscheidet einfache Leistungen (Leistungen 1. Ordnung) und komplexe Leistungen (Leistungen 2. Ordnung), das Grundleistungsmodul „Leistungsart„ unterteilt sich in aktiv und passiv. Die Verknüpfungen zu einer Vier-Felder-Matrix läßt folgende Unterteilung von Zulieferern zu: [60]

Teilefertiger produzieren vom Abnehmer entwickelte Halbfertigfabrikate und Standardfertigteile. Dazu nutzen sie vom Abnehmer bereitgestellte Werkzeuge und Vorrichtungen.

Produktionspartner (I) konzentrieren sich auf vom Abnehmer vorentwickelte, komplexe und qualitätskritische Teile, die ein hohes Produktions-Know-how erfordern. Sie können eine entsprechende Prozessicherheit gewährleisten.

Entwicklungspartner (II) konzentrieren sich darauf, die Konstruktionsaktivitäten des Abnehmers mit den eigenen zu bündeln. Sie verfolgen das gemeinsame Ziel, durch fertigungsgerechte Konstruktion von Zulieferteilen eine kostengünstige Produktion auf hohem Qualitätsniveau innerhalb eines Fertigungsverbundes zu erreichen.

Wertschöpfungspartner (III) bieten simultan System-
und Problemlösekapazität sowohl für Produkte und Prozesse als auch für Prozeßinnovationen an. Ihr Ziel ist es,
innovative Produkte und Prozesse vergleichsweise
schnell, kostengünstig und auf Null-Fehler-Niveau von
der Planung bis zur Einführung zu bringen und dabei
möglichst Industriestandards für bestimmte Komponenten oder ganze Systeme zu setzen.

Anmerkungen

1   Zen Gaffinen/Holliger (Supply Management/1994) 34.
2   Remiger (Qualitätssicherung bei BMW/1991) 344.
3   zu den Inhalten vgl. auch Burt (The American Keiretsu/1994)
    9ff.; Hartmann (Lieferantenwahl/1993) 38ff.; Fieten (Beschaf-
    fungs- und Logistikstrategien/1992) 24ff.; Belz/Kramer/Schögel
    (Supply Management/ 1994) 16ff.; Schulte-Rebbelmund (Liefe-
    ratenbeurteilung/1992) 50ff.; Weinhold (Supply Management/
    1994) 2ff.
4   Der Ansatz der Transaktionskosten wendet mikroökono-
    misches Denken auf Organisations- und vertikale Integrations-
    probleme an. Generell gehen Transaktionskosten der Frage
    nach, ob Transaktionen in Abhängigkeit von bestimmten Ein-
    flußfaktoren kostengünstiger im Markt durch Marktpreise oder
    unternehmungsintern durch Direktiven abgewickelt werden
    können. Unter einer Transaktion ist der Prozeß der Koordinati-
    on (Klärung, Vereinbarung, Kontrolle, Beendigung) eines Lei-
    stungsaustausches zu verstehen. Im Prinzip handelt es also um
    diejenigen Informations- und Kommunikationskosten, die mit
    der Anbahnung, Vereinbarung, Kontrolle und Auflösung von
    Leistungsbeziehungen verbunden sind. Siehe zum Transakti-
    onskostenansatz Williamson (Markets and Hierarchies/1975),
    Picot/Dietl (Transaktionskostentheorie/1990).
5   Stark (Single Sourcing und Lieferantenselektion/1994) 50.
6   zum Vorgehen und den Vor- und Nachteilen von Scoring-Model-
    len vgl. Becker/Weber (Scoring-Modelle/ 1994) 345ff.
7   Remiger (Qualitätssicherung bei BMW/1991) 255ff.
8   Der Wertschöpfungsprozeß ist sequentiell dargestellt, um die
    angesprochene Problematik des Einstiegs- bzw. Ausstiegs-
    punktes und der „Zeitdauer" der Mitarbeit von Zulieferern bes-
    ser darstellen zu können. Selbstverständlich können und soll-
    ten mehrere Phasen auch parallel abgearbeitet werden
    (Simultaneous Engineering).
9   vgl. dazu Belz/Tomczak (Leistungssysteme für technische Pro-
    dukte/1992) 14ff.; Kramer (Qualitätsrisiken bei der Entwick-
    lung neuer Produkte/1992) 17ff.
10 DIN 55350, Teil 11, Nr. 2, 2.
11 Masing (Trends in der Qualitätspolitik/1991) 142.
12 Belz/Senn (KAM/1994); Belz/Tomczak (Leistungssysteme für
    technische Produkte/1992) 18. Belz/ Tomczak stellen an dieser
    Stelle gleichfalls ein Beispiel der Zusammenarbeit mit Kunden
    vor, wie sie die Firma Habasit/CH praktiziert. Habasit unter-
    scheidet dabei verschiedene Strategien, je nach Eintrittszeit in
    die Entwicklung neuer Produkte beim Kunden. Es handelt sich
    um die Strategien des Mitgestalters, Alternativlieferanten,
    Lückenbüßers und Nothelfers. Der Verfasser lehnt sich zum
    Teil an diese plastischen Begriffe an.

13 von Hippel (The Sources of Innovation/1988) 102ff.

14 Juran (Planning for Quality/1988) 69.

15 Kocher (Marktgerechte Qualität/1989, 39.

16 Seghezzi (Qualitätssicherung neuer Produkte/1988) 344f.

17 Seghezzi (Technologie III/1989) 20ff.

18 VDI Richtlinie 2221 (Entwurf) 1985, 8.; vgl. auch Burt (Hersteller helfen/1990).

19 v. Eicke/Femerling (Modular Sourcing/1991) 36.

20 vgl. zur Definition auch Stark (Beschaffungsmarketing/1991) 12; v. Eicke/ Femerling (Modular Sourcing/1991) 36ff.; v. Eicke/ Femerling (Einkaufsstrategien/ 1992) o.S.; Wildemann (Hersteller und Zulieferer/ 1992) S. 82f.

21 v. Eicke/Femerling (Modular Sourcing/1991) 37.

22 vgl. auch v. Eicke/Fermerling (Senkung der Fertigungstiefe/ 1992) o.S.; Koch (Rein oder raus/1991) 124; Roever (Überkomplexität I, II. IIIund IV); Rommel (Einfach überlegen/1993) 43ff.; Wildemann (Lean Management 7) o.S.; Wildemann (Hersteller und Zulieferer/1992) 82f.

23 Wildemann (Die deutsche Zulieferindustrie/1993) 19f.

24 So sind am Beispiel der KFZ-Industrie die Sitze oder Bereifung kein wesentliches Differenzierungmerkmal, zumal beispielsweise viele Erstausrüster auf denselben Zulieferer zurückgreifen, hier für Sitze auf die Keiper Recaro GmbH, im Falle der Bereifung auf Continental oder Michelin. Diese Leistungen sind für jeden Erstausrüster, wenn es der Kunde wünscht, jederzeit austauschbar. Module eines Endproduktes, die sein Image wesentlich mitprägen und es gegenüber Wettbewerbsprodukten unverwechselbar machen sind im Falle der KFZ-Industrie beispielsweise die Karosserie und der Heckmotor eines Porsche 911 oder die Sicherheitstechnik von Mercedes und Volvo. Generell sind Automobilhersteller wohl nicht bereit, Herzstücke ihres Produktes wie Motoren oder Karosserien fremdentwickeln zu lassen. Sie scheuen hier einen Abfluß an Know-how und langfristig eine gefährliche Austauschbarkeit mit Wettbewerbsprodukten.

25 vgl. auch v. Eicke/Femerling (Modular Sourcing/1991) 36ff.; v. Eicke/Femerling (Einkaufsstrategien/ 1992) o.S. Wildemann (Hersteller und Zulieferer/1992) S. 82f.

26 Koch (Rein oder raus/1991) 124; Linge (Über strategische Allianzen zum Systemlieferanten/1992) o.S.; Rommel et. al. (Einfach überlegen/1993) 43ff.; v. Eicke/ Femerling (Modullieferanten/1992) o.S.; Wildemann (Lean Management 7) o.S.; Wildemann (Hersteller und Zulieferer/1992)83ff.

27 vgl. auch v. Eicke/Femerling (Modular Sourcing/1991) 36ff; v. Eicke/Femerling (Modullieferanten/1992) o.S.; Wildemann (Hersteller und Zulieferer/1992) 83ff.

28 vgl. zur Frage von Nachfrage- und Angebotsmacht auch Müller (Partnerschaft /1992) 23ff.; Pohlmann (Macht, Recht und Vertrauen/o.J.) II 2.

29 Linge (Über strategische Allianzen zum Systempartner/1992) o.S.

30 v. Wietersheim (Beschaffungsstrategien/1993) 212.

31 Schulte (Einkaufen/1990) 126ff.; v. Wietersheim (Beschaffungsstrategien/1993) 212f.

32 v. Wietersheim (Beschaffungsstrategien/1993) 212.

33 Männel (Relationship Sourcing/1991) 42; v. Wietersheim (Beschaffungsstrategien/1993) 213.

34 vgl. auch Niefer (Großkonzerne – Partner für den Mittelstand) 96ff.

35 Bossard Consultants (Partnerschaftsprogramme/ 1994) 13.

36 Wildemann (Just-in-Time/1986) 47.

37 Heinz (Beschaffungsverhalten/1991) 15.

38 zur Problematik und den Vor- und Nachteilen von Global und Local Sourcing vgl. Arnold (Global Sourcing/ 1991, 66-68; Fieten (Internationaler Wettbewerb/1991) 20ff.; Fieten (Internationalisierung als Herausforderung/1991) 57ff.; Fleing (Just-in-Time/1992) o.S.; Kromberg (Global Sourcing/1991) 60ff.; Menzl (Global Sourcing/1994) 38ff.; o.V. (Der Zulieferer vor dem Werktor/1993) 10; Sauer (Internationale Zulieferbeziehung/ 1991) 44ff.

39 zitiert nach Majima (JIT/1994) 7.

40 Wildemann (Produktion und Logistik/1991), 150.

41 Suzaki (Management im Produktionsbetrieb/1989) 17.

42 Wildemann (JIT-Konzept/1992) 32ff; vgl. auch Weber (Logistik als Herausforderung/1992) o.S.; Stark (Marketing-Strategien/ 1988) 19.

43 MRP: Material Requirements Planning ist ein Dispositionssystem, bei dem der Produkionsprozeß in weiten Teilen als im voraus determinierbar betrachtet wird. Dabei werden auf der Basis von Datenbanken umfassende Modelle des Fertigungsprozesses entworfen. Wild (Production and Operations Management/1984) 321.

BOA: Belastungsorientierte Auftragsfreigabe beruht auf einem Trichtermodell, das den Zusammenhang zwischen Bestand und Durchlaufzeit verdeutlicht. Ziel der BOA ist es, den Zu- und Abgang von Arbeitsstunden in einem System so zu regeln, daß der Bestand an Arbeitsstunden in diesem System ungefähr konstant ist. Berr (Organisationstechnik/1990) 2513ff.

OPT: Optimized Production Technologie bedient sich weitestgehend der Methoden der klassischen Fertigungssteuerung (Grobplanung, mittelfristige Planung, Feinplanung). Die Höhe des Materialdurchsatzes innerhalb der Produktion wird durch die Engpassaggregate bestimmt. Engpässe bestimmen somit die Durchsatzmenge für die folgenden Kapazitätseinheiten. Wildemann (Das JIT-Konzept/1992) 53f.

Kanban (jap. Anzeigekarte) oder „Supermarktprinzip": Das grundlegende Vorgehen besteht darin, daß ein Teil erst dann produziert wird, wenn sein Bestand durch den Verbrauch auf ein bestimmtes Niveau gesunken ist. Der Teilebedarf wird durch seinen tatsächlichen Verbrauch bestimmt. Zäpfel (Strategische Produktion/1989) 229.

44 Wildemann (Die deutsche Zulieferindustrie/1993) 39.

45 vgl. auch Goeudevert (Zulieferer und Just-in-Time/1991) 160; Kohnen (Just-in-Time/1988) 56ff.; Majima (JIT/1994); Wirtschaftsverband Stahlverformung (Logistik/1987) 6f.

46 Quelle: vgl. auch Gerstner (Nullsummenspiel oder Erfolgsrezept/1993) 7.; Leyde (Schlank durch Just in Time/1992) o.S.; Mergenthaler (Informationstechnik/ 1992) o.S.; Wildemann (JIT-Konzept/1992).

47 vgl. auch Pfeifer (TQM/1993) 137ff.

48 Juran (Planning for Quality/1988) 5.

49 Seghezzi (Qualitätsmanagement und Wertanalyse/ 1990) 8.

50 Unter einem Qualitätssicherungssystem versteht man „die Aufbau- und Ablauforganisation, die Zuständigkeiten, Verfahren, Prozesse und Mittel für die Ausführung des Qualitätsmanagement."
Unter dem Qualitätsmanagement versteht man „denjenigen Aspekt der Gesamtführungsaufgabe, welche die Qualitätspolitik festlegt und zur Ausführung bringt."
Unter Qualitätspolitik versteht man „die grundlegenden Absichten und Zielsetzungen einer Organisation zur Qualität, wie sie von ihrer Leitung formell erklärt werden. (DIN ISO 9000/1990) 3.

51 Bläsing (TQM/1991) 13.

52 vgl. Bläsing (TQM/1991) 13.

53 Sie sind deshalb in der Regel nicht für die Anwendung auf kleine Handwerksbetriebe oder ähnliche Betriebe mit geringer Arbeitsteilung gedacht.

54 vgl. ISO 9000, 8f.

55 ISO 9004, 7.

56 Pfeifer (TQM/1993) 142.

57 ISO 9004, 7.

58 vgl. dazu auch Belz/Kramer/Schögel (Supply Management/1994) 17; Belz/Kramer/Schögel (Fachbericht/ 1994) 12ff.; Burt (The American Keiretsu/1994) 10ff.; Weinhold (Supply Management/1994) 2ff.

59 Fieten (Der Einkauf gewinnt eine neue Qualität/1993) o.S.

60 vgl. dazu Wildemann (Entwicklungsstrategien für Zulieferer/1992).

7

Customer Focus Strategien für Zulieferer: Profilierung beim Kunden durch Produktions-, Entwicklungs- oder Wertschöpfungspartnerschaft

Vor dem Hintergrund der strategischen Ausgangslage von Zulieferern interessieren in der Folge konkrete und typische Zuliefer-Abnehmer-Beziehungen. Ihre Analyse kann Anhaltspunkte für die Entwicklung und Realisierung konkreter Customer Focus Strategien ergeben.

Zur Erfassung der spezifischen Beziehungen zwischen Zulieferer und Abnehmer und der eingeschlagenen bzw. angestrebten Strategie des Zulieferers eignet sich die Fallforschung. Jede Beziehung ist erfahrungsgemäß anders. Trotzdem lassen sich typische Übereinstimmungen herausfiltern, die das Profil einer Beziehung und die Strategie des Zulieferers im Kern ausmachen. Als Fallbeispiele werden deshalb die Grundtypen von Zulieferern, ein Produktionspartner, ein Entwicklungspartner sowie ein Wertschöpfungspartner untersucht. Bei der Auswahl der Unternehmungen wurde darauf geachtet, keine „Erfolgsstories" zu wiederholen – über Erfolge spricht man lieber als über Mißerfolge – sondern Unternehmungen zu finden, die bereit sind, über die sie bedrängenden Probleme offen zu sprechen. Der Wunsch, die Fallstudien zu anonymisieren wurde respektiert. Die Beschreibung und Analyse der Fallstudien folgt den in Bild 7-1 gleich einer Checklist wiedergegebenen „Topics".

Zulieferer als „rationelle" Produktionspartner: Die Schmiede GmbH

Die Schmiede GmbH ist eine mittelständische Familienunternehmung der Schmiedeindustrie. Sie ist ein traditioneller Zulieferer für die Automobilindustrie sowie deren

1. *Allgemeine Informationen zu Unternehmung und Markt:* Produktspektrum, Absatzmärkte/Kunden, Wettbewerber, Substitute, Umsatz, Marktanteile, Stellung im Markt, Mitarbeiter, Entwicklung der Unternehmung über die letzten Jahre.

2. *Gemeinsame Projektdurchführung:* Welche Kompetenz besitzt der Zulieferer in den verschiedenen Stufen der Wertschöpfung? Es kann dabei unterschieden werden zwischen Kompetenz für Marktanalysen, Marktsegmentierung, Erstellung des Pflichtenheftes, Konzeptentwurf, Konstruktion, Bau eines Prototyps, Erstellung der Nullserie oder die Fertigung. Welcher Typ eines Zulieferers liegt vor? „verlängerte Werkbank", Blaupausen-/Zeichnungsteilempfänger, Mitgestalter, Innovator und Forscher?

3. *Umfang einer Beziehung:* Welches Anspruchsniveau und welche Variantenvielfalt liegt vor? „anspruchslose" Massenprodukte, „pseudodifferenzierte" Massenprodukte, „perfektionierte" Standardprodukte, „individuelle" Luxusprodukte. Hierarchie der Zulieferer: Zulieferer für Halbfertig- und Standardteile, Zulieferer für Baugruppen und Komponenten, Zulieferer für Systeme und Module.

4. *Machtverteilung in der Beziehung:* Welches sind die Ursachen der Abnehmer- oder Zuliefermacht? Wie äußert sie sich? Wie können Zulieferer Gegenmacht aufbauen?

5. *Intensität der Beziehung:* Auf welcher Art Fundament basiert die Beziehung: Kaufvertrag, Jahresvertrag, Rahmen-, Abruf- oder Sukzessivvertrag, Life-cycle-Vertrag, Partnerschaft? Welches sind die Kriterien einer Partnerschaft und wie äussert sie sich?

6. *Geographische Nähe der Beziehung:* Über welche geographische Distanz arbeiten Zuliefer und Abnehmer miteinander? Lokal, regional, national, international? Welches sind die Gründe? Wo kann man Vor- bzw. Nachteile sehen?

7. *Exklusivität der Beziehung:* Gibt es einen Ausschließlichkeitsanspruch in der Beziehung seitens des Abnehmers (Single Sourcing) oder konkurriert der Zulieferer mit einem (Dual Sourcing) oder mehreren Wettbewerbern (Multiple Sourcing) um den Abnehmer? Welches sind die Vor- und Nachteile einer jeweiligen Beziehung.

8. *Qualitätssicherung der Beziehung:* Welche Qualitätssicherungsmaßnahmen kennzeichnen die Beziehung: gesetzliche Regelungen und Haftungsansprüche, Zertifizierungen nach internationalen Normen (DIN/ISO), eigene Abnehmer bzw. Verbandsnormen, Total Quality Managementkonzepte? Welche Qualitätssicherung spielt in einer Beziehung eine Rolle? Welche Probleme sind damit verbunden?

9. *Lean Management Grundsätze und Projekte zur Optimierung der Leistung und Zusammenarbeit:* Welche Lean Management Grundsätze sind für eine Zuliefer-Abnehmer-Beziehung von Bedeutung? Präventive Qualitätssicherung, Orientierung an Wertschöpfung und Geschäftsprozessen, Verschwendungsvermeidung und ständige Verbesserung, der Mensch und Mitarbeiter im Zentrum aller Bemühungen, Führung einer Unternehmung und einer Beziehung durch Motivation und Leistungsmaßstäbe. Wie kombinieren einzelne Zulieferer diese Grundsätze? Wo legen sie Schwerpunkte und welches sind ihre künftigen Ziele in der Zusammenarbeit mit dem Abnehmer?

Bild 7-1: Topics zur Beschreibung und Analyse typischer Customer Focus Strategien

großen Systemlieferanten. Gegenstand der Unternehmung ist:

– die Herstellung von rohen Gesenkschmiedeteilen mit einem Gewicht von 1-20 kg, die der Kunde weiterverarbeitet und beispielsweise in Getriebe und Lenkungen für PKW einbaut. Daneben ist der Nutzfahrzeugsektor (Omnibuse, Gabelstapler und LKW) ein weiterer wichtiger Absatzmarkt. Der Geschäftsbereich der rohen Gesenkschmiedeteile erbringt ca. 85 % des Umsatzes.
– die Weiterverarbeitung einbaufertig bearbeiteter, d.h. in zusätzlichen Arbeitsgängen gefräster und gedrehter Schmiedeteile.
– Zukauf von Schmiedeteilen, die mittels entsprechenden Know-hows weiterverarbeitet werden. Der Exportanteil ist mit ca. 10-15 % am Umsatz gering, die Belieferung des Ersatzteilhandels unbedeutend.

Der Markt für rohe Schmiedeteile ist hart umkämpft und wird zunehmend internationaler. Für bearbeitete Schmiedeteile sieht die Marktsituation etwas besser aus, da nicht viele Schmieden über das Know-how verfügen, Rohlinge auch durch Fräsen und Spanen weiter zu bearbeiten. Allerdings besteht hier das Problem, daß der traditionelle Produktionsbetrieb aufgrund seiner Größe nicht in der Lage ist, Großserien zu fertigen.

• Der Markt für Schmiedteile ist hart umkämpft

Die letzten beiden Geschäftsjahre waren besonders durch eine anhaltende Strukturkrise der Abnehmerbranchen geprägt. Die Umsätze brachen nach 1991 ein, die Belegschaft mußte entsprechend abgebaut werden. Ein dafür aufgestellter Sozialplan belastet das Ergebnis zusätzlich. Die letzten zehn Jahre haben kumuliert betrachtet für die Eigentümer nur eine unbefriedigende Kapitalverzinsung gebracht. Dies liegt u.a. auch daran, daß in den Boomjahren 1985 bis 1990 zwar ständig der Umsatz bis zur absoluten Kapazitätsgrenze ausgeweitet werden konnte, gleichzeitig das Ergebnis durch Preisdruck und Kostenerhöhungen aber zunehmend schlechter wurde. Die Geschäftsführung konnte für „schlechte" Zeiten nicht ausreichend Vorsorge tragen, sondern investierte aus Infrastrukturproblemen in großem Ausmaß in nicht an der Wertschöpfung beteiligte Anlagen, wie etwa ein neues

Bürogebäude. Diese Investitionen geschahen, da die Geschäftsleitung Ende der 80er Jahre nicht mit einer Konjunkturwende oder gar einer Strukturkrise gerechnet hat. Eine konsequente Neuausrichtung des Geschäftes in Richtung einer „schlanken" Produktionspartnerschaft mit den Abnehmern soll die Überlebensfähigkeit der Unternehmung nun in der Zukunft sichern. Dazu gilt es, zusätzlich die folgenden Schlüsselprobleme und Entwicklungen zusammenfassend zu bewerten und anzugehen:

- Traditionelle Bindung zum Kunden zählt nicht mehr

Traditionelle Bindung zum Kunden zählt nicht mehr – Partnerschaft als Vorwand des Preisdrückens: Die oftmals über Jahrzehnte aufgebauten „guten" Geschäftsbeziehungen zu Kunden zählen in wirtschaftlich schwierigen Zeiten nur noch wenig. Die vermeintliche Partnerschaft existiert nur in Zeiten, in denen beide Parteien profitieren. Aufgelegte Partnerschaftsprogramme von Herstellern dienen alleine der Profilierung des Abnehmers. Die Schmiede GmbH befindet sich in der Situation, sich den Partnerschaftsprogrammen nicht entziehen zu können, hinter denen sich oftmals lediglich einseitig auf den Zulieferer ausgerichtete Preissenkungsprogramme zu verstecken scheinen und die keinerlei Chancen bieten, für beide Parteien eine „Win-Win-Situation" zu erbringen.

- Zunehmend internationale Beschaffung der Kunden

Zunehmend internationale Beschaffung unter bewußter Forcierung des Zulieferwettbewerbs: Die Hautpabnehmerbranche der Schmiede GmbH, die Automobilindustrie und deren große Zulieferer wählen bewußt mehrere in- und ausländische Zulieferer als potentielle Beschaffungsquellen aus. Ausländische Zulieferer werden deshalb berücksichtigt, weil sie (1) größtenteils wesentlich kosten- weil personalgünstiger produzieren können und (2) die eigenen Produkte auch im Land des Zulieferers abgesetzt werden sollen. Die Abnehmer sehen den „teuren" deutschen Zulieferer in der Struktur ihrer gesamten Zulieferer eher als Sicherheitslieferant, auf den man sich „in der Not ja immer verlassen könne".

- Preisdiktat des Abnehmers

Preisdiktat des Abnehmers bei Halbfertigprodukten führt zu starker Lieferantenselektion: Gleichzeitig spielen die Abnehmer aber die verschiedenen Zulieferer über den Preis gegeneinander aus und reduzieren die Anzahl der Direktlieferanten auf zwei bis drei. Geforderte Preisnachlässe und über die Produktlebenszeit verlangte Produktivitätsverbesserungen von 3-5 % im Jahr geben die Direktzulieferer direkt an die angehängte Zulieferkette weiter. Erst bei einem steigenden Anteil der Wertschöpfung beim Kunden ist es auch möglich, Preise mit höheren Margen durchzusetzen. So erzielt die Schmiede GmbH mit einfachen Schmiedestücken ein wenig zufriedenstellendes Ergebnis während die bearbeiteten Schmiedestücke Gewinnpotential erkennen lassen. Dadurch gerät die Schmiede GmbH als Hersteller von Halbfertigteilen und Fertigteilen in eine gefährliche „Sandwich-Position".

Vertragliche Absicherung mit dem Abnehmer ist unzureichend: In der Regel schließt die Schmiede GmbH mehrjährige Lieferverträge mit eingebauten Mengen- und Preisklauseln. So verhandeln die Parteien in der Regel jährlich allfällige Preisanpassungen. Gibt es Verträge über verschiedene Zulieferprodukte an den selben Kunden, kommt es so oftmals zu – ungewollten – Quersubventionierungen. Zudem binden die Abnehmer sich nicht gerne an feste Mengen. Dies erschwert die Fertigungsplanung beim Zulieferer ungemein und er kann die Profitibilität eines Auftrages nur schwer im voraus kalkulieren. Dieses Problem verschärft sich dadurch, daß er durch den Bau kostenintensiver Gesenkformen hohe Vorleistungen erbringen muß, wobei er nicht weiß, ob sich diese Investition rentieren werden.

Starke Abhängigkeit im eigenen Beschaffungsmarkt: Neben der Preiserosion auf den Absatzmärkten belasten die Schmiede GmbH die hohen Einkaufspreise für die benötigten Grundmaterialien. Die stark steigende Nachfrage nach deutschem Stahl läßt die Preise seit Beginn 1994 stark steigen und es kommt sogar zeitweise zu Versorgungsengpässen.

Mangelnde Bereitschaft zu Einkaufskooperationen verhindert strategische Neuorientierung: Obwohl sich viele Unternehmung der gleichen Branche in ähnlichen Schwierigkeiten befinden, sind sie nicht bereit miteinander zu kooperieren. So gab es zwar ein Projekt eines Großkunden, der den Einkauf von Stahl für seine Zulieferer in seinem Hause bündeln wollte. Bei einer gemeinsamen Sitzung stellte sich jedoch schnell heraus, daß die Zulieferer zum größten Teil nicht bereit waren, ihre eige-

• Unzureichende vertragliche Absicherung

• Starke Abhängigkeit in der eigenen Beschaffung

• Mangelnde Bereitschaft zu Einkaufskooperationen

nen Einkaufskonditionen für eine Kooperation offenzulegen, in der Befürchtung, den eigenen Wettbewerbsvorteil in der Beschaffung zu verspielen. Zudem sieht man die Gefahr, daß die Abnehmer erzielte Einsparungen über eigene Preisredukionen wieder wegnehmen. Lediglich die Beschaffung in Kooperation mit Nichtwettbewerbern scheint hier ein möglicher Lösungsweg.

• Mangelnde Bereitschaft zu Fertigungskooperationen

Mangelnde Bereitschaft zu Fertigungskooperationen: Die Schmiede GmbH sieht sich als Produktionsbetrieb mit großen Kostenproblemen bei der Fertigung der Rohlinge konfrontiert. Der Versuch, durch eine Fertigungskooperation mit anderen Schmieden „economies of scale" anzustreben lehnten vermeintliche Partner ab. Sie fürchten um die Selbständigkeit ihrer mittelständischen und familiengeprägten Unternehmungen.

• Aufbau nicht notwendiger Transportkapazitäten

Aufbau nicht notwendiger Transportkapazitäten: Die Sicherheitspuffer an Zulieferprodukten bewegen sich in einer Reichweite von einem Tag bis zu einer Woche. Durch die Beschaffung eines eigenen Fuhrparks sollten auch evt. JIT-Lieferungen kein Problem für die Unternehmung mehr darstellen. Es zeigt sich jedoch, daß es für Kunden – zumal wenn sie lokal oder regional ansässig sind – kostengünstiger und effizienter ist, auf einer täglichen „Beschaffungstour" die Waren beim Lieferanten selber abzuholen und dies dem Zulieferer zu verrechnen. Bei Abnehmern in größerer geographischer Entfernung scheint die Übernahme des Transports und der Zwischenlagerung durch einen externen Spediteur zeit- und kostengünstiger.

• Zertifizierung ist nur noch Standard

Qualitätszertifizierung ist nur noch Standard: Zertifizierungen sind für die Schmiede GmbH keine Quelle für Wettbewerbsvorteile mehr, sondern bereits Standard in der Branche. Zudem verzichten Kunden teilweise auf eine Zertifizierung nach DIN ISO zugunsten eines eigenen Qualitätsaudits. Dieser gewährleistet eher als die allgemeine Zertifizierung die Adaptionsfähigkeit des Zulieferers an die eigenen Anforderungen. Auch vertrauen Kunden auf die Qualitätsaudits von anderen großen Abnehmern. So reicht es ihnen beispielsweise, wenn Mercedes Benz den Betrieb auditiert hat und sie verzichten auf eine eigene Prüfung.

Motivation der Mitarbeiter zur Qualität gering: Viele Werker interessieren sich nicht für die einwandfreie Qua lität des ausgelieferten Produktes. Nur durch konsequente Qualitätskontrolle können fehlerhafte Produkte vor Versand an den Kunden aussortiert werden. Zudem sind die Mitarbeiter in Qualitätsfragen nur unzureichend ausgebildet. Dies liegt zum Teil an erheblichen Sprachschwierigkeiten aufgrund des hohen Ausländeranteils in der Fertigung. Angesichts der aktuellen Lage und der starken Mitarbeiterfreisetzung sind die Mitarbeiter nur schwer zu motivieren.

> • Motivation der Mitarbeiter zur Qualität ist gering

In der Zukunft will sich die Schmiede GmbH verstärkt kundenorientiert ausrichten. Schwerpunkte sind dabei die Suche nach strategischen Allianzen, eigenes Global Sourcing, der Aufbau einer präventiven Qualitätssicherung sowie verstärkte Teamarbeit.

Strategische Allianz und Global Sourcing zum Aufbau von Angebotsmacht und Kostenreduzierung: Die Geschäftsführung ist trotz aller Widerstände – wie auch andere Unternehmungen der Schmiedebranche – bemüht, im Bereich der defizitären Fertigung von unbearbeiteten Schmiedeteilen mit ehemaligen – sich in der gleichen schwierigen Wettbewerbslage befindlichen – Konkurrenten Fertigungsallianzen aufzubauen. Dadurch sollen Erfahrungskurveneffekte erzielt, Fixkostenblöcke abgebaut und die Produktivität erhöht werden und letztlich wieder kostendeckende Margen möglich sein. Zum Teil geht man auch dazu über, im osteuropäischen Ausland Rohlinge in Lohnarbeit von Sublieferanten fertigen zu lassen. In Deutschland werden dann nur die Know-how-intensiveren Weiterverarbeitungschritte durchgeführt.

> • Ziele: Srategische Allianzen, Global Sourcing und Aufbau eines Qualitätsverständnisses bei den Mitarbeitern

Aufbau eines Qualitätsverständnisses bei den Mitarbeitern: Um die Probleme der schlechten Qualität in den Griff zu bekommen, wurden bereits drakonische Maßnahmen eingeleitet, um schnell zu positiven Resultaten zu gelangen. Werker, die fahrlässig fehlerhafte Produkte produzieren wird die Möglichkeit gegeben, diese in ihrer Freizeit am Wochenende nachzuarbeiten. Ebenso wurde in besonders krassen Fällen Schadensersatzforderungen vor Gericht gestellt oder der Versuch unternommen, die Betroffenen freizustellen. Langfristig versucht man, die Einstellung der Werker zu ändern. Sie müssen erkennen, daß Qualität nicht in die Produkte hineininspiziert werden kann, sondern daß jeder Mitarbeiter von der Entwicklung bis zum Versand für einwandfreie Qualität in seinem Bereich verantwortlich ist und auch nur solche an seinen „internen Kunden" weitergibt. Dies soll dazu führen, daß die einzelnen Werker in der Produktion letztlich u.a. dazu in der Lage sind, kleinere Reparaturen an den Maschinen, an denen sie arbeiten auch selber vorzunehmen, Werkzeugwechsel selbständig auszuführen und Qualitätsprüfungen regelmäßig selbst durchzuführen.

Im Bereich der bearbeiteten Schmiedeteile soll der Anteil der eigenen Wertschöpfung weiter hochgefahren werden. Man ist sich aber aufgrund der Größe der Unternehmung im klaren darüber, daß dies nur durch Konzentration auf wenige Produkte möglich ist. Der Unternehmung wird es auch in Zukunft aus Gründen der Betriebsgröße alleine nicht möglich sein, in der Beziehung zu seinen Abnehmern als selbständiger „Forscher und Innovator" oder gar Wertschöpfungspartner aufzutreten. Dazu reichen die Ressourcen nicht aus. Deshalb will man alles daran setzen, v.a. in der Fertigung weiter zu rationalisieren. Bild 7-2 zeigt die Eingliederung der in Frage kommenden firmenspezifischen Leistungsmodule des „rationellen" Produktionspartners in die Leistungsmodul- Matrix.

Merkmale „rationeller" Produktionspartner

Die Schmiede GmbH strebt eine Position als „rationeller" Produktionspartner an. Die damit verbundenen strategischen Erfordernisse werden nachfolgend behandelt.

Der „rationelle" Produktionspartner fertigt in der Regel Halbfertig- oder Standardteile im Kundenauftrag ohne eigenen Entwicklungsaufwand. Er bietet somit relativ leicht austauschbare Leistungen an und scheut sich, neue E+K-Kapazitäten aufzubauen, da er befürchtet, diese nicht auslasten zu können. Durch den Aufbau von speziellem Verfahrens-Know-how in der Produktion gelingt es ihm, gegenüber der Billiglohn-Konkurrenz aus dem Ausland zu bestehen. Er befürwortet strategische Allianzen oder sogar Unternehmungszusammenschlüsse, um Größenvorteile realisieren zu können und reagiert so auf den steigenden Kostendruck seiner Abnehmer. In Krisen-

• Strategische Allianzen zur Realisierung von Größenvorteilen

Module:	Mögliche Ausprägungen				
Grundleistungsmodule:					
Leistungsart	verlängerte Werkbank	Blaupausen-empfänger	Mitgestalter	Innovator und Forscher	...
Leistungs-spektrum	Halbfertig-teile	Standard-fertigteile	Komponenten /Baugruppen	Systeme	Komb.Grund-leistung
Zusatz- und Nebenleistungsmodule:					
Machtver-teilung	Nachfrage-macht	Angebots-macht	gegenseitige Abhängigkeit	...	
Intensität	Kaufvertrag	Jahresvertrag	Rahmen-vertrag	Life-Cycle-Vertrag	Partnerschaft
Geographi-sche Nähe	international	europäisch	national	regional	lokal
Exklusivität	Multiple Sourcing	Dual Sour cing	Single Sourcing	...	...
Flexibilität	Lager-fertigung	Kombinierte Fertigung	JIT-Fertigung und Lieferung	...	...
Qualitäts-sicherung	keine	DIN/ISO 9001-9003	Abnehmer-normen	TQM	...

Bild 7-2: Leistungsmodule des „rationellen" Produktionspartners

situationen realisiert der Produktionspartner konsequent Selektions- und Reduktionsstrategien, bei denen Kosten-einsparungen absolut im Vordergrund stehen. Schlank ist der Produktionspartner vor allem im Bereich der Ferti-gung. Sie zeichnet sich durch ein fließorientiertes Ferti-gungssystem mit eindeutigen Segmentierungen und ei-nem höchstmöglichen Minimum an Sicherheitslagern oder Puffern aus. Es wird ein System der Fehlerent-deckung aufgebaut, das es ermöglicht, jeden Fehler auf seine ursprüngliche Ursache zurückzuführen. Die Werker am Band, die für die direkte Wertschöpfung verantwort-lich sind, erhalten nach entsprechender Ausbildung eine Maximum an Aufgaben und Verantwortlichkeiten.

• Schlanke Fertigung ist ein „Muß"

Der rationelle Produktionspartner befolgt wesentliche Prinzipien und Methoden, die ihm helfen, seine Produkti-vität zu steigern und den Produktionsablauf zu sichern:

Ausbalancierter Produktionsmix: Wesen bzw. Idee des „ausbalancierten Produkt-ionsmixes" ist es, Zulieferpro-

• Ausbalancierter
Produktionsmix

dukte in einem solchen Wechsel herzustellen, der dem Profil der Abnehmernachfrage entspricht. Dadurch verringert sich die – kostenverursachende – Bestandsmenge bereits fertiggestellter Ware.[1] Zu diesem Zweck legen die Verantwortlichen in Verkauf und Fertigung die Produktionsmenge pro definierter Zeitdauer gemeinsam fest. Die Fertigung muß dem Verkauf feste Durchlaufzeiten und ein bestimmtes Maß an Flexibilität gewährleisten, damit dieser versprochene Liefertermine einhalten kann. Der Verkauf hingegen muß seinerseits bemüht sein, verläßliche Angaben über die Absatzmengen bereitzustellen. In zunehmendem Maße übernehmen Mitarbeiter der Fertigung Aufgaben des Verkaufs. Sie eliminieren eine Schnittstelle zum Kunden, indem sie direkt mit dem Beschaffungsverantwortlichen beim Kunden – oder sogar mit der dortigen Fertigung – Lieferwünsche, Lieferzeiten etc. aushandeln.

• Produktorientiertes
Layout

Produktorientiertes Layout: Unter „produktorientiertem Layout" versteht man eine materialflußgerechte Organisationsform der Produktion. Sie ist wirtschaftlicher als das verfahrensorientierte Layout (Werkstattprinzip als traditionelles Fertigungsprinzip), da dieses eine Vielzahl von Nachteilen aufweist.[2] Schwierige Produktionsplanung und Kapazitätsabstimmung, Verschwendung durch unnötige Transporte, Anhäufen von Umlaufbeständen, doppelte oder dreifache Werkstückhandhabung, extrem lange Fertigungsdurchlaufzeit, schwierige Ermittlung von Fehlerursachen, u.a. Der wesentliche Vorteil des produktorientierten Layouts liegt darin, daß der nächstfolgende Arbeitsvorgang „als Kunde sichtbar wird" und daß die einzelnen Arbeitsprozesse räumlich in Arbeitsgruppen verknüpft werden, wodurch sich die Materialflüsse entschieden verkürzen lassen.

• Fertigungssegmen-
tierung

Fertigungssegmentierung: „Unter Fertigungssegmenten werden produktorientierte Organisationseinheiten der Produktion verstanden, die mehrere Stufen der logistischen Kette eines Produktes umfassen und mit denen eine spezifische Wettbewerbsstrategie verfolgt wird. Darüber hinaus zeichnen sich Fertigungssegmente auch durch die Integration planender und indirekter Funktionen aus und sind in der Regel als Cost-Center organisiert".[3] Fertigungssegmente sind sowohl als ein Instrument der CIM-Einführung geeignet und darüber hinaus ein wichtiger Bestandteil des Just-In-Time-Konzepts.[4] Die wesentlichen Erfolgsfaktoren der Fertigungssegmentierung sind Durchlaufzeitverkürzung, Bestandsreduzierung, Qualitätsverbesserung, Produktivitätssteigerung und Senkung der Gemeinkosten. In Abhängigkeit von einer bestimmten Wettbewerbsstrategie kommt ihnen eine unterschiedlich starke Bedeutung zu. Beim Kostenführer oder dem Preisorientierten stehen die Produktivitätssteigerung und Senkung der Gemeinkosten an erster Stelle, während für den Verfolger einer Differenzierungsstrategie die Durchlaufzeitverkürzung, die Bestandssenkung, die Flexibilität und die Qualitätsverbesserung von größtem Wert sind. Fertigungssegmente haben ihren Ursprung in den Bereichen der strategischen Planung, der Personal- und Organisationslehre und den Ingenieurwissenschaften. Ausgehend hiervon lassen sich Fertigungssegmente durch fünf Merkmale charakterisieren:[5]

– Markt- und Zielausrichtung: Fertigungssegmente zielen auf eine Produkt-Markt-Produktionskombination ab. Die Fertigungsbereiche sind dabei nach produktspezifischen, betrieblichen Wertschöpfungsaktivitäten in Organisationseinheiten zusammenzustellen. Die Durchsetzung einer Kostenführerschaftsstrategie erfordert dabei spezialisierte, hochproduktive Fertigungseinrichtungen. Die Verfolgung einer Differenzierungsstrategie ist auf der Basis von hochflexiblen Fertigungssegmenten aufzubauen.
– Produktorientierung und Variantenmanagement: Fertigungssegmente sollen sich auf ein heterogenes Leistungsprogramm ausrichten. Durch diese Produktorientierung wird beabsichtigt, den Koordinationsaufwand zu senken und möglichst Synergie- und Spezialisierungsvorteile zu schaffen. Zwischen den einzelnen Segmenten sollten tunlichst wenige Leistungsverflechtungen bestehen. So wird bei der Ausrichtung der Fertigungssegmente auf spezifische Produkte eine geringe Fertigungsbreite mit relativ hoher Fertigungstiefe erzielt.

• Fertigungssegmente lassen sich charakterisieren durch:
– Markt- und Zielausrichtung
– Produktorientierung und Variantenmanagement
– Mehrstufigkeit der Wertschöpfung
– Übertragung indirekter Funktionen in die Fertigung
– Kostenverantwortung

– Mehrere Stufen der Wertschöpfung eines Produktes:
Die Bildung von Fertigungssegmenten umfaßt mehrere
Stufen der Wertschöpfung eines Produktes, was bedeutet, daß alle unternehmungsinternen Bereiche zur
Leistungserstellung eines Produktes oder Produktions-
programms zu einem Fertigungssegment integriert werden können. Somit grenzen sich Fertigungssegmente
von Fertigungszellen und flexiblen Fertigungssystemen
ab.
– Übertragung indirekter Funktionen auf Mitarbeiter:
Fertigungssegmente zielen auf eine Enttaylorrisierung
der Arbeitsprozesse ab. Den Mitarbeitern werden neben den ausführenden auch planende Tätigkeiten innerhalb des Segments überantwortet.
– Kostenverantwortung: Fertigungssegmente werden als
Leistungscenter definiert, die unterschiedliche Ausprägungen aufweisen können. Erstellt das Segment solche
Produkte, die nur innerbetrieblich Verwendung finden,
so liegt aufgrund des höheren Integrationsgrades eine
umfassende Kostenverantwortung vor. In diesem Fall
wird das Segment in der Form des Cost- oder Service-
Centers organisiert. Verfügt das Segment über einen
Marktzugang, so liegt eine umfassende Ergebnisverant-
wortung vor. Das Segment wird als ein Profit-Center organisiert.

• Durchlaufzeitredu-
zierung und Kapazi-
tätsterminierung

*Durchlaufzeitreduzierung und Kapazitätsterminie-
rung:* Beide Größen stellen je einen kritischen Erfolgsfaktor dar. Die Durchlaufzeit eines Erzeugnisses durch
die Produktion bezeichnet die Zeitspanne, die zwischen
Beginn des ersten Arbeitsvorgangs und dem Abschluß
des letzten Arbeitsvorgangs verstreicht. Die grundlegende Aufteilung der Durchlaufzeit zeigt Bild 7-3.

Die Rohprozesszeit, also der Anteil der Wertschöpfung,
ist bei der Terminierung zu maximieren. Daraus folgt, daß
die Wartezeit verursachenden Fehlerursachen wie instabi-
le Prozesse, mangelnde Mitarbeiterqualifikation, inadequate Steuerungsmechanismen, inadequate Organisationsstrukturen, nicht zu erklärende Wartezeiten, los- und
anlagebedingte Wartezeiten zu minimieren bzw. zu beseitigen sind. Hand in Hand mit der Durchlaufzeitoptimierung

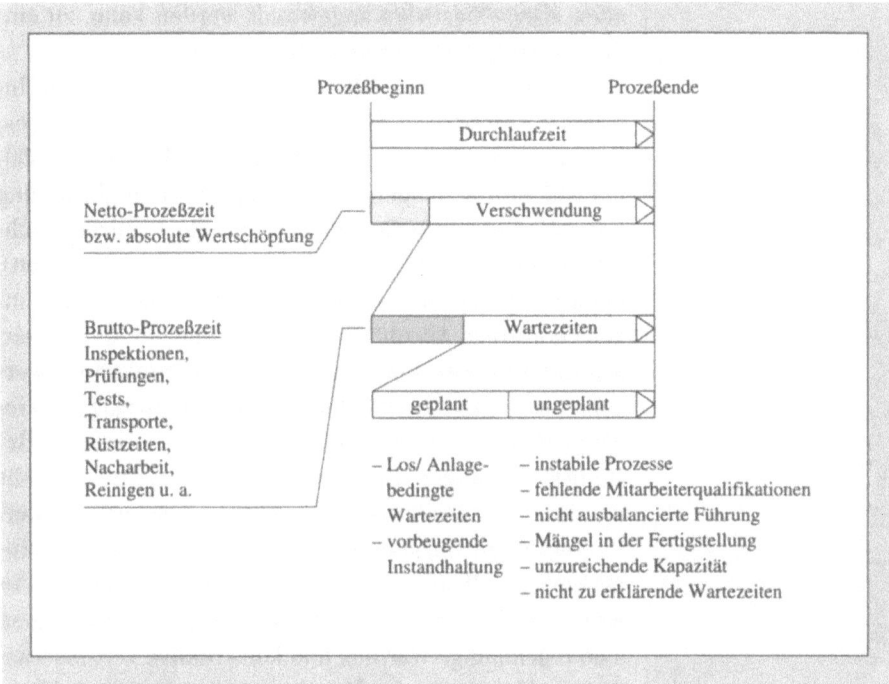

Bild 7-3: Bestandteile der betrieblichen Durchlaufzeit

geht die Kapazitätsterminierung. Ihre Aufgabe ist es, Anfangs- und Endtermine der Arbeitsvorgänge festzulegen,
wobei das begrenzte Kapazitätsangebot jeder Produktiveinheit berücksichtigt wird. Dabei geht es um die Abstimmung zwischen Kapazitätsangebot und -nachfrage.

Rüstzeitreduzierung: Die Rüstzeitreduzierung ist von
besonders starker Bedeutung für den prozessual ausgerichteten Produktionspartner. Die heutige an der Marktnachfrage ausgerichtete Produktion muß flexibel unterschiedlichste Produktvarianten erzeugen können. Dies bedingt eine Fertigung in kleinen Losen (Losgröße → 1) und
erfordert somit häufiges Umrüsten in der Prozeßkette (z.B.
Fertigungssegment, Fertigungslinie). Die Entwicklung von
rüstzeitverkürzenden Maßnahmen z.B. Werkzeug-Schnell-
Wechsel-Einrichtungen liegt im Aufgabenbereich von Konstruktion, Fertigung, Maschinenbediener bzw. -einrichter
und Wartungspersonal. Dabei kann schon die Anwendung
der einfachen Brainstorming-Methode, die problemlos in

allen Hierachiestufen angewandt werden kann, zu ein-
drucksvollen Rüstzeitreduzierungen führen[6].

Vorbeugende Instandhaltung: Mit vorbeugender Instandhaltung sind alle Maßnahmen zur Produktionsverbes-
serung durch präventive Beseitigung von Maschinenausfällen und -störungen gemeint. Dazu gehören die Erhaltung
normaler Betriebsbedingungen (Kontrolle, Reinigen, Nach-
ziehen von Schrauben, korrekte Bedienung sicherstellen),
die frühestmögliche Aufdeckung normwidriger Bedingungen (Kontrolle, Ausnutzen der fünf Sinne der Mitarbeiter,
Kontrolle/Einsatz von Diagnosegerät durch Wartungspersonal) sowie die Entwicklung und Durchführung von Ge-
genmaßnahmen zum Wiederherstellen der normalen Betriebsbedingungen. Einen weiteren Lösungsansatz stellt
die Wandlung des Verantwortungsbewußtseins (erweiter-
ter Verantwortungsbereich) der Mitarbeiter wie Maschinenbediener, Wartungs- und Reinigungspersonal sowie die
Erweiterung ihrer Ausbildung dar. Weitere Maßnahmen
sind regelmäßige Wartung und konstruktive Verbesserungen zur Steigerung der Maschinennutzungszeit und Senkung der Reparaturzeiten, auch Mean Time Between Failu-
re (MTBF) und Mean Time To Repair (MTTR) genannt.

Total Productive Maintenance (TPM) ist eine komplette Instandhaltungsphilosophie, in der alle Beschäftigten
in die Instandhaltungsarbeiten miteinbezogen werden.[7]
TPM hat letztendlich die Maximierung der Effizienz der
Betriebsausstattung zum Ziel.[8]

Poka Yoke (jap.: narrensicherer Mechanismus): Unter
Poka Yoke versteht man die Mittel und Verfahren (sinngemäß: narrensichere Mechanismen), die einzeln oder in ihrer Gesamtheit dazu beitragen, den Produktionsprozeß si-
cherer und zuverlässiger zu gestalten. Grundsatz hierbei ist,
daß die Aufmerksamkeit des Arbeiters während des Prozesses nicht übermäßig beansprucht wird.[9] Typische arbeit-
serleichternde Hilfsmittel können z.B. sein: montagegerech-
te Bauteile, Zuordnung der Bauteile durch farbliche Kenn-
zeichnung, Passungen lassen nur eine Montagemöglichkeit
zu, Schrauben mit integrierter Unterlegscheibe, u.a.

Qualität vor Ort: Qualität vor Ort heißt, Deming's dritte
Hypothese zu befolgen, die besagt:[10] Führe anstatt einer
Konrolle nach dem Prozeß eine solche während des Pro-

* Vorbeugende
Instanthaltung

* Total Productive
Maintenance

* Poka Yoke

* Qualität vor Ort

zesses durch, da Inspektion Qualität weder verbessert noch garantiert. Dies bedeutet, während des Prozesses die Ausführungsqualität zu überwachen und lenkend in diesen einzugreifen. Eine spezielle Methode zur Prozeßüberwachung stellt dabei die Statis-tical Process Control11 (SPC) dar. Die Prozeß-Fehler-Möglichkeits-und-Einfluß-Analyse (FMEA) bietet die Möglichkeit präventiv, eventuell versteckte Fehler bereits schon in der Prozeßplanung und vor der Ausführung zu erkennen und ihre Auswirkungen auf den weiteren Ablauf der Fertigung zu analysieren[12], um vorbeugende Abstellmaßnahmen zu entwickeln.

Mehrfachqualifikation: Die Möglichkeit der Werker, mehrere Tätigkeiten (Mehrfachqualifikation oder Vielseitigkeit der Aufgaben) ausführen zu können, weckt einerseits das Verantwortungsbewußtsein, steigert deren Motivation und wirkt sich andererseits positiv auf die Flexibilität der Produktion und die Qualität der erstellten Leistungen aus.[13] Die Fähigkeit, in einem erweiterten Aufgabenbereich tätig sein zu können, wird unterstützt durch: Narrensichere Maschinen, standardisierte Arbeitsvorgänge, Beschreibung des Arbeitsablaufs am Arbeitsplatz (Checkliste), Bildung von Teamgeist, Job Rotation, arbeitsrechtlichem Freiraum u.a.

• Mehrfachquali-fikation

Jidoka (jap.: Autonomation): Jidoka[14] bezeichnet den Sachverhalt, daß Maschinen mit der autonomen Fähigkeit ausgestattet sein können, Entscheidungen selbsttätig zu treffen. Jidoka ist die Summe der an der Maschine vorgenommenen Verbesserungen, die ihren geplanten, unbeaufsichtigten Einsatz ermöglichen und den Bediener entlasten oder einsparen. Personal sollte nur noch nach spezifischen Anforderungen, z.B. Störungen, Maschine neu einrichten, Material zuführen, eingreifen. Ein Impuls für die Anforderungskennzeichnung kann von parallel mit Stillständen geschalteten visuellen Störungslichtern ausgehen.[15]

• Jidoka

Andon (jap.: Laterne; Störungslichter): Andon stellt das oben beschriebene Verfahren zur visuellen Informationsübertragung dar. Es erleichtert die verzögerungsfreie Übermittlung von Information und macht Probleme sofort für alle sichtbar. So können Störungslichter z.B. auch dazu verwendet werden, den aktuellen Betriebszustand

• Andon

einer Maschine anzuzeigen. Rot könnte einen Maschinenausfall oder Qualitätsprobleme kennzeichnen und Gelb
auf einen Rüstvorgang bzw. Materialnachschub hinwei-
sen.[16] Die Anwendung von Andon steht in enger Beziehung zu dem Jidoka-Konzept, zu Poka Yoke und zur vor-
beugenden Instandhaltung.

Bild 7-4 faßt die Eigenschaften eines schlanken Produktionspartners zusammen und grenzt ihn gegenüber traditionellen Teilefertigern ab.

Zulieferer als „innovative" Entwicklungspartner: Die Rollen GmbH

Die Firma Rollen GmbH ist ein Zulieferer für Räder und
Rollen. Diese typischen Zulieferprodukte lassen sich in
folgenden Anwendungsbereichen einsetzen: Wohnbe-
reich (Sitzmöbel, Wohnmöbel etc.), Dienstleistungsbereich (Büro, Großküchen, Krankenbetten, Einkaufswagen,
Cateringwagen), industrieller Bereich (Transportgeräte,
Müllcontainer, Gerüste, Schwerlastbereich etc.).

Eine Rolle ist dabei ein Bauteil, das im allgemeinen austauschbar ist und an dafür vorgesehene Geräte, Möbel
oder Transportsysteme oder ähnliche Produkte angebaut
werden, um diese fahrbar zu machen. Es sind somit Produkte, die der Endkunde bzw. Anwender in der Regel
„erst wahrnimmt, wenn sie nicht mehr funktionieren".
Technisch gesehen setzen sich Rollen aus zwei Bausteinen zusammen, einem Rad und einem Gehäuse.[17]

Bei der derzeitigen Markt- und Wettbewerbslage sieht
sich die Branche für Räder und Rollen v.a. mit dem Problem konfrontiert, daß Kunden ihre Marktmacht nutzen
und die Preise drücken. Dieser vielfach gehörte Vorwurf
an die Adresse der Abnehmer wurde von der Rollen
GmbH analysiert und man hat erkannt, daß er nur bedingt
gerechtfertigt ist. Die Rollen GmbH sieht sich vielmehr mit
folgenden Problemen und Entwicklungen konfrontiert:

*Over-Engineering eigener Leistung und Übererfüllung
der Marktanforderungen:* Der Großteil der Kunden erhält
Produkte mit solchen Eigenschaften, die sie nicht explizit
gewünscht haben. Qualität „Made in Germany" ist oftmals

• Over Engineering
eigener Leistung

zuviel. Liegt die Lebensdauer einer Rolle bei ca. 15 Jahren, die des Müllcontainers jedoch nur bei ca. 5 -10 Jahren, bezahlt der Kunde für eine Leistung, die er nicht benötigt.

Ineffiziente interne Abläufe in der Auftragsbearbeitung und Fertigung sowie unnötige Verschwendungen verteuern die Produkte.

• Ineffiziente interne Abläufe

Traditioneller Produktionshelfer	„Rationeller" Produktionspartner
• *Bewahrung wirtschaftlicher und rechtlicher Selbständigkeit sind ein wichtiger Unternehmungsgrundsatz.* • *Fertigung ist tayloristisch organisiert. Schnelle Produktwechsel sind nicht möglich. Es werden nur große Serien produziert, die dann teilweise auf Lager liegen und erst mit neuen Auftragseingängen abgebaut werden können.* • *Gleichzeitig werden aber auch Kleinaufträge gerne mit dem Argument der notwendigen Kapazitätsauslastung angenommen. Aufgrund fehlender Kostenrechnung werden andere Faktoren (Rüstkosten, Break-Even etc.) nicht in Betrachtungen mit einbezogen.* • *Die Fertigung arbeitet isoliert vom Kunden. Sie erhält ihre Aufträge von der Fertigungsplanung, die wiederum ihre Daten von der Verkaufsabteilung bezieht.* • *Das „Meisterprinzip" dominiert, d.h. für jeden Abschnitt der Fertigung ist ein Vorgesetzter zuständig, der für die Kontrolle seiner Mitarbeiter zuständig ist. Dadurch überwiegt das „Einzelkämpfertum".* • *Qualitätssicherung heißt in der Regel Qualitätskontrolle durch speziell dafür geschulte Mitarbeiter.* • *Der Bereich der Fertigung hat keinen Kundenkontakt sondern ist „ausführendes Organ".* • *Der Einsatz neuer Methoden der Fertigung werden abgelehnt, da sie „für meinen Betrieb sowieso nicht in Frage kommen". Die Motivation der Mitarbeiter bleibt so gering, Verbesserungsvorschläge, der Drang zu ständiger Verbesserung und Vermeidung von Verschwendung ist nur unzureichend ausgeprägt.*	• *Kooperationen mit anderen Unternehmungen – auch Wettbewerbern – sind ein wichtiges unternehmerisches Instrument, um Größenvorteile, Kostendegression und Know-how Zufluß an heimischen Standorten zu verwirklichen und eine Verlagerung in das kostengünstigere Ausland zu vermeiden.* • *Die Fertigung ist segmentiert. So können die einzelnen Fertigungsgruppen flexibel auf verschiedene Kundenwünsche reagieren. Lagerhaltung kann zumindest teilweise entfallen. Die Produktion wird so zu einem wichtigen Wettbewerbsfaktor.* • *Die Fertigung ist informationstechnisch zumindest mit A-Kunden verbunden. Interaktive Vernetzung zur weitestgehenden und optimalen Vernetzung der Fertigungsprozesse kann so erreicht werden. Nicht notwendige Schnittstellen (Verkauf und Fertigungsplanung) fallen auf diese Weise weg. Die Teams planen die Fertigung in Eigenverantwortung und in direkter Absprache mit dem Kunden.* • *Innerhalb der Fertigungssegmente dominiert die Teamarbeit. Selbstkontrolle ersetzt Fremdkontrolle. Die Mitarbeiter der Fertigung sind direkt verantwortlich für ihren Output. Die gegenseitige Verantwortung für den anderen und die gestiegene Verantwortlichkeit verringert die Fehlerrate und macht teure Endkontrollen überflüssig* • *Das Management lebt den Willen zu neuen Wegen vor. In Workshops und Schulungen wird nach Verbesserungen v.a. in der Fertigung und Qualitätssicherung gesucht und Änderungen sofort eingeleitet.*

Bild 7-4: Eigenschaften traditioneller Produktionshelfer und „rationeller" Produktionspartner

• Zunehmendes
Global Sourcing der
Abnehmer

• Mangelnde eigene
Flexibilität

• Abhängigkeit von
Grosskunden

• Zunehmende
Bedeutung des Single
Sourcing

Zunehmende internationale Beschaffung der Abnehmer führt zu Überkapazitäten: Die Abnehmer beschaffen Rollen und Räder zunehmend international und nutzen die Preisvorteile der osteuropäischen Wettbewerber. Gleichzeitig verfügt die Rollen GmbH selber nicht über ein ausgearbeitetes Beschaffungskonzept mit entsprechender Lieferantenselektion. An eine Verlagerung der eigenen Fertigung in das kostengünstigere Ausland denkt man aber nur in beschränktem Maße.

Mangelnde Flexibilität bei Kundenwünschen: Trotz rezessiver Entwicklungen und Auftragsrückgängen gelingt es der Unternehmung nicht, Kundenwünsche flexibel zu handhaben. Die Folge sind zu lange Lieferzeiten und fehlende Termintreue.

Abhängigkeit von wenigen Großkunden: Mehr als die Hälfte des Umsatzes erreicht die Rollen GmbH mit dem Absatz von speziellen kundenbezogenen Entwicklungen. Problematisch ist dabei, das die mit einem Abnehmer in Gemeinschaftsarbeit entwickelten Lösungen nicht einfach auch anderen Abnehmern angeboten werden dürfen.

Zunehmende Bedeutung des Single Sourcing: Auf der anderen Seite sichert sich die Rollen GmbH dadurch immer häufiger eine Stellung als Alleinlieferant. Entscheidend für den Erfolg ist dabei, dem Kunden den mit der Entwicklung verbundenen Nutzen zu kommunizieren. Dieser Nutzen muß nicht immer im Bereich des Hauptnutzens liegen. Im Falle einer gemeinsamen Entwicklung mit einem Erstausrüster von Müllcontainern konnte die Montagezeit der Rollen an die Container erheblich verkürzt werden. Dadurch war es möglich, die Montage der Rollen synchron zur Herstellung der Container zu takten. Der Kunde kann so unnötige Zwischenlager mit den damit verbundenen logistischen Tätigkeiten und Montagekosten einsparen. Neben der rein produktbezogenen Beratung und Problemlösung ist die Beratung bezüglich der Montage bzw. Fertigung des Zulieferproduktes und darüber hinaus der richtigen Fertigungssteuerung ein wichtiges Standbein, um als kompetenter Entwicklungspartner für den Abnehmer zu gelten. Wichtig in diesem Zusammenhang sind die regelmäßigen Meetings und Workshops eigener Ingenieure mit den Ingenieuren des Kunden.

Steigender Wertschöpfungsanteil am Endprodukt durch erhöhte Systemfähigkeit und Entwicklungspartnerschaft: Neben den in den Katalogen angebotenen Halbfertigteilen, Standardteilen und den kundenspezifischen Entwicklungen geht die Rollen GmbH konsequent den Weg zum Systemanbieter. So bietet sie beispielsweise für den Hospitalmarkt Rollensysteme mit integrierten mechanischen oder hydraulischen Feststellsystemen an. Mit einer leichten Fuß- oder Handbewegung lassen sich so die Rollen zentral feststellen und die Laufrichtung fixieren. Um dieses System anbieten zu können, trat die Rollen GmbH sogar als Innovator auf, der die für das Feststellsystem notwendige Produkttechnologie selbständig entwickelt hat. Der große Vorteil in diesem „Ausnahmeprojekt" sieht die Unternehmungsleitung darin, das man schneller und umfassender lernt und realisiert als der Wettbewerb. Dies liegt daran, daß in einem gemeinsamen Projektteam mit dem Kunden die gesamte Wertschöpfungskette vom eigenen Vorlieferanten bis hin zum Endkunden in die Betrachtungen einbezogen wird. Diese innovative Entwicklung ist aber die „Ausnahme von der Regel", da sich die Rollen GmbH als mittelständische Unternehmung aus Kostengründen sträubt, ausgeprägte F&E-Kapazitäten zu finanzieren, die auftragsunabhängig agieren. Deshalb steht auch in Zukunft die enge projektbezogene Zusammenarbeit mit dem Erstausrüster im Vordergrund.

- Steigener Wertschöpfungsanteil durch Systemfähigkeit und Entwicklungspartnerschaft

Internationales Marketing durch lokale Präsenz: Viele Großabnehmer produzieren dezentral und weltweit, um sich bietende Kostenvorteile auszunutzen und ihrerseits „marktnah" zu agieren. Die Beschaffung erfolgt jedoch zentral oder sogar in branchenübergreifenden Einkaufskooperationen. Dadurch erhöhen sich die Chancen, große Einkaufsvolumina zu gewinnen, aber auch gleichzeitig die damit verbundenen Anforderungen. Die Rollen GmbH ist ein sogenannter „Global Player". Damit verbunden ist eine ent-sprechende Flexibilität und Schnelligkeit der Belieferung mit Standardprodukten als auch kundenspezifischen Produkten weltweit. Zu diesem Zweck gründete die Unternehmung Zweigniederlassung in denjenigen Ländern, in denen auch Abnehmer produzieren. Standardprodukte werden dort – in Abstimmung mit der Produktionsplanung

- Internationales Marketing durch lokale Präsenz

des Abnehmers – aus den lokalen Pufferlagern geliefert. Die Kosten der Lagerhaltung schätzt die Unternehmung geringer ein als die Verluste, die durch mangelnden Lieferservice und unzufriedene Kunden entstehen könnten.

• Über die Rolle des
Entwicklungspartners
zu langfristiger
Partnerschaft

Über die Rolle des Entwicklungspartners zu langfristiger Partnerschaft: Durch gemeinsame Projektarbeit konnte man die Kundenbindung enorm erhöhen. Das Beziehungsgeflecht zwischen Zulieferer und Abnehmer beschränkt sich nicht auf der Ebene der Geschäftsleitung sondern wird besonders von der Arbeitsebene (Konstrukteure, Fertigungsingenieure) gepflegt. Dabei entstehende Freundschaften verstärken die gegenseitige Bindung. Für Wettbewerber stellen diese Netzwerke eine zusätzliche Markteintrittsbarriere dar.

• Problem- und
kundenorientierte
Forschungsarbeit

Innovative, problem- und kundenorientierte Forschungsarbeit: Mittels einer genauen Nutzenanalyse will die Rollen GmbH die Wünsche des Kunden und sein Anspruchsniveau noch exakter erfassen (Bild 7-5). Die Produkte können so gemäß der festgestellten Anforderungen problem- und kundenorientiert entwickelt und gefertigt. Bild 7-6 faßt die wichtigsten Leistungsmodule der Rollen GmbH zusammen.

Merkmale „innovativer" Entwicklungspartner

Die Rollen GmbH will sich künftig verstärkt als Entwicklungspartner für seine Kunden empfehlen. Dazu müssen gewisse strategische Voraussetzungen geschaffen werden. Aus diesem Grund arbeitet sie mit dem Lean-Management-Centrum des Fraunhofer-Instituts (FhG-IAO, Stuttgart) zusammen. Das verfolgte Konzept des Lean Management stützt sich auf sechs verschiedene Kernparadigmen mit entsprechenden Methoden und Instrumenten. Bild 7-7 gibt sie wieder und verdeutlicht die enorme Vielfalt möglicher Ansatzpunkte für Maßnahmen hin zu einer „schlanken" Unternehmung.

„Innovative" Entwicklungspartner besitzen besondere Fähigkeiten im Produkt- und Produktionsverfahrensbereich. Sie entwickeln und konstruieren neue Produkte in enger Kooperation mit ihren Abnehmern auf der Grundla-

Prodkuktlinie/	Gew.	Punkte	Unser Produkt ist....					Hauptgründe
Artikel:			5	4	3	2	1	
Kernleistungen:								
• *Anwenderfreundlichkeit*								
• *Einsatzbewährung*								
• *Erfüllung v.*								
kundenspezifischer								
Fertigungsqualität								
• *Festellerqualität*								
• *Gummiqualität*								
• *Korrosionsschutz*								
• *Lagerspiel*								
• *Montagefreundlichkeit*								
• *Normenkonformität*								
• *Optik*								
• *Reinigungseignung*								
• *Rollwiderstand*								
• *Schaltfunktion*								
• *Tragfähigkeit*								
• *Umweltfreundlichkeit*								
• *Verschleisspiel*								
Zwischensumme	70							
Nebenleistungen:								
• *Liefertreue*								
• *Stückkontrolle*								
• *Supplementär-Produkte*								
• *Techn.*								
Unterstützung/Beratung								
• *Termintreue*								
• *Verfügbarkeit*								
(Pufferlager)								
• *Verpackung/Versand*								
Zwischensumme	20							
Zusatzleistungen:								
• *aktuelle techn. Unterlagen*								
• *Prüflabor*								
• *RAL-Zertifizierung*								
• *DIN ISO 9002*								
Zwischensumme	*10*							
Summe	*100*							
5=sehr gut bis 1=sehr schlecht; Gew.=Gewichtung von 5= sehr wichtig bis 1=völlig unwichtig								

Bild 7-5: Kundenproblem- und Nutzenanalyse der Rollen GmbH; Quelle: Rollen GmbH.

Module:	Mögliche Ausprägungen				
Grundleistungsmodule:					
Leistungsart	verlängerte Werkbank	Blaupausen-empfänger	Mitgestalter	Innovator und Forscher	...
Leistungs-spektrum	Halbfertig-teile	Standard-fertigteile	Komponenten /Baugruppen	Systeme	Komb.Grund-leistung
Zusatz- und Nebenleistungsmodule:					
Machtver-teilung	Nachfrage-macht	Angebots-macht	gegenseitige Abhängigkeit	...	
Intensität	Kaufvertrag	Jahresvertrag	Rahmen-vertrag	Life-Cycle-Vertrag	Partnerschaft
Geographi-sche Nähe	international	europäisch	national	regional	lokal
Exklusivität	Multiple Sourcing	Dual Sourcing	Single Sourcing	...	...
Flexibilität	Lager-fertigung	Kombinierte Fertigung	JIT-Fertigung und Lieferung	...	...
Qualitäts-sicherung	keine	DIN/ISO 9001-9003	Abnehmer-normen	TQM	...

Bild 7-6: Leistungsmodule des „innovativen" Entwicklungspartners

ge vorgegebener oder erforschter Bedürfnisse, Wünsche, Spezifikationen, Pflichtenhefte und gemeinsamer Kosten-vorgaben bzw. -analysen. Sie stellen eine fertigungsge-rechte Konstruktion von Zulieferteilen sicher, die eine ko-stengünstige Produktion bei gleichzeitig verbessertem Qualitätsniveau ermöglichen.[18] Einstiegsprojekte für Entwicklungspartner sind dabei die Prüfung von Entwür-fen, gemeinsam mit dem Abnehmer durchgeführte Wert-analysen, Beurteilung von Prototypen und die Suche und Behebung von Fehlerquellen.[19] Um dieser Aufgabe ge-recht zu werden, prägen folgende Merkmale einen „lean-orientierten" Entwicklungspartner:[20]

• Führung von Entwicklungs-projekten nach dem „Susha" -Prinzip

Führung von Entwicklungsprojekten nach dem „Susha"-Prinzip: Entwicklungsprojekte werden von einem Projekt-leiter („Susha") geleitet. Diese Position sehen Mitarbeiter als sehr erstrebenswert an. Die Führung eines bereichs-oder unternehmungsübergreifenden Teams ist in vielen ja-panischen Unternehmungen Voraussetzung für einen weite-

1. *Produktion als integrierter Prozess:* Dies bedeutet die Abkehr von der weitestmöglichen Arbeitsteilung des Taylorismus hin zu einer durch Parallelisierung der Arbeitsschritte und Einbeziehung aller Beteiligten gekennzeichneten Produktionsstruktur. Methoden und Instrumente: Integrierte Auftragsabwicklung, Gruppenarbeit, Projektmanagement, Schnittstellenmanagement, SE, Logistiksysteme, Rechnerintegration.

2. *Der Mensch als entscheidender Produktionsfaktor:* Die mit der Integration einhergehende Ausweitung von Tätigkeitsbereich und Verantwortung jedes einzelnen Mitarbeiters muß im schlanken Unternehmen durch fortlaufende Weiterbildung und dem Streben nach kontinuierlicher Verbesserung unterstützt werden. Methoden und Instrumente: Personalentwicklung, Anreizsysteme, Arbeitszeitflexibilisierung.

3. *Präventive Qualitätssicherungsmassnahmen:* Dadurch sollen Fehler bereits in frühen Phasen der Produktentstehung erkannt und beseitigt werden. Methoden und Instrumente: Marktorientierte Produktplanung (QFD), Produkt- und Prozesssicherheit (FMEA), Prozesskontrolle (SPC), Qualitätszirkel (QC), Zertifizierung (DIN ISO 9000 ff.).

4. *Konsequente Marktorientierung:* Verlangt vom Unternehmen eine strenge Ausrichtung von Produkten und eingesetzter Technologie an den Wünschen der Kunden. Außerdem wird eine Transformation des marktwirtschaftlichen Denkens auch auf die unternehmungsinternen Prozesse gefordert. Methoden und Instrumente: Innovative Vertriebskonzepte, Produkt- und Technologiestrategien, Dezentralisierung, Leistungs- und Servicecenter, Kostentransparenz (Prozess- und Zielkosten), Komplexitätsreduktion, Zero Base Budgeting.

5. *Bessere Abstimmung der Fertigungstiefe und stärkere Zulieferintegration. Methoden und Instrumente:* Kostensenkung durch Fremdvergabe (Make or Buy), Kernkompetenzen, Schnittstellenmanagement.

6. *Prozessinnovation:* Sie hat das Ziel, beherrschte und stabile Prozesse zu bilden, als Voraussetzung einer erfolgreichen Produktinnovation. Methoden und Instrumente: Zielsysteme, Benchmarking, Ablauftransparenz, Continuous Improvement, Betriebliches Vorschlagwesen.

Bild 7-7: Lean Management-Konzept der Rollen GmbH

ren Aufstieg. Der Projektleiter muß nicht zwangsläufig aus dem F+E-Bereich kommen. Wichtiger ist, daß er eine starke Führungspersönlichkeit darstellt, der es gelingt, Mitarbeiter aus den verschiedensten Unternehmungsbereichen und eventuell externe Mitarbeiter zu führen. Der Projektleiter verfügt über weitreichende Macht-, Entscheidungs- und Verantwortungskompetenzen. Die Arbeit im Projekt geht der Arbeit in den „Heimatbereichen vor".

• Teamarbeit und
gemeinsames
Projektverständnis

Teamarbeit und gemeinsames Projektverständnis: Der Projektleiter fügt in das interne Team externe Mitarbeiter aus Zuliefer- und Kundenunternehmungen ein. So können eigene Zulieferer bei Kostenanalysen behilflich sein und die zugeordneten Mitarbeiter des Abnehmers das Team mit aktuellen Marktdaten und einem Feedback über bisherige Mängel in den erbrachten Leistungen informieren. Die Teamgröße ist zu Beginn eines Projekts am größten. Damit ist sichergestellt, daß alle Meinungen und Wünsche eingangs aufgenommen und diskutiert werden. Probleme und Konflikte werden so frühzeitig aufgedeckt und es können entsprechende Prioritäten gesetzt werden. Die Verantwortung bei Fehlentwicklungen trifft das gesamte Team und kann nicht auf einzelne abgeschoben werden mit der Begründung, daß man nicht beteiligt gewesen sei. Im Verlaufe des weiteren Projektes verringert sich die Anzahl der Teammitglieder um diejenigen, die ihre Aufgaben bereits erfüllt haben. Wie beim Projektleiter selber hängt der weitere Karriereweg der Teammitglieder wesentlich von einer erfolgreichen Mitarbeit im Projekt ab. Ein Abzug von Teammitgliedern durch ihre direkten (Linien-) Vorgesetzten ist nicht erlaubt.

• Zielkostenvereinba-
rung mit dem Ab-
nehmer

Zielkostenvereinbarung mit dem Abnehmer: Dem Preis kommt im Augenblick des Kaufentscheides sowohl beim direkten Abnehmer als auch später beim Endkunden eine große Bedeutung zu. Im Marketing-Mix zeichnet sich der Preis durch besondere Fähigkeiten aus:[21] Preisänderungen haben in der Regel eine besonders starke Wirkung auf Absatz und Marktanteil, preispolitische Maßnahmen lassen sich ohne großen Zeitverzug umsetzen, in vielen Märkten reagiert die Nachfrage schneller auf preispolitische als auf andere Maßnahmen, die Konkurrenz reagiert meist nicht nur schneller, sondern auch stärker auf Preis- als auf Werbemaßnahmen und der Preis ist das einzige Marketinginstrument, bei dem nicht vorab Ausgaben/Investitionen getätigt werden müssen. Zur Preispositionierung geben Abnehmerunternehmungen verstärkt Zielpreise vor. Das Problem vieler traditioneller Zulieferer war bisher, daß sie erst nach erfolgter Produkt- und Prozeßentwicklung sowie der Einführungsplanung ermittelten, ob die Kosten einen auskömmlichen Gewinn ermöglichen bzw. der Verkaufspreis ein Geschäft erwarten läßt. Bild 7-8 vergleicht die beiden verschiedenen Arten der Preispositionierung.

Durch die Zielpreis-/Zielkosten-Methode[22] soll sichergestellt werden, daß nur solche Produkte zu entwickeln sind, die auch tatsächlich den Zielkosten entsprechend produziert werden können.[23] Das Kostenziel wird wesentlich beeinflußt von:

- den *variablen Stückkosten:* Stoffkosten, Personalkosten der Prozeßtechnologie und der Fertigungsorganisation, Betriebsmittelkosten, den Produkt- und Prozeßentwicklungskosten wie Konstruktion, Fertigungsvorbereitung, Markteinführung,
- den *Kosten der Fertigung:* Stellenorganisation, Ablauforganisation, Qualitätssicherung, Ausnutzung der Anlage, Materialflußkosten, u.a.,
- der geplanten und tatsächlich abgesetzten Stückzahl und den Beschaffungspreisen.

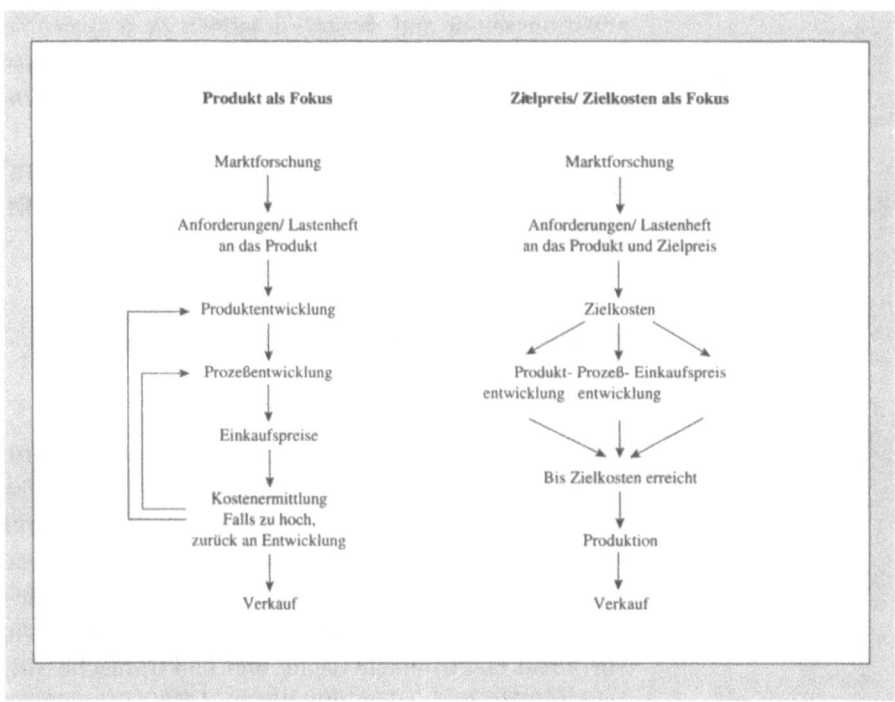

Bild 7-8: Traditionelle und Moderne Preispositionierung; Quelle: Simon (Preismanagement/1993) 63.

Prozeßorientierung und simultane Entwicklung: Eine schlanke Entwicklung zeichnet sich vor allem durch eine hohe Zeiteffizienz der mit ihr verbundenen Prozesse aus. Die abteilungs- und unternehmungsübergreifende Zusammenarbeit (Marketing, Entwicklung, Marketing, Vertrieb, Einkauf, Lieferant, Lead User) in Entwicklungsteams ermöglicht es, die einzelnen Schritte der Produktplanung und -entwicklung sowie der Fertigungsplanung – wo sinnvoll – parallel statt sequentiell abzuarbeiten. In diesem Sinne definiert Eversheim Simultaneous Engineering wie folgt:[24] „Simultaneous Engineering ist eine Organisationsstrategie, die eine vertrauensvolle Zusammenarbeit der Konstruktions- und Produktionsbereiche, des Kunden und des Maschinenherstellers in der Phase der Produktplanung gestaltet. Durch die parallele und zeitgleiche Planung des noch zu konzipierenden Produktes und der Produktionsmittel, wird eine frühzeitige Festlegung der wesentlichen Produktionskomponenten ermöglicht. Hierbei wird die Zielsetzung verfolgt, die Qualität des Produktes und der Produktionseinrichtungen zu steigern und die Innovationszeiten und -kosten drastisch zu senken." So kann beispielsweise bereits mit der Konstruktion eines neuen Produktes auch mit der Herstellung der zur Produktion notwendigen Werkzeuge begonnen werden.

Bild 7-9 grenzt in einer Gesamtschau den „innovativen" Entwicklungspartner vom „traditionellen" Entwicklungshelfer ab.

Zulieferer als „aktive" Wertschöpfungspartner: Die Licht AG

Die Licht AG ist der weltweit größte Zulieferer elektrotechnischer Bauteile für die Leuchtenindustrie. 1993 beschäftigten die verschiedenen Unternehmungen ihrer Elektro-Linie bei einem Umsatz von 283,3 Mio. DM ca. 1.200 Mitarbeiter. Die Unternehmungen der Elektro-Linie fertigen Komponenten und Produktsysteme für Leuchten, vor allem elektromagnetische und elektronische Vorschaltgeräte und Transformatoren, Lampenfassungen und Zündgeräte.

„Traditioneller" Entwicklungshelfer	„Innovativer" Entwicklungspartner
• Funktionsorientierung, hoher Spezialisierungsgrad, fachorientierte Aufgabendurchführung, hohe Entwicklungsti efe. • Viele Hierarchiestufen, geringe Kontrollspannen, ausgeprägtes Abteilungsde nken. • Formale und hierarchisch geprägte Kommunikation, komplexe und dadurch zeitintensive Entscheidungsprozesse, Fremdkontrolle durch Linienvorgesetzte. • Ausgeprägte Technikorientierung und dadurch technikorientierte Innovation und lange Entwicklungszeiten.	• Prozessorientierung, Integration von Aufgaben und Prozessen, hohe Indentifikation mit Produkt/Entwicklungsprojekt. • Wenig Hierarchiestufen, Vermeidung von Schnittstellen, Denken in Entwicklungsteams. • Freie und direkte Kommunikation der Beteiligten, Entscheidungsfindung im Team, Selbstkontrolle durch Teammitglieder und Projektverantwortlichen. • Ausgeprägte Abnehmer- und Marktorientierung und dadurch Zwang zu marktinduzierten Innovationen, Zielkostenvereinbarungen, kürzeren Entwicklungszeiten und Qualitätspl anung.
Zusammenfassung der wesentlichen Merkmale: Ressortdenken, Regelwerke, weisungsgebundenes Verhalten, Kosten- und Rationalisierungsdenken.	*Zusammenfassung der wesentlichen Merkmale: Gemeinsames Projektverständnis und intensive Betreuung, Teamarbeit, Zielkostenvereinbarung, kurze Entwicklungszeiten (Simultaneous Engineering).*

Bild 7-9: Eigenschaften traditioneller Entwicklungshelfer und „innovativer" Entwicklungspartner; Quelle: in Anlehnung an Schmelzer (Lean Development/1992) 26; Fanger/Lacey (Lean in der Produktentwicklung/1993).

In Zeiten zunehmender Internationalität und ständig neuer Anforderungen an Design und Technologie steigt auch das Anforderungsprofil an die Produkte der Licht AG. Sie ist eine erfolgreiche Unternehmung im Markt, arbeitet äußerst rentabel und der Markt beurteilt ihre Produkte sehr vorteilhaft. So kann sich die Unternehmung aus einer gewissen Position der Stärke mit den wichtigsten Problemen der Zukunft beschäftigen. Diese sieht sie vor allem darin, jegliche Art von Verschwendung weiter zu minimieren. Die Ausgangslage ist so komfortabel, daß weder Unternehmungsstress noch eine negative Stimmung in der Unternehmung aufkommt. Die Beziehungen und Probleme der Licht-Elektro-Linie mit ihren Abnehmern lassen sich wie folgt umschreiben:

Partnerschaft und gegenseitige Abhängigkeit: Die Licht AG unterhält ständig partnerschaftliche Kontakte

• Partnerschaft und gegenseitige Abhängigkeit

zu Lampenherstellern und internationalen Prüf- und Normungsinstitutionen. Dadurch, daß man weltweit der größte Zulieferer dieser Branche ist, braucht man den Mißbrauch von Nachfragemacht nur begrenzt zu fürchten.

• Kundenorientierte Systemlösungen

Kundenorientierte Systemlösungen: Die Licht AG hebt sich von der Konkurrenz besonders dadurch ab, daß es gelingt, in einzelnen Produktbereichen neben dem eigentlichen Zulieferprodukt kundenspezifische Automatisierungssysteme für die Verarbeitung der Produkte bei der Leuchtenfertigung anbieten zu können. Dabei handelt es sich um robotergesteuerte Anlagen mit verknüpften Montage-, Verdrahtungs- und Prüfungsmodulen. Die Licht AG verknüpft so seine eigentliche Produktpalette durch entsprechende auf das Kundenproblem abgestimmte Verarbeitungsmaschinen zu einer auf den Kunden abgestimmten Problemlösung. Die Suche nach weiteren entwicklungs-, anwendungs- und fertigungstechnischen Verbundlösungen für den Abnehmer ist für die Licht AG vorrangige Aufgabe in der künftigen Zusammenarbeit mit den großen Abnehmern. Dies kann nur dadurch gelingen, daß der Anteil der eigenen Leistung an der Wertschöpfung des Endproduktes weiter steigt, daß die Produktion auch von Kleinserien effizienter gestaltet werden kann, daß die eigenen Entwicklungskapazitäten weiter ausgebaut werden und eng mit dem jeweiligen Kunden zusammengearbeitet wird.

• Internationale und lokale Zulieferung

Internationale und lokale Zulieferung: Die Licht AG produziert weltweit an verschiedenen Standorten in Frankreich, Italien, Australien und Thailand, um einerseits Kostenvorteile wahrnehmen zu können und andererseits Kundennähe zu praktizieren. So haben beispielsweise die Hauptabnehmer der Leuchtenindustrie ihre Standorte nur wenige Kilometer vom Stammhaus entfernt.

• Zertifizierung nach DIN/ISO

Zertifizierung nach DIN/ISO: Die Licht AG profitiert von der Einführung einer sogenannten totalen Qualitätssicherung. Die Mehrzahl der Fertigungsstätten ist bereits nach DIN/ISO 9001-9002 zertifiziert. Darüber hinaus bemüht man sich, den Werkern ständig mehr Verantwortung in der Qualitätssicherung zu übergeben und die präventive Qualitätssicherung voranzutreiben.

Mangelnde Flexibilität trotz hoher Fertigwarenlager: Traditionell hält Die Licht AG einen hohen Bestand an Fertigwaren. Ihr Wert kann bis zu 1/5 des Umsatzes ausmachen. Die Folge ist eine hohe Kapitalbindung und nicht zu unterschätzende Kapitaldienste. Trotz der hohen Fertigwarenbestände treten eine Reihe betrieblicher Probleme auf: das Marketing verspricht mehr als es halten kann, d.h. versprochene Lieferfristen können nicht eingehalten werden, da die Fertigung nicht flexibel genug fertigt und nicht alle Waren auf Lager produziert werden können. Die eigenen Zulieferer können den eigenen Anforderungen nicht genügen. So fehlt es oftmals an den notwendigen Rohmaterialien für die Fertigung.

• Mangelnde Flexibilität trotz hoher Fertigwarenlager

Die Variantenvielfalt ist mit der traditionellen Fließfertigung nicht zu handhaben. Bisher wurden eher große Serien gefertigt und auf Lager gelegt. Auf häufiges – auftragsbedingtes Umrüsten – wird eher verzichtet. Künftiger Optimierungsschwerpunkt der Licht AG liegt in der Vermeidung von Verschwendung durch flexible Fertigung und in einer verstärkte Einbindung von Kunde und Lieferant zu einem effektiven Entwicklungs- und Fertigungsverbund.

• Variantenvielfalt mit traditioneller Fließfertigung nicht zu handhaben

Flexible Fertigung und die Einbindung von Kunde und Lieferant in die eigenen Bemühungen zur Verschwendungsvermeidung und Entwicklungsbemühungen sind keine getrennten Aktionen sondern ein miteinander vernetztes Maßnahmenbündel. Die Licht AG versucht zunehmend prozeßorientiert in Kategorien der Wertschöpfung zu denken. Oberster Grundsatz ist es, nicht wertschöpfende Tätigkeiten zu vermeiden. Diesem Ziel dienen die im folgenden beschriebenen Maßnahmen.

• Flexible Fertigung und Einbindung von Kunde und Lieferant

Kleinserien durch flexible Fertigung effizient gestalten: Eine flexible Fertigung ermöglicht die Fertigung auch kleiner Lose zum vom Kunden gewünschten Zeitpunkt, ohne auf kostenintensive Lager zurückgreifen zu müssen. Dazu wird die traditionelle Fließfertigung abgelöst von einer entsprechenden Fertigung in Kleinstgruppen, die die verschiedensten Produkte herstellen kann. Der Neukauf von Maschinen sowie der Einsatz sog. „Klo-Maschinen", also eigentlich „ausgedienter" Maschinen macht dies möglich. Die Investitionen für die An-

• Kleinserien durch flexible Fertigung

schaffung neuer Maschinen liegt bei weitem unter dem für die großen Lager aufzuwendenden Kapital.

• Leistung des Kunden steigern

Leistung des Kunden steigern und ihn in die eigenen Bemühungen einbinden: Vierteljährlich stimmt der zuständige Verkäufer mit dem jeweiligen Einkäufer des Kunden die Produktion ab. Dadurch erhöht sich die Planungssicherheit und der Kunde wird durch eine höhere Termintreue belohnt, die ohne seine Mithilfe undenkbar wäre. Die einzelnen Produktionsinseln erhalten durch ein Fax-Gerät eine direkte Verbindung mit dem Kunden und erhalten von diesen ihre Aufträge direkt. Dadurch wird die Prozeßkette des Auftragseinganges und der Auftragsbearbeitung extrem verkürzt. Die positive Konsequenz ist, daß die bisherige „Verschwendung von Zeit" weitestgehend eliminiert wird, die Kosten der Auftragsbearbeitung sich auf ein Minimum reduzieren und die Mitarbeiter in der Produktion durch Übertragung zusätzlicher Aufgaben motiviert werden. Die Geschäftsleitung unterstreicht dies durch eine leistungsgerechte Entlohnung.

• Leistung eigener Zulieferer steigern

Leistung eigener Zulieferer steigern und ihn in die eigenen Bemühungen einbinden: Die Anforderungen an die eigenen Zulieferer steigen. So sollen Zulieferer in Zukunft Vorräte kostenfrei zur Verfügung stellen. Die Licht AG zahlt nur für genutzte Mengen, wobei der Zulieferer für die jederzeitige Verfügbarkeit verantwortlich ist. Darüber hinaus liefert der Zulieferer die verschiedensten benötigten Materialien vorsortiert und portioniert an die jeweilige Fertigungsinsel direkt an. Eine Qualitätsprüfung beim Eingang entfällt. Bild 7-10 zeigt zusammenfassend die Eingliederung der für den Wertschöpfungspartner Licht-Elektro- Linie zutreffenden Leistungsmodule in der Leistungs-Matrix.

• Wertschöpfungspartner sind grössere Zulieferunternehmungen, die die Fähigkeiten des Produktions- und Entwicklungspartners integrieren

Merkmale „aktiver" Wertschöpfungspartner

Die Die Licht AG hat sich als wichtiger Partner für seine Abnehmer etabliert. Um diese Stellung zu festigen und vor nachdrängenden Wettbewerbern zu verteidigen, gilt es, nachfolgende Erkenntnisse in ihrer künftigen strategischen Ausrichtung zu berücksichtigen. Wertschöpfungspartner sind in der Regel *größere Zulieferunternehmun-*

Module:	Mögliche Ausprägungen				
Grundleistungsmodule:					
Leistungsart	*verlängerte Werkbank*	*Blaupausen-empfänger*	*Mitgestalter*	*Innovator und Forscher*	*...*
Leistungs-spektrum	*Halbfertig-teile*	*Standard-fertigteile*	*Komponenten/ Baugruppen*	*Systeme*	*Komb.Grund-leistung*
Zusatz- und Nebenleistungsmodule:					
Machtver-teilung	*Nachfrage-macht*	*Angebots-macht*	*gegenseitige Abhängigkeit*	*...*	
Intensität	*Kaufvertrag*	*Jahresvertrag*	*Rahmen-vertrag*	*Life-Cycle-Vertrag*	*Partnerschaft*
Geographi-sche Nähe	*international*	*europäisch*	*national*	*regional*	*lokal*
Exklusivität	*Multiple Sourcing*	*Dual Sourcing*	*Single Sourcing*	*...*	*...*
Flexibilität	*Lager-fertigung*	*Kombinierte Fertigung*	*JIT-Fertigung und Lieferung*	*...*	*...*
Qualitäts-sicherung	*keine*	*DIN/ISO 9001-9003*	*Abnehmer-normen*	*TQM*	*...*

Bild 7-10: Leistungsmodule des „aktiven" Wertschöpfungspartners

gen, die die Fähigkeiten des Produktions- und Entwicklungspartners integrieren und in ihrer Funktion als Systemlieferant direkt an OEM's liefern. Sie stellen entsprechende Unternehmungspotentiale bereit, um den OEM entlang seiner gesamten Wertschöpfungskette zu entlasten. Zu diesem Zweck sind sie bereit, enge vertragliche Bindungen mit ihren Abnehmern einzugehen. Sie erbringen komplette und kundenspezifische Problemlösungen, indem sie ganze Baugruppen/Komponenten und Systeme in enger Zusammenarbeit mit dem Abnehmer selbständig entwickeln, konstruieren, fertigen, vormontieren und sogar beim Abnehmer in das Endprodukt einbauen. Dazu verfügen sie über entsprechendes Produkt- und Verfahrens-Know-how in allen Unternehmungsbereichen und setzen in ihrem Bereich eventuell sogar Industriestandards.[25] Ihre Aufgabe ist es, selbständig innovative, neue, bessere Leistungen bei gleichzeitigen Kostenersparnissen anzubieten. Sie agieren nicht von den Endmärkten abge-

schottet, sondern erforschen ständig Trends bei den Endkunden und antizipieren sie in den eigenen Leistungen.
Wertschöpfungspartner sichern sich – zumindest tem-
porär – eine Monopolstellung in ihrem Markt und sind für
den OEM gleichwertige Partner, die nicht kurzfristig er-
setzbar sind. Dies liegt vor allem auch daran, daß sie die
wichtige Aufgabe für ihren Abnehmer übernehmen, die
weitere Zulieferkette zu koordinieren. Die Leistungsfähigkeit des OEM hängt in hohem Maße von einer entsprechend hohen Leistungsfähigkeit ihrer Wertschöpfungspartner ab. Deshalb arbeiten beide Seiten besonders intensiv zusammen. Wertschöpfungspartner sind die wichtigsten Adressaten für Verbesserungs- und Partnerschaftsprogramme von OEM's. Key Account Management
ist in diesen Beziehungen selbstverständlich. Zulieferer in
der Rolle eines Wertschöpfungspartners hat es traditionell nicht gegeben. Er unterscheidet sich deshalb in wesentlichen Punkten von den bisherigen Direktlieferanten
an die OEM's. Bild 7-11 listet die Unterschiede auf.

Fazit: Profilierung für den Abnehmer durch beziehungsgerechte Customer Focus Strategien

Die aufgezeigten Fallbeispiele lassen Anhaltspunkte für die
Entwicklung unterschiedlicher Customer Focus-Strategien
von Zulieferern in situationsspezifischen Zuliefer-Abnehmer-Beziehungen erkennen: Der rationelle Produktionspartner, der innovative Entwicklungspartner sowie der aktive Wertschöpfungspartner. Eine Verallgemeinerung ist
aber kaum möglich. Die Untersuchung verschiedener Zuliefertypen und deren Entwicklungstrends hat zu den
vorgeschlagenen Typologien geführt und gezeigt, welche
Leistungsinhalte sie ihrem Kunden schwerpunktmäßig anbieten können und welche Kriterien ihre Beziehung zum
Abnehmer besonders kennzeichnen. Jede Unternehmung
hat sich auf einem bestimmten Wege zu dem Typ Zulieferer
entwickelt, den er aktuell verkörpert. Sie kann sich weiter-
entwickeln oder auch „zurückentwickeln". Bild 7-12 faßt
die Erkenntnisse der Ausführungen zusammen und zeigt
auf, welche Leistungsprofile für verschiedene Typen von

Traditioneller Direktlieferant	**„Aktiver" Wertschöpfungspartner**
· *Der traditionelle Direktlieferant ist einer unter vielen. Seine Stellung ist in der Regel gekennzeichnet durch Austauschbarkeit seiner Leistung und unzureichende Machtposition gegenüber dem Abnehmer.* · *Sie sind Spezialisten auf einem gewissen Gebiet und haben sich immer bemüht, Service zu bieten.* · *Sie können den Abnehmer nicht voll umfänglich entlasten und sind nicht in der Lage, die Koordination der weiterenZulieferkette zu übernehmen.* · *Sie entwickeln sich nicht weiter, sondern wollen „Bewährtes" fortführen. Dies liegt auch daran, daß sie selber keinerlei Marktforschung in in direkten Märkten betreiben, sondern dies ihren Abnehmern überlassen. Sie fühlen sich in ihrer Rolle als Empfänger von Trends und Anforderungen durch den Abnehmer wohl und empfinden selbst übersteigerten Leistungs-und Preisdruck als „selbstverständlich" in ihrer Branche.*	· *Wertschöpfungspartner sind ausgesuchte Partner der OEM´s. Sie erbringen für das Abnehmerprodukt wichtige und unverwechselbare Beiträge.* · *Sie konzentrieren ihre Aktivitäten auf wenige aber ertragverschrechende Kunden,weil sie sich auf ihr Kerngeschäft konzentrieren. In ihrem Gebiet können sie sämtliche gewünschte Varianten anbieten.„Nice to have"-Bereiche werden soweit möglich abgestoßen.* · *Wertschöpfungspartner verfügen über entsprechendes Produkt- und Prozess-Know-how (so sind Wertschöpfungspartnerin der Regel Systemanbieter, die ihreLeistung durch entsprechendesVerarbeitungs-Know-how abrunden, innovativer Entwicklungspartner und JIT-Lieferant.* · *Sie entlasten die OEM-Wertschöpfungskette (Reduzierung seinerFertigungs- und Entwicklungskomplexität), indem sie die Verantwortung für die Qualitätssicherung der weiteren Zulieferkette verantworten.* · *Sie siedeln sich mit ihrer Produktion in unmittelbarer Nähe ihrer großen Abnehmer an und können so JIT-Lieferung gewährleisten.* · *Sie sind kurz- oder mittelfristig nicht ersetzbar und für den OEM wichtigsterPartner in gemeinsamen Verbesserungs-bzw. Partnerschaftsprogrammen.* · *Wertschöpfungspartner werden nicht „aus der Not geboren". Es ist ein langer Weg ‚diese Stellung bei den Abnehmern einzunehmen. Zu diesem Zweck betreibt man aktive Marktforschung auf denEndkonsumentenmärkten und versucht – soweit möglich – einen Nachfragesog nach seinen Produkten beim Kunden zu erzeugen.*

Bild 7-11: Eigenschaften traditioneller Direktlieferanten und „aktiver" Wertschöpfungspartner

	Produktions-partner	Entwicklungs-partner	Wertschöpfungs-partner
Leistungsumfang:			
• Halbfertigteil	■	○	▲
• Fertigteil	■	■	▲
• Komponenten/Baugruppen	○	■	○
• Systeme	▲	○	■
• Kombinierte Grundleistung	▲	○	■
Projektkompetenz:			
• verlängerte Werkbank	■	▲	▲
• Blaupausenempfänger	■	▲	○
• Mitgestalter	▲	■	■
• Innovator und Forscher	▲	■	○
Flexibilität			
• Lagerfertigung	■	○	○
• gemischte Fertigung	○	○	○
• JIT-Fertigung und – Lieferung	▲	○	■
Qualtiätssicherung			
• ISO 9001–9003	○	○	■
• eigene Abnehmernormen und Audits	○	○	■
• Total Quality Management	○	○	■
Kundensysteme:			
• Beziehungsmanagement	▲	■	■
• Key Account Management	■	■	■
• Partnersysteme	▲	■	■
• Kundenstamm-Marketing	■	■	■
• Kleinkundenmarketing	○	▲	○

■ = von großer Bedeutung/sehr wichtig; ○ = von Bedeutung/wichtig; ▲ = keine Bedeutung/unwichtig

Bild 7-12: Anhaltspunkte für Leistungsprofile verschiedener Zuliefertypen

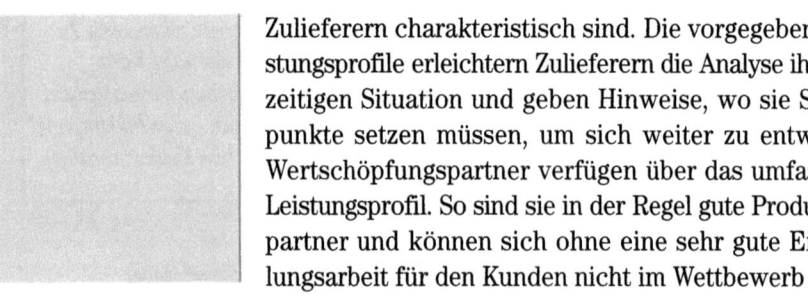

Zulieferern charakteristisch sind. Die vorgegebenen Leistungsprofile erleichtern Zulieferern die Analyse ihrer derzeitigen Situation und geben Hinweise, wo sie Schwerpunkte setzen müssen, um sich weiter zu entwickeln. Wertschöpfungspartner verfügen über das umfassenste Leistungsprofil. So sind sie in der Regel gute Produktionspartner und können sich ohne eine sehr gute Entwicklungsarbeit für den Kunden nicht im Wettbewerb um das

Systemgeschäft halten. Ihr Qualitätsmanagement ist unternehmungsübergreifend mit dem des Abnehmers koordiniert und JIT-Fertigung und -Montage sind Standard. Am ehesten kann der Wertschöpfungspartner sich Beschränkungen beim Leistungsumfang der materiellen Produkte erlauben. Halbfertigteile und Fertigteile wird er überwiegend selbst zukaufen. Produktions- und Entwicklungspartner müssen hingegen ihre Kräfte stärker bündeln. Produktionspartner streben im Bereich der Qualitätssicherung Weltklasse an, um gegen ausländische Wettbewerber aus Billiglohnländern zu bestehen. Entwicklungspartner werden ihre Kundensysteme stark ausbauen, um stets am „Pulsschlag" des Kunden und dessen Kunden zu bleiben. Weiter konzentrieren Produktionspartner ihre Projektkompetenz auf die Funktion als „verlängerte Werkbank" oder „Blaupausenempfänger", Entwicklungspartner jedoch versuchen als „Mitgestalter" oder „Innovator und Forscher" aufzutreten.

Anmerkungen

1 Suzaki (Management im Produktionsbetrieb/ 1989) 119.
2 Suzaki (Management im Produktionsbetrieb/ 1989) 45.
3 Wildemann (Fertigungssegmentierung 3/1992) 66.
4 vgl. dazu auch Wildemann (Lean Management 1); Wildemann (Das JIT-Konzept/ 1992) 109ff.
5 Wildemann (Fertigungssegmentierung 3/1992) 66 ff.
6 Suzaki (Management im Produktionsbetrieb/ 1989) 31 ff.
7 Suzaki (Management im Produktionsbetrieb/ 1989) 116 f.
8 Imai (Kaizen/ 1992) 306.
9 Suzaki (Management im Produktionsbetrieb/ 1989) 94 ff.
10 Deming (Out of the Crisis/1986). Edward Deming gilt als Vater der japanischen Qualitätsbewegung. Die Japaner nahmen sich schon 1950 seiner QS-Philosophie an und suchen seitdem beständig, auf Deming's Theorien aufbauend, nach neuen Wegen zur Qualitätsverbesserung. Inbegriff der japanischen Qualitätsphilosophie ist die Demingsche Kette. Sie drückt den unmittelbaren Zusammenhang zwischen der Steigerung von Produktivität und verbesserter Qualität aus, denn verbesserte Qualität bedeutet: Weniger Nacharbeit, weniger Fehler, weniger Verzögerung und bessere Ausnutzung von Maschine und Material.
11 Unter SPC (deutsch: Fertigungsüberwachung) versteht man die Kontrolle der Fertigung mit der Zielsetzung, den Durchschlupf zu erkennen (Anteil der defekten Einheiten, die die Prüfstation unentdeckt passieren) und die Steuerung der Fertigung durch Eingriffe in den Produktionsprozeß bei Auftreten unbefriedigender Stichprobenbefunde. Rinne/Mittag (statistische Methoden/1989) 302.
12 Kersten (FMEA/1994) 469.
13 Suzaki (Management im Produktionsbetrieb/ 1989) 63.
14 Ursprünglich bezeichnet Jidoka eine Eigenschaft des Produktionssystems von Toyota, in welchem sich die Maschinen beim Auftreten eines Fehlers automatisch abschalten. Imai (Kaizen/ 1992) 301.
15 Suzaki (Management im Produktionsbetrieb/ 1989) 86 ff.
16 Suzaki (Management im Produktionsbetrieb/ 1989) 90 f.
17 Weckerle (Räder und Rollen/1992) 8ff.
18 Wildemann (Entwicklungsstrategien für Zulieferer/1993) 38.
19 Burt (Hersteller helfen/1990) 72ff.
20 Womack et. al (MIT-Studie/1992) 114ff.; Bouttelier (Schlanke Entwicklung/1994) 118ff.; Wildemann (Entwicklungsstrategien für Zulieferer/ 1993) 38ff.
21 Simon (Preismanagement/1992) 7f.
22 In der Grundidee geht die Zielkosten-Vorgabe, auch Target-Costing genannt, auf die Erkenntnis zurück, daß bis zu 80% der Produktkosten in der Entwicklung und Konstruktion festgelegt werden. Ehrlenspiel (Kostengünstig konstruieren/ 1985) 2. Tar-

get-Costing wird weit verbreitet in führenden japanischen Montageunternehmen verwendet (Automobilindustrie, Halbleiterindustrie, Herstellung von Haushalts- und Präzisionsgeräten). Es ist auch in High-Tech-Unternehmen, die höchste Produktivität und starke Konkurrenzfähigkeit erreichen müssen, besonders beliebt. Sakurai (Rechnungspraxis/1989) 54 ff.

23   vgl. hierzu: Tanaka (Cost Planing/1989) 49ff.; Sakurai (Rechnungspraxis/1989) 54 ff.

24   Eversheim (Simultaneous Engineering/1990) 194.

25   Wildemann (Entwicklungsstrategien für Zulieferer/1993) 42.

8 Entwicklung und Realisierung des Customer Focus

Konzept zur Entwicklung und Realisierung des Customer Focus

Die in den vorigen Kapiteln aufgezeigte Vielfalt der Anforderungen an Zulieferer, ihre Entwicklungen und die neu daraus erwachsenden Probleme machen deutlich, daß sich Zulieferer ohne ein festes Vorgehenskonzept in Einzelaktionen verstricken.

Ziel der folgenden Ausführungen ist es deshalb, die Entwicklung grundsätzlich möglicher Customer Focus-Strategien von Zulieferern in dynamischen Zuliefer-Abnehmer-Beziehungen zu diskutieren sowie die zu deren Realisierung notwendigen Schritte und deren Inhalte vorzustellen. Bild 8-1 zeigt ein solches Konzept. Die mit ihm verbundenen Hauptaktivitäten werden nachfolgend tiefergehend behandelt.

• Konzept zur Entwicklung und Realisierung des Customer Focus

Ausgangsbedingungen klären: Vorgaben aus der Unternehmungsstrategie, Unternehmungs- und Marktanalysen

In der Entwicklungsphase des Customer Focus geht es in erster Linie darum, die Ausgangslage des Zulieferers bestimmende, problemrelevante, interne und externe Faktoren, die für eine künftige Beziehung zum Abnehmer entscheidend sein können, zusammenzutragen. Eine umfassende Situationsbeschreibung ermöglicht die Vorgabe entsprechender Zielsetzungen und die Entwicklung der einzuschlagenden Customer Focus-Strategie.

Um die Ausgangsposition des Zulieferers als Input für das Customer Focus-Konzept zu bestimmen, sind ausge-

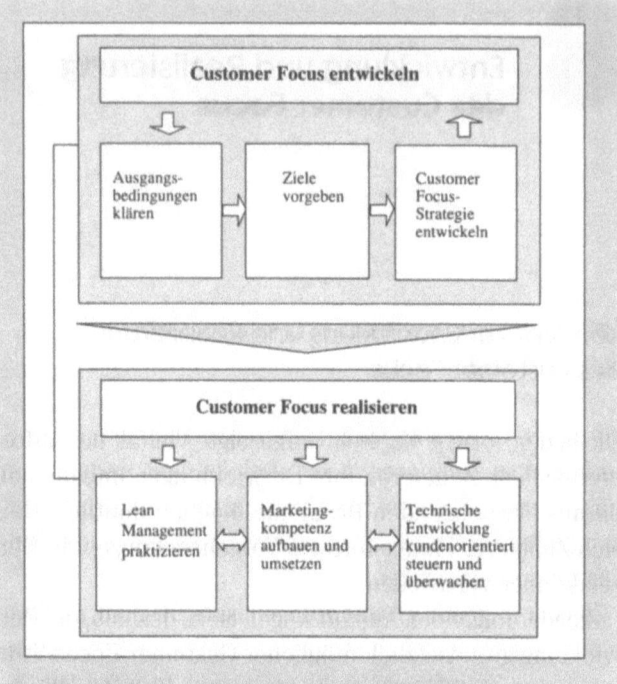

Bild 8-1: Customer Focus entwickeln und realisieren

hend von den Vorgaben der übergeordneten Unternehmungsstrategie die Stärken und Schwächen der eigenen
Unternehmung, die bisherige Ausgestaltung strategischer
Erfolgsfaktoren, die möglicherweise vorhandenen strategischen Erfolgspositionen, die Marktlage und -entwick-
lung, die Wettbewerbssituation sowie das allgemeine Umfeld zu analysieren.

Vorgaben aus der Unternehmungsstrategie: Die Unternehmungsstrategie legt die Absichten, Schwerpunkte und
Prioritäten für die langfristige Entwicklung der Unternehmung in verbindlicher Form fest. Kernpunkt der Unternehmungsstrategie ist es, strategische Erfolgspositionen
zu erkennen und zu besetzen. Strategische Erfolgspositionen (SEP's) umschreiben die Fähigkeiten einer Unternehmung, im Vergleich zur Konkurrenz auch längerfristig
überdurchschnittliche Ergebnisse zu erzielen.[1] Sie legen
den Grundstein für die Ausrichtung der Unternehmung
auf die Wünsche des Kunden. Bild 8-2 zeigt Beispiele für

• Vorgaben aus
der Unternehmungs-
strategie

Produkt- und Dienst-leistungsbereich	Marktbereich	Bereich einzelner Unternehmungsfunktionen
Fähigkeiten, Kundenbedürfnisse rascher, besser als die Konkurrenz zu erkennen und die Leistungen schneller den Marktbedürfnissen anpassen zu können: • *Anbieten von Systemen.* • *Ausgezeichnete Kundenberatung und After-Sales-Service.* • *Präventive Qualitätssicherung für den Kunden.*	*Fähigkeiten, einen bestimmten Markt bzw. eine bestimmte Abnehmergruppe gezielter und wirkungsvoller als die Konkurrenz zu bearbeiten:* • *Konzentration auf eine Branche (z.B. Automobil, Bekleidung etc.).* • *Konzentration auf einen geographischen Raum (z.B. lokale Niederlassung vor den Toren des Abnehmers zur bestmöglichen Bedienung des Kunden durch JIT-Lieferungen).*	*Fähigkeiten, sich durch funktionsspezifische Vorteile in Marketing, F+E, Produktion, Beschaffung etc. von der Konkurrenz abzuheben:* • *Vorteile in der Beschaffung durch Zusammenschluß in Beschaffungskooperationen (schlanke Beschaffung).* • *Vorteile in der F+E durch Austausch von Mitarbeitern und Aufbau eigener F+E-Kapazitäten (schlanke Entwicklung).* • *Vorteile durch JIT-Versand (schlanke Zulieferung).* • *Vorteile durch flexible Gruppenfertigung (schlanke Produktion).*

Bild 8-2: Strategische Erfolgspositionen von Zulieferunternehmungen; Quelle: in Anlehnung an Pümpin/Geilinger (Strategische Führung/1988) 11ff.

strategische Erfolgspositionen von Zulieferern in verschiedenen unternehmerischen Bereichen.[2]

Analyse der Unternehmung: Stärken, Schwächen und Ausrichtung an strategischen Erfolgsfaktoren: Um die Anforderungen ihrer Abnehmer zu erfüllen und neue Strategien durchsetzen zu können, entwickeln Zulieferunternehmungen zum Teil völlig neue Fähigkeiten in verschiedenen Unternehmungsbereichen. Ausführliche Checklists zur Analyse dieser Fähigkeiten in den einzelnen Unternehmungsbereichen liegen in unterschiedlicher Form vor. Mit ihnen ist häufig die Gefahr verbunden, dem Nutzer Vollständigkeit vorzutäuschen. Die zur Analyse notwendige Kreativität kann dadurch verlorengehen. Bild 8-3 listet deshalb nur die Kernfragen auf, die als Einstieg und grobe Orientierung dienen können.[3] Derartige Checklists dürfen keinesfalls die problemorientierte und situationsgerechte Analyse dominieren. Sie können sie auch nicht ersetzen.

• Analyse der Unternehmung: Stärken, Schwächen und Ausrichtung an strategischen Erfolgsfaktoren

Marketing	*Marktleistungsgestaltung: Hauptleistung, Zusatzleistung, Nebenleistung, Sortimentsbreite und -tiefe. Preis: Rabatte, Konditionen, Verrechnungsmöglichkeiten. Marktbearbeitung: Werbung, Verkauf, Verkaufsförderung. Distribution: Kanäle, Organisation, Exklusivität.*
F+E	*Kapazitäten, Investitionen, Patente, Lizenzen, Know-how in Produkten und Prozessen.*
Fertigung	*Produktionstechnologien, Gruppenfertigung, Teamarbeit, Bestände, Auslastung, Flexibilität.*
Organisation, Führung und Personal	*Führungsstil, Anzahl der Hierarchieebenen, Overheads, Arbeitszeitmodelle, Gehaltsgefüge, Incentives, Informationssysteme, Betriebsklima, innerbetriebliche Entscheidungswege, Managemententwicklungsprogramme, Weiterbildung.*
Finanzen und Controlling	*Kapitalstruktur, Reserven, Entwicklung des Cash Flow, Umsatzentwicklung, Kostenentwicklung, Controlling-Instrumente, Entwicklung von Kennziffern (Liquidität, Eigenkapital-/Fremdkapitalquote, Verschuldungsgrad, Investitionsintensität etc.).*
Beschaffung	*Lieferantenstruktur und -auswahl, Einkaufsvolumen, Wertschöpfungsgrad, Fertigungs- und Entwicklungstiefe.*

Bild 8-3: Grobraster zur Analyse unternehmerischer Stärken und Schwächen

• Analyse von Markt, Wettbewerb, allgemeinem Umfeld und aktuellen Zuliefer-Abnehmer-Beziehungen

Eine weitere wichtige Aufgabe ist festzustellen, in welchem Ausmaß sich die Unternehmung an strategischen Erfolgsfaktoren ausrichtet. Auch hier spielen die speziellen Gegebenheiten der Unternehmung, ihrer Kunden und Märkte eine wichtige Rolle. Das folgende Bild 8-4 soll deshalb als Anregung dienen, verschiedene SEP's zu finden. Sie können für jeden Einzelfall anders aussehen.

Analyse von Markt, Wettbewerb, allgemeinem Umfeld und aktuellen Zuliefer-Abnehmer-Beziehungen: Marktanalysen, Branchenanalysen, Wettbewerbsanalysen und die Beobachtung des allgemeinen Umfeldes führen zu Erkenntnissen, die helfen, Risiken frühzeitig zu erkennen und sich bietende Chancen schneller als der Wettbewerb zu erkennen und zu nutzen. Aus der Analyse des unternehmerischen Umfelds leitet die Unternehmung ab, ob die gegebenen Rahmenbedingungen für unternehmerisch erfolgreiche Zuliefer-Abnehmer-Beziehungen beispielsweise am inländischen Standort noch gegeben sind. Gerade in Hochlohnländern mit zusätzlich stark reglementier-

Qualität	Kosten	Zeit
• *Qualitätsverständnis* • *Zertifizierung* • *Total Quality Management* • *Methodeneinsatz (QFD, FMEA, Benchmarking etc.)* • *Technische Qualität (materielle Qualität)* • *Servicequalität* • *Beschwerdemanagement* • *Mitarbeiter-Qualifikationsprogramme* • *Qualitätsplanung* • *Qualitätssicherung* • *Statistische Qualitätskontrolle*	• *Fixkostenblöcke* • *Entwicklung der variablen Kosten* • *Kostentreiber* • *Kosten durch Variantenvielfalt* • *Stückkosten und Deckungsbeiträge* • *Standortkosten* • *Allgemeine Gewinn- und Kostenentwicklung* • *Kostenvergleich mit Wettbewerb* • *Gewinnschwelle/ Break-Even* • *Kostenarten* • *Kostenstellen* • *Kostenträger* • *Kostenstruktur*	• *Termin- und Liefertreue* • *Lieferflexibilität* • *Arbeitszeitflexibilität* • *Durchlaufzeiten* • *Entwicklungszeiten* • *Betriebsmittel-Nutzungszeiten* • *Prozeßzeiten*

Bild 8-4: Unternehmerische Ausrichtung an strategischen Erfolgsfaktoren

tem Umfeld gewinnen solche Analysen an Stellenwert in der strategischen Planungsarbeit. Neben der Sammlung ausführlicher Informationen über das Umfeld, Markt und Kunde sind auch Informationen zur eigenen Branche und über Wettbewerber wichtig, so z.B. bei der Suche nach potentiellen Kooperationspartnern. Bild 8-5 gibt Anhaltspunkte für die Inhalte der einzelnen Teilanalysen. Die aus ihnen gewonnenen Erkenntnisse dienen als Diskussionsgrundlage künftiger Zielsetzungen.

Ziele vorgeben: Unternehmungssicherung, Abnehmerbindung und konstruktiver Wettbewerb

Die unternehmerischen Vorgaben sowie die Ergebnisse der verschiedenen Analysen setzen den Rahmen für die künftigen Unternehmungsziele. Die Unternehmungsleitung entwickelt mit diesem Vorwissen unternehmungsbezogene, abnehmerbezogene, branchen- und wettbewerbs-

• Harmonisiertes Ziele Set

Allgemeines Umfeld und Standortqualität	Markt- und Abnehmeranalyse	Branchenanalyse	Konkurrenzanalyse
• *ökonomisches Umfeld:* Inflation, Wechselkurse, Investitionen, Steuergesetzgebung, Wachstumsraten, Beschäftigung, Ausbildung der Mitarbeiter, Struktur- und Investitionshilfen etc. • *ökologisches Umfeld:* Umweltauflagen, Rohstoffpreise, Energiepreise, allg. Einstellung. • *politisches und rechtliches Umfeld:* politische Stabilität, rechtliche Sicherheit durch Gesetzgebung und -sprechung, Bedeutung der Gewerkschaften. • *technologisches Umfeld:* Stand von Produkt- und Verfahrenstechnologie, Förderung von Innovationen, Innovationsfreudigkeit.	• *quantitative Analyse:* Marktkapazität, Marktpotential, Marktvolumen, Marktanteile/Umsätze, Marktwachstum/ Grad der Marktsättigung Lebenszyklysanalyse. • *qualitative Analyse:* Stellung der Unternehmung im Markt, Marktkombination, Bedürfnisse/Probleme/ Wünsche. • *Analyse der Zuliefer-Abnehmer-Beziehung:* Analyse der Grund-, Zusatz- und Nebenleistungsmodule der Beziehung (Leistungsart, Leistungsspektrum, Machtverteilung, Intensität, Geographische Nähe, Exklusivität, Flexibilität, Qualitätssicherung).	• *allgemeine Struktur:* Anzahl, Größenverteilung, Organisation in Verbänden, Eintrittsbarrieren, Austrittsbarrieren. • *Wettbewerber:* Anzahl, Struktur, Stärken/ Schwächen etc. • *Eintrittsbarrieren:* Technologien, Kapital, qualifizierte Mitarbeiter • *Substitutionen* • *Zulieferantenstruktur:* Anzahl, Größe, Angebotsmacht • *Abnehmer:* Anzahl, Größe, Forderungen, Wünsche, Probleme, Nachfragemacht.	• *Anzahl* • *Größe* • *Stärken/Schwächen* • *Produktpolitik* • *Qualitätspolitik* • *Preispolitik* • *Kostenstrukturen* • *Innovationskraft* • *Finanzkraft*

Bild 8-5: Grobraster für die Analyse des unternehmerischen Umfelds

bezogene sowie endkunden- bzw. endmarktbezogene Teilziele. Diese gilt es, in einem harmonisierten Ziel-Set zusammenzufassen und zu verabschieden. Bild 8-6 zeigt einen Katalog möglicher Zielsetzungen in den angesprochenen Bereichen.

Die Unternehmungsleitung entwirft für die gesetzten Ziele potentielle Zukunftsbilder und faßt sie in verschiedenen Szenarien zusammen, wobei minimale und maximale Erwartungen die jeweiligen Fixpunkte der Überle-

Unternehmungsbezogene Ziele:
- *Weiterentwicklung vom Teilefertiger zum Komponenten-/Baugruppen oder Systemanbieter und Wertschöpfungspartner.*
- *Marktanteilswachstum.*
- *Rationalisierung in der Fertigung.*
- *Variantenreduzierung und -standardisierung.*
- *Abbau der Lagerhaltung und Einführung von JIT-Systemen.*
- *Einführung interaktiver Kommunikation mit Schlüsselkunden.*
- *Zertifizierung nach DIN/ISO.*
- *Verstärkung der Prozessorientierung, Abbau nicht notwendiger Wertschöpfung und Etablierung des internen Kunden-/Lieferantenprinzip.*
- *Durchführung von Lean Management und TQM-Projekten.*
- *Rückzug aus bestimmten Abnehmerbrachen.*

Abnehmerbezogene Ziele:
- *Konzentration auf ergiebige Groß- und innovative Schlüsselkunden.*
- *Erhöhung der Kundenbindung. Neugestaltung des Leistungsmanagement:*
  - *Anbieten neuer Leistungsarten,*
  - *Ausbau/Abbau des Leistungsspektrums,*
  - *Beeinflußung der Machtverteilung,*
  - *Erhöhung/Abbau der Intensität der Beziehung,*
  - *Erweiterung/Verringerung der geographische Nähe zum Kunden,*
  - *Ausbau/Abbau der Exklusivität der Beziehung,*
  - *Erhöhung/Verringerung der Flexibilität der Beziehung,*
  - *Verbesserung der Qualitätssicherung.*

Ziele-Set

Wettbewerbs- und branchenbezogene Ziele:
- *Kooperationen mit ehemaligen Wettbewerbern und Aufbau von Zuliefermacht.*
- *Aufbau von Markteintrittsbarrieren gegen ausländische Wettbewerber.*
- *Konstruktiver Qualitäts- statt destruktiver Preiswettbewerb.*
- *Vermeidung vonSubstitutionsgefahren.*

Endmarktkundenbezogene Ziele:
- *Aufbau von Kompetenz für den Endmarkt.*
- *Steigerung des Endproduktnutzens.*
- *Schaffung eines Nachfragesogs.*
- *Etablierung eines Markennamens.*
- *Verbindung des Herstellerproduktes mit dem Zulieferprodukt erreichen.*

Bild 8-6: Katalog unterschiedlicher Zielsetzungen für Zulieferer; Quelle: vgl. auch Pabst (Distributive Leistungssysteme/1993) 133.

gungen darstellen und den „Trichter„ der Unsicherheit ausmachen, der über die Zeit zunehmend größer wird.[4] Die Betrachtung verschiedener Szenarien deckt strategische Lücken auf, die durch die Entwicklung und Realisierung entsprechender Customer Focus Strategien geschlossen werden sollen.

Customer Focus Strategie entwickeln

Die für die zukünftige Zielrichtung der Unternehmung kritischen Problemfelder bzw. Schlüsselfragen leiten sich aus der ausführlichen Unternehmungs- und Umfeldanalyse und den angestrebten Zielsetzungen ab, bspw.:

- Wollen wir den eigenen Wertschöpfungsanteil am Endprodukt erhöhen?
- Wollen wir zusätzliche Entwicklungsleistungen für den Kunden übernehmen?
- Wollen wir neben Zeichnungsteilen bzw. Contract Parts auch Katalogteile anbieten?
- Wollen wir künftig Halbfertigteile auch weiterverarbeiten oder sogar ganze Komponenten oder Systeme vormontieren?
- Durch welche zusätzlichen Strategien können wir den Abnehmer stärker an uns binden?
- Welche Kompetenzen, Fähigkeiten, Potentiale gilt es aufzubauen und zu nutzen?
- Welche Prioritäten bestimmen unser künftiges Handeln?
- Welche zeitlichen Meilensteine setzen wir für die Realisierung an?

- Zielerreichungsstrategien für Zulieferer

Zielerreichungsstrategien für Zulieferer: Selektion, Expansion, Allianzen, Weiterentwicklung und Zusammenarbeit: Zur Lösung der aufgeworfenen Schlüsselfragen und -entwicklungen bieten sich dem Zulieferer grundsätzlich verschiedene Zielerreichungsstrategien an:

- Kern- bzw. Basisstrategien (Produkt-Markt-Strategien),
- Strategische Allianzen und Unternehmungsverflechtungen zwischen Zulieferern,
- Selektions- und Reduktionsstrategien,
- Entwicklungsstrategien,
- Zusammenarbeitsstrategien.

Die richtige Kombination grundsätzlich möglicher Strategien ist die Basis für die günstigste Realisierung des angestrebten Customer Focus.

- Kernstrategien für Zulieferer

Kern- bzw. Basisstrategien: Eine Kern- bzw. Basisstrategie legt fest, ob Zulieferer ihre bisher erzeugten Leistungen weiterhin auf den bisherigen Märkten absetzen, oder ob sie neue Produkte für die bisherigen Abnehmer entwickeln oder sogar neue Produkte für gänzlich neue Märkte anbieten. Die verschiedenen Strategiealternativen modifiziert auf Zuliefer-Abnehmer-Beziehungen gibt die Produkt-Markt-Matrix in Bild 8-7 wieder.[5]

Strategische Allianzen und Unternehmungsverflechtungen: Neben der Produkt-Markt-Entscheidung sollte der Zulieferer Überlegungen anstellen, ob er das gewünschte Ziel durch internes Wachstum erreichen kann, oder ob er dazu externer Hilfestellung bedarf. „Extern wachsen" kann er beispielsweise durch Joint Ventures, strategische Allianzen, Beteiligungen, Akquisitionen oder Fusionen. Unter einer strategischen Allianz werden Koalitionen von zwei oder mehreren rechtlich selbständigen Unternehmen verstanden, die mit dem Ziel eingegangen werden, die individuellen Stärken in einzelnen Geschäftsfeldern zu vereinen. So können die beteiligten Unternehmungen gemeinsam strategisch relevante Wettbewerbsvorteile realisieren und strategische Erfolgspotentiale sichern bzw. neu erschließen.[6] Strategische Allianzen sind dabei nicht nur Kooperationen zwischen aktuellen und potentiellen Konkurrenten eines Geschäftsfeldes und als

* Strategische Allianzen und Unternehmungsverflechtungen

	„derzeitige" Produkte	neue Produkte
„derzeitige" Kunden/ Märkte	**Marktdurchdringungsstrategien:** • *Intensivierung der Marktbearbeitung* • *Attraktivität durch Relaunchsteigern* • *Imitation von Konkurrenzangeboten* • *Kosten- und Preissenkung* • *Unbundling der Leistung*	**Produktentwicklung:** • *Neue Produkte und Weiterentwicklung bestehender Lösungen zu kompletten Systemlösungen* • *Neue Prozesse* • *Neue Sortimente*
neue Kunden/ Märkte	**Marktentwicklung:** • *Neue Abnehmer und Marktausweitung durch internationalere Ausrichtung* • *Neue Distributionskanäle* • *Neue Verwendungszwecke* • *Neue Zusatzleistungen wie Zertifizierung und JIT-Lieferung*	**Diversifikation:** • *Nutzung vorhandenen Knowhows für neue Produkte in neuen Märkten*

Bild 8-7: Strategien in der Produkt-Markt-Matrix; Quelle: in Anlehnung an Weinhold (Marketing/1991) 124, 126.

horizontale Kooperation zu verstehen. Sie können auch mit Abnehmern eingegangen werden und bedeuten so für beide Partner eine Art vertikaler Integration. Sie beziehen sich in der Regel auf betriebliche Hauptfunktionen wie Beschaffung, F+E, Produktion und Vertrieb. In diesen Bereichen umfassen Allianzen Joint Ventures, Lizenzverträge, Lieferverträge, Vertriebsverträge, Beschaffungsverträge und eine weitere Vielzahl anderer rechtlicher Vereinbarungen. Dabei ist zu beachten, daß Unternehmungen durch strategische Allianzen ihre rechtliche Unabhängigkeit nicht aufgeben wollen. Dies würde erst dann geschehen, wenn über eine strategische Allianz hinausgehende Vereinbarungen über Betriebszusammenlegungen, Fusionen oder gegenseitige Beteiligungen getroffen werden. Die Ziele, die Zulieferer mit den verschiedenen Formen wirtschaftlich und rechtlicher Zusammenarbeit verfol-

---

- *Zusammenführung und Ergänzung von vorhandenem Know-how in allen Unternehmungsbereichen.*

- *Zugang zu neuen Technologien und neuen Märkten.*

- *Größenvorteile und Kostensenkungen in der Beschaffung und/oder Fertigung und/oder Marketing/Distribution erreichen und realisieren.*

- *Angebotsmacht gegenüber Abnehmern; Nachfragemacht gegenüber Anbietern stärken (z. B. die Verbesserung der Position in Vertragsverhandlungen).*

- *E+K-Kapazitäten ergänzen und für den Abnehmer attraktiv machen.*

- *Ausweitung des Angebots und Möglichkeit, zum Systemanbieter aufzusteigen.*

- *Möglichkeit, mehr Varianten zu managen und anbieten zu können; Nutzung von Synergien.*

- *Hohe finanzielle Belastungen durch notwendige Neu- und/oder Ersatzinvestitionen teilen bzw. vermindern. Investitionen, die sich alleine z.B. wegen vermuteter unzureichender Auslastung nicht amortisieren, werden wirtschaftlich.*

- *Gemeinsame Schulung von Mitarbeitern.*

- *Verbesserung der Markttransparenz für externe Dienstleistungen.*

- *Gemeinsame Bemühungen im Umweltschutz und bei der Entsorgung*

- *Gemeinsame Informationsbörsen für Restbestände an Vormaterial, freie Produktionskapazitäten, gebrauchte Maschinen, Ersatzteile, etc.*

Bild 8-8: Ziele von Zulieferer-Kooperationen; Quelle: vgl. Tutmann (Kooperationen – Chance für den Mittelstand/1994) 35f.

gen, können sehr facettenreich sein. Bild 8-8 listet mögliche Gründe auf.

Selektions- und Reduktionsstrategien: Zulieferern, denen es nicht gelingt, sich als direkter Partner der Herstellerindustrien zu etablieren, werden zu Subzulieferern des zweiten oder dritten Grades. Sie müssen sich Gedanken darüber machen, wie sie mittels geeigneter Selektions- und Reduktionsstrategien dieser Stellung gerecht werden können. Stichworte sind hier: die Einstellung von Einzelaktivitäten, eine konsequente Programmverkürzung, Reduzierung der Variantenvielfalt und Spezialisierung, die Fertigung austauschbarer Leistungen in Billiglohnländern oder deren Zukauf statt Eigenfertigung sowie die Kooperation mit anderen Zulieferern in ausgewählten Unternehmungsbereichen zur Stärkung der eigenen Angebotsmacht. Auch vor einschneidenden Maßnahmen wie dem Verkauf von nicht mehr genutzten oder verlustträchtigen Betriebsteilen darf der Zulieferer nicht zurückschrekken, um sich auch künftig wichtige strategische Spielräume nicht zu blockieren.

- Selektions- und Reduktionsstrategien

Entwicklungsstrategien: Im Gegensatz zu den Selektions- und Reduktionsstrategien steht Zulieferern auch die Möglichkeit offen, in einer Offensivstrategie ihr Leistungsspektrum für den Abnehmer zu erweitern. Die Zuliefer-Leistungsmatrix (Bild 8-9) baut auf der Matrix der Grundtypen professioneller Zuliefertypen auf und erläu-

- Entwicklungsstrategien

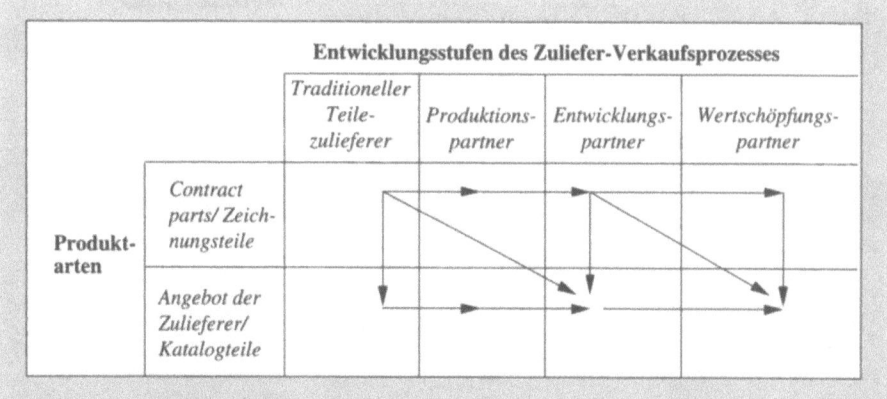

Bild 8-9: Zuliefer-Leistungsmatrix: Entwicklungsstufen für Zulieferer

• Produktarten eines
Zulieferers

• Entwicklungsstufen
eines Zulieferers

tert wesentliche Möglichkeiten der Erweiterung des Leistungsspektrums. Die eingezeichneten Pfeile geben dabei
die grundsätzlich möglichen Entwicklungsrichtungen an.

Die Dimensionen der Matrix sind zum einen die möglichen Produktarten des Zulieferers, zum anderen seine
möglichen Entwicklungsstufen:

Produktarten eines Zulieferers: Zulieferer verkaufen
entweder Contract Parts bzw. Zeichnungteile oder aber
sie bieten unabhängig davon eigenentwickelte Produkte
als Katalogteile an. Innerhalb der verschiedenen Produktarten sind verschiedene Leistungsumfänge möglich. So
können contract parts Produkte der 1. Ordnung sein,
durch den Zulieferer bereits weiterverarbeitet werden
und/oder ganze Komponenten/Baugruppen oder Systeme
darstellen (Produkte 2. Ordnung).

Entwicklungsstufen von Zulieferern: Ausgehend von
einer Position als Teilelieferant sind für Zulieferer die verschiedenen Entwicklungsrichtungen zum Produktionspartner, Entwicklungspartner oder Wertschöpfungspartner denkbar. Bild 8-10 zeigt in diesem Sinne die möglichen Entwicklungspfade für Zulieferer auf.

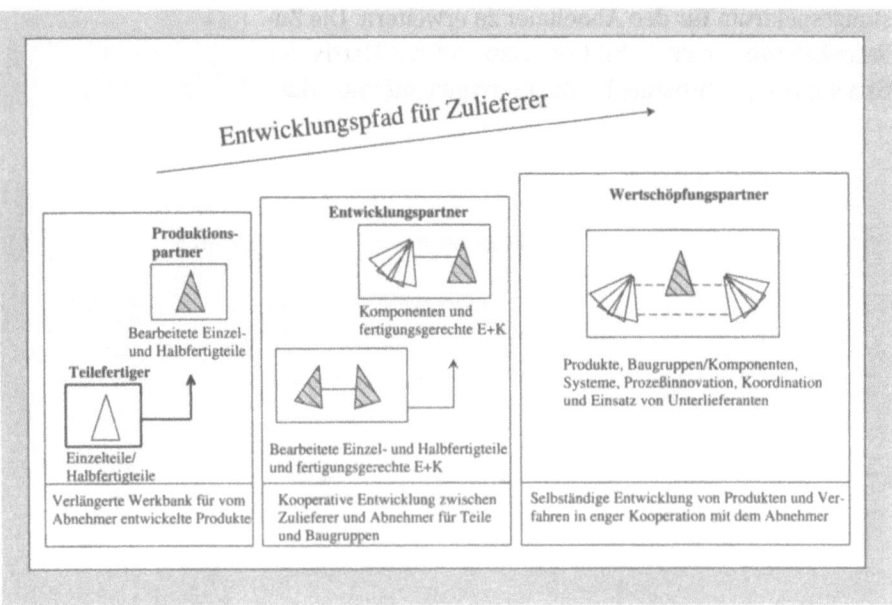

Bild 8-10: Entwicklungsstrategien für Zulieferer

Teilefertiger stellen lediglich Einzelteile oder Halbfertigteile her. Sie sind verlängerte Werkbank des Kunden, d.h.,
sie verfügen nicht über eigene Entwicklungskapazitäten,
sondern übernehmen oder kaufen die notwendigen Werkzeuge und Vorrichtungen von ihren Kunden oder Dritten.
Ein erster Schritt auf dem Entwicklungspfad ist es, Werkzeuge und Vorrichtungen selbst zu entwickeln, anzuferti-
gen und kontinuierlich zu verbessern. Eine weitere Möglichkeit besteht auch darin, den Anteil der Wertschöpfung
zu erhöhen. Dies wäre dadurch möglich, die bisher erzeugten Einzel- oder Halbfertigteile einem weiteren Bearbei-
tungsschritt zu unterziehen. Dazu ist es erforderlich, sich
das notwendige Produktions Know-how anzueignen. Einen entscheidenden Schritt unternimmt der Zulieferer,
wenn er für den Abnehmer auch Entwicklungsaufgaben in
Eigenregie übernehmen möchte. Durch die damit automatisch enger werdende Zusammenarbeit kann er gleichzeitig erreichen, seinen Anteil an der Wertschöpfung weiter
zu erhöhen. so daß er für ganze Baugruppen/ verantwortlich zeichnet. In der Folge sollte er versuchen, die Zusammenarbeit weiter zu intensivieren, so daß er als Wertschöpfungspartner letztlich ganze Systeme für das Endprodukt entwickelt und selbständig fertigt. Eine Reihe zusätzlicher Aufgaben wie die Koordinierung der weiteren
Zulieferkette kommt damit auf ihn zu.[7]

Zusammenarbeitsstrategien: Mit dem möglichen Entwicklungspfad eines Zulieferers eng verbunden ist der richtige Zusammenarbeits-Mix mit seinen Abnehmern. Bild 8-11
gibt diesbezüglich Hinweise. Je weiter sich ein Zulieferer
entwickelt, desto umfassender und intensiver wird die kooperative Zusammenarbeit mit seinen Abnehmern ausfallen. So lassen sich die aufgezeigten Maßnahmen nur schwer
trennen. Sie sind eventuell für verschiedene Zuliefer-Typen
wichtig und nicht zuletzt für Wertschöpfungspartner auch
kummulativ zu verstehen.

Die Realisierung des Customer Focus ist mit drei großen
Aufgabenbereichen verbunden, die eng miteinander verknüpft sind. Dazu gehören:

– Lean Management praktizieren, d.h. die interne Ausrichtung der Unternehmung auf Markt und Kunde.

• Zusammenarbeits-
strategien

• Aufgaben zur
Realisierung des
Customer Focus

Produktionspartner	Entwicklungspartner	Wertschöpfungspartner
• *Lean Production Projekte* • *Mitarbeiter-Austausch in der Produktion und regelmäßige Treffen von Fachbereichsleitern* • *Direkte Kommunikation von der Produktion des Abnehmers mit der Produktion des Zulieferers unter Umgehung von Einkauf und Marketing/ Verkauf* • *Koordinierung von Werkzeug- und Vorrichtungsbau* • *Gemeinsame Entwicklung von Baukastenlösungen* • *Gemeinschaftliches Variantenmanagement* • *Entwicklung von JIT-Systemen*	• *Lean Development Projekte* • *Mitarbeiter-Austausch in der Entwicklung und regelmäßige Treffen von Fachbereichsleitern* • *Gemeinsame (End-) Marktforschung* • *Gemeinsame Versuchs- und Testeinrichtungen Gemeinsame Produktplanung und -entwicklung incl. (Ziel-) Kostenplanung sowie Zeitplanung durch Entwicklungsteams* • *Einsatz von CAD und IEK* • *Cost Sharing bei aufwendigen Neuentwicklungen und Basisinnovationen*	• *Lean Management Projekte* • *Kooperative Qualitätssicherung* • *Mitarbeiter-Austausch und regelmäßige Top Management Meetings* • *Konsequente Beziehungspflege und Lead User Konzepte* • *Intensivierter Einsatz von IEK Entwicklung von JIT-Systemen und Montageverantwortung im Werk des Kunden* • *Gründung gemeinsamer Töchterunternehmungen und kapitalmäßige Verflechtungen z.B. bei besonderen Projekte (Expansion, neuer Geschäftsfelder etc.)*

Bild 8-11: Schwerpunkte in der Zusammenarbeit verschiedener Zuliefer-Typen mit ihren Abnehmern

– Marketing-Kompetenz aufbauen und umsetzen, d.h. kundenorientierte Planung der Erfolgsfaktoren Qualität, Kosten und Zeit.
– Technische Entwicklung neuer Produkte kundenorientiert planen, steuern und überwachen.

Lean Management praktizieren: Unternehmungs-interne Ausrichtung auf Markt und Kunde

• Grundsätze des Lean Management

Die Ausrichtung der Unternehmung auf den Abnehmer verlangt vom Management, sich an bewährten Prinzipien zu orientieren bzw. sich nutzbringender Instrumente zu bedienen, um die gewählte Entwicklungsstrategie umsetzen zu können. Bild 8-12 gibt einen Überblick über die Lean Management Grundsätze und die zu ihrer Umsetzung zur Verfügung stehenden Prinzipien- und Methodenviel-

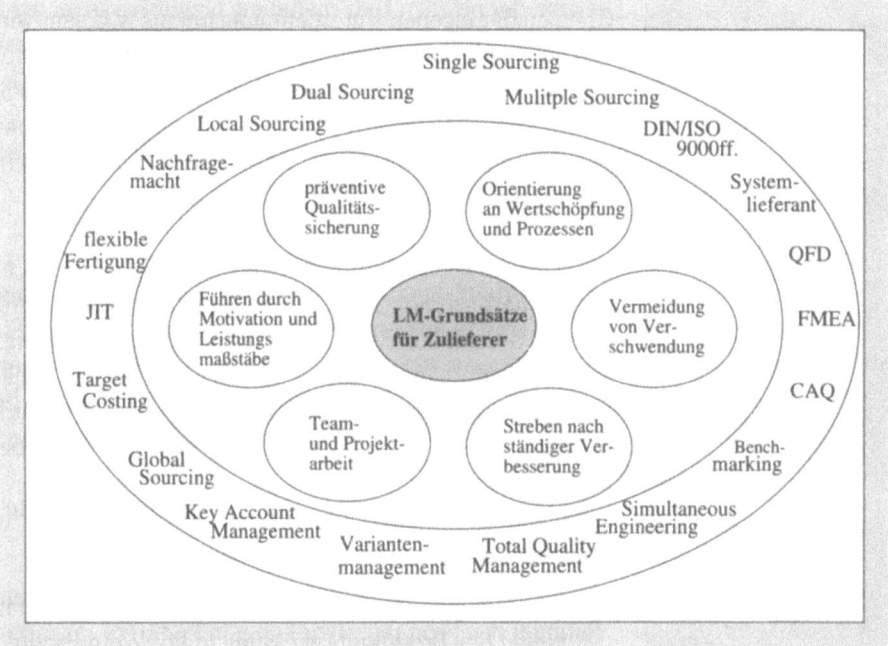

Bild 8-12: Lean Management-Grundsätze und Prinzipien

falt; sie sind das Resultat der Auswertung zahlreicher Quellen und auch Gesprächen mit Experten.[8] Verschiedene Grundsätze liegen der „Lean-Idee" zugrunde:[9]

1. präventive Qualitätssicherung.
2. Orientierung an Wertschöpfung und Geschäftsprozessen statt an Funktionen.
3. Vermeidung von Verschwendung und kontinuierliche Verbesserung.
4. Der Mensch im Mittelpunkt: Team- und Projektarbeit.
5. Führung durch Motivation und Leistungsmaßstäbe.

Die genannten Grundsätze sind das bindende Glied eines jeden Lean Management und bilden die Basis für jedes Lean Management-Projekt in einer Unternehmung.

Jede Unternehmung muß aus der gebotenen Vielfalt den für sich relevanten Lean Management-Mix auswählen. Standardlösungen sind weder ratsam noch praktizierbar.[10] Die zahlreichen möglichen Einzelinhalte deuten darauf hin, daß praktiziertes Lean Management über die

Grenzen der eigenen Unternehmung hinaus wirksam wird und eine verbessere Beziehung zu Kunde und Lieferant erreichen will. In diesem Zusammenhang diskutierte Ansätze wie kundenorientierte, flexible Fertigung, JIT-Systeme, Simultaneous Engineering, Key Account Management, etc. sind nur einige Stichworte.

• präventive
Qualitätssicherung

1. Präventive Qualitätssicherung: Qualität ist nicht „erkontrollierbar", sondern muß entwickelt werden.[11] Aus diesem Grunde konzentrieren sich Qualitätssicherungsmaßnahmen v.a. auf die E+K-Prozesse. Ziel ist es, Fehler jeglicher Art von Beginn an zu vermeiden, um sie nicht in späteren Phasen mit erheblichem Mehraufwand beheben zu müssen.

Für Zulieferer geht es bei präventiver Qualitätssicherung v. a. darum:

– die beim Kunden vorhandenen Qualitätsforderungen im Rahmen der Produktentwicklung in konkrete Produktmerkmale umzusetzen.
– im Zuge der Fertigungsprozessgestaltung sämtliche Maßnahmen sicherzustellen, die zu einer kontrollierten und beherrschbaren Produktion führen.

Im Rahmen der präventiven Qualitätssicherung kommen Methoden wie Quality Function Deployment (QFD), Benchmarking, Fehler-Möglichkeits- und -Einfluß-Analyse (FMEA), Simultaneous Engineering (SE), Wertanalyse (WA) u.a. zum Einsatz. Unternehmungen versuchen möglichst wenige, aber wirksame Engineeringmethoden aus dem umfangreichen Angebot zu selektieren und zu einem integrierten Methodensystem (IMS) zusammenzufassen. So zeigt Bild 8-13 das bei der Firma Bosch GmbH, Stuttgart, entwickelte und eingesetzte Methodensystem.

Die im Methodensystem verwendeten Methoden dienen unterschiedlichen Zielsetzungen. Bild 8-14 faßt die Kerninhalte und Zwecksetzungen einzelner Methoden zusammen.[12]

Mit Hilfe der kombinierten Methoden steuert und unterstützt Bosch seine kunden-orientierte Produkt- und Prozeßentwicklung. Das IMS soll dabei folgende Zielsetzungen erfüllen:[13]

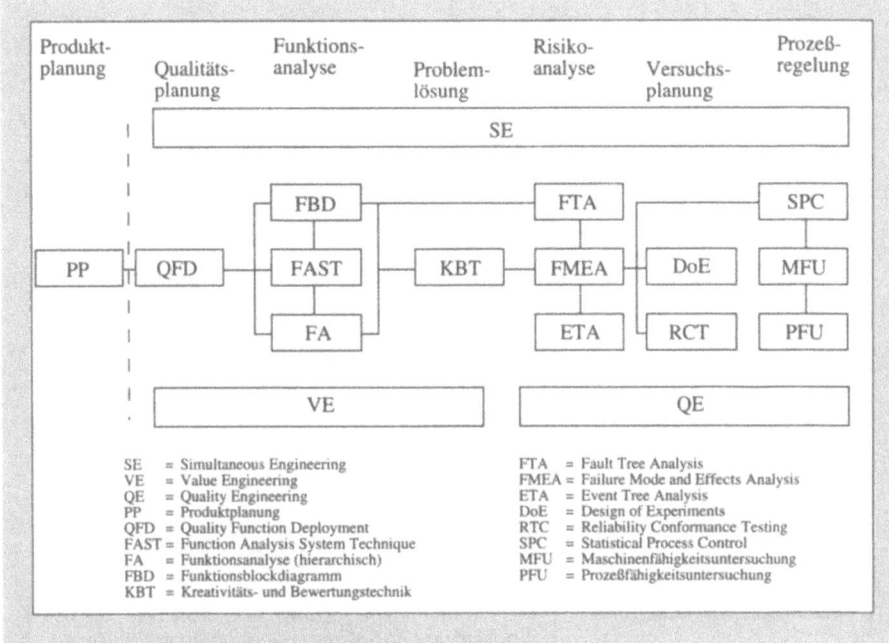

Bild 8-13: Methodensystem der präventiven Qualitätssicherung der Firma Bosch; Quelle: Bosch GmbH, Stuttgart.

- Die Qualitäts- und Produktmerkmale kundenfokussiert zu planen.
- Die Einführungszeiten zu verkürzen und den vom Marketing vorgesehenen Markteintrittszeitpunkt einzuhalten.
- Die Produkte wettbewerbsorientiert, ohne nicht verrechenbare Leistungen und kostengünstig zu entwickeln.
- Mögliche Fehler von Beginn an auszuschalten, um hohe Fehlerfolgekosten zu vermeiden.
- Informationslücken beim Kunden, im Markt, zwischen Zulieferer und Kunde etc. frühzeitig aufzudecken.
- Interne Zielkonflikte zum Beispiel zwischen F&E und Marketing oder Fertigung und Marketing sowie externe Zielkonflikte zu erkennen und entsprechend zu agieren.
- Kosten der vom Kunden geforderten Leistungen und Funktionen frühzeitig festzustellen.
- Die nutzbare Bewertungsmethodik führt zu objektivierten Ergebnissen, fördert die Kreativität der Beteiligten und hat präventiven sowie koordinierenden Charakter.

Methode	Kurzbeschreibung
SE: Simultaneous Engineering	*Simultaneous Engineering ist eine Organisationsstrategie, die eine vertrauensvolle Zusammenarbeit der Konstruktions- und Produktionsbereiche des Kunden und des Zulieferers in der Phase der Produktplanung und - entwicklung gestaltet. Durch die parallele und zeitgleiche / zeitüberlappende Planung und Entwicklung des Produktes wird eine frühzeitige Festlegung der wesentlichen Fertigungskomponenten ermöglicht.* (vgl. Eversheim (Simultaneous Engineering/1990) 194)
PP: Produktplanung	*Die Produktplanung basiert auf den vereinbarten Unternehmenszielen und umfaßt die systematische Suche und Auswahl zukunftsträchtiger Produktideen und deren weitere Verfolgung.* (VDI 22220, 2)
QFD: Quality Function Deployment	*QFD is a method for devoloping a design quality aimed at satisfying the customer and then translating the customers demands into design targets an major quality assurance points to be used throughout the production stage.* (Akao (QFD/1990) 2)
FBD: Funktionsblockdiagramm	*Das Funktionsblockdiagramm ist eine Methode, die vergleichend zur FAST-Methode durchgeführt werden kann.* (Kersten (Qualitätssicherung/1990) 21)
FAST: Function Analysis System Technique	*FAST ist eine Methode, die Funktionsstrukturen von Produkten mittels kausaler Fragetechnik und graphischer Darstellung analysiert und optimiert.* (Kersten (Qualitätssicherung/1990) 21)
FA: Funktionsanalyse	*Die Funktionsanalyse ist eine Methode, die vergleichend zur FAST-Methode durchgeführt werden kann.* (Kersten (Qualitätssicherung/1990) 21)
VE: Value Engineering	*VE ist eine konsequente Weiterentwicklung der bekannten Wertanalyse. VE versucht, möglichst viele Einflußfaktoren auf den Wert des Produktes im Problemlösungs- und Produktentwicklungsprozeß (Funktionsstruktur und Komplexität, Erzeugnisstruktur und Varianten, Anzahl der Baugruppen und Teile, Wertschöpfungstiefe etc.) zu berücksichtigen.* Kramer (Qualitätsrisiken bei der Entwicklung neuer Produkte/ 1992) 76
KBT: Kreativitäts- und Bewer-	*KBT sind Methoden zur Entwicklung von Lösungsideentungstechnik und deren Bewertung. Dazu zählen zum Beispiel „Brainstorming", „Brainwriting", „Vernetztes Denken", Nutzwertanalyse etc.*
QE: Quality Engineering	*QE umfasst die Qualitätsplanung und -sicherung im Stadium der Entwicklung und Konstruktion von Produkten und Prozessen. Der Schwerpunkt ist hier die präventive Qualitätssicherung.*

Bild 8-14: Inhalte und Zielsetzungen von Methoden der präventiven Qualitätssicherung

FTA: Fault Tree Analysis	Die Fehlerbaumanalyse ist der Sonderfall einer deduktiven Suche nach möglichen Ursachen für den Ausfall eines Funktionselementes innerhalb eines technischen Systems. Der Fehlerbaum (Fault Tree) selbst ist dabei die grafische Darstellung des Analyseergebnisses. Die FTA ist ein wichtiges Instrument im Rahmen der Zuverlässigkeitsprüfung von Neuprodukten.
FMEA: Fehler-Möglichkeits - Einfluß-Analyse	Eine FMEA kann branchenneutral bei der Entwicklung von neuen Produkten, Teilen und Verfahren, bei Sicherheits- und Problemteilen, Produkt- oder Verfahrensänderungen eingesetzt werden. Sie dient dazu, potentielle Fehler nebst der daraus resultierenden Folgen von Beginn der Entwicklung zu entdecken, zu analysieren und sie zu minimieren bzw. gänzlich abzustellen. (Kersten (FMEA/1994) 469ff)
DoE: Design of Experiments	DoE bezeichnet unterschiedliche Methoden der statistischen Versuchsplanung, die das Ziel verfolgen, robuste Konstruktionen und Prozesse zu gestalten und zu realisieren.
RCT: Reliability Conformance Testing	RCT ist eine Methode zur Versuchsplanung und zum Nachweis von Dauerhaltbarkeit und Zuverlässigkeit.
SPC: Statistical Process Control	SPC bezeichnet die Kontrolle der Fertigung mit dem Ziel, den Durchschlupf (Anteil der defekten Einheiten, die die Prüfstation unentdeckt passieren) zu erkennen sowie die Steuerung der Fertigung durch Eingriffe in den Produktionsprozess bei Auftreten unbefriedigender Stichproben befunde. (Rinne/Mittag (Statistische Methoden/1989) 302)
MFU: Maschinenfähigkeitsanalyse	MFU entsprechen in ihrem Kern der PFU. Der Unterschiedschied besteht darin, daß MFU auf Maschinen bezogen ist, während eine PFU sich auf Prozesse bezieht. Sowohl PFU als auch MFU gehören zu den SPC.
PFU: Prozeßfähigkeitsuntersuchung	PFU's sind der eigentlichen Fertigung vorgeschaltet. Sie untersuchen, ob der mit Hilfe von Qualitätsregelkarten zu überwachende Prozeß die Vorgaben bezüglich des mittleren Niveaus und der Varianz des eigentlichen Qualitätsmerkmales X wirklich einhält. (Rinne/Mittag (Statistische Methoden/1989) 337)

Bild 8-14 Fortsetzung

Präventive Qualitätssicherung wird längst nicht mehr unternehmungsisoliert betrieben. Ziel ist es vielmehr, die Bemühungen um eine Nullfehler-Rate zu bündeln. Dazu ist es erforderlich, daß Zulieferer und Abnehmer Hand in Hand zusammenarbeiten.

2. Orientierung an Wertschöpfung und Geschäftsprozessen statt an Funktionen: Der Wettstreit um den

• Orientierung an
Wertschöpfung und
Geschäftsprozessen

Endkunden findet nicht mehr zwischen verschiedenen Unternehmungen statt, sondern zwischen konkurrenzierenden Wertschöpfungsketten. Der Abbau von Direktzulieferern und die Produktion von Know-how armen Teilen im Ausland seien hier nochmals beispielhaft genannt. Der Wertschöpfungsansatz verfolgt dabei zwei grundsätzliche Zielsetzungen: (1) sollen die Stückkosten „heimischer" Produkte gesenkt werden und (2) soll der Produktnutzen kundengerecht – bei minimalem Mitteleinsatz – optimiert werden. Das Vehikel, mit dem diese Ziele erreicht werden sollen sind optimierte, auf den Kunden ausgerichtete Prozesse.

Kernprozesse sind für die direkte Wertschöpfung ursächlich. Sie erhöhen den Wert eines Produktes direkt und können sowohl manuell als auch maschinell erfolgen. Beispiele im Bereich der Fertigung sind Arbeitsgänge wie Stanzen, Lackieren, Polieren etc. Nebenprozesse und Bereitschaftsfunktionen unterstützen die direkt wertschöpfenden Tätigkeiten. Sie sind für die Wertschöpfung notwendig, erhöhen jedoch nicht direkt ihren Wert. Beispielhafte Nebenprozesse und Bereitschaftsfunktionen aus der Fertigung sind Werkzeugwechsel, Transporte, Maschinenwartung etc. Prozesse, die weder direkt noch indirekt zur Wertsteigerung beitragen sind betriebswirtschaftlich gesehen Verschwendung. Dazu zählen – um bei den Beispielen aus der Fertigung zu bleiben – Liegezeiten, Ausschuß, Nacharbeit wegen Qualitätsmängeln, nicht notwendige Transporte etc.[14]

Die wichtigsten Prozesse in einer Unternehmung sind funktionsübergreifend. Sie berühren in ihrem Verlauf mehrere organisatorische Einheiten bzw. Funktionseinheiten. So sind am Prozeß der Produktplanung und -entwicklung Mitarbeiter verschiedenster Unternehmungsbereiche sowie Kunden und Lieferanten involviert.

Die Orientierung an Prozessen macht Hierarchien in Unternehmungen zwar nicht überflüssig, stellt sie jedoch in den Hintergrund. Jeder an einem Prozeß beteiligte Mitarbeiter – gleichgültig ob Geschäftsleitung oder Werker – bemüht sich, seinen (internen und externen) Kunden im Prozeß zufriedenzustellen.[15] Genauso wichtig wie die externe Orientierung auf den Kunden ist also die interne Anwendung des „Lieferanten-Kunden-Prinzips". Die (internen) Kunden in einem Prozeß müssen sich – ohne Kontrollaufwand – darauf verlassen können, daß vorgelagerte Stellen nur einwandfreie Leistungen liefern. Genauso sind sie voll dafür verantwortlich, nachgelagerten Stellen nur einwandfreie Qualität anzubieten. Dies ist für eine angestrebte Parallelisierung bzw. Beschleunigung von Prozessen bei gleichzeitig optimierter Qualität der Ergebnisse von besonderer Bedeutung. Fehler, deren Ursachen innerhalb einer Unternehmung liegen, werden sonst an externe Kunden weitergegeben.

Der Wandel von einer funktionsorientierten zu einer prozeßorientierten Wertschöpfung erfolgt durch eine diszipliniertes und klares Vorgehen in verschiedenen Phasen. Dazu bilden sich entsprechend ausgesuchte Projektteams. Evt. zieht die Unternehmung auch externe Berater hinzu. Bei der Umstellung von funktions- zu prozeßorientierter Wertschöpfung empfiehlt sich grundsätzlich folgende Vorgehensweise:[16]

Identifizierung relevanter Prozesse: In der Ausgangsphase selektieren Beteiligte aus allen Unternehmungsbereichen die geschäftsentscheidenden Prozesse der Unternehmung.

- Identifizierung relevanter Prozesse

Analyse bestehender Prozesse: Die identifizierten Prozesse werden detailliert in ihre einzelnen Teilprozesse bzw. Einzelaktivitäten aufgegliedert. So ist es den Beteiligten möglich, problematische Schnittstellen („Kosten- oder Zeittreiber") zu identifizieren, die Prozesse unnötig verlängern oder verteuern. Dabei ist es hilfreich, bestehende Prozesse mit Hilfe festgelegter Zielgrößen bzgl. Qualität, Kosten und Zeit/Flexibilität oder anderer Anforderungskriterien zu untersuchen. Als Ergebnis dieser Phase entscheidet das verantwortliche Management, welche Prozesse für eine Reorganisation anstehen bzw. ob alternative Abläufe zu entwickeln sind.

- Analyse bestehender Prozesse

Prozeßverantwortliche und detaillierte Abläufe des „neuen" Prozesses bestimmen: Um die Idee der Prozeßorientierung in der Unternehmung zu verankern, bestimmt die Geschäftsleitung in Zusammenarbeit mit dem verantwortlichen Projektteam einen Prozeßverantwortlichen (Prozess Owner). Der Process Owner kann bei strate-

- Prozessverantwortliche und detaillierte Abläufe des „neuen" Prozesses bestimmen

gisch wichtigen Prozessen direkt aus der obersten Führungsebene kommen. Ihm obliegen eine Reihe von Anforderungen: Er steuert den Gesamtprozeß, definiert die angestrebten Zielgrößen, legt eine einheitliche Vorgehensweise fest, ernennt den Teilprozeß Owner und den Prozeßmanager und leitet in der Folge auch weitere Verbesserungsprojekte ein. Der eingesetzte Prozeßmanager hat die zentrale Aufgabe, den ihm übertragenen Prozeß mit dem Prozeßanalyseteam im Detail zu analysieren, zu dokumentieren, zu optimieren, Kennziffern und Indikatoren für evt. geänderte Zielsetzungen festzulegen. In dieser Phase ist es besonders wichtig, für betriebsübergreifende Prozesse die betroffenen Lieferanten bzw. Kunden einzubeziehen.

- **Anforderungen an reorganisierte Prozesse:**
  - **effektiv**
  - **effizient**
  - **transparent**
  - **anpassungsfähig**

Reorganisierte bzw. neu eingerichtete Prozesse sollten generell:[17]

– effektiv, d.h. wirksam sein. Nur solche Prozesse sind einzurichten, die dazu geeignet sind, die festgelegten Erfolgsvariablen zu erfüllen („Die richtigen Dinge tun."). Hier müssen die Verantwortlichen die Ergebnisse aus der Wertkettenanalyse heranziehen.
– effizient, d.h. wirtschaftlich sein. Die Prozesse müssen ihre Ziele mit einem Minimum an Aufwand erreichen („Die Dinge richtig tun.").
– transparent, d.h. kontrollierbar und steuerbar sein. Die für Prozesse verantwortlichen Mitarbeiter müssen jederzeit den Zustand des sie betreffenden Prozesses kennen und in der Lage sein, korrektive Maßnahmen einzuleiten.
– anpassungsfähig sein. Prozesse müssen sich Veränderungen ihres direkten Umfeldes jederzeit anpassen können.

- **Umsetzung der neuen, reorganisierten Prozesse**

Umsetzung der neuen bzw. optimierten Prozesse und Prozeß-Controlling: Der Prozeß Manager leitet die Implementierung der optimierten bzw. neu eingerichteten Prozesse. Mittels der von ihm entwickelten Indikatoren und Kennziffern kann er in periodischen Abständen die erzielten Erfolge bzw. den Grad der Zielerreichung messen.

- **Vorteile des Prozessmanagement**

Wenn man die Hinwendung zum Prozeßmanagement bewertet, lassen sich folgende zusammenfassende Aussagen treffen:

– Die phasen- bzw. prozeßorientierte Arbeitsteilung ermöglicht es, jedem Mitarbeiter eindeutige Qualitätsver-
antwortung für einen bestimmten Teil (Phasen) der
Wertschöpfungskette zuzuordnen und sie aktiv in die
Beziehungen mit den bisher anonymen internen oder
externen Kunden einzubeziehen.[18]

– Die verstärkte Betrachtung von Prozessen und Arbeitsa-
bläufen reduziert Durchlaufzeiten in allen Bereichen
(Produktentwicklung, Auftragsbearbeitung, Fertigung,
Beschwerdemanagement etc.), hilft gesetzte Zeitpunkte
einzuhalten, vermeidet Schnittstellenprobleme und
schafft die notwendigen Voraussetzungen für ein früh-
zeitiges Eingreifen bei Qualitätsproblemen.

– Konsequente Prozeßorientierung unterstützt eine effektive und effiziente Wertschöpfungssegmentierung zwischen Zulieferer und Abnehmer. Die vertikale Arbeitsteilung zwischen Zulieferer und Abnehmer geht aber
weiter als die bereits vielerorts praktizierte unternehmungsinterne Wertschöpfungssegmentierung, die sich
am anschaulichsten in der sogenannten Fertigungssegmentierung zeigt.[19]

Prozeßorientierung ermöglicht es, den Entstehungsprozeß
von Marktleistungen für den Endkunden in für sich geschlossene Segmente zu untergliedern. Jede Unternehmung, die an der Gesamtwertschöpfung beteiligt sein
möchte, hat sich auf die Schritte der Wertschöpfung zu konzentrieren, in der sie über Wettbewerbsvorteile verfügt.

*3. Vermeidung von Verschwendung und kontinuierliche
Verbesserung:* Verschwendung findet sich in allen Bereichen einer Unternehmung. Bild 8-15 zeigt mögliche Ursachen in den Bereichen F&E, Produktion und Marketing.

• Vermeidung von
Verschwendung

Unter Verschwendung sind alle Aktivitäten zu verstehen, die dem Produkt keinen Wert zufügen, d.h. nicht
wertschöpfend sind.

Verschwendung kann dabei offen erkennbar sein oder
verdeckt bleiben. Während „offene" Arten der Verschwendung, wie beispielsweise hohe Lagerbestände,
lange Wartezeiten etc. leicht erkennbar sind, kann man
unter der verdeckten Verschwendung Arbeiten verstehen,

in der F&E	in der Fertigung	im Marketing/Vertrieb
• *Zu geringe Nutzungsdauer von Maschinen, CAD-Geräten, Versucheinrichtungen etc.* • *Bürokratische und ineffiziente Informationsflüsse* • *Bürokratische Verwaltungsvorschriften* • *Mangelnde Koordinierung mit Marketing und Kunden*	• *Überproduktion und Lageraufbau* • *Unnötige Transporte und zu lange Durchlaufzeiten* • *Lange Wartezeiten bzw. schlechte Betriebsmittelnutzung* • *Unzureichende Produktqualität bzw. Produktionsfehler* • *Unnötige Bewegungen* • *Ineffiziente Arbeitsprozesse* • *Ineffizienter Material- und Energieeinsatz*	• *Ausufernde Sortiments- und Kundenvielfalt* • *Ineffiziente Auftragsbearbeitung* • *Aufwand pro Kunde* • *Ausufernde Marktbearbeitungs- und Verkaufsförderungsbudgets ohne entsprechende Wirkungskontrolle (Sponsoring, Medienwerbung, Messen etc.)* • *Ausuferndes Distributionsnetz*

Bild 8-15: Ursachen für Verschwendung; Quelle: vgl. Belz/Tomczak (Marketing und Kostenmanagement/1992); Seiffert (KVP/1994) 125; Suzaki (Modernes Management/1993) 11ff.

die keine Wertschöpfung erbringen, aber unter den gegebenen Umständen getan werden müssen. Beispiele für verdeckte Verschwendung in der Fertigung sind beispielsweise lange Zeiten für Werkzeugwechsel, Inspektionen, Transport von Teilen, Auspacken und Kommisionieren von Teilen etc. Kunden sind in einem funktionierenden Markt nicht bereit, für – offene oder auch verdeckte – Verschwendungen zu bezahlen. Sie wünschen, daß Zulieferer ihre verdeckten Verschwendungen möglichst komplett aufdecken und an ihrer Reduzierung arbeiten. Sie werden – bei vergleichbarer Qualität und Flexibilität – den Anbieter mit der geringeren Verschwendungsquote bevorzugen. Vor diesem Hintergrund sind Hersteller wie auch deren Zulieferer verpflichtet, kontinuierlich offene und verdeckte Verschwendungsarten im Sinne eines kontinuierlichen Verbesserungsprozesses zu identifizieren, zu eliminieren und durch Arbeit mit Wertschöpfung zu ersetzen.

Wie bedeutsam diese Aufgabe für Zulieferer ist, verdeutlichen die Bemühungen von Ford, seine Zulieferer aktiv in die Verschwendungsvermeidung und den Prozeß der kontinuierlichen Verbesserung einzubeziehen. Der abgedruckte Brief der Kölner Ford-Werke an seine Zulie-

Supplier/Purchasing/Engineering Cost Suggestion (SPECS) Program / June 1993

Complemantary to the Supplier/Ford Team (SFT) Workshop Program, launched to involve Ford's high impact suppliers/commodities, it has been acknowledged that this cost reduction initiative has to be expanded to provide a medium to all Ford suppliers to significantly increase their participation in Ford's cost suggestion program.

To assist its suppliers meet this challenge, Ford is introducing the Supplier/Purchasing/Engineering Cost Suggestion Program, known as SPECS.

The current cost suggestion effort, the Supplier Initiated Cost Reduction Program (SICRP) has achieved limited success. The volume and quality of cost reduction proposals, vital to maintaining our mutual competitivness, are well below the levels necessary to achieve performance targets. We believe this is primarily due to limitations in the SICRP program; the SPECS program will address those limitations with the following enhancements:

- *A simplified submission process;*
- *Pre-screening of all proposals with the appropriate Ford activity;*
- *Focus on total supply chain savings as opposed to design cost only;*
- *A clear objective, set at 6% of the annual buy, for all suppliers;*
- *An improved sharing formula, maximizing the allocation of benefits to the supplier's annual productivity target.*

The process enhancements are described in the enclosed SPECS Handbook.

Bild 8-16: Verschwendungsvermeidung und ständige Verbesserung durch SPECS; Quelle: Ford AG, Köln

ferer erklärt die Einführung eines neuen Programmes zur kontinuierlichen Verbesserung (Bild 8-16).

Ein weiteres Beispiel ist der KVP^2-Prozeß bei Volkswagen (Bild 8-17). Volkswagen hat bereits über 50.000 Verbesserungs-Workshops durchgeführt, damit sehr gute Erfahrungen gemacht und bietet sie ihren Zulieferern und auch Unternehmungen anderer Branchen an.[20]

Der Mitarbeiter ist Träger jeder Verschwendungsvermeidung bzw. Verbesserung betrieblicher Abläufe. Folgerichtig trägt er im Rahmen der Workshops und anderen Verbesserungsmaßnahmen die Verantwortung. Er steht bei sämtlichen Bemühungen im Mittelpunkt. Das abschließende Beispiel der Reitter & Schefenacker GmbH & Co., Esslingen, zeigt, wie die Idee der Prozeßorientierung und

Grundsatz:

KVP^2 ist eine Mischung von Maßnahmen von QSP (Qualität, Service, Preis) durch die Eliminierung von Verschwendung und die Optimierung der Arbeitsmethoden in der gesamten Wertschöpfungskette verbessert.

Konzept des KVP^2-Workshop:

- Kleine Workshops, kleines Gebiet, tief im Prozeß, schnell (5 Tage), ergebnisorientiert (wird gleich gemessen)
- Eliminierung von Verschwendung und Optimierung der Arbeitsmethoden in der gesamten Wertschöpfungskette, Workshops in der ganzen Fabrik sorgen für Schneeballeffekt
- Gemeinsame Aktion von Mitarbeitern, Meistern, Managern und Dienstleistern.
- Direkte Kontakte – konsens der Entscheidungen von jedem Team-Mitglied
- Es gibt keine Grenzen – Alles in Frage stellen
- Ein Bereich wird umfassend und intensiv analysiert und verbessert
- Kreativität wird ermöglicht
- Der größte Teil der Lösung wird sofort umgesetzt

Zusammenfassung eines KVP^2-Workshops:

Erster Tag:	**Dritter Tag:**
• Einführung	• Simulieren/Einführen von Verbesserungen
• Analysebereich festlegen	• Geänderte Abläufe simulieren und überprüfen.
• Basisdaten aufnehmen	• Fertigung umstellen und überprüfen
• Ist-Stand aufnehmen (Qualität, Produkti-vität, Umlaufbestände, Fläche, Durchlauf-zeit, Teilevielfalt etc.)	• Neues Layout festlegen
	• Verantwortliche für weitere (mittel- und langfristigeVerbesserungen bestimmen
Zweiter Tag:	**Vierter Tag:**
• Arbeitsablaufanalyse, d.h. Verschwendung erkennen und notieren	• Neuen Ist.Zustand bewerten/Potentiale (Qualität, Produktivität, Umlaufbestände, Fläche, Durchlaufzeit, Teilevielfalt etc.)
• Verschwendungen/Verbesserungen diskutieren, bewerten und festhalten: kurzfristige (Tage), mittelfristige (Wochen), langfristige (Monate)	• Workshop-Zusammenfassung
	• Ergebnispräsentation der Mitarbeiter (Probelauf, Abschlußdiskussion)
• Verantwortliche bestimmen	**Fünfter Tag:**
	• Reserve (falls Zeitprobleme)
	• Weitere Umsetzung der erarbeiteten Maßnahmen im Team

Bild 8-17: KVP^2 (Kontinuierlicher Verbesserungsprozeß hoch zwei) bei der Volkswagen AG; Quelle: Volkswagen AG, Wolfsburg.

Verschwendungsvermeidung in der Praxis umgesetzt werden kann (Bild 8-18).

• Der Mensch im Mittelpunkt

4. Der Mensch im Mittelpunkt: Die Rolle des Mitarbeiters ändert sich beim Übergang von traditionellen zu „lean"-ori-entierten Strukturen. In traditionellen Strukturen waren die

*Die Bemühungen um einen verstärkten Customer Focus der Firma Reitter &
Schefenacker GmbH & Co. machen drei Beispiele deutlich:*

Beispiel 1:Reklamationen
Früher: *Die Fertigung Esslingen benachrichtigte die Qualitätssicherung (QS) Esslingen über den Fehler, mußte allerdings den entsprechenden Mitarbeiter einige Zeit
suchen. Dieser QS-Mitarbeiter rief seinen Kollegen im Werk Schwaikheim an (was
natürlich auch nicht sofort klappte). Der QS-Mitarbeiter in Schwaikhaim suchte den
zuständigen Meister und berichtete von der Reklamation. Der Meister sagte, er hätte
gerade etwas wichtigeres zu tun, außerdem glaube er nicht, daß die Reklamation, die
er jetzt aus „dritter" Hand habe, berechtigt sei. Da wolle er zuerst ein Teil sehen. Bis
schließlich der Meister den Fehler abgestellt hatte, verging in der Regel eine längere
Zeit mit viel Ärger auf beiden Seiten.*
Heute: *Die QS in der Fertigung ist abgeschafft. Die Fertigung trägt selbst die Qua-
litätsverantwortung. Die reklamierende Abteilung benachrichtigt jetzt also die produzierende Abteilung direkt. Die Fehler können schnell und ohne Umwege abgestellt
werden.*

**Beispiel 2: Der Kunde fordert die schnellstmögliche Lieferung einer bestimmten
Produktvariante (Auftragsbearbeitung)**
Früher: *Ein Verkaufsmitarbeiter in Esslingen nahm den Anruf mit der Kundenforde-
rung entgegen und versprach baldigen Rückruf. Er versuchte dann, von der Montage
einen Termin zu bekommen. Dies war meist nicht einfach und dauerte eine gewisse
Zeit. Oft erst nach mehreren Stunden konnte er dem Kunden schließlich einen Liefer-
termin nennen. Aber damit war noch nicht sicher, ob der Termin auch wirklich einge-
halten werden konnte und ob er noch unerwartete Verzögerungen erfahren würde.
Die Folge verspäteter Rückrufe und nicht eingehaltener Termine waren verärgerte
Kunden.*
Heute: *Der Kunde ruft direkt den zuständigen Montagepartner an. Dieser kann ihm
schnell, unter Umständen sofort, Auskunft über den gewünschten Liefertermin geben.
Der Montageplaner erfährt auch unmittelbar unvorhergesehene Verzögerungen und
kann diese dem Kunden sofort melden.*

Beispiel 3: Entwicklung einer neuen Heckleuchte
Früher: *Obwohl immer wieder abteilungsübergreifende Abstimmungsbesprechun-
gen stattfanden, lief die Entwicklungen einer Heckleuchte doch im wesentlichen
nacheinander in den verschiedenen Abteilungen ab. Dabei mußte die jeweils mit dem
Projekt befaßte Abteilung mit den von Vorgängerabteilungen verursachten Problemen leben, weil aus Termingründen Änderungen kaum möglich waren. Die allseits
bekannten Folgen waren lange Durchlaufzeiten sowie schlecht laufende Formen.*
Heute: *Ein abteilungsübergreifendes Projektteam entwickelt die Heckleuchte gemeinsam und gleichzeitig. So können schon bei der Produktkonstruktion z.B. alle
Wünsche der parallel laufenden Formenkonstruktion und des Formenbaus berücksichtigt werden...*

Bild 8-18: R & S GmbH: Prozeßorientierung und Verschwendungsvermeidung; Quelle: Reflektor: unser Magazin, 1/1992; Hauszeitschrift der Reitter & Schefenacker GmbH & Co., Esslingen.

Mitarbeiter in sehr spezialisierten Rollen tätig und nur mit minimalen – für die jeweilige Aufgabe gerade notwendigen – Verantwortungen und Kompetenzen ausgestattet. Unternehmerisches und kundenfokussiertes Denken ist so nicht möglich. Der einzelne Mitarbeiter hat vielmehr das Gefühl, daß er für seinen Vorgesetzten, seine Abteilung oder seine Unternehmung arbeitet, weniger aber für seinen Kunden. Erst ein Mehr an Verantwortung versetzt Mitarbeiter in die Lage, selbst kundenorientiert zu handeln.[21] Das Konzept der Gruppenarbeit spielt dabei eine Schlüsselrolle.

In der allgemeinen Diskussion wird oft der Fehler begangen, die Arbeit in Gruppen, Teamarbeit oder Gruppenarbeit als Synonyme zu verwenden. Die *Arbeit in Gruppen* beruht auf einer klaren Vorstellung von Unter- und Überordnung und zeigt ein klares Kompetenzgefälle von oben nach unten. Die Mitglieder aus unteren Hierarchieebenen sind i.d.R. von allen Entscheidungsprozessen ausgeklammert.[22] Interessanter ist es, auf den entscheidenden Unterschied von Team- und Gruppenarbeit zu verweisen. Er liegt in der Art der Führung. Die *Gruppenarbeit* setzt die gemeinsame Arbeit an einem gemeinsamen Ort zur Erstellung eines gemeinsamen Produkts voraus während die *Arbeit eines Teams* auch in Einzelarbeit erbracht werden kann. Bild 8-19 gibt einen Überblick über die Ziele und Prinzipien industrieller Gruppenarbeit.

Es stellt sich die Frage, in welchem Ausmaß Gruppenarbeit auch in anderen Unternehmungsbereichen als der Produktion Einzug halten wird. Fest steht, daß Gruppenarbeit die Organisation einer Unternehmung verändert. Es kommt zu einer Dezentralisierung sowie einer Delegation von Verantwortung nach unten. Dadurch beschleunigen sich Entscheidungs- und Kommunikationsprozesse, was wesentlich ist für die Erreichung des angestrebten Customer Focus.[23] Bild 8-20 gibt Hinweise für den Aufbau von „Hochleistungsteams", die helfen können, den Weg zu mehr Teamarbeit in der Unternehmung – auch in anderen Bereichen als der Fertigung – einzuleiten.

• Führen durch Motivation und Leistungsmaßstäbe

5. Führen durch Motivation und Leistungsmaßstäbe: Projekte zur Qualitätsmotivation beruhen auf der Erkenntnis, daß mit enttäuschten und sich verweigernden

Wirtschaftliche und soziale Ziele:

- *Selbstorganisation der Gruppen (interne Arbeitsaufteilung, Pausenregelung, Urlaubsplanung).*
- *Verbesserung der Qualität durch Reduzierung von Ausschuß und Nacharbeit.*
- *Erhöhung der Maschinennutzung und verbesserte Produktivität.*
- *Kontinuierliche Verbesserungen zur Vereinfachung und Erleichterung der Arbeit sowie Optimierung der Fertigung.*
- *Verringerung der hohen Abwesenheitsquote durch Zufriedenheit am Arbeitsplatz.*
- *Kommunikation und Kooperation mit vor- und nachgelagerten Gruppen/ -Bereichen.*
- *fachliche und soziale Weiterbildung. Stichworte hierzu sind Arbeitserweiterung, - anreicherung und -wechsel.*
- *Integration von Behinderten, gleichgestellten und nicht voll einsatzfähigen Mitarbeitern.*
- *Mitgestaltung der Arbeitsinhalte, -bedingungen, -organisation und -umgebung erzeugt erhöhte Motivation und Arbeitszufriedenheit.*

Die Gruppenarbeit folgt dabei gewissen Prinzipien:

- *Gruppengröße 12 -15 Mitarbeiter. Bestehende soziale Strukturen bleiben soweit möglich bestehen.*
- *Die Gruppe erhält einen abgegrenzten, überschaubaren Bereich als gemeinsame Arbeitsaufgabe, in dem gegenseitiger Arbeitsplatzwechsel möglich ist.*
- *Jede Gruppe wählt einen Gruppensprecher. Dieser vertritt die Gruppe nach aussen, koordiniert nach innen, hat aber keine Weisungs- und Disziplinarrechte. Es gibt bewußt keine hierarchische Ebene mehr zwischen Werker und Meister.*
- *Die Gruppenarbeit bietet auf verschiedenen Ebenen Qualifizierungsangebote an.*
- *Die Gruppe entscheidet im Rahmen von Zielvereinbarungen mit dem Meister eigenverantwortlich. Die Aufgaben eines Meisters wandeln sich dahingehend, daß er nicht Einzelpersonen führt, sondern situativ Rahmenbedingungen managen muß („Unternehmer vor Ort").*
- *Die Gruppe organisiert selbstverantwortlich ihren Austausch von Gütern und Informationen gemäß dem Kunden-Lieferanten-Verhältnis mit den vor- und nachgelagerten Gruppen.*

Bild 8-19: Ziele und Prinzipien industrieller Gruppenarbeit; Quelle: Paul (Fertigungsgruppen/1992), 29ff.; Grün (Gruppenarbeit/1993) 198ff; vgl. dazu auch: Stürzl (Gruppenarbeit/1992) 24.

Mitarbeitern die angestrebten Zielsetzungen einer verbesserten Zusammenarbeit mit den Abnehmern nicht zu realisieren sind. Aus diesem Grund versuchen Motivationsprogramme (Stichwörter: Förderung und Schulung der Mitarbeiter, Bieten von Lohnanreizen) eine auf den Kunden ausgerichtete Unternehmungskultur zu entwickeln.

Wichtig sind dabei der Einsatz und die Identifikation des Top Managements. Führungskräfte dürfen Bemühun-

1. *Ziel und Zweck für Teamarbeit festlegen: Begründung für Projektarbeit, Freiräume für evt. Projektausweitung/-einschränkungen.*

2. *Auswahl der Teammitglieder: Fähigkeiten, Leistungspotentiale, fachliche und funktionale Fähigkeiten, Problemlösungsfähigkeiten, richtige Umgangsformen (Zeit und Mühe in Fähigkeitsvermittlung einbringen und spezielle Aufgaben der Teams dabei bedenken).*

3. *Pilotprojekte initiieren: wer gibt welche Signale? Wie verhalten sich die Führungskräfte? Was läuft gut? Was läuft weniger gut?*

4. *Klare Verhaltensgrundsätze festlegen: keine Tabus, Vertrauen zwischen den Mitgliedern, nur Fakten zählen, jeder hat seine Aufgabe zu erledigen, keine Schuldzuweisungen sondern Ursachenforschung.*

5. *Einige unmittelbare, leistungsorientierte Aufgaben und Ziele festlegen und in Angriff nehmen: anspruchsvolle aber erreichbare Ziele setzen.*

6. *Team regelmäßig fordern: neue Fakten, neue Informationen geben, neue Ziele geben etc.*

7. *Viel Zeit miteinander verbringen: gemeinsame Analysen, Gespräche mit Dritten (Kunde, Wettbewerber, Mitarbeiter etc.) und ständige Diskussion.*

8. *Regelmäßiges Feedback geben: Anerkennung, Belohnung (Lob, Anreiz- und Vergütungssysteme).*

Bild 8-20: Hinweise zum Aufbau von Hochleistungsteams; Quelle: in Anlehnung an Katzenbach/Smith (Hochleitungsteams/1994).

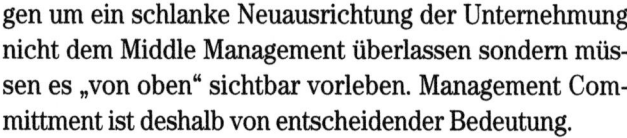

gen um ein schlanke Neuausrichtung der Unternehmung nicht dem Middle Management überlassen sondern müssen es „von oben" sichtbar vorleben. Management Committment ist deshalb von entscheidender Bedeutung.

Unternehmungen, die sich um die Entwicklung und Realisierung des Customer Focus bemühen, achten darauf, daß erzielte Veränderungen meßbar und so für die Beteiligten sichtbar sind. Nur so nehmen die Mitarbeiter die Bestrebungen nach ständiger Verbesserung wahr. Wichtig ist dabei, direktere Indikatoren als Gewinn, Umsatz oder Mitarbeiterzahl aufzustellen. Für den Bereich der E+K könnten dies Verkürzung durchschnittlicher Entwicklungszeiten, Anzahl Entwicklungsprojekte pro Jahr, Patentanmeldungen pro Jahr, erfolgreiche Zusammenarbeit mit betroffenen Unternehmungsbereichen etc. sein. Wichtig ist weiter, sich dabei auf ausgesuchte Kerngrößen zu beschränken. Eine Flut von Meßkriterien erschwert die Übersichtlichkeit, bedeutet erheblichen Zeitaufwand und lenkt evt. von den entscheidenden Problemen ab.

Bild 8-21 zeigt, wie die Firma Gebrüder Happich Elberfeld GmbH, Wuppertal, ihre aktuelle Leistungsfähigkeit erhebt und so den „Grad ihrer Kundenfokussierung" in-

Was sind QUALS?

QUALS ist ein Kunstwort und steht für: Qualität, Umlaufbestände, Ausbildung, Durchlaufzeit, Stückkosten. Diese fünf Kriterien sind unsere wichtigsten Meßkriterien in der Fertigung. Sie genügen, um dem Team, den Kollegen und dem Führungskreis wesentliche Informationen zu geben und die Wirkung der eingeleiteten Maßnahmen zu verfolgen.

Warum Ergebnisse mit QUALS messen?

Die QUALS-Tafel ist ein Instrumentarium wie das „Schwarze Brett". Sie dient der Information über die Ergebnisse der ständigen Verbesserung im Rahmen der Produktionsstrategie im jeweiligen Fertigungsbereich. Auf der QUALS-Tafel stellen somit die Teammitglieder ihre erarbeiteten Resultate dar.

Wie gehen wir vor?

Während der Teamarbeit werden Vorschläge zur Verbesserung des Fertigungsablaufes gemacht, die später umzusetzen sind. Daraus ergeben sich voraussichtlich Erfolge, die sich auch in besseren Meßwerten widerspiegeln werden. Derartige Veränderungen sollen vom Team selbst eingeschätzt werden. Dabei unterscheiden wir eine mittelfristige Soll-Situation, die sich kurz nach der Einführung der Maßnahmen ergibt, und eine längerfristige Ziel-Situation, die sich erst nach Gewöhnung aller Mitarbeiter an die Veränderungen einstellen wird.

Nach Messung bzw. Festlegung der Ist-, Soll- und Zielwerte muß die QUALS-Tafel mit Leben erfüllt werden. Hierfür ist das Team verantwortlich. Das Team bestimmt, welcher Mitarbeiter für die Eintragungen verantwortlich ist. Nur in Ausnahmefällen werden externe Kollegen helfen.

Nach genauer Analyse der Ist-Situation werden Maßnahmen eingeleitet, um die Qualität zu verbessern. Dazu ist es notwendig, daß das Team die Ergebnisse der Ausschußentwicklung darstellt und bestrebt ist, das sich selbst gesetzte Ziel zu erreichen. Die Teamarbeit erhält so einen sportlichen Anreiz. Kann das Ziel nicht erreicht werden, ist darauf zu achten, die entscheidenden Gründe für die Abweichung zu dokumentieren. Werden jedoch die erkannten Probleme gelöst und das Ziel erreicht, sollte ein neues Ziel formuliert werden.

Bild 8-21: Happich QUALS: Messen und Verbessern der Leistungsfähigkeit; Quelle: in Anlehnung an „FIT"-Fortschritt im Team, Lean Management Programm der Firma Gebr. Happich Elberfeld GmbH, Wuppertal.

nerhalb der ca. 80 eigenständigen kundenorientierten „Fabriken in der Fabrik" ständig messen und verbessern kann. Die Darstellung auf Team-Bords (Bild 8-22) zeigt dabei die engen Zusammenhänge der Prozeßorientierung, der Teamarbeit, des Management Committments, des Strebens nach ständiger Verbesserung und der Verschwendungsvermeidung.

Die Meßbarkeit der verschiedensten Faktoren macht deutlich, daß Lean Management bemüht ist, verschiedene Grundprinzipien sinnvoll zu ergänzen und zu kombinieren, um für die Unternehmung entscheidende Leistungskennziffern entscheidend positiv zu beeinflussen. Dabei verfolgt jede Unternehmung eine unterschiedliche Zielsetzung, die im wesentlichen von der eingeschlagenen Customer Focus Strategie abhängt.

Marketingkompetenz aufbauen und umsetzen

• Was heißt Marketing-Kompetenz?

Marketingkompetenz bedeutet, daß die Unternehmung in den zentralen (Produkt)-Nutzenkategorien – wohlgemerkt aus der Sicht des Kunden – denkt und dabei expli-

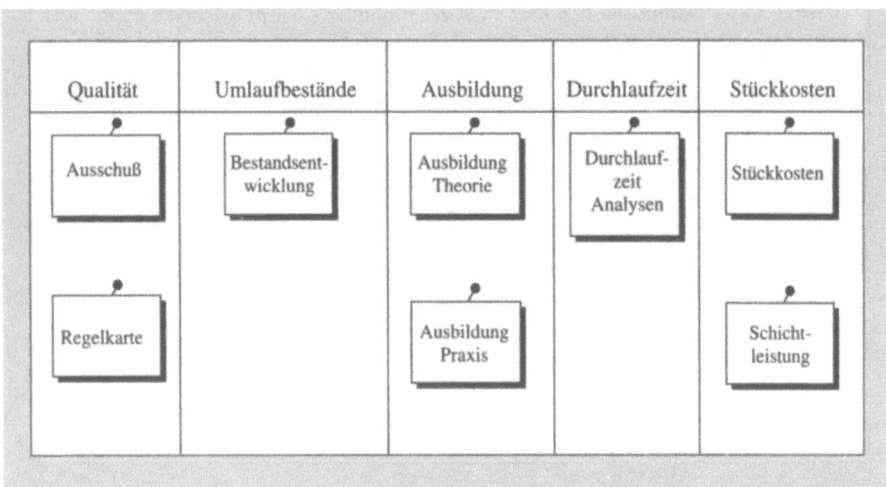

Bild 8-22: Team-Board zur Messung erreichter Verbesserungen; Quelle: Gebr. Happich Elberfeld GmbH, Wuppertal.

zit eigene Kernkompetenzen, Konkurrenzaktivitäten, Anforderungen aus Gesellschaft und Ökologie sowie Kostenaspekte in ihre Marketingkonzeption für ein neues Produkt einbezieht.[24] Ein Produkt kann nämlich nur dann einen maximalen Nutzen stiften, wenn es den Bedürfnissen der jeweiligen Zielsegmente möglichst umfangreich entspricht. Der Kunde bzw. Konsument sucht auf der Grundlage von merkmal- bzw. bedürfnisgeprägten Grundvorstellungen eine Lösung für sein Problem. Er bewertet dabei die Angebote verschiedener Wettbewerber nach für ihn relevanten Bestimmungsgrößen im Hinblick auf seine Erwartungen. Schließlich wählt er das seinen Vorstellungen am besten entsprechende Produkt aus und kauft es, wobei Preis und Verfügbarkeit eine große Rolle spielen.

Mit Umsetzung der Marketing Kompetenz ist eine entsprechende Leistungs- und Kostenplanung verbunden, deren Ergebnis sich in einem konkreten Produktvorschlag wiederspiegelt. Bild 8-23 zeigt die notwendigen Schritte.

1. Märkte definieren: Aufbauend auf der vom Zulieferer anvisierten Produkt-/Markt-Strategie führen seine Marktforscher und Vertriebsingenieure ein genauere Analyse der in Frage kommenden Märkte durch. Innerhalb der ausgewählten Segmente konkretisieren sich spezifische Kundengruppen.

2. Kunden definieren: Kunden sind Marktpartner einer Unternehmung, also alle Glieder der Absatz- und Wertkette, die das Leistungsangebot des Anbieters erwerben möchten bzw. schon einmal oder mehrmals erworben haben und damit direkt oder indirekt kurz-, mittel- und langfristig zu tun haben. Grundlage der Produktpolitik ist das, was diese Partner aktuell und potentiell konkret fordern, und nicht das, was die Unternehmung meint, anbieten zu können. Dabei kann bereits nach existierenden Vertrauenskunden, Stammkunden, Einmalkunden, Wettbewerbskunden sowie potentiellen Neukunden unterschieden werden. Wichtig ist, in einer ABC-Analyse die bedeutenden Kunden („vital few") von den unbedeutenden („useful many") zu unterscheiden.[25] Es geht v.a. darum, bewußt lukrative und ergiebige Marktsegmente und Kunden auszuwählen, in denen durch die Kernkompetenz der Unter-

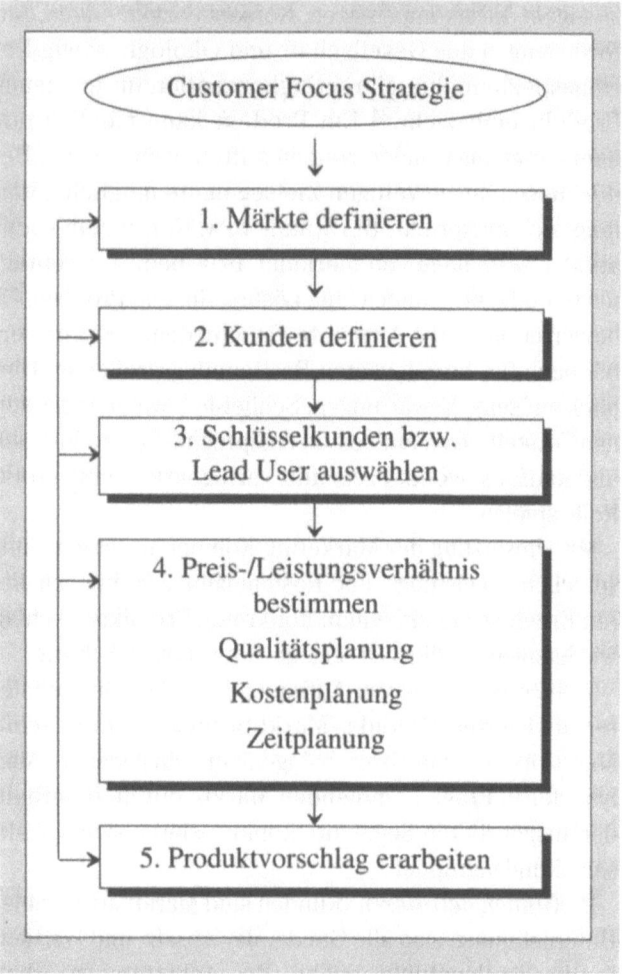

Bild 8-23: Marketingkompetenz; Quelle: vgl. Kramer/Kramer (Marketing-Kompetenz/1993) 27.

nehmung – entsprechend der gewählten Customer Focus Strategie – Kundenprobleme gelöst werden können. Die Kunst liegt darin, einige wenige Kunden optimal zu bedienen und andere Kunden, die diese Fähigkeiten nicht brauchen und langfristig auch nicht honorieren werden, bewußt zu meiden. Die Fokussierung auf den Kunden muß immer relativ zu den Kernkompetenzen der Unternehmung gesehen werden. Entweder sollte eine zu große Kundenvielfalt vermieden werden um Kernkunden optimal zu bedienen – z.B. im Falle eines Wertschöpfungspartners – oder die Produktvielfalt muß begrenzt und der Kundenkreis erweitert werden.[26] Als Ergebnis liegt am Ende dieses Prozeßschrittes eine ausführliche Liste potentieller Kunden bzw. potentieller Zielgruppen vor.

3. Schlüsselkunden und Lead User auswählen: Kunden- bzw. Abnehmerprobleme oder -bedürfnisse sind Mangelgefühle des Käufers bzw. des (potentiellen) Abnehmers mit dem Wunsch, diese abzustellen. Zunächst einmal sind es nicht unbedingt direkt erkennbare Tatbestände, die durch noch zu analysierende bzw. eindeutig zu definierende Ansprüche erkennbar gemacht werden müssen. Die ausgesprochenen und nicht ausgesprochenen Beweggründe eines Käufers oder einer Organisation für eine Nachfrage sind mit der Erwartung verbunden, eine optimale Lösung erhalten zu können. Die Lösung muß voll den Kundenvorstellungen entsprechen. Dazu ist es ratsam, mit Lead Usern zusammenzuarbeiten. Bild 8-24 listet in diesem Zusammenhang mögliche Interaktionsformen zwischen Zulieferer und Lead Usern auf, die in Frage kommen, gemeinsam neue Produktideen und Konzepte zu entwickeln.

4. Preis-/Leistungsverhältnis im Vergleich zum Wettbewerb und Unternehmungsrentabilität bestimmen: Durch eine entsprechend ausgestaltete Planung von Qualität und Zeit/Flexibilität definiert der Zulieferer seine Leistung und schafft die Voraussetzungen, für seinen Kunden einen Mehrwert relativ zum Wettbewerb zu generieren. Kann er dies zudem bei gleichen oder niedrigeren Kosten, wird er einen entscheidenden Wettbewerbsvorteil erlangen. Qualitäts- und Zeitgesichtspunkte entscheiden über Ausgestaltung und Verfügbarkeit des Angebots. Der Preis ist für den Zulieferer „die Belohnung", die der Abnehmer für die erbrachte Leistung zu zahlen bereit ist.[27]

Die richtige Planung der Erfolgsfaktoren Qualität, Zeit, und Kosten heißt also nichts anderes, als daß der Zulieferer sein Preis-/Leistungsverhältnis kunden-, markt- und wettbewerbsorientiert festlegt (Bild 8-25). Aus der Abbildung lassen sich drei Schlüsse ziehen:

– Der Zulieferer kann versuchen, die eigene Leistung zu erhöhen, wodurch entweder die Ansprüche bisheriger Marktpartner besser erfüllt werden können oder aber

* Schlüsselkunden und Lead User auswählen

* Preis-/Leistungsverhältnis im Vergleich zum Wettbewerb und Unternehmungsrentabilität bestimmen

* Planung der Erfolgsfaktoren Qualität, Zeit und Kosten

1. Auswerten von Literatur (Fachzeitschriften der Abnehmerbranche).

2. Analyse von Patentanmeldungen der Abnehmerbranche.

3. Auswerten von Kundenbeschwerden.

4. Auswerten von Verkäufer- und Kundendienstberichten.

5. Auswerten von Kundenanfragen.

6. Beobachtung von Anwendern bei typischen Arbeits- und Verfahrensabläufen.

7. Anwenderbefragung bezüglich Bedürfnissen.

8. Kundenproblemanalyse.

9. Kunden- und Anwenderpanels

10. Institutionalisiertes Beschwerdemanagement.

11. Kreativitätssitzungen mit Kunden.

12. Kundenbezogene Funktions- und Wertanalysen.

13. Gemeinsame Produkt- und Prototypentests mit Kunden.

14. Gemeinsame Produktentwicklungen mit Kunden.

15. Zeitweise Beschäftigung von Mitarbeitern beim Kunden.

16. Zeitweise Beschäftigung von Kunden-Mitarbeitern im eigenen Unternehmen.

Bild 8-24: Interaktionsformen zwischen Zulieferer und Abnehmer; Quelle: A. D. Little, Wiesbaden

sich gänzlich neue Anspruchsniveauklassen für den Zulieferer öffnen.

– Der Zulieferer versucht, bei gleicher Leistung das eigene Kostenniveau zu senken.

– Im Rahmen einer Doppelstrategie erhöht der Zulieferer die Leistung und versucht gleichzeitig, seine Kosten zu senken.

Die richtige Wahl einer der grundsätzlich möglichen Strategien ist entscheidend für die künftigen Perspektiven eines Zulieferers, d.h. für finanziellen Erfolg oder Mißerfolg bzw. den marktseitigen und produktbezogenen Erfolg oder Mißerfolg. Bild 8-26 zeigt mögliche Perspektiven für Zulieferer in einem Portfolio.

Es ermöglicht eine Positionierung der bisherigen Unternehmungsleistungen sowohl aus Unternehmungs- als

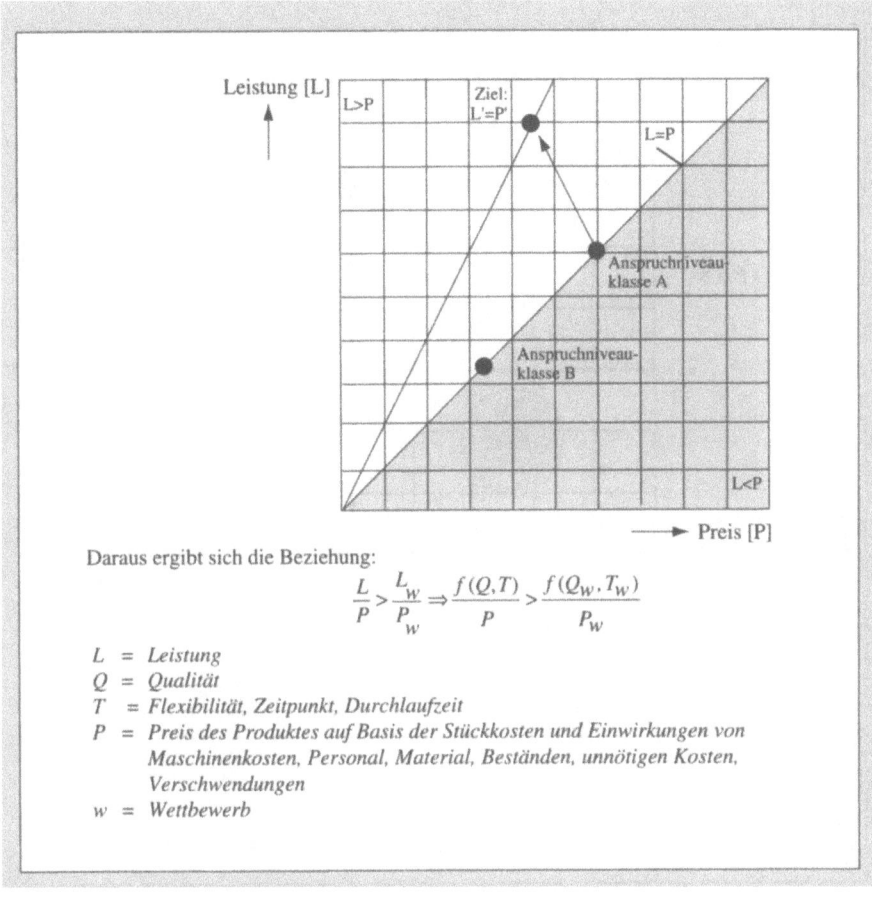

Daraus ergibt sich die Beziehung:

$$\frac{L}{P} > \frac{L_W}{P_W} \Rightarrow \frac{f(Q,T)}{P} > \frac{f(Q_W,T_W)}{P_W}$$

L = Leistung
Q = Qualität
T = Flexibilität, Zeitpunkt, Durchlaufzeit
P = Preis des Produktes auf Basis der Stückkosten und Einwirkungen von
    Maschinenkosten, Personal, Material, Beständen, unnötigen Kosten,
    Verschwendungen
w = Wettbewerb

Bild 8-25: Preis-/Leistungsverhältnis als Kernerfolgsfaktor des Customer Focus

auch aus Kundensicht. Die Größe des Kreises stellt den jeweiligen Umsatzanteil dar. Aus Unternehmungssicht zeigt es den jeweiligen Beitrag zum Unternehmungserfolg an, aus Marktsicht die jeweilige Stärke im Wettbewerb. Leistungen, die sich im ersten Quadranten (I) ansiedeln, erwirtschaften keine Gewinne für die Unternehmung und auch der Abnehmer beurteilt sie „schlechter" als vergleichbare Wettbewerbsprodukte. Falls sie überhaupt noch im Markt absetzbar sind, dienen sie v.a. dazu, vorhandene Kapazitäten auszunutzen und bei der Deckung von Gemeinkostenblöcken zu helfen. Leistungen im zweiten Quadranten (II) können als „introvertierte" Leistun-

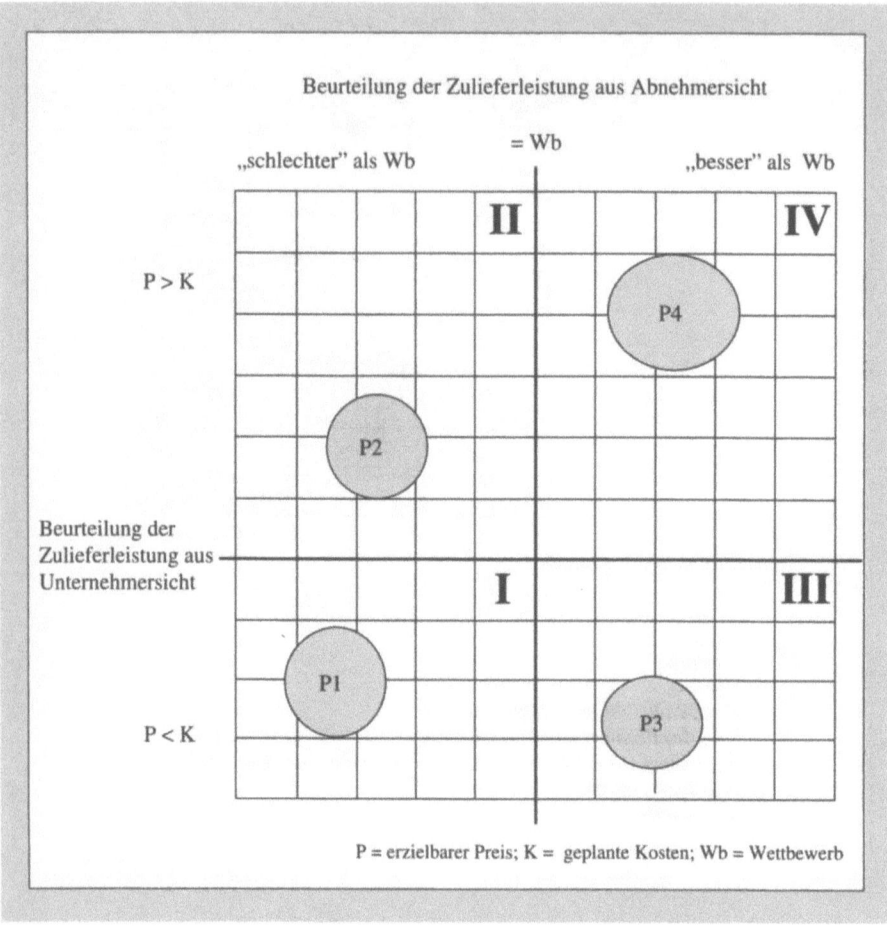

Bild 8-26: Zulieferer-Perspektiven-Portfolio

gen bezeichnet werden. Sie tragen zum Unternehmungserfolg bei, obwohl sie aus Marktsicht nicht mit vergleichbaren Angeboten von Wettbewerben mithalten können. Hier stellt sich die Frage, ob sie einen hohen Umsatzanteil er-reichen. Ist dies der Fall, muß sich der Zulieferer darüber Gedanken machen, ob und wenn ja, wie lange diese Situation zu seinen Gunsten noch anhalten wird, denn der Wettbewerb wird versuchen, durch entsprechende Marketingaktivitäten das Meinungsbild seines Produktes beim Abnehmer zu verbessern. Leistungen im dritten Quadranten (III) sind für viele Zulieferer die Regel. Sie haben klare Wettbewerbsvorteile durch „bessere" Qualität des Produktes und umfassende Dienstleistungen. Jedoch gelingt es ihnen nicht, teures Over-Engineering aus dem Produkt zu entfernen, kostenintensive Dienstleistungen zu verrechnen oder kostenmäßige Standortnachteile aufzufangen. Dies gelingt nur Unternehmungen, die ihren Leistungen im vierten Quadranten liegen. Leistungssysteme in diesem Feld überzeugen durch ihren hohen Erfolgsbeitrag beim Kunden und in der eigenen Unternehmung.

Ziel jeden Zulieferers muß es sein, seine Leistungen in Quadrant IV zu positionieren. Die aktuelle Lage eines Produktes im Portfolio und die damit verbundenen Umsätze zeigen Ansatzpunkte der Optimierung. Diese liegen entweder in einer Verbesserung des Erfolgsbeitrages für die eigene Unternehmung oder beim Kunden. Aus dem Perspektiven-Portfolio leiten sich bestimmte Forderung an die Optimierung ab (Bild 8-27).

Quadrant I	Quadrant II	Quadrant III	Quadrant IV
Ausgangslage: $[P]<[K]$; $[P/L]<[P/L_W]$	*Ausgangslage:* $[P]>[K]$; $[P/L]<[P/L_W]$	*Ausgangslage:* $[P]<[K]$; $[P/L]>[P/L_W]$	*Ausgangslage:* $[P]>[K]$; $[P/L]>[P/L_W]$
Optimierungsrichtung auf der Unternehmensseite: • *Abbau inerner Kostenstrukturen* • *Abbau von Over-Engineering* • *Konsequente Vorgabe von Zielkosten für alle Aktivitäten* *Optimierungsrichtung auf der Marktseite:* • *Senkung der Marktpreise zur Erhöhung des Preis-/Leistungsverhältnisses* • *Nutzenerhöhung durch konsequente Qualitätsplanung, modulare Fertigung etc.*	*Optimierungsrichtung auf der Unternehmensseite:* • *Prozeß der ständigen Verbesserung im Bereich sowie Suche und Vermeidung von Verschwendungen weiterführen* • *Zielkosten weiter herabsetzen* *Optimierungsrichtung auf der Marktseite:* • *siehe Quadrant I*	*Optimierungsrichtung auf der Unternehmensseite:* • *wie Quadrant I* *Optimierungsrichtung auf der Marktseite:* • *Senkung des P/L-Verhältnisses soweit wie möglich, d.h.:* – *Abbau von vom Kunden nicht gewollter Leistungen* – *Verrechnung einzigartiger Leistungen* *Steigerung des P/L-Verhältnisses durch:* • *Annäherung an die „Ideallösung" und Nutzenerhöhung für den Kunden*	*Optimierungsrichtung auf der Unternehmensseite:* • *siehe Quadrant II* *Optimierungsrichtung auf der Marktseite:* • *siehe Quadrant III*

Bild 8-27: Optimierungsrichtungen im Zulieferer-Perspektiven-Portfolio

• Umsetzen der
Ergebnisse in einen
konkreten Produkt-
vorschlag

5. Produktvorschlag erarbeiten: Die Ergebnisse gehen in einen konkreten Produktvorschlag mit den in Bild 8-28 gezeigten Grundinhalten ein. Der Produktvorschlag ist Basis für das Pflichtenheft des künftigen Zulieferproduktes und die weiteren Phasen des Realisierungsprozesses. Sind in der Phase der Preis-/Kosten- und Leistungsplanung Fehler unterlaufen, ziehen sie sich konsequent durch alle weiteren Stufen des Realisierungsprozesses. Der Customer Focus kann nicht realisiert werden.

Technische Entwicklung kundenorientiert steuern und überwachen

Nach Planung der angestrebten Qualität des künftigen Produktes, des angestrebten Kostenziels sowie angestrebter Zeitdauern und Zeitpunkte von Entwicklung, Fertigung und Auslieferung erfolgt im Rahmen des Customer Focus die Umsetzung des Produktvorschlages in ein konkretes Produktkonzept. Zulieferer und Abnehmer gehen gemeinsam die Aufgabe an, das geplante Produkt optimal zu gestalten und auszuarbeiten. Begleitet werden diese Aufgaben von entsprechenden Qualitätssicherungs- und Controllingmaßnahmen, die auf die Erfüllung der gesetzten Ziele bezüglich der Erfolgsfaktoren Qualität, Kosten und Zeit ausgerichtet sind.

• Konzept definieren
und Entwurf gestalten

Konzept definieren und Entwurf gestalten: Zweck der technischen Produktentwicklung ist es, die alternativ möglichen Wirkprinzipien[28] der Haupt- und Nebenfunktionen des künftigen Produktes zu ermitteln, zu bewerten und in einem vorläufigen Lösungskonzept, einem Konzeptentwurf im Konstruktionsbüro zusammenzustellen. In einem ersten Schritt formulieren die Konstrukteure die Gesamtaufgabe, d.h. die Gesamtfunktion des künftigen Produktes. In einem zweiten Schritt teilen sie die Gesamtfunktion in ihre logischen Teilfunktionen auf, um so die Funktionsstrukturen sichtbar zu machen. Auf dieser Basis können sie nach möglichen Lösungsprinzipien zur Erfüllung der Teilfunktionen suchen. Das bedeutet, daß sie das Wirkprinzip bzw. die Wirkprinzipien des Produktes festlegen und demgemäß die geometrisch-stoffliche und

1. Allgemeine Angaben zum Entwicklungsaufwand und dem vorhandenen Ausgangspotential der Unternehmung

- *Welche Zielkosten sind für das gesamte Produkt vom Abnehmer/von uns vorgegeben?*
- *Welches sind die großen Kostenblöcke, welches die gefährlichen Kostentreiber?*
- *Welche Entwicklungskapazität (Mannstunden) ist für das Produkt einzuplanen?*
- *Können möglichst alle vorhandenen Anlagen und Kapazitäten optimal eingesetzt werden? Welche Betriebsmittel sind eventuell zusätzlich bereitzustellen? Sind eventuell neue Investitionen in der F+E vorzunehmen, um die Entwicklung für den Abnehmer durchzuführen?*
- *Kann der Finanzbereich genügend Mittel für die Finanzierung des Projektes bereitstellen?*
- *Hat die Unternehmung generell das Know-how, das für die Entwicklung notwendig ist?*
- *Ist (zumindest) für die Dauer der Entwicklung organisatorisch eine Verbindung zum Abnehmer sichergestellt? Key Account Manager, Austausch von F+E-Mitarbeitern, gemeinsames Büro etc.*

2. Funktionen, Eigenschaften des neuen Produktes

- *Produktnutzen, Verwendungszweck?*
- *Ist das Produkt neu/bekannt für den Markt?*
- *Welche Argumente gibt es aus Unternehmungs-/Kundensicht für das neue Produkt?*

3. Leistungsfähigkeit

- *Technische Daten (Beständigkeit, Festigkeit, erlaubte Toleranzen usw.)?*
- *Welche Normen, Spezifikationen, Vorgaben des Abnehmers sind zu beachten?*
- *Welche Bedürfnisse des Abnehmers werden in welchem Maße befriedigt? Welche Bedürfnisse evt. neu geweckt?*

4. Form/Dimension/Oberfläche/technische Qualität

- *Formvorstellungen: Welche Anforderungen bzw. Vorstellungen hat der Abnehmer bzgl. Ästhetik, Ergonomie, Design?*
- *In welchem Ausmaß soll sich das neue Produkt von eventuellen Vorgängern unterscheiden?*
- *Wieviele Produktvarianten sind gefordert bzw. sinnvoll?*
- *Wo liegen die (ausreichenden) Differenzierungsmerkmale zu übrigen Produkten?*

5. Für welchen Markt ist das Produkt vorgesehen?

- *Wer sind die Hauptabnehmer?*
- *In welchem Markt sind die Abnehmer tätig?*
- *Wie groß wird das Marktvolumen ausfallen? Welchen Anteil können wir davon über unseren Abnehmer abdecken? Wie stehen die künftigen Wachstumschancen dieser Märkte?*
- *Welche Potentiale müssen wir in welchem Umfang in das Produkt investieren?*

6. Zeitpunkt der Markteinführung

- *Welchen Zeitpunkt für die Markteinführung hat der Abnehmer vorgesehen?*
- *Welche wichtigen Zeitpunkte und Zeitdauern gilt es bei der Entwicklung zu beachten?*

7. Vergleich mit Wettbewerbsprodukten

- *Welche Wettbewerbsprodukte sind bekannt, die gleiche Lösungen für den Abnehmer erbringen können? Was können wir daraus lernen?*
- *Durch welche Leistungsmerkmale im materiellen oder immateriellen Produkt können wir uns differenzieren?*
- *Patentlage/Lizenzlage?*

Bild 8-28: Grundinhalte für einen Produktvorschlag; Quelle: in Anlehnung an Kramer/Kramer (Modulare Unternehmungsführung/1994).

herstellungstechnische Produktgestaltung entscheidend beeinflussen (So müßten sie bei einem Konzept für eine Bremsanlage entscheiden, nach welchem Prinzip die Bremse funktionieren soll: Bremsen über Reibkraft (Wirkprinzip I): möglich durch Backen- oder Trommelbremse; Bremsen über dynamischen Widerstand (Wirkprinzip II): möglich durch Bremsschirm; Bremsen über magnetische Kraft (Wirkprinzip III): möglich durch Induktionsbremse).[29] Die richtige Kombination von Bausteinen und Lösungsprinzipien zum Erfüllen der Teilfunktionen führt zu alternativen Konzepten für die Erfüllung der Gesamtfunktion. Die verschiedenen Konzeptvarianten zur Erfüllung der Aufgabe werden analysiert und einer Bewertung unterzogen bevor ein endgültiges Lösungskonzept, der sogenannte Konzeptentwurf verabschiedet wird. Für eine erste Bewertung im Rahmen der Konzeptionsphase ziehen die Konstrukteure häufig eine Leitlinie mit Hauptmerkmalen heran, die je nach Aufgabenstellung adaptierbar ist (Bild 8-29).

Auf der Basis des gefundenen Lösungskonzeptes trifft die Entwicklungsabteilung in der Folge sämtliche Festlegungen, welche die endgültige Gestalt des Produkts, seine Technologie und den Herstellungsprozeß betreffen. Als methodische Hilfsmittel bieten sich Konstruktionskataloge und elektronische Zulieferkatalogen an. Konstruktionskataloge sind Lösungskataloge, die aufgabenabhängige Lösungen für die Aufgabenstellung innerhalb eines Konstruktionsabschnittes enthalten. Sie ordnen den festgelegten Wirkprinzipien eine geeignete Kontur, d.h. eine geometrisch-stoffliche Gestalt und dieser wiederum ein geeignetes Herstellverfahren zu.[30] Elektronische Zulieferkataloge unterstützen den direkten Informationsaustausch zwischen Zulieferern und Kunde, wobei sogar eine direkte Anbindung an CAD-Systeme möglich ist.[31] Die Zusammenarbeit über elektronische Zulieferkataloge bietet sich an, wenn es sich um Komponenten handelt, die keiner Geheimhaltung unterliegen, die längst bekannt sind und es sich nicht lohnt, selbst zu entwerfen und auszuarbeiten. Durch elektronische Zulieferkataloge kann bereits in frühen Phasen der Entwicklung ein schneller Zugriff auf vorhandene Komponenten sichergestellt wer-

Hauptmerkmal	Beispiele
Funktion	*Eigenschaften erforderlicher Nebenfunktionsträger, die sich aus dem gewählten Lösungsprinzip oder aus der Konzeptvariante zwangsläufig ergeben*
Wirkprinzip	*Eigenschaften des oder der gewählten Prinzipien hinsichtlich einfacher und eindeutiger Funktionserfüllung, ausreichende Wirkung, geringe Störgrößen*
Gestaltung	*Geringe Zahl der Komponenten, wenig Komplexität, geringer Raumbedarf, keine besonderen Werkstoff- und Auslegungsprobleme*
Sicherheit	*Bevorzugung der unmittelbaren Sicherheitstechnik (von Natur aus sicher), keine zusätzlichen Schutzmaßnahmen nötig, Arbeits- und Umweltsicherheit gewährleistet*
Ergonomie	*Mensch-Maschine-Beziehung befriedigend, keine unzulässige Belastung oder Beeinträchtigung, gute Formgestaltung*
Fertigung	*Wenige und gebräuchliche Fertigungsverfahren, keine aufwendigen Vorrichtungen, geringe Anzahl einfacher Teile*
Kontrolle	*Wenige Kontrollen oder Prüfungen notwendig, einfach und aussagesicher durchführbar*
Montage	*leicht, bequem und schnell, keine besonderen Hilfsmittel*
Transport	*Normale Transportmöglichkeiten, keine Risiken*
Gebrauch	*Einfacher Betrieb, lange Lebensdauer, geringer Verschleiß, leichte und sinnfällige Bedienung*
Instandhaltung	*Geringe und einfache Wartung und Säuberung, leichte Inspektion, problemlose Instandsetzung*
Recycling	*gute Verwertbarkeit, problemlose Beseitigung*
Aufwand	*keine besonderen Betriebs- oder sonstigen Nebenkosten, keine Terminrisiken*

Bild 8-29: Bewerten eines Produktkonzeptes mittels üblicher Leistungsmerkmale; Quelle: Pahl/Beitz (Konstruktionslehre/1986) 460ff.

den und das Management sehr früh bei anstehenden Make- oder Buy-Entscheidungen entlastet werden.

Unabhängig von den gefundenen Gestaltungsvarianten kann der Bau von ersten Prototypen eingeleitet werden. Die gefundenen Gestaltungsvarianten münden in alternativen Entwürfen. Diese gilt es, in einer technisch/wirtschaftlichen Analyse in Form eines Leistungs-und Kostenabgleichs mit den Anforderungen des Abnehmers zu vergleichen, um die technisch beste und wirtschaftlich günstigste Lösung auszuwählen.

• Produkt ausarbeiten

Produkt ausarbeiten: Die Phase des Ausarbeitens wird als der Teil des Konstruierens verstanden, „der die Baustruktur eines technischen Gebildes durch endgültige Vorschriften für Form, Bemessung und Oberflächenbeschaffenheit aller Einzelteile, Festlegen aller Werkstoffe, Überprüfung der Herstellungs- und Gebrauchsmöglichkeiten sowie der endgültigen Kosten ergänzt und die verbindlichen zeichnerischen und sonstigen Unterlagen für seine stoffliche Verwirklichung und Nutzung schafft."[32] Bild 8-30 zeigt die einzelnen Aufgaben des Ausarbeitens und deren wesentlichen Inhalte, die für den Zulieferer von Bedeutung erscheinen.[33]

Als Ergebnis präsentiert der Zulieferer einen Prototyp und bietet dem Abnehmer eine komplette Produktdokumentation an, die sämtlich herstellungstechnische Details enthält. Bei Akzeptanz durch den Kunden erfolgt die Freigabe zur Fertigung gemäß der vertraglichen Vereinbarungen.

Mit der Ausarbeitungsphase sind sämtliche Schritte zur Realisierung des gewünschten Customer Focus eingeleitet. Der Fertigung obliegt es im Weiteren, das technische Produkt qualitäts-, kosten- und zeitgerecht bereitzustellen.

• „Überwachung" der technischen Entwicklung

„Überwachung" der technischen Entwicklung: Die Analyse und Bewertung der alternativen technischen Entwürfe muß objektiv, meßbar und möglichst in enger Zusammenarbeit mit dem Kunden erfolgen. Die gefundene konstruktive Lösung des technischen Problems wird um so wertvoller sein, je besser es gelungen ist, die in der Aufgabe gestellten Mindestanforderungen, die vom Abnehmer zusätzlich gemachten Wünsche sowie die technischen Eigenschaften im günstigsten Sinne zu erfüllen. Unter technischen Eigenschaften werden all diejenigen Eigenschaften des Produktes verstanden, die für die Funktion, die Herstellung und das Betriebsverhalten des betreffenden Erzeugnisses von Bedeutung sind.36 Verzeichnisse über Inhalte technischer Eigenschaften sind dabei ein Hilfsmittel, nach weiteren Optimierungsmöglichkeiten zu suchen. Bild 8-31 zeigt auszugsweise die Inhalte eines solchen Kataloges.

Im abschliessenden Exkurs zeigt ein Beispiel, welche Aufgaben mit der Steuerung und Überwachung einer technischen Entwicklung für industrielle Abnehmer verbunden sind.

0. Endgültiger Entwurf

1. Optimieren von Einzelteilen

Optimierung von Form, Werkstoff, Oberflächen, Toleranzen, Passungen. Optimierungsziele sind hier eine hohe Ausnutzung (z.B. geeignete Werkstoffwahl) sowie eine fertigungs- und kostengünstige Detailgestaltung.

2. Zeichnungen und Stücklisten erstellen

Einzelteile werden zeichnerisch zu Baugruppen und diese zum Gesamtprodukt zusammengefaßt. Die Erzeugnisgliederung zeigt dabei, wie sich das Produkt in kleinere Einheiten (Baugruppen und Einzelteile) aufgliedert. Sie kann sowohl funktionsorientiert als auch fertigungs- bzw. montageorientiert strukturiert sein. Erzeugnisgliederungen sind dabei geeignet, die Inhalte von „Baukastensystemen" deutlich zu machen. In einem Zeichnungssatz können sämtliche Zeichnungen ebenfalls nach dem Baukastensystem zusammengefaßt werden:

- *Gesamt und/oder Zusammen-Zeichnungen (Hauptzeichnung für eine oberste Strukturebene);*
- *Gruppen-Zeichnungen (Darstellung einer Baueinheit von zwei oder mehreren Teilen eines Erzeugnisses);*
- *Einzelteilzeichnungen (Darstellung eines Einzelteils);*
- *Rohteil-Zeichnungen;*
- *Modell-Zeichnungen.*

Eine Vielzahl weiterer Zeichnungen nach den unterschiedlichsten Unterscheidungskriterien ist möglich. Bei einer Zusammenarbeit mit Abnehmern/Zulieferern können die Zeichnungen kopiert, mikroverfilmt oder rechnerintern miteinander verknüpft werden.

Zu jeder Zeichnung gehört eine entsprechende Stückliste. Stücklisten enthalten verbale und mit Positionsnummern festgelegte Mengen, Einheiten der Mengen, und Benennung aller Baugruppen und Einzelteile einschliesslich der Normteile, Zukaufteile und Hilfstoffe. Im Stücklistensatz finden sich die Stücklisten aller zum Produkt gehörenden Baugruppen und Einzelteile.

3. Fertigungs-, Montage- und Transportvorschriften aufstellen

Je nach Produktart, Branche und Fertigungsart (Einzel-, Kleinserien- oder Großserienfertigung) erstellt die Konstruktion noch weitere Unterlagen zur Fertigung. Dazu gehören zum Beispiel genaue Montage- und Transportvorschriften, aber auch genaue Anweisungen zur Qualitätssicherung. Auch können Betriebs-, Wartungs- und Instandhaltungsanleitungen bei der Lieferung von Investitionsgütern hinzukommen.

4. Unterlagen auf Normanwendung, Vollständigkeit und Richtigkeit prüfen

In einem letzten Kontrollschritt untersucht die Konstruktion oder eine andere Abteilung die Fertigungsunterlagen, besonders die Zeichnungen und Stücklisten hinsichtlich:

- *der Einhaltung von Normen, insbesondere Werksnormen,*
- *der eindeutigen und fertigungsgerechten Bemaßung,*
- *sonstiger Fertigungsangaben sowie*
- *Beschaffungsgesichtspunkten, z.B. Lagerteilen.*

5. Produktdokumentation festlegen und Fertigungsfreigabe

Bild 8-30: Ausarbeiten eines Zulieferproduktes; Quelle: in Anlehnung an Pahl/Beitz (Konstruktionslehre/1986) 462 ff.

Einteilung	Mögliche technische Eigenschaften
Anzahlbedingte Eigenschaften	*Anzahl der größeren Konstruktionsteile, Anzahl der Kleinteile, Anzahl der Normteile*
Geometrische und kinematische Eigenschaften,	*Behältergröße, Breite, Freiheitsgrad, Höhe, Länge, Oberfläche Querschnitt, Raumbedarf*
Mechanische Eigenschaften	*Antrieb, erforderliche Blechdicke, Dichte, Drehzahl, Elastizität, Fahreigenschaften*
Thermische Eigenschaften	*Abgasverlust, Aschegehalt, Gefrierpunkt, Flammpunkt, Kältebeständigkeit*
Elektrische und magnetische Eigenschaften	*Ableitungswiderstand, Elektrische Feldstärke, Leitfähigkeit, Widerstand*
Optische Eigenschaften	*Bildschärfe, Brennpunkt, Brennweite, Leuchtintensität, Spiegelung, Strahlung*
Akustische Eigenschaften	*Akustik, Dissonanz, Interferenz, Klangfarbe, Lautstärke, Nachhall, Tonfrequenz*
Stoffliche und chemische Eigenschaften	*Ätzbarkeit, Aggressivität, Entgasung, Entkeimung, Konzentration, Homogenität*
Herstell- und Montageeigenschaften	*Abfallmenge, Faltbarkeit, Genauigkeitsansprüche, Oberflächenbehandlung, Werkzeuge*
Gebrauchs-, Bedienungs- und Wartungseigenschaften	*Leichtigkeit der Bedienung, Betriebssicherheit, Verschleiß, Überholungsdauer*

Bild 8-31: Inhalte technischer Eigenschaften; Quelle: VDI 2225; 21ff.

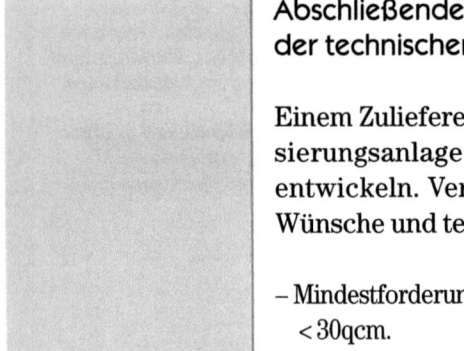

Abschließender Exkurs: Bewertung der technischen Eignung eines Entwurfes

Einem Zulieferer liegt die Aufgabe vor, eine Klimatisierungsanlage für einen Personenkraftwagen zu entwickeln. Verschiedene Mindestanforderungen, Wünsche und technische Eigenschaften liegen vor:

– Mindestforderung: Kraftstoffverbrauch < 0,2l; Platzbedarf < 30qcm.
– bedeutende Wünsche: ansprechende äußere Form, möglichst wenig Teile.
– technische Eigenschaften: leichte Bedienbarkeit, Geräuscharmut, Betriebssicherheit, gute Befestigungsmöglichkeiten im PKW.

In der Mehrzahl der Fälle läßt sich der Grad der Verwirklichung der Mindestforderungen, Wünsche und technischen Eigenschaften rechnerisch oder meßtechnisch ermitteln, z.B. der Kraftstoffverbrauch in Litern. Für die Bewertung des entwickelten Entwurfes werden die so ermittelten Werte einer möglichen technischen Ideallösung gegenübergestellt. Der jeweilige Grad der Annäherung drückt sich in einer entsprechenden Punktzahl aus:[35]

sehr gut (ideal)   4 Punkte
gut   3 Punkte
ausreichend   2 Punkte
gerade noch tragbar   1 Punkt
unbefriedigend   0 Punkte

Die folgende Bild 8-32 gibt die Bewertung des Beispieles für die Klimaanlage wieder. Nach einem ersten Entwurf

Nr.	Technische Eigenschaften und Wünsche	1. Entwurf	2. Entwurf	Ideallösung
	Anzahlbedingte Eigenschaften			
1	*Einfachheit (Anzahl der Konstruktionseile)*	2	3	4
2	*Einfachheit (Anzahl der Kleinteile)*	2	3	4
	Geometrische Eigenschaften			
3	*Raumbedarf*	3	4	4
	Mechanische Eigenschaften			
4	*Gewicht*	1	3	4
	Herstell- und Montageeigenschaften			
5	*Befestigungsmöglichkeit*	1	3	4
	Gebrauchseigenschaften			
6	*Betriebssicherheit*	2	3	4
7	*Handhabung*	3	4	4
	Punktsumme	14	23	28
	Technische Wertigkeit: $x = \dfrac{\sum p}{n \cdot p_{max}}$	0,5	0,82	1

n = Anzahl der technischen Eigenschaften und Wünsche; p = erreichte Punktzahl

Bild 8-32: Beispiel für die technische Bewertung eines Zulieferproduktes; Quelle: vgl. VDI 2225.

diskutieren die Beteiligten die Schwachstellen und versuchen, diese in weiteren Entwürfen zu beseitigen.

Anzustreben ist eine möglichst hohe und wettbewerbsgerechte technische Wertigkeit, die mit der wirtschaftlichen, zielkostenmäßigen Wertigkeit in Einklang zu bringen ist. Die technische Wertigkeit berechnet sich nach der Formel:

$$x = \frac{\sum p}{n \cdot p_{max}}$$

wobei n die Anzahl der technischen Eigenschaften und Wünsche, p die erreichte Punktzahl angibt. Eine technischeWertigkeit über 0,8 ist im allgemeinen sehr gut, über 0,7 gut und unter 0,6 schlecht.[36] Das Beispiel zeigt, daß nach dem gewählten Maßstab der erste Entwurf sehr schlecht (0,5), der zweite Entwurf aber bereits als sehr gut (0,82) zu werten ist.

Der wesentliche Vorteil einer solchen Punktbewertung besteht darin, daß klar zum Ausdruck kommt, welche Merkmale gut und welche weniger gut im Entwurf verwirklicht sind. Der Zulieferer wird dadurch auf die Schwachstellen im Produkt hingewiesen, die einer konstruktiven Verbesserung bedürfen. Die Bewertung sollte immer in einer Gruppe von Mitarbeitern aus den Bereichen Konstruktion, Fertigung und Marketing sowie eventuell Vertretern des Abnehmers erfolgen. Der Konstrukteur sieht evtl. nur die Vorteile seiner Lösung oder erreicht hohe technische Wertigkeiten eines Produktes in ersten Entwürfen nur mit hohen wirtschaftlichen Aufwänden. Dies führt jedoch zu einem nicht wettbewerbsfähigen Preis-/Leistungsverhältnis. Kollegen aus anderen Bereichen können hier korrigierend eingreifen.

Die technische Wertigkeit des Produktentwurfes wird abschliessend – nicht zuletzt aus bereichsübergreifenden Kommunikationsgründen – durch Darstellung in einem Diagramm auf die Erreichung der Zielkostenvorgabe hin überprüft.[37] Bild 8-33 zeigt das entsprechende Koordinatensystem.

Die „Stärke" der konstruktiven Lösung ist durch einen Punkt S mit den Koordinaten X (technische Wertigkeit) und Y (Zielkostenerreichungsgrad) gekennzeichnet. Die

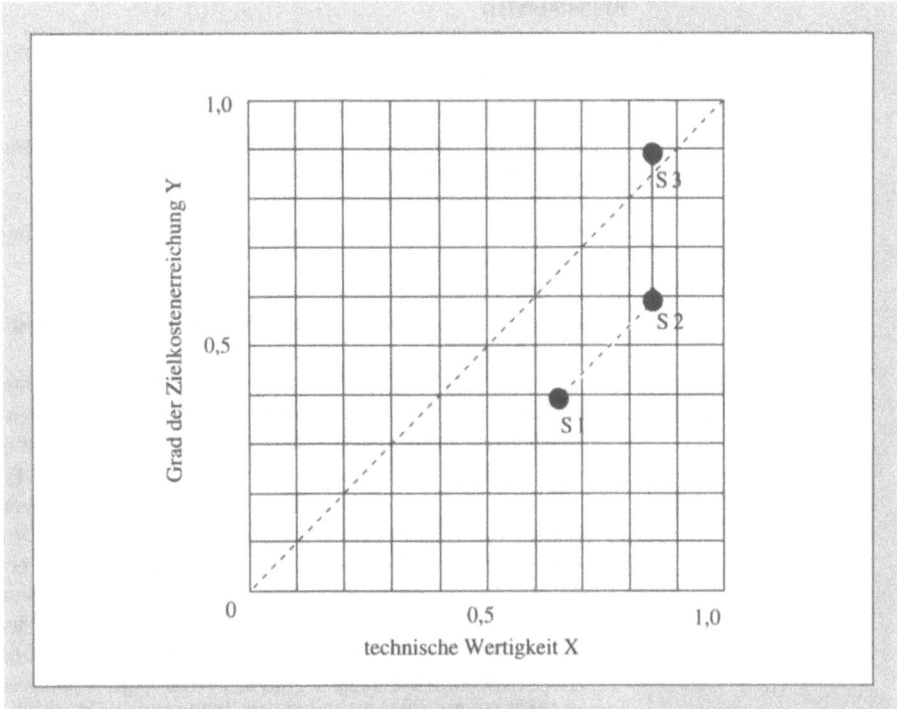

Bild 8-33: Bewertung verschiedener Produktentwürfe; Quelle: in Anlehnung an VDI 2225.

Ideallösung findet sich im Punkt x = 1; Y = 1. Durch die Verbesserung einzelner Entwürfe verschiebt sich seine Position zu diesen Koordinaten.

Die Winkelhalbierende kennzeichnet dabei ein ausgeglichenes Verhältnis. Im Wettbewerb oder bei zunehmender Reife der konstruktiven Lösung sollte sich der Punkt S nach rechts und/oder unten bewegen.

Anmerkungen

1 Pümpin/Geilinger (Strategische Führung/1988) 11.
2 vgl. Pümpin/Geilinger (Strategische Führung/ 1988) 11ff.
3 vgl. dazu beispielsweise die ausführlichen Checklists bei Püm-pin/Geilinger (Strategische Führung/ 1988) 58ff.
4 Weinhold (20 Lektionen/1991) 142.
5 Pümpin/Geilinger (Strategische Führung/1988) 31; Weinhold (20 Lektionen/1991) 122ff.
6 Backhaus/Pilz (Kooperativer Wettbewerb/1990) 2.
7 vgl. dazu v.a. Wildemann (Entwicklungsstrategien für Zuliefe-rer/1992) 369ff.
8 vgl. zur Frage der in Forschung und Praxis diskutierten Grundsätze und Prinzipien des Lean Management auch: Bösen-berg/Metzen (Lean Management/1992); Belz/Schögel/Kramer (Hrsg.) (Lean Management und Lean Marketing/1994); Daum/Piepel. (Lean Production – Übertragung auf andere Branchen/1992); Drucker (Fabrik von morgen); Krafcik (Tri-umph of the Lean Production/1988); Müller/Rupper (Hrsg.) Le-an Management in der Praxis/1993); o.V. (Lean Management Centrum/ 1992); Pfeiffer/Weiss (Lean Management/199); Wilde-mann (Lean Management 1,2,4,7,9,11); Während bei den sehr früh nach Veröffentlichung der der MIT-Studie (vgl. Womack et al. (MIT-Studie/1992) erschienenen Publikationen Struktur- und Ordnungsfragen zum Phänomen der Lean Production und des Lean Management im Vordergrund standen, gehen aktuel-lere Werke auf die Umsetzung in verschiedenen Branchen und in verschiedenen Markt- und Unternehmungssituationen ein.
9 vgl. dazu Groth/Kammel (Lean Management/ 1993) 72ff.; Kra-mer/Kramer (Marketing-Kompetenz/1993) 26f.
10 Zur allgemeinen Kritik am Lean Management Ansatz und zur Adaption auf europäische Verhältnisse vgl. Daum/Piepel (Lean Production – Philosophie und Realität/1992); Fieten (Von Lean Production zum Europäischen Lean Management/1992); Fix (Asiatisches Management/ 1992); Gerken („Soft"-Management statt „Lean"- Management); Hess (Japaner gemeinsam kon-tern/ 1992); Hirzel (Lean Management beginnt in den Köp-fen/1933); Jürgens (Lean Production stößt an ihre Gren-zen/1992); Koeppe (Wirkungen auf den Westen 1 und 2/1992); Lietz (Lean Production – Realität und Herausforderung/ 1992); Lietz (Braucht Lean Production einen neuen Manager-Typ/1992); o.V. (Wo Lean-production wieviel Nutzen bringt/ 1993) 10; Metzger (Lean Production – Ein Schritt zurück?/1992); Müller (Lean à la Germany/ 1992); Piepel (Wege zur Übertragung der Lean Production/ 1992); Reiss (Lean Ma-nagement ist „Heavy Management"/1992); Reiss (Mit Blut, Schweiß und Tränen zur schlanken Organisation/1992); Zügel (Lean Production: Vorbild Japan? 1992).

11 Seghezzi (TQM/1988) 29.

12 Der Leser erhält so einen Überblick über die Vielfalt möglicher Ansätze. Es ginge an dieser Stelle zu weit, auch nur einzelne Methoden näher darzustellen. Die Aufstellung gibt deshalb Ansatzpunkte für den Leser, an denen er selbstständig vertiefen kann. Vgl. dazu auch Kersten (Integriertes Methodensystem/ 1994) 431ff.

13 vgl. Kersten (Qualitätssicherung/1991) 22.; Kersten (Integriertes Methodensystem/1994) 432ff.; Kramer (Zeitmanagement/ 1993) 34f.

14 Kramer/Kramer (Verschwendung erkennen und vermeiden/ 1994) 6.

15 vgl. dazu Pischetsrieder (Lean Management 3/1992) o.S.

16 Bagdasarjanz (Customer Focus/1993) 3ff.; Holst (Prozeß-Strukturen/1992); vgl. auch Volk (Kaizen/1993) 78f.

17 Fromm (Management von Zeit/1992) 8.

18 Zink (Total Quality Management/1992) 9.

19 Wildemann (Die modulare Fabrik/1988)

20 vgl. dazu Seiffert (KVP/1994) 122f.

21 Fromm/Hinterhuber (Führungsetage/1993) o.S. Das ein Mehr an Verantwortung auch eine höhere Belastung für den Arbeitnehmer darstellt zeigt Odrich (Lean Management 13) o.S.; o.V. (Für Gruppenarbeit nicht qualifiziert/1992) o.S.; o.V. (Strenge Mitarbeiterauswahl und Gruppenarbeit/1992) o.S.; Wilkening (Umdenken/1992) o.S.

22 Stürzl (Gruppenarbeit/1992) 58.

23 Grün (Gruppenarbeit/1993) 207.

24 Definition von Prof. Dr. Torsten Tomczak in Thexis: Verkaufsstellenmanagement im Handel 4/1993, S. 56, im Rahmen der Vorankündigung für die Thexis-Jubiläumsnummer 5./6./1993 mit dem Titel „Marketing-Kompetenz".

25 Juran (Planning for Quality/1988) 24ff.

26 Nussbaumer (Lean Management für den Mittelstand/1994) 142.

27 Weinhold (20 Lektionen/1991) 211.

28 Ein Wirkprinzip ist ein Grundsatz, vom dem sich eine bestimmte Wirkung zur Erfüllung der Funktion ableitet (physikalischer, biologischer, chemischer Effekt oder Effekte sowie geometrische und stoffliche Merkmale in Verbindung mit einer Teilfunktion). Pahl/Beitz (Konstruktionslehre/1986) 583.

29 vgl. Roth (Konstruktionskataloge/1982) 125ff. Aus dem dort aufgeführten Konstruktionskatalog geht des weiteren hervor, daß je nach Wahl des speziellen physikalischen Effektes für die Erzeugung einer Kraft mit anderen Größen andere Konstruktionsparameter wichtig sind und sich andere geometrische Bedingungen ergeben.

30 Roth (Konstruktionskataloge/1982) 47.

31 Birkhofer (Zulieferkomponenten/1992) 113ff.

32 Pahl/Beitz (Konstruktionslehre/1986) 462.

33 vgl. dazu Pahl/Beitz (Konstruktionslehre/1986) 462ff.

34   VDI 2225, 14f.
35   So schlägt die Richtlinie VDI 2225, 15, die genannte Unterteilung vor.
36   vgl. VDI 2225, 15.
37   vgl. dazu VDI 2225, 17.

9 Zusammenfassung und Ausblick

Marketing für Zulieferer ist Marketing für Abhängige.[1] Zulieferer agieren in der Regel nicht direkt in den Endverbrauchermärkten, sondern bieten ihre Leistungen gewerblichen Abnehmern an. Eine erfolgreiche Geschäftsbeziehung zum Kunden hängt dabei von der richtigen Ausgestaltung der Doppelstrategie Leistungs- und Kostenoptimierung ab.

Durch maßgeschneiderte, dem Kundenwunsch entsprechende Leistungspakete müssen Zulieferer sich vom Wettbewerb differenzieren und dem industriellen Abnehmer empfehlen. In gesättigten und hart umkämpften Märkten müssen sie gleichzeitig ihre Leistungen kostengünstiger als in- und ausländische Wettbewerber anbieten. Um dieser Doppelstrategie gerecht zu werden, arbeiten Zulieferer und Abnehmer heute intensiv zusammen. Die Rezession der letzten Jahre sowie die Ergebnisse betriebswirtschaftlicher Forschung haben deutlich gemacht, daß der unternehmerische Erfolg oder Mißerfolg der Herstellerindustrien wesentlich von der optimalen Ausgestaltung der gesamten Wertschöpfungskette Vorlieferant-Zulieferant-Hersteller-Handel abhängig ist. In dieser Kette ist es die Aufgabe „lean-orientierter" Zuliefer-Abnehmer-Beziehungen das Leistungsmanagement des Zulieferers mit dem Supply Management des Abnehmers in Gleichklang zu bringen. Der Wettbewerb optimierter Wertschöpfungsketten ersetzt in wachsendem Ausmaß den traditionellen Wettbewerb zwischen einzelnen Unternehmungen. In der Folge gewinnt das Schnittstellenmanagement an Bedeutung, gemeinsame Anstrengungen erzielen einen höheren Ertrag als isolierte Vorgehensweisen. „Lean"-orientierte Zuliefer-Abnehmer-Beziehungen verfolgen eine aufeinander abgestimmte Wertschöpfung, die sich an

- Marketing für Zulieferer ist Marketing für Abhängige

- Kostenminimierung und Leistungsoptimierung als Doppelstrategie

- „Lean"-orientierte Zuliefer-Abnehmer-Beziehungen optimieren gemeinsam

markt- und kundenrelevanten Aufgaben und Prozessen orientiert und versucht, Doppelarbeit und Verschwendung zu vermeiden. Damit einher gehen die Bemühungen, mögliche Qualitätsprobleme durch kooperative Qualitätssicherungssysteme zu vermeiden. Bei „lean"-orientierten Zuliefer-Abnehmer-Beziehungen stehen die Mitarbeiter im Mittelpunkt. Aufgabe der obersten Führungsebene ist es, sie für gemeinsame Ziele zu motivieren.

In diesem Zusammenhang untersuchte die Arbeit bedeutende Bestimmungfaktoren von Zuliefer-Abnehmer-Beziehungen. Die Grundleistungsmodule „Leistungsart" und „Leistungsspektrum" legen die Basis einer Beziehung; erweiternde Zusatz- und Nebenleistungsmodule wie „Machtverteilung", „Intensität", „Geographische Entfernung", „Exklusivität", „Flexibilität" sowie „Qualitätssicherung" entscheiden über ihre situations- und problemorientierte Ausgestaltung:

Um eine „lean"-orientierte Zuliefer-Abnehmer-Beziehung aufzubauen, muß der Zulieferer die Aufgabe lösen, sich durch eine zielführende Customer Focus-Strategie für eine konkrete Beziehung zu empfehlen und den Abnehmer dadurch auch langfristig an sich binden. Je nach spezifischem marktlichem Umfeld und eigenen vorhandenen und einzusetzenden Potentialen kristallisieren sich drei verschiedene Customer Focus-Strategien heraus, die professionelle Zulieferunternehmungen kennzeichnen:

- *„Rationelle" Produktionspartner* legen ihren Schwerpunkt auf eine flexible, kundenorientierte Fertigung und kooperieren vermehrt mit anderen Zulieferern, um Erfahrungskurvenvorteile und Know how-Zufluß an heimischen Standorten zu verwirklichen und eine Verlagerung in das kostengünstigere Ausland wenn möglich zu vermeiden.
- *„Innovative" Entwicklungspartner* forschen alleine oder in einem Verbund mit anderen Zulieferern und Abnehmern und bieten kontinuierlich innovative Leistungen an.
- *„Aktive" Wertschöpfungspartner* sind gleichgewichtige Partner ihrer Abnehmer und erbringen für das Abnehmerprodukt wichtige und unverwechselbare Beiträge.

Sie erfüllen kumulativ die Anforderungen, die sich an einen Produktions- und Entwicklungspartner stellen.

In „schlanken" Zuliefer-Abnehmer-Beziehungen herrscht ein partnerschaftliches Vertrauensverhältnis. Voraussetzung dafür sind Aufgeschlossenheit, Leistungswille, Leistungsbereitschaft und die Fähigkeit, eine Beziehung konstruktiv weiterzuentwickeln. Vertrauen und Partnerschaft sind nicht zum „Nulltarif" zu haben. Die vorgeschlagenen Customer Focus-Strategien zeigen gangbare Wege auf. Ihre erfolgreiche Realisierung ist allerdings mit vielfältigen Herausforderungen verbunden, denen sich die Zulieferbranche in Zukunft stellen muß, will sie aus den Entwicklungen der letzten rezessiven Jahre lernen:

Agieren statt reagieren. Zulieferer dürfen künftig nicht mehr nur auf die Anforderungen ihrer Kunden reagieren. So nutzt es gar nichts, sich über ständige Audits einzelner Abnehmer, unangenehme „Partnerschaftskonzepte", auferlegte Kostensenkungsprogramme und anderes mehr zu ereifern. Es ist viel wichtiger zu versuchen, künftige Anforderungen bereits in den heutigen Überlegungen zu antizipieren und mit dem Abnehmer zu kommunizieren. Für eine ergiebige Beziehung zu seinem Kunden ist es vorteilhaft, aus eigener Initiative zum Audit einzuladen, Projekte und Bereiche partnerschaftlicher Zusammenarbeit vorzuschlagen oder gemeinsame Kostensenkungsprogramme zu initiieren.

Kooperieren statt konkurrenzieren. Zukunftsorientierte Zulieferer erkennen zunehmend den Sinn von Kooperationen mit ihren Abnehmern und „erspähen" die in der Zusammenarbeit zwischen Zulieferern liegenden Reserven. Mit dem Argument, in Kooperationen verliere man seine unternehmerische Selbständigkeit und gebe Know-how kostenlos preis, blocken viele Unternehmungen sinnvolle Projekte in der Entwicklung, Fertigung, Logistik aber auch in den sekundären Bereichen der Qualitätssicherung und Verwaltung ab. Leistungspotentiale liegen so brach, mögliche Kostenoptimierungen können nicht erreicht werden und der Aufbau von Gegenmacht in einer Beziehung zu marktmächtigen Abnehmern bleiben unmöglich. Diese kurzfristige Sichtweise bedroht langfristig

• Leitlinien für die Zukunft: Agieren statt reagieren; Kooperieren statt konkurrenzieren; Motivieren statt resignieren

weiterhin sehr stark die internationale Wettbewerbsstellung von Hochlohnländern wie Deutschland oder der Schweiz.

Motivieren statt resignieren. Abnehmerzufriedenheit und wirtschaftlichen Nutzen bringende Customer Focus-Strategien zu entwickeln und zu realisieren verlangt Sachverstand, Erfahrung, Ausdauer und Engagement von allen Beteiligten. Es ist Aufgabe der Unternehmungsführung, die Mitarbeiter für diese Neuausrichtung zu fördern und zu begeistern. Die Abhängigkeit der Zulieferer von ihren Abnehmern wird sich in dem Maße lösen, in dem es den Mitarbeitern gelingt, für den Kunden wertvolle Lösungsbeiträge zu erbringen. Nur diejenigen die meinen, „sowieso nichts bewegen zu können", werden resignieren. Die teilweise völlig überzogenen und opportunistischen Leistungs- und Preisforderungen von Abnehmern und die resultierende Verweigerungshaltung vieler Zulieferer in der Phase der Rezession haben viele Probleme noch verschärft. Ständige Motivation und Hilfestellung helfen hier sicherlich weiter. Allerdings darf nicht unerwähnt bleiben, daß heimische Zulieferer bei den derzeitigen Rahmenbedingungen – hohe Arbeitskosten und Unternehmungssteuern, langwierige Genehmigungsverfahren, etc. – erhebliche Standortnachteile im internationalen Vergleich auszugleichen haben.

Anmerkungen

1 Weinhold (Zuliefer-Marketing/1988) 1.

10 Literaturverzeichnis

Akao, Y. (QFD): QFD-Integrating Customer Requirements into Product Design, Cambridge, Mass. 1990

Albers, S./Eggert, K. (Kundennähe) Kundennähe: Strategie oder Schlagwort, in: Marketing, Zeitschrift für Forschung und Praxis, 1/1988, S. 5-16.

Arnold, U. (Global Sourcing): Global Sourcing zur Neuorientierung des Supply Management: Versorgungsstrategie international ausrichten, in: Beschaffung aktuell, 3/1991, S. 66-68.

Asmus, D./Griffin, J. (power of your supplier): Harnesing the power of your suppliers – Companies that effectively involve suppliers in their internal product developement achieve a new strategic advantage, in: The McKinsey Quaterly, Nr. 3 1993, S. 63-78.

Backhaus, K. (Investitionsgütermarketing): Investitionsgütermarketing, 3. Aufl., München, 1992.

Backhaus, K./Pilz, K. (Kooperativer Wettbewerb): Strategische Allianzen: Eine neue Form kooperativen Wettbewerbs? in: Backhaus, K./Pilz, K.(Hrsg.): Strategische Allianzen, zfbf, Sonderheft 27 Düsseldorf, Frankfurt 1990, S. 1-10.

Bagdasarjanz, F. (Customer Focus): Customer Focus – Ein Prozess der ständigen Verbesserung, in: Thexis 1/1993, S. 2-12.

Bagdasarjanz, F. (Der Zeitfaktor technisch): Der Zeitfaktor technisch, in: Müller, R. /Rupper, P. (Hrsg.): Lean Management in der Praxis, Zürich, 1993, S. 76-83.

Baumgärtner, Th. (Kraftprobe): Die Kraftprobe, Zulieferer: Kampf ums Überleben, in: Industrieanzeiger, 11/1992, o.S.

Becker, W./Weber, J. (Scoring-Modelle): Scoring-Modelle, in: Management Enzyklopädie, 2. Aufl., Band 8, Landsberg a.Lech 1994, S. 345-359.

Belz, Chr. (Marketing-Analogien): Marketing-Analogien, in: Thexis, Nr. 2, 1985, S. 8-10.

Belz, Chr. (Leistungssysteme): Leistungssysteme zur Profilierung auswechselbarer Produkte, in: der markt, Nr. 2/1988, S. 472-479.

Belz, Chr. (Technische Produkte): Marketing für technische Produkte, in: io-Management Zeitschrift, 1/1989, S. 59-63.

Belz, Chr. (Konstruktives Marketing): Konstruktives Marketing – Marketing Diagnose und Lösungen für umkämpfte Märkte in Sättigung, Stagnation und Schrumpfung, Savosa, St. Gallen, 1989.

Belz, Chr. (Abhängigkeit der Herstellern): Abhängigkeit der Hersteller vom Handel und Tendenz zur Rivalität im vertikalen Marketing, in: Markenartikel, NR. 4/1989, S. 175-176.

Belz, Chr. (Marketing- und Servicequalität): Marketing- und Servicequalität, in: Thexis, Nr. 6/1989, S. 26-31.

Belz, Chr. (Leistungsinnovation): Leistungsinnovationen, in: Gesellschaft zur Förderung der Schweizerischen Wirtschaft (Hrsg.): Dokumentation zur Betriebswirtschaft, Nr. 3, Zürich 1991.

Belz, Chr. (Suchfelder): Suchfelder im Marketing, Schrift zum 50jährigen Jubiläum der GfM Schweizerischen Gesellschaft für Marketing, Zürich 1991.

Belz, Chr. (Untersuchungsergebnisse): Unterschungsergebnisse: Suchfelder für Marketinginnovationen, Berichte und Materialen 1/1992 aus dem Forschungsinstitut für Absatz und Handel an der Hochschule St. Gallen 1992.

Belz, Chr. (Hinweise zur qualitativen Forschung): Hinweise zur qualitativen Forschung, Hochschule St. Gallen 1993 [masch.]

Belz, Chr. (Strategisches Kundenmarketing): Strategisches Kundenmarketing, Berichte und Materialien 3/1993 aus dem Forschungsinstitut für Absatz und Handel an der Hochschule St. Gallen 1993.

Belz, Chr. (Supply Management): Supply Management, in: Thexis 1/1994, S. 1.

Belz, Chr./Bircher, B. et al. (Erfolgreiche Leistungssysteme): Erfolgreiche Leistungssysteme: Anleitungen und Beispiele, Stuttgart 1991.

Belz, Chr. /Kopp, M. (Markenführung für Investitionsgüter): Markenführung für Investitionsgüter: Kompetenz- und Vertrauensmarketing, Berichte und Materialien 2/1993 aus dem Forschungsinstitut für Absatz und Handel an der Hochschule St. Gallen 1993.

Belz, Chr./Kramer, M./Schögel, M. (Supply Management): Supply Management: Probleme, Strategien, Lösungsansätze, in: Thexis 1/1994, S. 16-24.

Belz, Chr./Kramer, M./Schögel, M. (Fachbericht): Supply Management: Probleme, Strategien, Lösungsansätze, Thexis-Fachbericht 1994/4, (Hrsg.: Belz, Chr.; Tomczak, T., Forschungsinstitut für Absatz und Handel, St. Gallen 1994.

Belz. Chr./Tomczak, T. (Leistungssysteme für technische Produkte): Leistungssysteme für technische Produkte und Investitionsgüter, Berichte und Materialien 2/1992 aus dem Forschungsinstitut für Absatz und Handel an der Hochschule St. Gallen.

Belz, Chr. /Tomczak, T. (Marketing und Kostenmanagement): Marketing und Kostenmangement in der Rezession, Berichte und Materialien 5/1993 aus dem Forschungsinstitut für Absatz und Handel an der Hochschule St. Gallen 1993.

Berr (Organisationstechnik): Organisationstechnik: Vorlesungsskript an der TU-Braunschweig 1990 [masch.]

Bettermann, P.: (Lean Management 10): Lean Management (10): Business Procedure Reengineering: Erfahrungen mit einer neuen Prozessoptimierung bei der Deutschen BP AG, in: Blick durch die Wirtschaft v. 01. September 1992.

Bilitza, K. (Leistungsvorteile in Gruppen) Leistungsvorteile in Gruppen, in: Heigl-Evers, A. (Hrsg.): Kindlers „Psychologie des 20. Jahrhunderts", Sozialpsychologie, Band 1: Die Erforschung der zwischenmenschlichen Beziehungen, Weinheim/ Basel 1984.

Birkhofer, H. (Zulieferkomponenten): Erfolgreiche Produktentwicklung mit Zulieferkkomponenten, in: Jahrbuch VDI 1992, S. 113-130.

Bittner, A./Reisch, B. (Wie japanisch?): Wie japanisch ist die schlanke Produktion?, in: io Management Zeitschrift, 2/ 1993, S. 65-68.

Bläsing, J.P. (TQM): Total Quality Management: Qualitätssicherungs-Systeme nach ISO 9000 bis 9004 im Vorfeld der Zertifizierung, in: Das ISO-Zertifikat-Garantie für eine erfolgreiche Zukunft? (Tagungsbericht) gfmt-Gesellschaft für Management und Technologie mbH 1991, S. 5-75.

Bleicher, K. (Konzept Integriertes Mangement): Das Konzept Integriertes Management: Das St. Galler Management-Konzept, Frankfurt/New York 1991.

Bösenberg, D. / Metzen, H.: Lean Management: Vorsprung durch schlanke Konzepte, Landsberg am Lech: Verlag Moderne Industrie 1992.

Bonoma, Th. (Case Research): Case Research in Marketing: Opportunities,Problems and a Process, in: Journal of Marketing Research, Vol. 22, 5/1985, S.199-205.

Bossard Consultants (Partnerschaftsprogramme): Effizienz und Effektivität von Lieferantenprogrammen innerhalb der deutschen Automobilindustrie – Ergebnisse einer Befragung der Automobilzulieferer zu den Lieferantenprogrammen der deutschen Automobilhersteller, München 1994.

Boutellier, R. (Schlanke Entwicklung): Schlanke Entwicklung – Ein Überblick, in: Belz, Chr./ Schögel, M./Kramer, M. (Hrsg.): Lean Management und Lean Marketing, Thexis-Fachbuch für Marketing, St. Gallen 1994, S. 116-121.

Breisig, Th. (Team Time): It's Team Time: Kleingruppenkonzepte in Unternehmen, Köln 1990.

Brüggemann, N. (Outsourcing): Durch Outsourcing eine gün-
    stigere Kostenstruktur, Lean Production / Zulieferer müs-
    sen schlanker werden, in: Handelsblatt v. 2.9.1992.
Bruhn, M. (Qualität im Markt): Sicherstellung der Qualität im
    Markt, in: Masing, W. (Hrsg.): Handbuch der Qualitätssi-
    cherung, 2. Aufl. München 1988.
Bürgi, J. (Make or Buy): Make or Buy am Beispiel Schweiz: Län-
    gerfristige Konzepte fehlen, in: Beschaffung aktuell, 7/1992,
    S. 22-25.
Bullinger, H.J. (Strategien in der Produktentwicklung): Stra-
    tegien der Produktentwicklung I / Strukturen haben sich
    deutlich verändert: F + E-Bereiche sind durch die Kon-
    kurrenz aus Japan massiv unter Druck geraten, in: Han-
    delsblatt v. 21.9.1992.
Bullinger, H.-J. / Wasserloos, G.: (Innovative Unternehmens-
    strukturen): Innovative Unternehmensstrukturen, in: Of-
    fice Management 1-2/1992, S. 6-14.
Burkhardt, K. /Sager, O. (Lean auch in -Dienstleistungen): Le-
    an Production – auch in Dienstleistungsbetrieben, in: io
    Management Zeitschrift, 2/1993, S. 69-72.
Burt, D.N. (Hersteller helfen): Hersteller helfen ihren Lieferan-
    ten auf die Sprünge, in: Harvard Manager, 1/1990, S. 72-79.
Burt, D.N./Doyle, M. (American Keiretsu): The American Kei-
    retsu – A Strategic Weapon for Global Competitiveness,
    Homewood 1993.
Burt, D.N. (The American Keiretsu): The American Keiretsu,
    in: Thexis 1/1994, S. 9-15.

Camp, R (Benchmarking): Benchmarking – The search for In-
    dustry best Practices that lead to Superior Performance,
    Milwaukee, USA 1989.
Clark, K.B. /Fujimoto, T. (Automobilentwicklung mit Sy-
    stem): Automobilentwicklung mit System: Strategie, Or-
    ganisation und Management in Europa, Japan und USA,
    Frankfurt, New York, 1992.
Choffray, J.-M. / Lilien, G.L. (Model of the Mulitperson Choice
    Process): Model of the Mulitperson Choice Process with
    Application to the Adoption of Industrial Products, MIT
    Sloan School of Management, Working Paper No. 861, Ju-
    ne 1976.
Crosby, Ph. (Team): So führe ich mein Team, Hamburg 1986
Cullom, P. / Weidner, S. (Wie viele Zulieferer): Wie viele Zulie-
    ferer werden den Wandel schaffen, in: Automobil-Produk-
    tion, 2/1993, S. 48-49.

Dambrowski, J. (Lean Target Costing): Wie man mit Lean
    Target Costing effizient arbeiten kann, in: Horváth, P.
    (Hrsg.), Effektives und schlankes Controlling, Stuttgart,
    1992, S. 277-288.

Daum, M. / Piepel, U. (Lean Production – Übertragung auf andere Branchen): Lean Production – Übertragung auf andere Branchen, in: io Management Zeitschrift 61, Nr. 7/8, 1992, S. 64-67.

Daum, M./Piepel, U. (Lean Production – Philosophie und Realität): Lean Production – Philosophie und Realität, in: io Management Zeitschrift 61, Nr. 7/8, 1992, S. 40-47.

Deming (Out of the Crisis/): Out of the Crisis: Quality, Productivity an Competitive Position, MIT Cambridge 1986.

Deutsch, Chr. (Zielkostenmanagement): Unter Preisdruck, Zielkostenmanagement: Der Markt diktiert, in: Wirtschaftswoche, Nr. 16 v. 10.4.1992, S. 63-67.

Deutsch, Chr. (Outsourcing): Outsourcing: Riskantes Abspecken, Magersüchtig: Viele Schlankheitsprogramme gehen zu weit. Die Auslagerung von Betriebsfunktionen entpuppt sich als Rezept mit Tücken, in: Wirtschaftswoche Nr. 37 v. 4. September 1992, S. 50-54.

Doebeli, H.P. (Konsum 2000): Konsum 2000, in: Die Orientierung, N. 101, Bern: Schweizerische Volksbank 1992.

Dostal, A.: (Lean Purchasing): Lean Purchasing – Instrument des strategischen Beschaffungsmanagements: Neuer Anlauf zur Bewältigung des Faktors Mensch, in: Beschaffung 11/1992, S. 30-33.

Drucker, P.F. (Fabrik von morgen): So funktioniert die Fabrik von morgen: Vier produktionstheoretische Konzepte bereiten der Fertigung im Jahr 1999 den Boden, in: Harvard Manager, 1/1991, S. 9-17.

Dyer, W.G./Wilkins, A.L. (Better stories, not better constructs): Better stories, not better constructs, to generate better theory: a rejoinder to Eisenhardt, in: Academy of Management Review, Vol. 16, No. 3, July/1991, S. 613-619.

Ehrlenspiel, K. (Kostengünstig konstruieren/1985): Kostengünstig konstruieren, Konstruktionsbücher, Band 35, Pahl, G. (Hrsg.), Berlin, Heidelberg 1985.

Eggert, K. (Kundennähe): Die Strategie Kundennähe – Komponenten, Konzept, Erfolgspotential, Lüneburg 1993.

Eidenmüller, B. (Neue Fertigungskonzepte): Lean Management (12): Die Grenzen der Automatisierung: Neue Fertigungskonzepte als Herausforderung für das Management, in: Blick durch die Wirtschaft v. 15. September 1992.

Eidenmüller, B. (Just-in-Time-Produktion): „Just-in-Time"-Produktion ist Voraussetzung für integrierte Fertigung, in: Müller, R. /Rupper, P. (Hrsg.): Lean Management in der Praxis, Zürich, 1993, S. 68-75.

Eisenhardt, K.M. (Case study research): Building theories from case study research, in: Academy of Management Review, Vol. 14, October/1989, S. 532-619.

Eisenhardt, K.M. (Better stories): Better stories and better constructs: the case of rigor and comparative logic, in: Academy of Management Review, Vol. 16, No. 3 July/1991, S. 620-627.

Engelhard, W.H. (Marketing-Strategie von Zulieferern): Überlegungen zur Marketing-Strategie von Zulieferern, in: Thexis, 2/1988, S. 12-15.

Eversheim, W. (Simultaneous Engineering): Simultaneous Engineering: Eine organisatorische Chance, in: VDI-Gesellschaft Produktionstechnik, Jahrbuch 1990/1991 Düsseldorf, S. 189-216.

Eversheim, W./Baumann, M./Humburger, R./ Linnhoff, M. (Outsourcing): Mit Outsourcing die Kosten auch in der Produktion reduzieren, in: io Management Zeitschrift, 62 10/1992, S. 82-86.

Fanger, B. /Lacey, E. (Lean in der Produktentwicklung): Lean beginnt in der Produktentwicklung: Hürdensprint in der Produktentwicklung, in: Müller R. /Rupper, P. (Hrsg.): Lean Management in der Praxis, Zürich 1993, S. 27-34.

Fieten, R. (Internationalisierung als Herausforderung): Perspektiven für mittelständische Zulieferer: Internationalisierung als Herausforderung, in: Beschaffung aktuell, 3/1991, S. 57-60.

Fieten, R. (Erfolgsstrategien für Zulieferer): Erfolgsstrategien für Zulieferer: Von der Abhängigkeit zur Partnerschaft-Automobil und Kommunikationsindustrie, Wiesbaden 1991.

Fieten, R. (Internationaler Wettbewerb): Strategien erfolgreicher Zulieferung im internationalen Wettbewerb, in: Beschaffung aktuell: 7/1991, S. 20-24.

Fieten, R. (Von Lean Production zum Europäischen Lean Management): Von Lean Production zum Europäischen Lean Management: Kopieren wäre zu einfach, in: Beschaffung aktuell, 3/1992, S. 58-63.

Fieten, R. (Beschaffungs- und Logistikstrategien): Beschaffungs- und Logistikstrategien den Marktveränderungen anpassen: Eine neue Aera für Einkauf und Logistik, in: Beschaffung aktuell, 6/1992, S. 24-27.

Fieten, R. (Partnerschaft): Auf dem Weg zur Wertschöpfungspartnerschaft, in: Arbeitgeber, 15/16-44 1992, S. 89-91.

Fieten, R. (Der Einkauf gewinnt eine neue Qualität): Der Einkauf gewinnt eine neue Qualität, in: Blick durch die Wirtschaft v. 12. Mai 1993.

Fix, D.: (Asiatisches Management): Asiatisches Management: Was deutsche Manager von ihren Reisen aus Japan mitbringen und wie sie versuchen japanische Erfolgskonzepte umzusetzen, in: Management Wissen 4/1992, S. 4-6.

Fleing, J. (Just-in-Time): Just-In-Time / Hersteller von Glasdächern liefert in weniger als drei Stunden nach Abruf ans Band nach Wolfsburg. Alle 33 Minuten veläßt ein LKW das Firmengelände, in: Handelsblatt v. 1.9.1992.

Forschner, G. (Investitionsgütermarketing): Investitionsgütermarketing mit funktionellen Dienstleistungen: Die Gestaltung immaterieller Produktbestandteile im Leistungsangebot industrieller Unternehmungen, Berlin 1989.

Franz, K.P. (Moderne Methoden der Kostenbeeinflussung): Moderne Methoden der Kostenbeeinflussung, in: krp, 3/1992, S. 127-134.

Fraunhofer Institut für Arbeitswirtschaft und Organisation (Lean Management Centrum): Lean Management Centrum: Wege zu innovativen Unternehmungsstrukturen, Fraunhofer-Institut für Arbeitswirtschaft und Organisation, Stuttgart 1992.

Freiling, J. (Strategisches Zuliefer-Marketing): Zulieferer am Scheideweg: Das strategische Zuliefer-Marketing vor dem Hintergrund des Verdrängungswettbewerbs, Arbeitsbericht Nr. 51, Institut für Unternehmensführung und Unternehmensforschung, Ruhr-Universtität Bochum, 1992.

Fromm, H. (Management von Zeit): Das Management von Zeit und Variabilität in Geschäftsprozessen, in: CIM Management, 5/92, S. 7-14

Fromm/Hinterhuber (Führungsetage/1993) o.S. Das gute Beispiel kommt aus der Führungsetage: Die Prozessorientierung braucht eine Verhaltensänderung, in: Blick durch die Wirtschaft v. 28. Juli 1993.

Gerken, G.: („Soft"-Management statt „Lean"-Management): Das, was die Japaner erfolgreich macht, können wir nicht nachmachen. Deshalb „Soft"-Management statt „Lean"-Management, in: Marketing Journal 5/1992, S. 408-415.

Gerstner, G. (Nullsummenspiel oder Erfolgsrezept): Just-in-Time – Nullsummenspiel oder Erfolgsrezept? in: Blick durch die Wirtschaft v. 10.11.1993.

Goeudevert, D. (Zulieferer und Just-in-Time): Zulieferer und Just-in-Time-Möglichkeiten und Grenzen, in: Der Zuliefermarkt, Sonderteil in Hanser-Fachzeitschriften, 9/1991, S. 160.

Grochla, E./Fieten, E. (Erfolgreiche Materialwirtschaft): Erfolgsorientierte Materialwirtschaft durch Kennzahlen, Baden-Baden 1983.

Grochla, E./Schönbohm, P. (Beschaffung in der Unternehmung): Beschaffung in der Unternehmung, Stuttgart 1980.

Groth, U. /Kammel, A. (Lean Management): Lean Management: langfristige Zusammenarbeit von Herstellern und Zulieferern, in: io Management Zeitschrift, 3/1993, S. 71-75.

Grün, J. (Gruppenarbeit): Qualifizierung und verbesserte betriebliche Kommunikation durch Kommunikation, in:

Müller, R./Rupper, P. (Hrsg.), Lean Management in der Praxis: Beiträge zur Gestaltung einer schlanken Unternehmung, Zürich: Industrielle Organisation und München/St. Gallen, gfmt 1993, S. 198 - 209.

Gruber, F. J. (Vom Teilefertiger zum Systemlieferanten): Fertigung / Vom Teilefertiger zum Systemlieferanten: Neues Selbstverständnis der Zulieferer ist gefordert, in: Handelsblatt v. 1.9.1992.

Grunenberg (Von Pioniergeist keine Spur): Von Pioniergeist keine Spur, in: Die Zeit v. 5. November 1993, Politik, S. 3-4.

Gutenberg (Grundlagen der Betriebswirtschaft): Grundlagen der Betriebswirtschaftslehre, 1. Band: Die Produktion, 22. Aufl., Berlin, Heidelberg 1976.

Gygax, J.E. (Zuliefer-Marketing in der Automobilindustrie): Zuliefer-Marketing in der Automobilindustrie, in: Thexis, 2/1988, S. 22-25.

Hamer, E. (Zulieferdiskriminierung): Zulieferdiskriminierung, Minden 1988.

Hansen, U. (Beschaffungsmarketing): Absatz- und Beschaffungsmarketing im Einzelhandel. 2. Auflage, Göttingen 1990.

Hanser, P. (Wer herrscht in der Zulieferkette?): Wer herrscht in der Zulieferkette? Wer macht die Märkte?, in: Absatzwirtschaft 5/1992, S. 38-50.

Hartmann, H. (Lieferantenwahl): Lieferantenwahl und Lieferantencontrolling: Die Messlatte liegt hoch, in: Beschaffung aktuell, 5/1993, S. 54-56.

Heinz, C. (Beschaffungsverhalten): Den Unternehmenserfolg sichern: Beschaffungsverhalten der Industrie, in: Beschaffung aktuell 1/1991, S. 14-18.

Hentze, J./Kammel, A. (Lean Production): Lean Production: Personalwirtschaftliche Aspekte der „schlanken" Unternehmung, in: Die Unternehmung 5/1992, S. 319-331.

Hess, J. (Gemeinsam kontern): BMW / Gespräch mit Dr. H. Schäfer, Vorstandsmitglied für Personal und Materialwirtschaft: Hersteller und Zulieferer müssen die Japaner gemeinsam kontern, in: Handelsblatt v. 27.2.1992.

Hirschbach, O. (Zusammenarbeit): Die Zusammenarbeit von Automobilhersteller- und Zulieferindustrie, in: Tagungsunterlage zum Seminar „Wertschöpfungspartner Zulieferer-Hersteller", Frankfurt: Institute for International Research 1992.

Hirzel, M. (Lean Management beginnt in den Köpfen): Lean Management muss in den Köpfen der Manager beginnen, in: io Management Zeitschrift, 2/1993, S. 73-77.

Holliger, R./Zen Gaffinen, P. (Supply Management): Supply Management bei ABB, in: Thexis 1/1994, S. 29-37.

Holst, J. (Prozess-Strukturen): Prozess-Strukturen & Organisationsformen, ZFU-Seminar Lean Management, Tagungsunterlage, Zürich 1992.

Holzwarth (Zeit verkürzen): Zeit verkürzen heißt Leistung steigern, in: Siemens Zeitschrift 2/1993, S. 8-13.

Horváth, P./Seidenschwarz, W. (Zielkostenmanagement): Zielkostenmanagement, in: Controlling, Heft 3, Mai/Juni 1992, S. 142-150.

Horváth, P./Seidenschwarz, W./Sommerfeld, H. (Kosten im Griff): Von Genka Kikaku bis Kaizen: Wie japanische Unternehmen ihre Kosten im Griff haben, in: Controlling, Heft 1, Januar/ Februar 1993, S. 10-17.

Hutzel, J.W. (Große und kleine Zulieferer): Große und kleine Zulieferer, Tübingen, 1981.

Imai, M. (Kaizen): Kaizen: Der Schlüssel zum Erfolg der Japaner im Wettbewerb, München 1992.

Jürgens, U. (Lean Production stößt an ihre Grenzen): In Japan stößt die „Lean Production" bereits an ihre Grenzen, in: Blick durch die Wirtschaft v. 19.5.1992.

Juran, J.M. (Planning for Quality): Planning for Quality, New York 1988.

Kersten, G. (Qualitätssicherung): Steuerung und Unterstützung von Produkt- und Prozeß-Entwicklung durch Methoden durch Methoden der präventiven Qualitätssicherung, in: Steuerung, 9/1991, S. 20-23.

Kersten, G. (Integriertes Methodensystem): Integrierte Methodenanwendung in der Entwicklung, in: Masing, W. (Hrsg.): Handbuch Qualitätsmanagement, München 1994, S. 427-444.

Kersten, G. (FMEA): Fehlermöglichkeits- und -einflußanalyse (FMEA) in: Masing, W. (Hrsg.): Handbuch Qualitätsmanagement, München 1994, S. 469-490.

Klages, H. (Wertewandel): Indikatoren des Wertewandels. In: Rosenstiel von, L., Einsiedler, H.E., Streich, R.K. (Hrsg.), Wertewandel als Herausforderung der Unternehmenspolitik. USW- Schriften fnr Fnhrungskräfte. Band 13. Stuttgart 1987, S.1-16

Koch, H. (Rein oder raus): Rein oder raus, Problem + Lösung, Fertigungstiefe, in: Manager Magazin, 8/1991, S. 124.

Kocher, H. (Marktgerechte Qualität): Marktgerechte Qualität: Eine Betrachtung für Anbieter und Abnehmer, Bern und Stuttgart 1989.

Koeppe, K. (Wirkungen auf den Westen 1): Gruppenarbeit und der Tanz um das Individuum: „Lean Production" und die Wirkungen auf den Westen (1), in: Blick durch die Wirtschaft v. 19.5.1992.

Koeppe, K. (Wirkungen auf den Westen 2): Kultur-Management oder eine kollektive Arbeitstheorie: „Lean Production" und die Wirkungen auf den Westen (2), in: Blick durch die Wirtschaft v. 21.5.1992.

Kohnen, B. (Just-in-Time): Just-in-time – Eine strategische Herausforderung für die Zulieferer, in: Thexis, 2/1988, S. 56-60.

Kokseil, W./Bertsichinger, T. (Effektives Supply Management): Effektives Supply Management, in Belz, Chr./ Schögel, M./Kramer, M. (Hrsg.): Lean Management und Lean Marketing, St. Gallen 1994, S. 190-195.

Koppelmann, U. (Beschaffungsmarketing): Beschaffungsmarketing – Instrumente und Strategien, in: Beschaffung aktuell, 2/1991, S. 34-36.

Krafcik, J.F. (Triumph of the Lean Production): Triumph of the Lean Production System, in: Sloan Management Review, Fall 1988, S. 41-52.

Kraljic, P. (Zukunftsorientierte Beschaffungsstrategie): Zukunftsorientierte Beschaffungs- und Versorgungsstrategie als Element der Unternehmungsstrategie, in: Henzler, H.(Hrsg.): Handbuch der strategischen Führung, Wiesbaden 1988, S. 486-497.

Kramer, F. (Innovative Produktpolitik): Innovative Produktpolitik: Strategie, Planung, Entwicklung, Durchsetzung, Berlin, Heidelberg, New York 1987.

Kramer, F./Kramer, Ma. (Marketing-Kompetenz): Marketing-Kompetenz und Total Quality Management, in: Thexis 5.6./1994, S. 22-31.

Kramer, F./Kramer, Ma. (Kernerfolgsfaktoren Qualität, Kosten und Zeit):

Kernerfolgsfaktoren Qualität, Kosten und Zeit, in: Die Konstruktion 5/1994, S. 167-174.

Kramer, F./Kramer, Ma. (Verschwendung erkennen und vermeiden): Lean Management: Verschwendung erkennen und vermeiden – durch konsequente Ausschaltung nicht wertschöpfender Tätigkeiten, Band 4, in: Schriftenreihe des betriebswirtschaftlichen Ausschusses der Wirtschaftsverbände EBM (Eisen, Blech, Metall) und SV (Stahlverformung), Hagen/ Düsseldorf 1994.

Kramer, F./Kramer, Ma. (Modulare Unternehmungsführung): Modulare Unternehmensführung 1: Kundenzufriedenheit und Unternehmenserfolg, Berlin, Heidelberg, New York 1994.

Kramer, Ma. (Qualitätsrisiken bei der Entwicklung neuer Produkte): Möglichkeiten der Reduzierung von Qualitätsrisiken bei der Entwicklung neuer Produkte. Diplomarbeit Hochschule St. Gallen 1992.

Kramer, Mi. (Zeitmanagement): Ganzheitliches Zeitmanagement in der Entwicklung und Konstruktion, Diplomarbeit, Technische Universität Braunschweig, 1993.

Kromberg, H.O. (Global Sourcing): Global Sourcing und Just-In-Time – ein Zielkonflikt? Ausschöpfung der Leistungspotentiale, in: Beschaffung aktuell, 3/1991, S. 60-63.

Krüger, D. (Ansprache): Ansprache auf der Jahrestagung der Arbeitsgemeinschaft der Großforschungseinrichtungen, Bonn, 1993, S. 19-26.

Kubota, H./Witte, H. (Strukturvergleich des Zulieferwesens): Strukturvergleich des Zulieferwesens in Japan und in der Bundesrepublik Deutschland, in: ZfB 4/1990, S. 383-406.

Langmoen, R. /Lardi, D.F. /Gotthardt, K. (Partnerschaften mit Lieferanten): Supply Management: Partnerschaften mit Lieferanten, in: Müller, R. /Rupper, P. (Hrsg.): Lean Management in der Praxis, Zürich, 1993, S. 94-100.

Leyde, J. (Schlank durch Just in Time): Lean Managemnt (8): Schlank durch Just in Time: Mehr Kundenorientierung und Verantwortung für die Mitarbeiter, in: Blick durch die Wirtschaft v. 18. August 1992.

Lietz, J.:(Lean Production – Realität und Herausforderung): Lean Production – Realität und Herausforderung, in: io Management Zeitschrift 61, Nr. 7/8, 1992, S. 68-72.

Lietz, J. (Braucht Lean Production einen neuen Manager-Typ): Braucht „lean production" einen neuen Manager-Typ? Wie Unternehmen Wettbewerbsvorteile durch höhere Mitarbeiter-Produktivität erreichen, in: Blick durch die Wirtschaft v. 17.6.1992.

Linge, S. (Über strategische Allianzen zum Systemlieferanten): Zulieferindustrie / Synergien nutzen, Ueber strategische Allianzen den Schritt zu Systemlieferanten vollziehen, Nur wenige Betriebe sind auf neue Aufgaben vorbereitet, in: Handelsblatt v. 1.9.1992.

Lingg, H. (Schnelle Untenehmungsprozesse): Von der Bedeutung des Wettbewerbsfaktors „Zeit": Schnelle Unternehmungsprozesse sind der gegenwärtigen Dynamik des Umfeldes besser angepaßt als der Versuch der „Planung des Unplanbaren", in: io Management Zeitschrift, 7/8/ 1992, S. 73-77.

Loos, U. (Lean Management): Lean Management (6): Kürzere Produktentwicklung und Partnerschaft mit dem Hersteller: Die Herausforderungen für die europäische Autozulieferindustrie, in: Blick durch die Wirtschaft v. 4. August 1992.

Ludwig, W. (Schlanke Teams): Mit schlanken Teams in Kundennähe, in: Absatzwirtschaft, Sondernummer Oktober 1992, S. 92-97.

Luger, A.E. (Aufbau des Betriebes): Allgemeine Betriebswirtschaftslehre, Band 1: Der Aufbau des Betriebes, 3. Auflage, München: Hanser 1991.

Männel, W. (Relationship Sourcing): Das Zuliefer-Management innerhalb des Beschaffungsmarketing, in: Beschaffung aktuell, 3/1991, S. 32-42.

Magyar. K.M. (Partnerschaft): Partnerschaft ist mehr als eine Interessengemeinschaft, in: Thexis 5.6./ 1993, S. 76-80.

Majima, I. (JIT): JIT: Kostensenkung durch Just-in-Time Production – Wie es die Japaner praktizieren, München 1994.

Masing, W. (Trends in der Qualitätspolitik): Tends in der Qualitätspolitik, in: Qualität und Zuverlässigkeit, Zeitschrift für industrielle Qualitätssicherung, 3/1991, S. 141-145.

Meinig, W. (Talfahrt): Talfahrt der Zulieferer ist bewiesen, in: Automobil-Produktion, 2/1993, S. 40-47.

Meffert, H. (Wettbewerbsstärke): Zur Bedeutung von Konkurrenzstrategien im Marketing: in: Marketing ZFP, 7 (1985), Nr. 1, S. 13-19.

Meffert (Marketing): Marketing – Grundlagen der Absatzpolitik, 7. überarbeitete Auflage, Wiesbaden 1986.

Menzel, A. (Global Sourcing): Global Sourcing, in: Thexis 1/ 1994, S. 38-45.

Mergenthaler, H.G. (Informationstechnik): Informationstechnik / Direkter Datenaustausch in einem PC-Netzwerk beschleunigt den Kommunikationsprozess, in: Handelsblatt v. 1.9.1992.

Metzger, M. (Lean Production – Ein Schritt zurück?): Lean-Production – eine Kritik: Ein Schritt zurück?, in: Beschaffung aktuell, 8/1992, S. 24-29.

Milles Steeples, M. (Quality Award): The Corporate Guide to the Malcom Baldrige National Quality Award – Proven Strategies for Building Quality into Your Organization, Milwaukee, Wisconsin 1992.

Müller, G. (Lean à la Germany): Lean à la Germany: Wie ernst ist es uns mit dem Lean Management?, in: Beschaffung 11/1992, S. 28-29.

Müller, M. (Partnerschaft): Zuliefer-Abnehmer-Beziehungen: Wie steht's mit Partnerschaft und Marktmacht, in: Beschaffung aktuell, 3/1992, S. 23-27.

Müller, M. (Strategieansätze): Strategieansätze für Zulieferer, in: Die Unternehmung, 3/1993, S. 231-248.

Niefer, W. (Großkonzerne – Partner für den Mittelstand): Großkonzerne – Partner von Mittelstand und Handwerk, in: Der Zuliefermarkt, Sonderteil in Hanser-Fachzeitschriften, 7/1991, S. 96-98.

Necker, T. (Grußadresse): Grußadresse auf der Jahrestagung der Arbeitsgemeinschaft der Großforschungseinrichtungen, Bonn, 1993, S. 12-18.

Nill, B. (Marktorientierte Neustrukturierung): Marktorientierte Neustrukturierung eines Maschinen- und Fahrzeugunternehmens, in: Wildemann, H. (Hrsg.): Lean Management, Der Weg zur schlanken Fabrik, gfmt-Tagungsbericht, 1992.

Odrich, P. (Lean Management 13): Lean Management (13): Mit Lean Management steigen die Anforderungen an die Mitarbeiter: Ein Bericht aus dem japanischen Alltag/Mitarbeiterbindung wird schwieriger, in: Blick durch die Wirtschaft v. 22. September 1992.

Orths, H. (Make or Buy): Make-or-Buy-Entscheidungskriterien: Qualität kaufen ist oftmals wirtschaftlicher, in: Beschaffung aktuell, 5/1993, S. 50-52.

o.V. (Gruppe): Die Gruppe trägt die volle Verantwortung für einen ganzheitlich definierten Arbeitsprozess, in: Handelsblatt v. 7./8.8.1992.

o.V. (Strenge Personalauswahl und Gruppenarbeit): Europäische Technik und fernöstlicher Geist im „modernsten Autowerk der Welt", Strenge Personalauswahl und Gruppenarbeit in Rastatt, in: Handelsblatt v. 8.9.1992.

o.V. (Wettbewerbsfähigkeit von Automobilzulieferern): Zur Wettbewerbsfähigkeit von Automobilzulieferern in Baden-Württemberg, Zusammenfassung, Eine Studie der Firma Arthur D. Little, Wiesbaden, 1992.

o.V. (Für Gruppenarbeit nicht qualifiziert): Viele Mitarbeiter für Gruppenarbeit nicht genügend qualifiziert, in: Blick durch die Wirtschaft v. 10.9.1992.

o.V. (Mit Gruppenarbeit gegen die japanische Konkurrenz): Ein „Astra" wird jetzt in nur 20 Stunden montiert: Mit Gruppenarbeit gegen die japanische Konkurrenz, in: Handelsblatt v. 24.9.1992.

o.V. (Mensch und Unternehmen): Mensch und Unternehmen: Mit qualifizierten und motivierten Mitarbeitern die Wettbewerbsfähigkeit stärken, Arbeitgeberverband Gesamtmetall (Gesamt-verband der metallindustriellen Arbeitgeberverbände e.V.), Köln 1992.

o.V. (Der Zulieferer vor dem Werktor): Der Zulieferer vor dem Werktor, in: Automobil-Produktion, März/1993, S. 96-97.

o.V. (Wo Lean-production wieviel Nutzen bringt): Wo Lean-production wieviel Nutzen bringt, in: Automobil-Produktion, Juni 1993, S. 10.

oV. (Wirtschaftskonjunktur): ifo-Wirtschaftsinstitut, ifo-Wirtschaftskonjunktur 10/1993, Monatsberichte des ifo nstituts fnr Wirtschaftsforschung, ifo Insititut, München 1993.

o.V. (Stimmung im Mittelstand): Stimmung im Mittelstand so mies wie seit 1982 nicht mehr, Welt am Sonntag v. 30. 1.1994, S. 23.

Pabst, O. (Distributive Leistungssysteme): Vertikales Marketing in schnellebigen Märkten – Distributive Leistungssysteme im Damenoberbekleidungsmarkt, St. Gallen 1993.

Pahl, G./Beitz, W. (Konstruktionslehre): Konstruktionslehre: Handbuch für Studium und Praxis, 2. Auflage, Berlin Heidelberg usw. 1986.

Paul, A. (Fertigungsgruppen): Fertigungsgruppen in den Bochumer Werken der Adam Opel AG; in: IAO-Forum: Teamfähige Personalstrukturen, H.-J. Bullinger(Hrsg.): Berlin 1992.

Perillieux, R. (Timing von F&E): Strategisches Timing von F&E und Markteintritt bei innovativen Produkten, in Booz Allen & Hamilton (Hrsg.): Integriertes Technologie- und Innovationsmanagement, Berlin 1991, S. 23-48.

Picot, A./Dietl, H. (Transaktionskostentheorie): Transaktionskostentheorie, in: WiSt 4/1990, S. 178-184.

Piepel, U. (Wege zur Übertragung der Lean Production): Wege zur Übertragung der Lean Production, in: io Management Zeitschrift, 2/1993, S. 59-64.

Pischetsrieder, B. (Lean Management 3): Lean Management (3): Abschied von der Arbeitsteilung: Wie Unternehmen höhere Effizienz durch die Integration von Funktionen erreichen, in Blick durch die Wirtschaft v. 14. Juli 1992.

Pfeifer, T. (TQM): Qualitätsmanagement: Strategien, Methoden, Techniken, München, Wien 1993.

Pfeiffer, W./Weiss, E. (Lean Management): Lean Management: Grundlagen der Führung und Organisation industrieller Unternehmungen, Berlin 1992.

Pfeiffer, W./Weiss, E.: (Lean Management): Lean Management: Zur Übertragbarkeit eines neuen japanischen Erfolgsrezepts auf hiesige Verhältnisse, Forschungs- und Arbeitsbericht Nr. 1, Lehrstuhl für Industriebetriebslehre des Fachbereichs Wirtschafts- und Sozialwissenschaften der Friedrich-Alexander-Universität Erlangen-Nürnberg 1991

Pohlmann, M. (Macht, Recht und Vertrauen): Macht, Recht und Vertrauen zwischen Abnehmer und Zulieferer, Arbeitsbericht Nr. 98 des Fachbereichs Wirtschafts- und Sozialwissenschaften, Universität Lüneburg o.J.

Pümpin, C./Geilinger, U.W. (Strategische Führung): Strategische Führung: Aufbau strategischer Erfolgspositionen in der Unternehmungspraxis, Die Orientierung Nr. 76, Schweizerische Volksbank, Bern 1988.

Reichwald, H. (Entwicklungszeiten): Entwicklungszeiten als Faktor für den langfristigen Erfolg eines Industriebetriebes, in: Reichwald,R./ Schmelzer, H.J. (Hrsg.): Durchlaufzeiten in der Entwicklung, München 1990, S. 9-26.

Reiss, M. (Lean Management ist „Heavy Management„): „Lean Management" ist „Heavy Management"!, in: Office Management, 5/1992, S. 38-41.

Reiss, M. (Mit Blut, Schweiß und Tränen zur schlanken Organisation): Mit Blut, Schweiß und Tränen zur schlanken Organisation, in: Harvard Manager 2/ 1992, S. 57-62.

Remiger, F. (Qualitätssicherung bei BMW): Das Qualitätssicherungssystem – Basis der Partnerschaft, in: Das ISO-Zertifikat-Garantie für eine erfolgreiche Zukunft? (Tagungsbericht) gfmt-Gesellschaft für Management und Technologie mbH 1991, S. 255-357.

Rinne, H./Mittag, H.-J. (Statistische Methoden): Statistische Methoden der Qualitätssicherung, München 1989.

Roever, M. (Überkomplexität I): Tödliche Gefahr, Problem und Lösung (Überkomplexität I), in: Manager Magazin, 10/1991, S. 218-233.

Roever, M. (Überkomplexität II): Goldener Schnitt, Problem und Lösung (Überkomplexität II), in: Manager Magazin, 11/1991, S. 252-264.

Roever, M. (Überkomplexität III): Kettenreaktion, Problem und Lösung (Überkomplexität III), in: Manager Magazin, 12/1991, S. 243-249.

Roever, M. (Überkomplexität IV): Weg mit dem Wasserkopf, Trends und und Signale (Überkomplexität IV), in: Manager Magazin, 12/1991, S. 126-135.

Rommel, G. et al. (Einfach überlegen): Einfach überlegen: Das Unternehmenskonzept, das die Schlanken schlank macht und die Schnellen schnell macht. Stuttgart: Schaeffer-Poeschel 1993.

Roth, K. (Konstruktionskataloge): Konstruieren mit Konstruktionskatalogen, Heidelberg 1982.

Rummel, K.D. (Zielkostenmanagement): Zielkosten-Management – der Weg, Produktkosten zu halbieren und Wettbewerber zu überholen, in: Horváth, P. (Hrsg.), Effektives und schlankes Controlling, Stuttgart, 1992, S. 221-244.

Rudolph, M. (Mehrstufige Absatzmärkte): Marketing bei mehrstufigen Absatzmärkten, in: Thexis, 2/1988, S. 34-37.

Sakurai, M. (Rechnungspraxis): Einfluss der Fabrikautomatisierung auf die entscheidungsorientierte Rechnungspraxis: Eine Studie japanischer Unternehmen, in: Kaplan, R.S. (Hrsg.): Spitzenleistungen in der Produktion, Uebererreuter 1989.

Sauer, K. (Internationale Zulieferbeziehung): Internationale Zulieferbeziehung deutscher Pkw-Hersteller: Die Vorteile des Wettbewerbsnutzens, in: Beschaffung aktuell, 3/1991, S. 44-46.

Scharwächter, R./Urban, G.: Lean Management (5): Fabrikorganisation im internationalen Produktionsverbund: Das Beispiel der Lastkraftwagenfertigung bei Mercedes-Benz, in: Blick durch die Wirtschaft v. 28. Juli 1992.

Schögel, M. (Fallstudien): Ablauf und Methodik von Fallstudien, Arbeitspapier zum Doktorandenseminar Forschungsmethodik, Hochschule St. Gallen 1993 [masch.].

Schulte, P. (Einkaufen): Einkaufen – professionell und erfolgreich, Ehningen bei Böblingen 1990.

Schulte-Rebbelmund, R. (Lieferantenbeurteilung): Lieferantenbeurteilung mit dem PC: Für strategischen und operativen Einkauf, in: Beschaffung aktuell, 10/1992, S. 50-52.

Seghezzi, H.D. (Qualitätssicherung neuer Produkte): Qualitätssicherung von Neuprodukten, in: Masing, W. (Hrsg.), Handbuch der Qualitätssicherung, 2. Auflage, München, Wien 1988.

Seghezzi, H.D. (TQM): Total Quality Management, in: Thexis 6 /1989, 21-25.

Seghezzi, H.D. (Technologie III): Technologie III, Vorlesungsunterlage im Rahmen der Veranstaltung Technologiemanagement, Hochschule St. Gallen 1989 [masch.].

Seghezzi, H.D. Qualitätsmanagement und Wertanalyse/1990) – Erfolgspotentiale im Wettbewerb von morgen, in: VDI-Berichte Nr. 829, Qualität gestalten – Wert erhöhen: Zukunft sichern, Wertanalyse Kongress '90, Düsseldorf 1990, S. 1-18.

Simon, H. (Strategische Wettbewerbsvorteile): Schaffung und Verteidigung von Wettbewerbsvorteilen: Management strategischer Wettbewerbsvorteile, in: Simon, H. (Hrsg.), Wettbewerbsvorteile und Wettbewerbsfähigkeit, USW-Schriften für Führungskräfte, Band 16, Stuttgart: 1988, S. 1-17.

Simon (Preismanagement): Preismanagement, Wiesbaden 1992.

Stark, H. (Zuliefer-Marketing-Strategien): Zuliefer-Marketing-Strategien in Know-how- und Logistik Verbund von Zulieferer und Abnehmer, in: Thexis, 2/1988, S. 16-20.

Stark, H. (Beschaffungsmarketing): Beschaffungsmarketing: Starke Lieferanten als Erfolgspotential, in: Beschaffungsmarkt 1991/1992, S. 8-12.

Stark, H. (Single Sourcing und Lieferantenselektion): Single Sourcing und Lieferantenselekton, in: Thexis 1/1994, S. 46-50.

Stürzl, W. (Gruppenarbeit): Lean Production in der Praxis: Spitzenleistungen durch Gruppenarbeit, Paderborn 1992

Suzaki, K. (Management im Produktionsbetrieb): Modernes Management im Produktionsbetrieb: Strategien, Techniken, Fallbeispiele, München, Wien, 1989.

Tanaka, M. (Cost Planing/1989): Cost Planning and Control Systems in the Design Phase of a new Product, in: Monden,Y.-M.; Sakurai, M. (Hrsg.): Japanese Management Accounting, S. 49-71.

Thom, N. (Innovationsmanagement): Innovationsmanagement, in: Die Orientierung Nr. 100, Bern 1992.

Thomann, H.J. (Einkaufsqualität): Lieferantenqualität gesteuert durch den Einkauf, in: Beschaffung aktuell, 5/1993, S. 42-45.

Tomczak, T. (Indirekte Distributionssysteme): Das Management indirekter Distributionssysteme, Habilitationsschrift an der Hochschule St. Gallen 1992.

Tomczak, T. (Problemorientierte Beschaffung): Problemorientierte Beschaffung, Skript Beschaffungslehre, Hochschule St. Gallen, St. Gallen 1992 [masch.].

Tomczak, T. (Forschungsmethoden): Forschungsmethoden in der Marketingwissenschaft, in: Marketing-ZfP, Nr. 2/1992, S. 77-87.

Tomczak, T. (Investitionsgütermarketing): Forschungsprogramm: Gestaltung und Steuerung von Leistungssystemen im Investitionsgütermarketing, Berichte und Materialien 3/1992;Forschungsinstitut für Absatz und Handel an der Hochschule St. Gallen 1992.

Treusch, G. (Ansprache): Ansprache auf der Jahrestagung der Arbeitsgemeinschaft der Großforschungseinrichtungen, Bonn 1993, S. 27-35.

Venkatesan, R. (Make or Buy): Make or Buy: Die Stärken des Endprodukts schützen, in: Harvard Manager, 2/1993, S. 99-108.

v. Eicke, H./Femerling, Chr. (Modular Sourcing): Modular Sourcing- eine neue Beschaffungsstrategie: Die Zulieferkette ändert sich, in: Beschaffung aktuell, 12/1991, S. 36-38.

v. Eicke, H./Femerling, Chr. (Senkung der Fertigungstiefe): Zulieferer (Teil 1) / Auf veränderte Beschaffungsstrategien der Hersteller reagieren: Die Senkung der Fertigungstiefe bei den Großabnehmern bietet grosse neue Chancen, aber auch Risiken, in: Handelsblatt v. 15.6.1992.

v. Eicke, H. /Femerling, Chr. (Modullieferanten): Zulieferer (Teil 2) / Bedienung von speziellen Marktsegmenten starker Wettbewerb: Modullieferanten müssen Produktneigung und technologische Kompetenz besitzen, in: Handelsblatt v. 22.6.1992.

v. Eicke, H. /Femerling, Chr. (Einkaufstrategien): Wie die Zulieferanten auf veränderte Einkaufsstrategien ihrer Abnehmer reagieren: Erhebliche Kosteneinsparungen durch „modular sourcing", in: Blick durch die Wirtschaft v. 29.4.1992.

v. Hippel, E. (The Sources of Innovation): The Sources of Innovation, New York 1988.

v. Wiese (Allgemeine Soziologie): System der allgemeinen Soziologie, 2. Aufl., München und Leibzig 1933.

v. Wietersheim, W. (Beschaffungsstrategien): Strategische Beschaffung unter dem Einfluss neuer Produktionstechnologien, Dissertation, St. Gallen 1993.

Volk, H. (Kaizen): Kaizen – nicht Wunder oder Geheimwaffe, nur viel Gemeinsamkeit: Die Betriebsgemeinschaft als wettbewerbsentscheidender Leistungsfaktor, in: io Management Zeitschrift, 2/1993, S. 78-79.

Warnecke, H.-J. (Kundenzufriedenheit/1992): Die fraktale Fabrik: Revolution der Unternehmenskultur, Berlin Heidelberg 1992.

Weber, J. (Logistik als Herausforderung): Nicht der Grosse frisst den Kleinen, sondern der Schnelle den Langsamen: Logistik als Herausforderung an die Unternehmungsführung (1), in: Blick durch die Wirtschaft v. 27.5.1992.

Webster, F./Wind, Y. (A General Model): A General Model of Organizational Behaviour, in: JoM, April/ 1972, S. 12-14.

Webster, F./Wind, Y. (Organizational Buying Behaviour): Organizational Buying Behaviour, Englewood Cliffs, New York 1972.

Weckerle, D. (Räder und Rollen): Räder und Rollen – Bauarten, Eigenschaften, Einsatzgebiete, Die Bibliothek der Technik, Band 49, Landsberg/Lech 1992.

Weinhold, H. (Marktorientierte Führung): Marktorientierte Führung der Unternehmung in Rezession und Stagnation, in: Thexis, 2/1984, S. 8-15.

Weinhold, H. (Situatives Marketing): Situatives Marketing, in Thexis, 1/1985, S. 1-3.

Weinhold, H. (Optimales Marketing): Optimales Marketing, in: Thexis 4/1985, S. 1.

Weinhold, H. (Marketing in der Investitionsgüter-Industrie) Marketing in der Investitionsgüter-Industrie?, in Thexis, 1/1987, S. 1-3.

Weinhold, H. (20 Lektionen): Marketing in 20 Lektionen, 22. Aufl., St. Gallen, Stuttgart, Steyr 1991.

Weinhold, H. (Zuliefer-Marketing): Zuliefer-Marketing: Marketing für Abhängige, in: Thexis, 2/1988, S. 1-6.

Weinhold, H. (Supply Management): Supply Management, in: Thexis 1/1994, S. 2-8.

Westkämper, E. (CIM und Lean Production): CIM und Lean Production: Die rechnerintegrierte Produktion an der Schwelle zur zweiten Generation, in: VDI-Zeitschrift (134) 10/1992, S. 14-21.

Wild, R. (Production and Operations Management): Production and Operations Management: Principles and Techniques, London, New York 1984

Wildemann, H. (Just-in-Time): Just-in-Time, Lösungskonzepte in Deutschland, in: Harvard Manager, 8 (1986), S. 36-48.

Wildemann, H. (Produktionssynchrone Beschaffung): Produktionssynchrone Beschaffung, 2. Aufl., München 1988.

Wildemann, H. (Kundennahe Produktion): Fabrikorganisation: Kundennahe Produktion durch Fertigungssegmentierung, in: ZfB 1/1989, S. 27-54.

Wildemann, H. (Fertigungssegmentierung 1): Kundennahe computerintegrierte Produktion durch Fertigungssegmentierung, in: Wildemann,H. (Hrsg.): Gestaltung CIMfähiger Unternehmen, Müchen 1989, S. 223-264.

Wildemann, H. (Fertigungssegmentierung 3): Fabrikorganisation: Kundennahe Produktion durch Fertigungssegmentierung, St. Gallen 1992.

Wildemann, H. (Das JIT-Konzept):
Das Just-in-Time Konzept: Produktion und Zulieferung auf Abruf, 3. Auflage, St. Gallen 1992.

Wildemann, H. (Lean Management 1): Lean Management (1): Kundenorientierung und Segmentierung der Fertigung: Neuentwicklungen in der Fabrik- und Unternehmensorganisation, in: Blick durch die Wirtschaft v. 30. Juni 1992.

Wildemann, H. (Lean Management 2): mLean Management (2): Zeitgewinn in Produktion und Forschung: Wie die Geschäftsprozessorganisation „Blindleistungen" vermeiden hilft, in: Blick durch die Wirtschaft v. 7. Juli 1992.

Wildemann, H. (Lean Management 4): Lean Management (4): Lernende Organisation und Marktnähe; Zeitmanagement in Forschung, Entwicklung, Logistik und Produktion, in: Blick durch die Wirtschaft v. 21. Juli 1992.

Wildemann, H.: (Lean Management 7): Lean Management (7): Konzentration auf Kernprodukte oder breite Fertigungskompetenz? Eigenfertigung und Fremdbezug – neue Lösungen für eine klassische Fragestellung, in: Blick durch die Wirtschaft v. 11. August 1992.

Wildemann, H. (Lean Management 9): Lean Management (9): Verbesserung in allen Abteilungen: Weg zu einem integrierten Qualitätsmanagement, in: Blick durch die Wirtschaft v. 25. August 1992.

Wildemann, H. (Lean Management 11) Lean Management (11): Weniger Kosten und verbesserte Fertigung: Wege zu einem wirkungsvollen Variantenmanagement, in: Blick durch die Wirtschaft v. 8. September 1992.

Wildemann, H.: (Hersteller und Zulieferer): Unter Herstellern und Zulieferern wird die Arbeit neu verteilt, in: Harvard Manager 2/1992, S. 82-93.

Wildemann, H. (Entwicklungsstrategien für Zulieferer): Entwicklungsstrategien für Zulieferunternehmen, in: ZfB, 4/1992, S. 391 - 413.

Wildemann, H. (Die Luft wird rauher): Die Luft wird rauher – wie Zulieferer überleben können, in: Harvard Business Manager 3/1993, S. 34 - 44.

Wildemann, H. (Die deutsche Zulieferindustrie): Die deutsche Zulieferindustrie im europäischen Markt – ein Blick in die Zukunft, Lehrstuhl für Betriebswirtschaftlehre mit Schwerpunkt Logistik, TU München, 1993.

Wilkening, E. (Umdenken): Von allen Mitarbeitern war ein Umdenken gefordert: Bochumer Autositzhersteller setzt Lean Production erfolgreich in die Praxis um, in: Handelsblatt v. 2.9.1992.

Williamson, O.E. (Markets and Hierarchies) Markets and Hierarchies, London 1975.

Willée, C. (Zuliefer-Leistungssysteme): Integrierte Leistungssysteme für Zulieferunternehmungen: Dargestellt an der Beziehung zwischen Lieferanten von Zulieferteilen und Erstausrüstern, St. Gallen 1990.

Womack, J./Jones, D.T./Roos, D. (MIT-Studie): Die zweite Revolution in der Automobilindustrie: Konsequenzen aus der weltweiten Studie aus dem Massachusetts Institute of Technology, 6. Aufl., Frankfurt 1992.

Wyss, W. (New Marketing): „New Marketing": Konsequenzen aus dem Paradigma-Wechsel des Konsumenten, DemoSCOPE, Adligenswil 1986, Heidelberg, New York: Springer 1992, S. 29ff.

Yin, R.K. (Case study research): Case study research: design and methods, revised Edition, Newbury Park 1989.

Zäpfel, G. (Strategische Produktion): Strategisches Produktions-Management, Berlin 1989.

Zen Gaffinen, P. (Entscheidungshilfen): Entscheidungshilfen und -methoden für die Beschaffung, Supply Management, Vortrag am 7. Seminar für Einkaufsleiter, Forschungsinstitut für Absatz und Handel an der Hochschule St. Gallen, 1993.

Zink, K.J. (Total Quality Management): Total Quality Management, in: Zink, K.J. (Hrsg.), Qualität als Managementaufgabe, 2.Aufl., Landsberg/Lech, 1992, 9-52.

Zügel, W. (Lean Production: Vorbild Japan?): Lean Production: Vorbild Japan?, in: Office Management 1-2/1992, S. 22-23.

Normen und Richtlinien:

DIN 55350	Begriffe der Qualitätssicherung und Statistik, Teil 11, Berlin 1987
DIN 69910	Wertanalyse, Berlin 1973
DIN ISO 9000	Leitfaden zur Auswahl und Anwendung der Normen zu Qualitätsmanagement, Elementen eines Qualitätssicherungssystems und zu Qualitätssicherungs-Nachweisstufen, Berlin 1987
DIN ISO 9001	Qualitätssicherungs-Nachweisstufe für Entwicklung und Konstruktion, Produktion, Montage und Kundendienst
DIN ISO 9002	Qualitätssicherungs-Nachweisstufe für Produktion und Montage, Berlin 1987
DIN ISO 9003	Qualitätssicherungs-Nachweisstufe für Endprüfungen, Berlin 1983
DIN ISO 9004	Qualitätsmanagement und Elemente eines Qualitätssicherungssystems, Leitfaden Berlin 1987

VDI 2220 VDI-Richtlinien: Produktplanung: Ablauf, Begriffe und Organisation, Berlin 1190

VDI 2221 VDI-Richtlinien: Methodik zum Entwickeln und Konstruieren technischer Systeme und Produkte (Entwurf), Berlin 1985

11 Abkürzungserzeichnis

Das Abkürzungsverzeichnis enthält diejenigen Abkürzungen, die nicht jeweils am Ort ihres Gebrauchs erläutert sind:

bspw.	beispielsweise
BWL	Betriebswirtschaftslehre
bzw.	beziehungsweise
CAD	Computer Aided Design
CAQ	Computer Aided Quality
d.h.	das heißt
DIN	Deutsche Industrienorm
DM	Deutsche Mark
etc.	et cetera
E+K	Entwicklung und Konstruktion
F+E	Forschung und Entwicklung
FMEA	Fehler-Möglichkeits- und Einfluss-Analyse
Hrsg.	Herausgeber
i.d.R.	in der Regel
IMS	Integriertes Methodensystem
ISO	International Standardisation Organisation
JIT	Just-in-Time
KAM	Key Account Management
KFZ	Kraftfahrzeug
KVP	Kontinuierlicher Verbesserungs Prozess
Nr.	Nummer
OEM	Original Equipment Manufacturer
o.J.	ohne Jahr
o.S.	ohne Seitenangabe
QFD	Quality Function Deployment
QS	Qualitätssicherung
S.	Seite
SE	Simultaneous Engineering
SEP	Strategische Erfolgsposition
SM	Supply Management

SPECS	Supplier/Purchasing/Engineering Cost Suggestion
SVME	Schweizerischer Verband für Materialwirtschaft und Einkauf
TBM	Time Based Management
TQM	Total Quality Management
VDI	Verein Deutscher Ingenieure
u.a.	unter anderem
vgl.	vergleiche
z.B.	zum Beispiel

12 Sachwortverzeichnis

Abnehmer 25
Abrufvertrag 124
Aggregate 19
Alleinlieferanten 132
Anforderungskatalog
– JIT-Zulieferung 140
Andon 173 f
Angebotsmacht 119

Baugruppen 18
Bausteine von JIT-Konzepten 138
Beschaffung 69ff
Beschaffungsmarketing 69
Beschaffungsprozeß 75ff
Bestände 137
Beziehung
– Exklusivität 134ff
– Flexibilität 98
– Intensität 123
– Kosten 98
– Qualität 98
– Qualitätssicherung 141ff
Billiglohnkonkurrenz 54
Buying Center 75f

Contract-parts 19
Customer Focus 4, 13, 34ff
– Entwicklung 10, 197
– Konzept 37, 137
– Realisierung 10, 197
– Strategiebeschreibung 160
– Strategien 159, 203ff

Differenzierung 35
Dual Sourcing 135ff

Durchlaufreduzierung 170
Durchlaufzeit 171

Eigenfertigung 73
Einkaufsleitbild 91
Einsatzstoffe 17
Einzelvertrag 124
Endkonsumentenmärkte 53, 58ff
Entwicklungspartner 154, 159, 174ff
– Eigenschaften 185
– innovative 178ff
– – Leisungsmodule 180
– – Merkmale 178 ff
Entwicklungstiefe 116
Exklusivität der Beziehung 132

Fertigungssegmentierung 168
Fertigungstiefe 116
Flexibilität 35
– der Beziehung 136

geographische Nähe 130
Geschäftsprozeß 215ff
Grundleistungen 17
Gruppenarbeit 224f

Halbfertigteile 18, 111
Hedonismus 61
High-tech Konkurrenz 55

Innovationsdruck 56
Innovationskraft 57
internationale Streuung 130
ISO 9000-9004 3, 142ff

Jahresvertrag 124
Jidoka 173
JIT-Systeme 139
– Vorteile 139
Just in Time 3

Kaizen 5
Kapazitätsminimierung 170
Katalogteile 20
Kauftyp 75f
Kaufverhalten 74ff
Komponenten 18
Konsumverhalten 61
Kontinuierliche Verbesserung 219 ff
Kostenbewußtsein 36
Kostendruck 55
Kostenorientierte Rationalisierung 6
Kundenfokussierung 41
Kundenmanagement 28
Kundennutzenorientierte Optimierung 6
Kundenproblem u. Nutzenanalyse 179
Kundenzeichnungs-Teile 20
KVP 222

Lean Management 5, 210
– Grundsätze 211ff
– Konzept 181
– Prinzipien 211 ff
Lead User 231
Lean Production 5
Leistungsart 104ff
Leistungsmanagement 97ff
Leistungsmaßstäbe 224ff
Leistungsmerkmale 239
Leistungsmodule 151 ff
Leistungsmodul-Matrix 151
Leistungssysteme 13, 25ff
Leistungsspektrum 111ff, 152
Lieferantenbewertung 98ff
Lieferantenselektion 98ff
Life-Cycle-Abkommen 123, 125
Local Sourcing 3
Lokale Betreuung 130

Make or Buy 72ff
Malcom Baldrige Award 148
Marketintkompetenz 228
Maximalprinzip 30

Mehrfachqualifikation 173
Minimalprinzip 31
Modular Sourcing
– Anforderungen und Gefahren 120
– Konzept 113
– Voraussetzungen 118
– Ziele 118
Motivation 224ff
Multiple Sourcing 134ff
– Vor- und Nachteile 136

Nachfragemacht 121f
Nebenleistungen 17, 19
Nebenlieferanten 132

OEM (Original Equipment Manufacturer)
   2, 4, 63ff.
Optimalprinzip 31

Partnerschaft 123, 126ff
– Grundsätze 130
– Voraussetzungen 130
Partnerschaftsprogramm 128
– Inhalte 128
– Wirksamkeit 128
Poka Yoke 172
Polysensualität 61
Preis-/Leistungsverhältnis 231, 233
Produkt-Markt-Matrix 205
Produktdesign 61
Produktionsmix 168
Produktionspartner 154, 159ff
– Eigenschaften 175
– Leistungsmodule 167
– rationelle 159
– – Leistungsmodule 167
– – Merkmale 166ff
Produktkonzept 239
Produktlebenszyklen 60
Produktorientiertes Layout 168
Produktvorschlag 237
Prozeßorientierung 223

Qualitätssicherung 139ff
– präventive 212ff
– Methoden 214f
Qualitätssicherungselemente 146
Qualitätssicherungssysteme 143ff
QUALS 228

Rahmenvertrag 124
Reagibilität 35
Rohstoffe 17

Schlüsselkunden 231
Single Sourcing 3, 135
– Vor- und Nachteile 136
SPECS 221
Standardartikel 71
Standardfertigteile 18
strategische Allianzen 205
– Erfolgsfaktoren 9
strategischer Artikel 71
strategisches Viereck 63
Stückkosten 57
Stückliste 22
Sukzessivvertrag 124
Supply Management 40, 69ff.
– Definition 82
– Reserven 88
– Schwerpunkte 83
– strategische Vorgaben 84
– strategischer Baustein 92
Systeme 19, 111,

Tandem 128f
Taylorismus 7
Teamarbeit 224f.
Team-Board 229
technischer Anspruch 112
technische Bewertung 243
technische Eigenschaften 242
technische Entwicklung 236
Time Based Management 40, 84, 149
Total Productive Maintenance 172
Total Quality Management 40, 140
Toyota System 7

Umfeldentwicklungen 65
Unternehmungskooperationen 124, 149
Unternehmensverflechtung 205

Variantenvielfalt 112
Verdrängungswettbewerb 53f
verlängerte Werkbank110f

Verschwendungsvermeidung 219ff

Wachstumswettbewerb 53f
Wertschöpfungspartner 154, 185ff
– Eigenschaften 191
– Leistungsmodule 189
– Merkmale 188f

Zertifizierung 143ff
Zulieferer
– als „aktive" Wertschöpfungspartner 184
– als Blaupausen- und Zeichnungsteil-
  empfänger 109f
– als Innovator und Forscher 104ff
– als innovative Entwicklungspartner 174
– als Mitgestalter 108f
– als verlängerte Werkbank 104, 110f
– Entwicklungsstrategien 208
– Grundtypen 152
– industrielle 24
– Kooperationen 124, 206
– Leistungsmatrix 207
– Leistungsprofile 193
– Leistungssysteme 29
– Marketingkonzept 44f
– strategische Erfolgspositionen 199
– Zielerreichungsstrategien für 204
– Zielsetzungen für 203
Zuliefer-Abnehmer-Beziehungen
– Analyseraster 50
– Bestimmungs- und Einflußfaktoren 49
– gesetzliche Regelungen 141
– Interaktionsformen 79, 231
– international orientiert 134
– Leistungsmodule 151f
Zuliefer-Perspektiven-Portfolio 234
Zulieferdifferenzierung 15f
Zulieferkooperationen 124
Zulieferleistungen 22
Zuliefermacht 121f
Zuliefermarketing 13, 42ff
Zuliefermarktstrukturen 115
Zulieferung 13
– Just in Time 136
Zusatzleistungen 17, 19

Springer-Verlag und Umwelt

Als internationaler wissenschaftlicher Verlag sind wir uns unserer besonderen Verpflichtung der Umwelt gegenüber bewußt und beziehen umweltorientierte Grundsätze in Unternehmensentscheidungen mit ein.

Von unseren Geschäftspartnern (Druckereien, Papierfabriken, Verpackungsherstellern usw.) verlangen wir, daß sie sowohl beim Herstellungsprozeß selbst als auch beim Einsatz der zur Verwendung kommenden Materialien ökologische Gesichtspunkte berücksichtigen.

Das für dieses Buch verwendete Papier ist aus chlorfrei bzw. chlorarm hergestelltem Zellstoff gefertigt und im pH-Wert neutral.